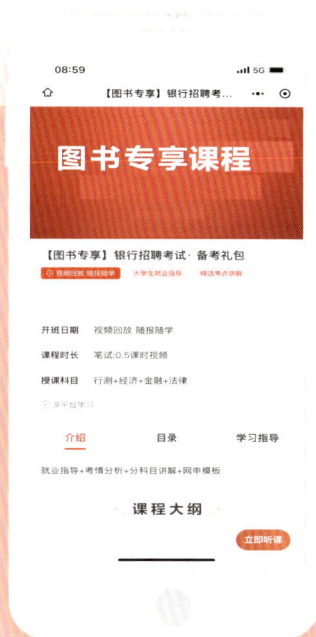

2021年度银行就业计划

央行、政策性银行、六大商业银行

———银行就业，你的选择是？

2022商业银行秋季校园招聘

☑ **选择广**：第一批校园考试，备考时间充足，可以多项目分开备考，不用再纠结！

☑ **福利好**：七险二金，车补、寒暑假补贴等隐形福利，一二线平均年薪10万~15万元！

☑ **机会多**：银行晋升公开透明，基础柜面业务熟悉后，后期岗位选择更广，能者上位！

☑ **竞争小**：招聘人数超过10万人，相较于其他公职类竞争更小，秋招即就业不是梦！

2022中国人民银行全国统招

☑ **有编制**：入职即享参公编制

☑ **条件宽**：应往届均可报，部分岗位不限英语水平

☑ **压力小**：不对私办公，业绩压力小

2022政策性银行校园招聘

☑ **地位高**：部级单位，隶属国务院

☑ **薪资高**：高能高薪，福利全面

☑ **潜力大**：职业前景广阔，发展空间大

－ 中公备考圈 － 专业备考1V1指导，加群掌握第一动态

银行招聘考试信息汇总
yhzpks

2022银行秋招图书群
521190141

offcn 中公金融人

中国进出口银行招聘考试

冲 关 攻 略

中公教育全国银行招聘考试研究院◎编著

世界图书出版公司

北京·广州·上海·西安

图书在版编目（CIP）数据

中国进出口银行招聘考试·冲关攻略／中公教育全国银行招聘考试研究院编著. — 北京：世界图书出版有限公司北京分公司,2020.9（2021.9 重印）

ISBN 978-7-5192-7843-4

Ⅰ.①中… Ⅱ.①中… Ⅲ.①进出口银行-招聘-考试-中国-自学参考资料 Ⅳ.①F832.32

中国版本图书馆 CIP 数据核字（2020）第 163368 号

书　　名	中国进出口银行招聘考试·冲关攻略	
	ZHONGGUO JINCHUKOU YINHANG ZHAOPIN KAOSHI · CHONGGUAN GONGLÜE	
编　　著	中公教育全国银行招聘考试研究院	
责任编辑	尹天怡　　张保珠	
特约编辑	吴　梦	
出版发行	世界图书出版有限公司北京分公司	
地　　址	北京市东城区朝内大街 137 号	
邮　　编	100010	
电　　话	010-64038355（发行）　64037380（客服）　64033507（总编室）	
网　　址	http://www.wpcbj.com.cn	
邮　　箱	wpcbjst@vip.163.com	
销　　售	各地新华书店	
印　　刷	三河市海新印务有限公司	
开　　本	787 mm×1092 mm　1/16	
印　　张	30.5	
字　　数	732 千字	
版　　次	2020 年 9 月第 1 版	
印　　次	2021 年 9 月第 2 次印刷	
国际书号	ISBN 978-7-5192-7843-4	
定　　价	58.00 元	

如有质量或印装问题,请拨打售后服务电话010-82838515

中国进出口银行是由国家出资设立、直属国务院领导、支持中国对外经济贸易投资发展与国际经济合作、具有独立法人地位的国有政策性银行。依托国家信用支持,积极发挥在稳增长、调结构、支持外贸发展、实施"走出去"战略等方面的重要作用,加大对重点领域和薄弱环节的支持力度,促进经济社会持续健康发展。坚持依法合规经营、审慎稳健发展,遵守国家法律法规、银行业金融机构审慎经营规则,强化资本约束,遵守市场秩序,实现长期可持续发展。中国进出口银行始终致力于营造人尽其才、才尽其用的选人用人环境,为专业人才施展才华搭建广阔的平台。

为帮助考生更好地准备中国进出口银行招聘考试,中公教育图书编写团队倾力打造了2022版《中国进出口银行招聘考试·冲关攻略》。本书以中国进出口银行招聘考试真题为基础,深入分析了中国进出口银行招聘考试的考试内容、考点分布以及题型、题量,总结命题规律。本书具有以下鲜明特点。

内容详略得当,结构安排合理

针对中国进出口银行招聘考试题量大、学科多、考点杂的特点,本书根据考查内容及其所占比重设置了六篇内容,依次为中国进出口银行备考须知、英语、行政职业能力测验、经济金融专业知识、会计与财务管理专业知识和法律专业知识。第一篇包括中国进出口银行概况及招考情况,帮助考生快速了解招聘考试情况,做到心中有数。第二篇和第三篇内容为所有岗位均需复习的知识,第四篇至第六篇分别对应的是经济金融岗、财务会计岗、法律岗的专业知识内容,考生只需复习报考岗位对应的专业内容。

本书内容均依据真题特点编排,对考点按学科进行分类整理,下设章、讲、核心考点,并采用文字与图表结合的形式详略得当地展示考点。本书的内容结构设置能够帮助考生快速了解理论内容,对各学科的基础知识加以明确。

概括考查情况,助力有效复习

本书在每章对核心考点的具体讲解之前设置了本章导读版块,用以提示考生中国进出口银行招聘考试对该部分知识的重点考查情况。在备考时间有限的情况下,考生可以结合本章导读,自行安排复习重点,以提高备考效率。

提示细节知识，加强巩固记忆

本书在力求保障总体逻辑结构合理、知识脉络清晰的同时，还设置了不同版块帮助考生加深对考查内容的记忆。

备考锦囊：拓展考点内容，归纳记忆技巧。对部分知识的解题技巧或易混淆的知识点加以提示，帮助考生提高解答具体题目的速度，加深对知识要点的印象。

经典例题：在基础知识的讲解内容之后，结合考查内容设置相关题目，便于考生就某一考点或解题方法有针对性地进行练习，对重要知识点加以巩固。

小提示：考生可扫描左侧二维码，下载并登录中公教育App，点击"中公图书"—"专享资料"，即可获取时新知识、最新法律法规等相关文件。

CONTENTS | 目 录

第三篇　行政职业能力测验

第四篇　经济金融专业知识

第五篇　会计与财务管理专业知识

第六篇　法律专业知识

本书含相关考点体验课程,高清视频在线学　听课地址:c.offcn.com

第一篇 ▶▶▶

中国进出口银行备考须知

中国进出口银行概况

本章导读

在 2021 年度中国进出口银行秋季校园招聘考试真题中,对中国进出口银行企业文化、发展动向等相关内容的考查题量有 10 道,其中 5 道考查与中国进出口银行有关的时事新闻,另外 5 道考查中国进出口银行的核心价值观、使命、行为规范、宣传用语以及进出口银行的性质地位。本章对中国进出口银行的基本情况进行了简要介绍,并对中国进出口银行近半年的发展动向及相关新闻进行了整理归纳。考生在复习时不仅要牢记中国进出口银行的企业文化,还要适当了解中国进出口银行在政治、经济等各个领域的成就。

核心考点一　中国进出口银行简介

中国进出口银行成立于 1994 年,是由国家出资设立、直属国务院领导的政策性银行,总部设在北京。中国进出口银行始终以支持国际经济合作为己任,致力于为中国企业"走出去"提供有力的金融支持。"十四五"期间,中国进出口银行将积极发挥政策性金融作用,服务"一带一路"、国际产能和装备制造合作等国家战略和实体经济发展。截至 2020 年年末,中国进出口银行在国内设有 32 家营业性分支机构和香港代表处;在海外设有巴黎分行、东南非代表处、圣彼得堡代表处、西北非代表处。

2020 年,中国进出口银行国际信用评级继续与中国主权信用评级保持一致。目前,中国进出口银行拥有 3 家国际评级机构的评级。其中,穆迪投资者服务公司评级为 A1,评级展望为稳定;标准普尔全球评级公司评级为 A+,评级展望为稳定;惠普国际信用评级有限公司评级为 A+,评级展望为稳定。

2020 年,中国进出口银行坚决贯彻党中央国务院决策部署,积极服务统筹疫情防控和经济社会发展,加大信贷投放力度,精准有效支持实体经济,全力服务"六稳""六保",政策性金融职能作用进一步提高。截至 2020 年年末,中国进出口银行资产总额 50 438.28 亿元,同比增长 10.36%;负债总额 47 243.86 亿元,同比增长 11.02%;税前利润 74.78 亿元,同比减少 16.09 亿元;净利润 56.38 亿元,同比增加 1.81 亿元。

为贯彻"以客户为中心"的服务理念,提升服务效率,中国进出口银行推出网上银行账户办理业务"一站通"服务模式,创新网银预约开户新模式。2020年,"一站通"服务将柜面人员现场操作时间压缩55%,办理开户时间缩短80%,荣获中国金融年度品牌案例大赛"用户体验年度案例奖"。

核心考点二　中国进出口银行的经营宗旨和经营范围

一、中国进出口银行的经营宗旨

中国进出口银行的经营宗旨是紧紧围绕服务国家战略,建设定位明确、业务清晰、功能突出、资本充足、治理规范、内控严密、运营安全、服务良好、具备可持续发展能力的政策性银行。

中国进出口银行支持外经贸发展和跨境投资,"一带一路"建设、国际产能和装备制造合作,科技、文化以及中小企业"走出去"和开放型经济建设等领域。

二、中国进出口银行的经营范围

(1)经批准办理配合国家对外贸易和"走出去"领域的短期、中期和长期贷款,含出口信贷、进口信贷、对外承包工程贷款、境外投资贷款、中国政府援外优惠贷款和优惠出口买方信贷等。

(2)办理国务院指定的特种贷款。

(3)办理外国政府和国际金融机构转贷款(转赠款)业务中的三类项目及人民币配套贷款。

(4)吸收授信客户项下存款。

(5)发行金融债券。

(6)办理国内外结算和结售汇业务。

(7)办理保函、信用证、福费廷等其他方式的贸易融资业务。

(8)办理与对外贸易相关的委托贷款业务。

(9)办理与对外贸易相关的担保业务。

(10)办理经批准的外汇业务。

(11)买卖、代理买卖和承销债券。

(12)从事同业拆借、存放业务。

(13)办理与金融业务相关的资信调查、咨询、评估、见证业务。

(14)办理票据承兑与贴现。

(15)代理收付款项及代理保险业务。

(16)买卖、代理买卖金融衍生产品。

(17)资产证券化业务。

(18)企业财务顾问服务。

(19)组织或参加银团贷款。

(20)海外分支机构在进出口银行授权范围内经营当地法律许可的银行业务。

(21)按程序经批准后以子公司形式开展股权投资及租赁业务。

(22)经国务院银行业监督管理机构批准的其他业务。

核心考点三　中国进出口银行的企业文化

一、基本理念

中国进出口银行的基本理念如下：

(1)发展理念：与时俱进,追求卓越。

(2)服务理念：专业高效,廉洁自律。

(3)经营理念：合规稳健,锐意创新。

(4)管理理念：公平开放,团队协作。

(5)人才理念：尚贤用能,人尽其才。

(6)学习理念：勤勉钻研,奋发有为。

二、行为规范

中国进出口银行的行为规范如下：

(1)道德修养：忠于祖国,勇于奉献;诚信正直,敢于承担。

(2)职业规范：爱岗敬业,求真务实;审慎高效,团结协作。

(3)职业纪律：遵纪守法,严守秘密;廉洁从业,安全至上。

(4)职业形象：谈吐文明,举止端庄;仪表得体,环境优美。

三、其他必知信息

中国进出口银行的其他必知信息见下表。

表1-1-1　中国进出口银行必知信息

网址	http://www.eximbank.gov.cn
使命	推动国际经济合作;支持中国经济发展;促进和谐世界建设
愿景	最具影响力的国际经济合作银行
核心价值观	忠诚奉献,诚信严谨;开放包容,开拓创新
宣传用语	中文:支持进出口贸易发展;服务新时代对外开放 英文:Facilitating the Growth of Import and Export; Promoting Greater Opening-up in the New Era
LOGO	

核心考点四　2021年中国进出口银行相关时事

以下为中国进出口银行的相关时事（2021年1月—7月）：

2021年1月6日，由中国进出口银行提供融资支持的青岛地铁6号线首台盾构机在黄海学院站顺利始发，标志着地铁6号线工程取得阶段性进展。

2021年1月底，中国进出口银行与工业和信息化部在北京签署《共同推进制造强国和网络强国建设战略合作协议》。这是探索构建金融有效支持实体经济的体制机制，共同推进制造强国、网络强国建设的重要举措。

2021年4月19日，中国进出口银行董事长胡晓炼应邀参加博鳌亚洲论坛2021年年会"可持续融资助力高质量共建'一带一路'圆桌会"并发表主旨演讲。她指出，"一带一路"可持续融资有四个关键词：一是"发展造血"，在项目建设上，重点支持有利于增强东道国"造血"功能的项目，以发展可持续保障融资可持续；二是"把握适度"，根据东道国的经济规模、发展阶段、未来潜力等因素开展融资；三是"来源多样"，要求资金来源多样化和融资方式多样化；四是"投融共赢"，资金融入方要获得经济社会效益，资金融出方也要保障资金安全。

2021年5月2日，中国进出口银行IT蓝图1.1系统投产仪式在北京举行。中国进出口银行董事长胡晓炼表示，1.1批次系统成功上线运行，是中国进出口银行跟随现代信息科技发展时代潮流、与金融科技发展共同起舞的再次出发。它的成功运行标志着在金融科技飞速发展的背景下，中国进出口银行持续提高技术支撑能力，积极实现金融科技水平跨越式发展，客户金融服务的质量和效率得到进一步提升。

2021年6月4日，中国进出口银行在境内银行间市场成功发行2021年第一期境内美元债，本期债券金额3亿美元，发行期限3年，票面利率0.70%，全场认购2.68倍。

2021年7月1日下午，中国进出口银行党委集体学习习近平总书记在庆祝中国共产党成立100周年大会上的重要讲话精神。会议强调，要坚持党对金融工作的全面领导，紧密团结在以习近平同志为核心的党中央周围，以习近平新时代中国特色社会主义思想为指导，增强"四个意识"、坚定"四个自信"、做到"两个维护"，在思想上政治上行动上同党中央保持高度一致。要深刻认识中国共产党的领导是中国特色社会主义最本质的特征，是中国特色社会主义制度的最大优势，是党和国家的根本所在、命脉所在，是全国各族人民的利益所系、命运所系，坚持党的基本理论、基本路线、基本方略，永远跟党走。要深刻认识江山就是人民、人民就是江山，打江山、守江山，守的就是人民的心，把立足政策性银行主责主业同推动实现人民群众对美好生活的向往紧密结合起来，始终坚持以人民为中心，把更好满足人民对美好生活的向往作为金融工作的出发点和落脚点，坚守服务实体经济本分，投身中国特色社会主义金融伟大实践。要发挥好国际经济合作银行作用，高举和平、发展、合作、共赢旗帜，支持对外贸易和投资发展，促进国际经济合作，弘扬和平、发展、公平、正义、民主、自由的全人类共同价值，不断推动构建人类命运共同体。要牢记打铁必须自身硬的道理，以党的政治建设为统领，深入推进进出口银行党的建设，不断严密全行党的组织体系，把每一个党支部都建设成为坚强的战斗堡垒，使每名党员都成为一面鲜红的旗帜，着力建设一支政治过硬、作风优良、精通金融工作的干部队伍。

2021年7月13日,上海清算所支持中国进出口银行成功发行2021年第二期境内美元债券,发行规模10亿美元、期限2年,发行利率0.60%,认购倍数2.40。

2021年7月16日,上海电气集团与中国进出口银行上海分行制造业专项合作协议签约仪式在上海电气集团会议中心举行。根据协议,双方将深入贯彻落实"中国制造2025""一带一路""碳达峰、碳中和"等重大国家战略,支持双方在智能制造、绿色制造、战略新兴产业等重点领域的深化合作。中国进出口银行上海分行将紧紧围绕上海电气"十四五"期间的发展规划,重点聚焦智慧能源、智能制造和智慧城市业务领域的金融服务需求,积极发挥政策性金融作用,从信贷、贸易金融、结算、咨询、发债等方面对上海电气进行全方面的支持和服务。

第二章

中国进出口银行招考情况

本章导读

中国进出口银行招聘分为社会招聘和校园招聘。社会招聘招考人数较少,一般要求有相关的工作经验。校园招聘面向应届毕业生,招聘人数较多。本章以2021年度中国进出口银行秋季校园招聘为例,对招聘及考试的基本情况进行介绍。

核心考点一　中国进出口银行招聘概况

2021年度中国进出口银行秋季校园招聘概况见下表。

表1-2-1　2021年度中国进出口银行秋季校园招聘概况

招聘机构及岗位	招聘机构:总行和境内分行 岗位类别:5大岗位类别,分别是金融经济岗、财务会计岗、信息科技岗、法律岗、其他岗
招聘对象及条件	境内外高等院校2021年全脱产学习的全日制应届毕业生(定向、委培生除外)。其他招聘条件考生可通过查询招聘公告进行了解
报名时间及方式	报名时间:2020年9月30日—10月23日 报名方式:登录中国进出口银行统一招聘平台(http://zhaopin.eximbank.gov.cn),并按网站提示进行注册、填写简历、报名 注意事项:只接受网上报名,请务必留意各招聘岗位所对应的岗位类别,每人可在招聘系统中同一"岗位类别"项下报2个志愿,每个机构只能选择1个岗位
笔试时间	2020年11月16日

核心考点二　中国进出口银行考试真题分析

2021年度中国进出口银行秋季校园招聘考试按岗位类别进行考查。从搜集到的金融经济岗和财务会计岗试卷来看,考查内容均包括三部分,分别是英语、专业知识和行政职业能力测验。第一部分英语和第三部分行政职业能力测验两个岗位考查的题目均相同,第二部分专业知识分别考查对应岗位的专业内容。下面以金融经济岗和财务会计岗试卷为例来分析考查的内容,具体见下表。

表 1-2-2　2021 年度中国进出口银行秋季校园招聘考试笔试内容(金融经济岗)

部分	分类	考查内容	题型	题量(题)
第一部分 英语(51 题)	统考	选词填空	单选	21
		阅读理解		30
第二部分 专业知识(75 题)	分岗位 (金融经济岗)	国际结算、信用证业务、 布雷顿森林体系、金融市场、 中央银行、货币职能、通货膨胀、 外汇、货币需求、货币供给等	单选	50
			多选	25
第三部分 行政职业能力测验 (50 题)	统考	中国进出口银行相关知识	单选	10
		时政		20
		言语理解		5
		数学运算		3
		逻辑推理		7
		资料分析		5
总计				176

表 1-2-3　2021 年度中国进出口银行秋季校园招聘考试笔试内容(财务会计岗　第二部分)

部分	分类	考查内容	题型	题量(题)
第二部分 专业知识(75 题)	分岗位 (财务会计岗)	投资性房地产、无形资产、 终值与现值的计算、 财务分析与评价、盈亏平衡点、 财务杠杆系数、政府补助、 总分类账登记、谨慎性原则等	单选	50
			多选	25

第二篇 ▶▶▶

英 语

第一章

选词填空

本章导读

2021 年度中国进出口银行秋季校园招聘考试真题中,英语选词填空题目有 21 道,主要检验考生对语法的理解运用情况,重点考查词性辨析(如形容词、介词等)、固定搭配和动词短语、时态、情态动词等。词汇难度不高,但需要对近义词、形近词等易混淆内容有所积累,建议考生注重保持英文阅读习惯,以求在考试时能够快速找出正确答案。

第一讲 词义辨析及常用词

核心考点一 近义词辨析

近义词辨析考查考生对于意思相同或者相近的单词的理解,需要考生掌握每个单词的核心意义和其区别于其他单词的用法。在词性相同的情况下,虽然各个选项代入原句都符合语法要求,但是要考虑单词意思的特殊性,结合句意来做题。同义词组需要考虑语法点,考虑是否有固定用法。在平时的学习中,考生需要注意积累同义词和近义词的用法。

经典例题

The company says it will no longer design or launch artificial intelligence(AI)for weapons or other technologies whose main purpose is to cause _____ to people.

A. ache
B. harm
C. pain
D. injury

【答案】B。解析:句意为"该公司表示将不再设计或推出主要目的在于伤害人类的武器或其他技术的人工智能"。ache 和 pain 都有"疼,疼痛"的意思,其区别在于 ache 指人体某一器官较持久的疼痛,常常是隐痛;pain 则泛指疼痛,一时的痛。harm 和 injury 都有"伤害,损害"的意思,其区别在于harm 多指带来悲痛、产生恶果的伤害,可指肉体或精神的伤害;injury 强调在事故中受伤,含有受伤害部分至少暂时丧失功能的意味。根据句意可知,B 项最符合语境。故本题选 B。

核心考点二　形近词辨析

形近词辨析主要考查考生对于形式上相近的词的理解，对于一些容易混淆的词或者短语的辨认和使用。做此类题型时，考生需要掌握每个单词的词性、意义，同时也要结合语法知识。在中国进出口银行考试中，一般以相同词根或词缀为主要考查点，如常考的词根包括-tion,-ance,-nce,-able 等，因此考生遇到此类单词时，可以作为重点了解掌握，并注意区分不同单词的具体意思和用法。

表 2-1-1　常见形近词

分组	例词	意思
1	aboard	prep./ad. 在(到)船(车、飞机)上
	abroad	ad. 在(到)海外、户外；广为流传地
	board	n. 董事会；木板；甲板；膳食 vt. 上(飞机、车、船等)；(在学校)寄宿；提供膳宿
2	adapt	v. (使)适应；改编；修改，改造
	adopt	v. 采用，采纳；收养，领养
3	amiable	a. 和蔼可亲的；好脾气的
	amicable	a. 友善的
4	arise	v. 起床；(无形物等)出现，发生；(由……)引起，(因……)产生
	rise	v. 升高，增长；起床，站起；升起
	arouse	v. 唤醒，唤起；引起(多用于抽象意味)
	rouse	v. 惊起，唤醒(多用于具体意味)；使活跃起来，使产生兴趣

分组	例词	意思
5	abrupt	a. 突然的;唐突的,生硬的
	bankrupt	a. 破产了的;v. 使破产
	corrupt	a. 腐败的,贪污的;v. 使腐烂;腐败
	erupt	v. 爆发,喷出
6	accept	v. 接受,认可
	concept	n. 观念,概念
	except	prep. 除了……之外
7	access	n. 道路,进入;v. 进入,存取(计算机文件)
	assess	v. 估价,评价
	excess	n. 过度,无节制;a. 过度的,额外的
	obsess	v. 迷住,使困扰
	possess	v. 占有,拥有
8	acclaim	v. 称赞,赞扬
	claim	v. 要求;认领;声称,主张
	declaim	v. 慷慨陈词,慷慨激昂地宣讲
	disclaim	v. 放弃,拒绝承认
	exclaim	v. 呼喊,惊叫
9	accord	v. (与……)一致,符合;授予;n. 协议,条约
	concord	n. 和谐,一致
	discord	n. 不一致,不和
	record	v./n. 记录,录音
10	alone	a./ad. 独自(但无孤独之意)
	lone	a. 单独的
	lonely	a. 孤寂的
11	conceive	v. 怀孕;设想
	receive	v. 接收,接待
	deceive	v. 欺骗,行骗
	perceive	v. 看作,注意到

分组	例词	意思
12	transplant	n. 移植;v. 移植,使迁移
	transition	v./n. 过渡,转变
	transportation	n. 运输,运输工具
	transformation	n. 变化,转换
13	arch	n. 弧形,拱形,拱门
	arctic	a. 北极的(Arctic),极寒的
	artist	n. 艺术家,(尤指)画家,大师
	architect	n. 建筑师,缔造者
14	sentiment	n. 伤感,情绪
	sentient	a. 有知觉力的
	sensitivity	n. 敏感;体贴,体恤
	sensation	n. 轰动;知觉
15	prospect	n. 前途,可能性
	promotion	n. 提升,晋升,促销活动
	prosperity	n. 繁荣,成功,兴旺
	property	n. 性能,财产
16	portable	n. 手提电脑;a. 手提的,便携的
	portray	v. 描绘
	portrayal	n. 描绘,扮演
	port	n. 港口
17	reverse	v. 颠倒,反转
	reveal	v. 揭露,显示
	revel	n. 狂欢作乐;v. 陶醉于
	revert	v. 恢复;归属

经典例题

This delay of marriage among young adults with disabilities may delay _____ to other adult roles, including employment, parenthood, and independent living.

A. transitions
B. transformations
C. transplant
D. transportation

【答案】A。解析:句意为"残障年轻人的晚婚可能会推迟他们向其他成人角色的过渡,包括就业、为人父母和独立生活"。transition"过渡,转变",符合语意;transformation"变化,转换";transplant"移植";transportation"运输"。故本题选 A。

1. 选词填空中的形近词辨析主要考查考生对于词根或词缀相同的单词的区分，相似词形的单词意思易混淆，因此考生利用词根、词缀记忆单词时一定要注意词义记忆的准确性。

2. 选词填空中的形近词辨析以考查实词为主，常考词性为名词、动词和形容词。例如：名词 illusion 和 delusion，前者为"幻觉，错觉"，后者为"迷惑，欺骗"，二者的意思很容易混淆，考生遇到此类词汇时一定要根据例句或者搭配进行区分。

3. 中国进出口银行考试英语部分选词填空考查形近词辨析的词汇难度中等，建议考生不必专门花费时间记忆，可以在遇到相关习题时注意解题技巧，记忆单词时有意识地注意区分形近词即可。

核心考点三　异形异义词辨析

异形异义词辨析部分单纯考查考生的词汇量，以及对题目句意的把握和理解。词汇量的扩充可以通过记忆词根、词缀来实现，考生可在阅读时注重对实词的积累，结合语境记忆单词含义及用法，以求在考试中快速识别正确答案。

经典例题

It's too risky to grow soybeans, and the income is less _____ than growing corn. In other words, you don't lose money growing corn. Soybean yields are too low.

A. productive

B. common

C. rational

D. stable

【答案】D。解析：句意为"种植大豆的风险太大，收入也不如种植玉米稳定。换句话说，种植玉米不会亏本。大豆的产量太低"。productive"多产的，富有成效的"，common"共同的，普通的"，rational"合理的，理性的"，stable"稳定的，牢固的"。根据语境可知，题干是在讲述种植大豆的弊端，即风险大，收入不_____，产量低。四个选项中，能与 income 搭配且符合语境的只有 D。故本题选 D。

1. 选词填空中的异形异义词辨析主要考查考生对单词词义的记忆，因此考生在记忆单词时一定要注意准确记忆单词的意思。

2. 选词填空中的异形异义词辨析以考查实词为主，常考词性为名词、动词、形容词和副词。因此考生备考此类题型时要多加练习，增加词汇量。另外，此类题型考查的词汇难度中等，建议考生花费一定的时间进行专项练习，在掌握一定数量单词的基础上找到合适的解题技巧，以提高准确率。

核心考点四　词性辨析

　　词性辨析是英语考试的代表性题目。该类题目主要考查考生对名词、形容词、副词和动词基本用法的掌握情况,如形容词修饰名词、副词修饰动词和整个句子、动词作谓语等。考生解题时可以先看空格前后所要修饰的成分,再根据语法规则来判断正确选项。词性辨析题目难度比较小,考生需要把握准确率。

经典例题

　　Almost 70% of the information we gather is also available online around the world, with the ＿＿＿＿＿＿ 30% coming from our contacts, from direct growers and wholesalers.

　　A. remains　　　　　　B. remained　　　　　　C. remain　　　　　　D. remaining

　　【答案】D。解析:句意为"我们所收集的70%的信息在网上都能找到,＿＿＿＿＿＿30%来自我们的熟人、直接种植商与批发商"。分析句子结构可知,此处要填形容词,排除A、C;remained 是动词 remain 的过去式和过去分词,也可以排除,因此 remaining"剩下的,剩余的"为正确答案。故本题选D。

备考锦囊

　　1. 词性辨析主要考查考生对单词不同形式用法的掌握情况,因此考生在记忆单词时一定要注意根据单词不同的词性记忆不同的意思。

　　2. 词性辨析以考查实词为主,常考词性为名词和形容词。 通常以一个单词的不同形式进行考查,因此考生备考此类题型时要多进行联想记忆,扩大词汇量,尽可能地去区分一个单词不同词性的用法。 建议考生花费一定的时间进行专项记忆和练习,以提高准确率。

核心考点五　介词

　　介词是一种用来表示词与词、词与句之间关系的虚词,在句中不能单独作成分。介词后面一般用名词、代词或相当于名词的其他词类、短语或从句作它的宾语。介词和它的宾语构成介词词组,在句中作状语、表语、补语等。在使用介词时,往往会出现遗漏介词或误用介词的情况,因此考生要注意准确使用介词及其相关搭配。

一、介词的种类

1. 简单介词:at,in,off,on,about,against,under,of,over,past,after,before 等。

2. 合成介词:into,inside,onto,without,outside 等。

3. 短语介词:according to,because of,in front of,out of,instead of 等。

4. 分词介词:including,considering,regarding,respecting 等。

5. 双重介词:from under,from among,until after,after about,at about 等。

二、介词的用法

（一）常用介词的用法

1. 表示时间

（1）at 强调"点钟"；on 强调"日"和"某日的早、中、晚"；in 强调"段"，与表示月份、季节、年等的词连用。如：

She got up at six o'clock this morning. 她今天早上六点起床。

He left home on a cold winter evening. 他在一个寒冷的冬夜离开了家。

We came to Guangzhou in July, 2008. 我们在 2008 年 7 月来到广州。

注意：morning，afternoon 和 evening 不强调某天的早、中、晚时用 in，如 in the evening。

（2）"during +时间段"表示"在……期间"，"by +时间点"表示"到……为止""在……之前"。如：

My daughter wants him to give her some work to do during the holiday. 我女儿想让他给她找点在假期里干的活。

By the time the doctor arrived the patient had died. 医生赶到时病人已死亡。

（3）表示在一段时间之后时，"in +时间段"用于将来时，"after +时间段"用于过去时。如：

He will be back in two weeks. 他将在两周内回来。

After an hour I went home. 一小时之后我回家了。

（4）表示持续的一段时间，用"for +时间段"；表示动作起始时间，用"since +过去的时间点"。如：

He has lived here for five years. 他在这里已经住了五年。

He has been in Guangzhou since 2008. 他自 2008 年就在广州了。

（5）"till（until）+时间点"用于肯定句时，表示动作的终点，意为"直到……为止"，句子的谓语动词必须是延续性动词，如 work，stay，last，wait，live 等；用于否定句时，表示动作的起点，意为"直到……才……"。如：

He'll be working until 8 o'clock. 他将一直工作到八点。

He didn't sleep until ten. 他十点才睡着。

2. 表示地点

（1）at 表示"范围较小的地方"，强调"点"；in 表示"范围较大的地方"，强调"空间或范围"。如：

When did your father arrive in China? 你爸爸什么时候抵达中国的？

When did your father arrive at the airport? 你爸爸什么时候抵达飞机场的？

（2）在与方位名词 east，west，south，north 等连用时，on 强调接邻，in 表示"在内部"，to 表示"在外部"。如：

Mongolia lies on the north of China. 蒙古与中国北部接壤。（毗邻）

Taiwan lies in the southeast of China. 台湾位于中国东南部。（范围之内）

Japan lies to the east of China. 日本在中国的东面。（范围之外）

（3）"across +表面"表示"横过"；"through +空间"表示"穿过"；over 表示从上面"越过"。如：

Ferryboats ply across the English Channel. 渡船定时穿越英吉利海峡。

The bird is flying through the window. 这只鸟儿正从窗户里飞过去。

They ran over the grass. 他们跑过草地。

3. 表示方式、手段、工具

（1）with 表示"用……工具"，其后要用冠词或物主代词。如：

He broke the window with a stone. 他用石头打破了窗户。

（2）by 表示"以……方法、手段"，其后常跟某种交通工具或跟动名词。如：

She went there by bus. 她坐巴士去那里。

I learn Japanese by watching cartoons. 我通过看动画片学习日语。

（3）in 表示"用……语言、材料、颜色等"。如：

This novel was written in Russian. 这部小说是用俄语写的。

（4）on 表示"通过……媒介、方式"，多用于固定词组。如：

They talked on the telephone. 他们通过电话交谈。

4. 其他

（1）表示"在……之间"时，between 通常指两者之间，而 among 用于三者或三者以上。

（2）表示"除……之外"时，besides 是包括后面所提及的人或物在内的"除……外，还"；except 是指不包括后面所提及的人或物在内的"除去"；而 except for 是排除非同类，常在说明基本情况后，从细节上加以修正或说明。

（3）to, of, for, with 接人称代词，表示不同意义：to 强调方位，of 说明行为主体，for 表示对象，with 表示伴随。

（二）介词词组在句子中的成分

1. 作主语

From the library to the teaching building is a 5 minutes' walk. 从图书馆到教学楼要走五分钟。

2. 作表语

I was at my grandma's home yesterday. 我昨天在我(外)祖母家。

3. 作定语

The expert will give us a lecture on how to improve soil. 这个专家将给我们做一个关于土壤改良的讲座。

4. 作补语

He woke up and found himself in hospital. 他醒来发现自己在住院。（in hospital 作宾补）

5. 作状语

I will be free on Tuesday morning. 星期二上午我有空。（时间状语）

We'll meet at the station. 我们将在火车站碰面。（地点状语）

She covered her face with her hands and cried. 她用双手捂着脸哭。（方式状语）

He left home and worked in a big city for the sake of money. 为了赚钱，他离家到一个大城市工作。（目的状语）

经典例题

The little baby is waving his hand to ask _____ another bottle of milk.

A. for

B. out

C. in

D. on

【答案】A。解析：句意为"小婴儿正在挥手请求再要一瓶牛奶"。for"为了……，因为"；out"在……外面"；in"在……里边"；on"在……的表面上"。ask for ...为固定搭配，表示"请求……"。故本题选 A。

备考锦囊

1. 中国进出口银行考试中考查介词的方式主要包括单独考查介词、考查介词和其他词的固定搭配。因此考生除了需要掌握介词 in，on，with，by 等的基本用法，还需要注意积累介词与其他词（动词或形容词）的固定搭配。

2. 此类题型需要考生掌握常见的介词搭配，并且通过做题积累，注意区分不同的介词搭配及其用法。

核心考点六　连词

连词是一种虚词，用于连接单词、短语、从句或句子，在句中不单独作成分。连词按其性质可分为并列连词和从属连词。并列连词用于连接并列的单词、短语、从句或句子，如 and，but，or，for 等；从属连词主要引导名词性从句（主语从句、宾语从句、表语从句等）和状语从句（时间状语从句、条件状语从句、目的状语从句等）。引导名词性从句的连词有 that，whether 等，引导状语从句的连词有 when，because，since，if 等。

一、并列连词的用法

（一）表示转折关系的并列连词

这类连词主要有 but，yet 等。如：

Someone borrowed my pen, but I don't remember who it is. 有人借走了我的钢笔，但我不记得是谁了。

（二）表示因果关系的并列连词

这类连词主要有 for，so 等。如：

You are supposed to get rid of carelessness, for it often leads to serious errors. 你们一定要克服粗心大意的毛病，因为粗心大意常常引起严重的错误。

注意:for 表示原因通常不能放在句首,也不能单独使用。

（三）表示并列关系的并列连词

这类连词主要有 and,neither … nor,not only … but（also）,both … and,as well as 等。如:

Both New York and London have traffic problems. 纽约和伦敦都存在交通问题。

（四）表示选择关系的并列连词

这类连词主要有 or,or else,either … or …等。如:

People who are either under age or over age cannot join the army. 年龄不够或者超龄的人都不得参军。

二、从属连词的用法

（一）引导时间状语从句的从属连词

1. 表示“当……时候”或“每当”的时间连词

这类连词主要有 when,while,as,whenever。如:

Don't talk while you're eating. 吃东西时不要说话。

2. 表示“在……之前(或之后)”的时间连词

这类连词主要有 before,after。如:

Try to finish your work before you leave. 离开前设法把工作做完。

3. 表示“自从”或“直到”的时间连词

这类连词主要有 since,until,till。如:

She's been playing tennis since she was eight. 她从八岁起就打网球了。

4. 表示“一……就”的时间连词

这类连词主要有 as soon as,the moment,the minute,the second,the instant,immediately,directly,once,no sooner … than,hardly … when 等。如:

I'll let you know as soon as I hear from her. 我一收到她的信就通知你。

5. 表示“上次”“下次”“每次”等的时间连词

这类连词主要有 every time,each time,(the) next time,any time,(the) last time,the first time。如:

I'll tell him about it (the) next time I see him. 我下一次见到他时,我就把这个情况告诉他。

注意:every time,each time,any time 前不用定冠词,(the) next time,(the) last time 中的定冠词可以省略,而 the first time 中的定冠词通常不能省略。

（二）引导条件状语从句的从属连词

这类连词主要有 if,unless,as/so long as,in case 等。如:

Do you mind if I open the window? 你介意我开窗吗?

注意:在条件状语从句中,谓语动词通常要用一般现在时表示将来意义,而不能直接使用将来时态。不过,有时表示条件的 if 之后可能用 will,但那不是将来时态,而是表示意愿或委婉的请求(will 为情态动词)。如:

If you will sit down for a few moments, I'll tell the manager you're here. 请稍坐,我这就通知经理说您来了。

(三)引导目的状语从句的从属连词

这类连词主要有 in order that, so that, in case(that), for fear(that)等。如:

He raised his voice so that everyone could hear. 他提高了嗓音,以便每个人都能听见。

(四)引导结果状语从句的从属连词

这类连词主要有 so that, so … that, such … that 等。如:

I went to the lecture early so that I got a good seat. 我去听讲座去得很早,所以找到了一个好座位。

(五)引导原因状语从句的从属连词

这类连词主要有 because, as, since, seeing(that), now(that), considering(that), in that 等。如:

He distrusted me because I was new. 他不信任我,因为我是新来的。

(六)引导让步状语从句的从属连词

这类连词主要有 although, though, even though, even if, while, however, whatever, whoever, whenever, wherever 等。如:

Although they are twins, they look entirely different. 他们虽是孪生,但是相貌却完全不同。

(七)引导方式状语从句的从属连词

这类连词主要有 as, as if, as though, the way 等。如:

Why didn't you catch the last bus as I told you to? 你怎么不按照我说的去赶乘末班公共汽车呢?

(八)引导地点状语从句的从属连词

这类连词主要有 where, wherever, everywhere, anywhere 等。如:

The church was built where there had once been a Roman temple. 这座教堂建在一座古罗马神庙的旧址上。

(九)引导比较状语从句的从属连词

这类连词主要有 than 和 as … as 等。如:

She was now happier than she had ever been. 现在她比过去任何时候都快乐。

(十)引导名词性从句的从属连词

这类连词主要有 that, whether, if 等,它们用于引导主语从句、表语从句、宾语从句和同位语从句。其中 that 不充当句子成分,而且没有词义,在句子中只起连接作用;而 if, whether 虽不充当句子成分,但有词义,表示"是否"。如:

He replied that he was going by train. 他回答说他将坐火车去。

1. Education about consumption taxes is more likely to boost growth, _____ the growth effects of income and capital taxes are ambiguous.

A. for

B. when

C. if

D. while

【答案】D。解析:句意为"_____所得税和资本税的增长效应是不明确的,但是关于消费税的教育很可能会促进经济的发展"。for 作连词时表示原因;when 意为"在……时候";if 意为"如果";while 意为"尽管"。根据句意可知,前后两句之间是让步关系。故本题选 D。

2. It is very important that the text is neither too detailed _____ too complex for the intended readers.

A. or

B. nor

C. no

D. not

【答案】B。解析:句意为"对目标读者来说,文章既不能太详细也不能太复杂,这点很重要"。neither … nor …表示"既不……也不……"。故本题选 B。

· 备考锦囊 ·

1. 选词填空中的连词辨析主要考查考生对连词基本含义的掌握及对句意的理解。 做连词辨析题需要重点注意句子之间的逻辑关系,确认句子的含义,从而判断所选连词是表并列、转折、让步,还是因果等关系。

2. 此类题型需要考生掌握常见的连词词义及其搭配,对连词的用法能够有所区分,并在做题的过程中逐步掌握连词的具体用法。

核心考点七　高频短语、固定搭配集锦

一、常用动词短语

有些动词可以和其他词搭配构成短语(以动词为中心),作用与一个单独的动词差不多,这种搭配叫动词短语。在实际使用中,要把动词短语当成整体。

(一)构成方法

1. 动词+介词

adapt to 适应

attach to 附加,附带;赋予

accommodate to 适应

attribute to 归因于

adhere to 坚持;遵循

depend on/upon 取决于,由……决定

dabble in 涉猎

default on 违约;拖欠(债务)

embark on/upon 开始,着手

fill in 填写;消磨(时间)

go about 开始做;继续做

go after 追求,追逐

go against 违背;对……不利　　　　　　go into 描述,研究;从事(某工作或职业)

go through 经历;翻找;通读,彻查　　　graduate from 毕业于

hear about 听说,得知　　　　　　　　hear from 收到……的信件/消息

integrate into 使合并,成为一体　　　　levy on 征税,征收

look after 照顾　　　　　　　　　　　look for 寻找

look into 调查,研究　　　　　　　　　make for 向……移动;导致

result from 由……造成　　　　　　　result in 导致

take after 与……相像;追赶　　　　　　take in 吸收;欺骗

take to 喜欢上;养成(做……的)习惯

动词与介词构成的词组在词义上相当于一个及物动词,宾语总是位于介词之后。如:

I hear from my mother every month. 我每月都收到母亲的信。

2. 动词+副词

break down 分解;出故障　　　　　　　break up 打碎

call off 取消　　　　　　　　　　　　come out 出现

carry out 实施,执行,实行　　　　　　drop out 退学,退出(比赛等)

find out 发现,找出,查明　　　　　　　fix up 修理

give off 散发出(气体、热量、气味等)　　give up 放弃

lay down 放下　　　　　　　　　　　look up 仰望;查阅;好转

live down 使人忘记(错误、失败等)　　　put off 推迟

set up 建立,安排　　　　　　　　　　sit down 坐下

stand up 站起来;经得起检验　　　　　stay in 待在家里

stay away 离开,缺席　　　　　　　　　stay up 熬夜

stay on 继续停留　　　　　　　　　　slack up 减退,减弱

slack off 偷懒,松懈,懈怠　　　　　　　take off 起飞;脱下

use up 用完,耗尽

(1)作及物动词。在“动词+副词”的词组中,宾语位置有两种情况:一种是宾语是名词,可置于副词后,亦可置于动词和副词之间;另一种是宾语是代词,只能置于动词后,即动词和副词之间。如:

She brought up four children. 她养育了四个孩子。

His grandmother and his father brought him up. 是他的祖母和父亲把他养大的。

(2)作不及物动词。如:

Something unexpected has turned up. 出现了意外的情况。(turn up=appear)

(3)既可作及物动词又可作不及物动词。动词短语的及物性与不及物性主要取决于动词短语的意思。如:

The barrel of gunpowder blew up. (不及物动词)火药桶爆炸了。

The soldiers blew up the bridge. (及物动词)士兵们把桥炸毁了。

3. 动词+副词+介词

catch up with 赶上   come out of 由……产生

come up with 提出,想出   do away with 废除

get along with 与……相处   get off on 因……而兴奋

keep up with 和……保持联系   live up to 不辜负

(be) made up of 由……组成   put up with 忍受

在这类动词短语中,动词、副词、介词紧密结合,是动副词组和动介词组的合成体,词义上相当于一个及物动词。它兼有以上两类词组的特点,但宾语总是位于介词之后。如:

We must work hard to make up for the lost time. 我们必须努力工作来弥补失去的时间。

(make up for = compensate for)

4. 动词+名词

give a hand 提供帮助   give a talk 做报告

have a try 尝试   make a bet 打赌

make a mistake 犯错误   take a bath 洗澡

这类动词短语中的常见动词有 give, have, make, take 等,后面的名词通常是从动词转化而来的动作名词,表达了该词组的真正意义。如:

Let's have another try. 让我们再试一下。[have a try = (v.) try]

5. 动词+名词+介词

attach importance to 重视,认为……重要   catch sight of 看到

keep an eye on 照看;留意   make light on 轻视,对……不在乎

make fun of 取笑   make use of 利用

meet (the) needs of 满足……的需要   pay attention to 注意

shed light on 阐明,解释清楚   take care of 照顾

这类动词短语只用作及物动词。名词前可加形容词说明程度,宾语总是位于介词之后。如:

Keep an eye on the baby while I am out. 我不在家时请照看一下婴儿。

6. be +形容词+介词

be attached to 附属于   be aware of 知道

be busy with 忙于(某事)   be capable of 能够

be certain of 确信   be connected with 与……有关,涉及

be close to 接近   be concerned with 涉及

be conscious of 意识到   be crazy about 着迷

be entitled to 有权做(某事)   be equal to 相等,胜任

be familiar to 为……所熟悉   be familiar with 熟悉

be indifferent to 对……漠不关心   be patient with 对……有耐心

be relevant to 与……有关   be reluctant to 不愿意做某事

be short of 缺乏   be synonymous with 与……同义,等同于

"be +形容词(包括过去分词作形容词)+介词"相当于及物动词,宾语位于介词后面,形容词代表该词组的真正意义。如:

I know she is slow at understanding, but you have to be patient with her. 我知道她理解力差,但你得对她耐心些。

(二)动词短语示例

以下示例是以 take 和 turn 开头的部分动词短语。

take a chance 冒险	take advantage of 利用,趁……之机
take away 清除,拿走	take care 小心,当心
take charge of 担任,负责	take delight in 以……为乐
take down 记下,写下	take effect 生效,起作用
take for 把……认作,把……看成	take … into account 考虑到……
take it easy 放松点,别紧张	take one's time 不慌不忙,从容进行
take over 接管,代理	take place 发生,进行
take the place of 代替	take up 占有
turn down 拒绝,驳回;关小,调低	turn in 上交;归还;上床睡觉
turn on 接通,打开	turn out 制造,生产;结果是
turn over 移交;翻转;仔细考虑;换频道	turn to 变成;求助于,借助于
turn up 开大,调高;出现,来到	

二、常用介词短语

介词与后面的名词、代词等搭配,构成介词短语。以下示例是以 in 和 on 开头的部分介词短语。

in a sense 从某种意义上说	in contrast with/to 与……形成对照
in danger 在危险中,垂危	in conflict with 与……发生争执/冲突
in debt 欠债	in honor of 为纪念,为庆祝
in nature 本质上	in need of 需要
in no case 决不	in no sense 决不
in no time 立即,马上	in no way 决不
in order 按顺序	in particular 特别地,尤其
in pace with 跟随潮流;随着	in person 亲自
in place of 代替	in practice 在实际中,实际上
in principle 原则上,大体上	in private 私下地,私密地
in progress 在进行中	in question 考虑(讨论)中的
in relation to 关系到	in return 作为报答,作为回报
in secret 秘密地,私下地	in shape 处于良好的状态
in sight 被看到	in terms of 从……角度而言

in view of 鉴于,考虑到

on account of 因为,由于

on (the/an) average 平均;一般来说

on board 在船(车、飞机)上

on condition that 在……条件下

on one's own 独自地,独立地

on sale 出售

on the contrary 反之,正相反

on the road 在旅途中

on the side 作为兼职;暗地里,秘密地

on the whole 总的来说,大体上

on any account 无论如何

on behalf of 代表

on business 出差

on occasion 有时,不时

on purpose 故意,有意

on the basis of 根据,在……的基础上

on the point of 即将……的时候

on the second thought 经重新考虑

on the spot 当场,在现场

on top of 在……之上,除……之外

三、常用习惯搭配

习惯搭配是指人们在长期的语言实践中因普遍使用而约定俗成的表达方式。如：

It rained heavily. 雨下得很大。(用 heavily 来修饰 rain,而不用 largely 或 greatly)

英语中的习惯搭配主要分为以下几种。

(一)动词+介词

动词和介词的搭配是最常见的一种搭配形式。相同的动词可以与不同的介词搭配形成不同含义的固定短语,例如,动词 stand 和不同的介词搭配:stand against (反对,抵抗), stand by (支持), stand for (忍受,代表), stand off (疏远,保持一定距离), stand over (监督)等。同样,相同的介词也可以与不同的动词形成不同意义的搭配,例如介词 for 的搭配形式:ask for (要求,请求), call for (要求,需要), run for (竞选)等。

(二)动词+名词

动词和名词的搭配是英语中数量最多、最难掌握的一类。考生容易受中文的影响,从而选择错误的选项。例如,动词 make 和不同的名词搭配:make a contribution to (对……做出贡献), make a face (做鬼脸), make a mistake (犯错误), make a noise (吵闹), make a promise (答应,许下诺言), make a speech (演说,演讲), make a decision (做决定), make a friend with (与……交朋友), make a living (谋生), make fun of sb. (取笑某人,开某人的玩笑), make progress (取得进步), make room for (给……腾出地方), make the bed (整理床铺)等。如：

The government is trying to do something to promote a better understanding between the two countries. 政府正努力采取措施以增进两国间的了解。(用 promote 与 understanding 搭配,而不用 raise 或 heighten)

(三)形容词(包括过去分词作形容词)+介词

1. be + adj. + about

be concerned about (关心), be curious about (对……感到好奇), be particular about (讲

究,对……挑剔),be worried about(为……而担心),等等。

2. be + adj. + for

be anxious for(渴望,担忧),be eager for(渴望),be essential for(对……必不可少),be famous for(因……而著名),be fit for(适合,胜任),be grateful for(对……心存感激),be greedy for(渴望得到),be hungry for(渴望得到),be qualified for(有……的资格),be remarkable for(以……而著称),be responsible for(对……负责),be suitable for(适合于……),be thankful for(感谢),be thirsty for(渴望),be vital for(对……是至关重要的),be well-known for(因……而著名),等等。

3. be + adj. + at

be amazed at(对……感到惊讶),be annoyed at(对……恼怒),be astonished at(对……感到惊讶),be bad at(不擅长),be clever at(擅长),be good at(擅长),be poor at(不擅长),be shocked at(对……感到震惊),be skillful at(擅长,精通),be slow at(不擅长),be surprised at(对……感到意外),be terrible at(不擅长),等等。

4. be + adj. + in

be absorbed in(全神贯注于),be abundant in(富含),be accurate in(准确的),be active in(对……很积极),be confident in(信任……),be dressed in(穿着),be employed in(受雇于),be engaged in(参与,忙于),be experienced in(在……方面有经验),be fortunate in(在……方面幸运),be honest in(在……方面诚实),be interested in(对……感兴趣),be involved in(包括到……中,涉及),be lost in(埋头于,迷失在……中),be occupied in(忙于),be rich in(富有……的),be strong in(擅长),be successful in(在……方面成功),be weak in(不擅长),等等。

5. be + adj. + of

be afraid of(害怕),be ashamed of(为……感到羞耻),be critical of(对……持批判态度),be doubtful of(怀疑),be envious of(羡慕,嫉妒),be expressive of(表现……的),be fearful of(害怕),be fond of(喜爱),be frightened of(害怕),be full of(充满),be hopeful of(对……抱有希望),be ignorant of(不知道),be independent of(不依赖……),be innocent of(无罪的),be jealous of(嫉妒),be proud of(以……为骄傲),be sensible of(知道,意识到),be sure of(确信,对……有把握),等等。

6. be + adj. + to

be acceptable to(使……可接受),be accustomed/used to(习惯于),be attached to(喜爱,附属于),be beneficial to(有益于),be committed to(致力于),be contrary to(与……相反),be convenient to(对……方便),be devoted to(专心于,献身于),be essential to(对……必不可少),be exposed to(暴露,接触),be inclined to(倾向于……),be inferior to(次于,比……差),be junior to(比……年幼),be opposite to(与……相反),be parallel to(与……平行,与……类似),be peculiar to(限于,是……所特有的),be polite to(对……有礼貌),be prior to(在……之前,优先于),be related to(与……有关),be senior to(比……年长),be sensitive to(对……敏感,灵敏),be similar to(与……相似),be superior to(优

于,胜过),be scheduled to(预计,安排),等等。

7. be + adj. + with

be angry with（对……发脾气,生气）,be associated with（与……有关）,be bored with（对……感到厌烦）,be consistent with（与……一致）,be content with（对……感到满意）,be delighted with（对……感到高兴）,be fed up with（对……感到厌烦）,be friendly with（与……友好相处）,be generous with（在……上大方）,be impressed with（对……印象深刻）,be pleased with（对……感到满意）,be satisfied with（对……感到满意）,be troubled with（为……烦恼）,be wrong with（有点毛病,有些不舒服）,等等。

（四）名词+介词

1. n. + for

blame for（责备）,care for（关心,照顾）,cause for（……的原因）,desire for（渴望）,evidence for（证据）,excuse for（借口）,explanation for（对……的解释）,gift for（给……的礼物）,love for（对……的热爱）,match for（匹配）,necessity for（需要）,need for（对……的需要）,passion for（对……的热爱）,plan for（为……制订计划）,preference for（偏爱）,preparation for（为……做准备）,protection for（对……的保护）,reason for（……的原因/理由）,reputation for（以……闻名）,responsibility for（对……负责）,selection for（选择）,shelter for（……的庇护）,suggestion for（对……的建议）,sympathy for（对……表示同情）,talent for（有……的天赋）,taste for（对……的喜爱）,等等。

2. n. + in

belief in（相信,对……的信仰）,confidence in（对……信任）,delight in（因……感到快乐）,difficulty in（……的困难）,expert in（专长于）,faith in（对……的信任）,improvement in（好转,改进）,interest in（对……有兴趣）,pleasure in（高兴）,pride in（以……为骄傲）,role in（……的作用）,skill in（技能,对……熟练）,specialist in（……的专家）,trust in（信任,依靠）,等等。

3. n. + on

advice on（……方面的意见）,attack on（攻击）,authority on（有关……的权威,……的专家）,book on（有关……的书）,comment on（对……的评论）,control on（对……的限制）,dependency on（对……的依赖）,duty on（针对……的税）,expert on（……方面的专家）,emphasis on（着重于,对……的强调）,impression on（对……的印象）,influence on（对……的影响）,information on（有关……的消息）,lecture on（有关……的演讲/讲座）,mercy on（对……宽恕,怜悯）,operation on（对……做手术）,opinion on（有关……的意见）,outlook on（对……的看法）,report on（就……做报告）,reflection on（反思）,research on（研究）,pressure on（压力）,question on（……的问题）,stress on（对……的强调）,study on（调查）,suggestion on（对……的建议）,theory on（关于……的理论）,view on（关于……的观点）,等等。

4. n. + to

access to（接近,有权使用,通向……的入口）, admission to（许可,允许进入）, answer to（……的答复）, appeal to（呼吁,恳求）, approach to（……的方法）, assistance to（对……的援助）, danger to（危害）, devotion to（奉献）, entrance to（……的入口）, invitation to（邀请,招致）, introduction to（……的介绍）, key to（……的关键）, limit to（限制）, reference to（提及,涉及）, response to（对……的回答,对……的反应）, relation to（关于,涉及）, solution to（……的解决办法）,等等。

5. n. + with

agreement with（同……达成协议）, appointment with（与……的约会）, combination with（与……结合）, communication with（与……交流）, company with（与……一起）, concern with（关心,挂念）, connection with（与……有关系）, (in) conversation with（和……谈话）, (in) cooperation with（与……合作）, disagreement with（与……意见不一）, (in) harmony with（与……和睦相处,与……一致）, interference with（干涉,妨碍）, (fall in) love with（爱上）, patience with（忍耐）, talk with（与……交谈）, trouble with（在……方面有困难/麻烦）,等等。

英语中还有很多其他的惯用搭配,考生在平时要多注意积累和运用,养成良好的语感,这样才能做出正确的选择。

第二讲　动词的时态、语态和情态动词

核心考点一　动词的时态和语态

一、时态

时态是指特定时间内动作的状态,英语中的时态靠动词的变化和时间状语来表达。英语中共有 16 种时态,常用的有 9 种。做关于时态的题目,考生需要从时态的概念、构成和时间状语三方面把握。

表 2-1-2　英语的 16 种时态

时间	状态			
	一般	进行	完成	完成进行
现在	do/does	am/is/are doing	have/has done	have/has been doing
过去	did	was/were doing	had done	had been doing
将来	will do	will be doing	will have done	will have been doing
过去将来	would study	would be doing	would have done	would have been doing

（一）一般现在时

一般现在时主要用来表示人、事物现在的状况和特点;表示经常或习惯性的动作,句子中常用 often，always，from time to time，usually，sometimes，every day 等时间状语；表示客观规律和永恒真理等。如：

He usually goes to work at 7 o'clock every morning.

She has a brother who lives in New York.

The earth goes around the sun.

Guangzhou is situated in the south of China.

1. 表示永恒的真理，即使出现在过去的语境中，仍用一般现在时。如：

I learned that the earth goes around the sun when I was in primary school.

2. 在时间和条件状语从句中，常用一般现在时来代替一般将来时。常用的引导词（短语）如下。

时间：when，until，after，before，as soon as，once，the moment/the minute，the day 等。

条件：if，unless，provided（that）等。

If he accepts the job，he will get more money soon.

3. 在"make sure（certain），see to it，mind，care，matter +宾语从句"中，从句用一般现在时代替一般将来时。如：

So long as he works hard，I don't mind when he finishes the experiment. 只要他努力工作，我不介意他什么时候做完试验。

4. 在 the more … the more …（越……越……）句型中，前一个"the more"相当于比较状语从句，后一个"the more"为主句。若主句是一般将来时，从句通常用一般现在时。如：

The harder you study，the better results you will get.

（二）一般过去时

一般过去时表示在过去某个特定时间发生且完成的动作，或过去习惯性的动作，不强调对现在的影响，只说明过去。常与明确的过去时间状语连用，如 yesterday，last week，in 1945，at that time，once，before，a few days ago，when 等。如：

He went to the toy store yesterday. 他昨天去玩具店了。

What did you do last night? 你昨晚做什么了？

注意：used to + do，表示过去经常但现在已不再维持的习惯动作。如：

He used to smoke a lot. 他曾经抽烟抽得很凶。

be/become/get used to + doing 表示习惯于做某事。如：

He has got used to getting up early. 他习惯了早起。

（三）一般将来时

一般将来时表示在将来某个时间会发生的动作或情况。常和 tomorrow，next year，in 2022 等表示将来的时间状语连用。

1. be going to +动词原形

这种结构表示说话人根据已有的迹象，判断将要发生某种情况；或表示主语现在的意图或现已做出的决定，即打算在最近或将来进行某事。这种意图或决定往往是事先经过考虑

的。be going to 可表示单纯地预测未来的事,此时 be going to 可与 will 互换。如:

There is going to be a football match in our school tomorrow afternoon. 明天下午我们学校将有一场足球赛。(已有告示)

I think it is going to/will rain this evening. 我认为今晚要下雨。

2. shall/will +动词原形

will 可用于所有人称,但 shall 仅表示单纯将来,用于第一人称 I 和 we。will 和 shall 可用来预言将来发生的事,如说出人们设想会发生的事,或者请对方预言将要发生什么事。如:

It will rain tomorrow. 明天将会下雨。

3. be to +动词原形

这种结构主要表示按计划或安排要做的事情。如:

The concert is to be held this evening. 音乐会将在今晚举行。

4. be about to +动词原形

这种结构表示就要做或正好要做的事情,往往暗含一种时间上的巧合,因此通常不再与表示具体时间的状语连用。如:

The plane is about to take off. 飞机马上就要起飞了。

5. be +现在分词

这种结构表示即将发生的动作或存在的状态。并不是所有动词都具有这样的用法,通常可用于该句型中的动词有 come,go,leave,arrive,begin,start,stop,close,open,die,join,borrow,buy 等瞬间动词。

(四)进行时

1. 现在进行时

现在进行时表示说话的同时或目前一段时间内正在进行的动作;或表示感情色彩,加强语气。现在进行时与频率副词 always,constantly,continually,again 等连用表示说话人的某种感情色彩(赞叹、厌烦、不满等)。如:

We are having English class.

The house is being built these days.

The little boy is always making trouble.

(1)在时间状语或条件状语从句中表示将来正在进行的动作。如:

Look out when you are crossing the street.

Don't wake him up if he is still sleeping at 7:00 tomorrow morning.

(2)表示在最近按计划或安排要进行的动作(这时多有表示将来的时间状语)。如:

Mary is leaving on Friday.

2. 过去进行时

过去进行时表示过去某个时间点或某段时间内正在发生的动作。如:

The boy was doing his homework when his father came back from work.

He was taking a walk leisurely by the lake when he heard someone shouting for help.

What were you doing at nine last night?

The radio was being repaired when you called me.

3. 将来进行时

将来进行时表示将来某个时间正在发生的动作,或按计划一定会发生的事情。如:

I'll be doing my homework this time tomorrow.

The president will be meeting the foreign delegation at the airport.

(五)完成时

1. 现在完成时

现在完成时表示过去某一时间发生并持续到现在或将持续下去的动作,强调过去发生的事对现在造成的影响或结果;还表示现在已经完成的动作。现在完成时常用的一些标志性的时间状语如下。

(1)for +时间段;since +时间点。如:

They have lived in Beijing for five years.

They have lived in Beijing since 2000.

I have learned English for ten years.

(2)常见的不确定的时间状语:lately, recently, just, already, yet, up to now, till, now, so far, these days。如:

Has it stopped raining yet?

(3)在表示"最近几世纪/年/月以来……"的时间状语中,谓语动词用现在完成时。如:

in the past few years/months/weeks/days;over the past few years;during the last three months; for the last few centuries;throughout history 等。

(4)表示"第几次做某事",或在"it is the best (worst, most interesting)+名词+ that"后面用现在完成时。如:

This is the first time that I have visited China.

It is the most interesting film that I have ever seen.

This is the only book that he has written.

2. 过去完成时

过去完成时表示过去某个时间之前已经完成的动作,即动作发生在"过去的过去",句中有明显的参照动作或时间状语(如 before, after, by, up till),这种时态不孤立使用。如:

There had been 25 parks in our city up till 2000.

By the end of last term we had finished the book.

They finished earlier than we had expected.

(1)用于 hardly/scarcely … when;no sooner … than 句型中,主句用过去完成时,从句用一般过去时。如:

I had hardly finished my book when he came to see me.

I had no sooner got into the room than it began to snow.

No sooner had I arrived home than the telephone rang. (注意主谓倒装)

(2)表示"第几次做某事",主句用过去时,从句用过去完成时。如:

That was the second time that she had seen her grandfather.

It was 5 years since we had parted.

3. 将来完成时

将来完成时表示在将来某时刻之前已完成的事情,时间状语非常明显。

(1)常用的时间状语为"by+将来的时间"。如 by the end of this year, by 8 o'clock this evening, by March next year,以及由 by the time, before 或 when 等引导的状语从句。如:

By the end of next month, he will have travelled 1 000 miles on foot.

By the time you reach the station, the train will have left.

By next Tuesday, I will have got ready for the exams.

(2)在时间状语从句和条件状语从句中,将来完成时由现在完成时表示。如:

The children will do their homework the moment they have come back from school.

经典例题

In the booming city of Rio de Janeiro, a luxury hotel _____ trash into treasure for more than a decade, long before food waste was at the forefront of anyone's mind.

A. was turning   B. has been turning

C. is turning   D. had been turning

【答案】D。解析:句意为"在蓬勃发展的里约热内户,远在食物浪费成为人们关注的焦点之前,一家豪华酒店在十多年的时间里把垃圾_____珍宝"。根据后半句谓语动词 was 可知,食物浪费成为人们关注的焦点是在过去,在过去的过去要用过去完成时。故本题选 D。

二、语态

(一)概念

语态是动词的一种形式,表示主语和谓语动词之间的具体关系,分为主动语态和被动语态。主动语态表示主语是谓语动作的执行者;被动语态表示主语是谓语动作的承受者。考试中经常会出现被动语态的考点。

(二)常考知识点

各种时态的被动语态形式如下表所示(以 make 为例)。

表 2-1-3　各种时态的被动语态形式

时间	时态		
	一般时	进行时	完成时
现在	am/is/are made	am/is/are being made	has/have been made
过去	was/were made	was/were being made	had been made
将来	shall/will be made	—	shall/will have been made

动词的语态一般不单独考查,而是和时态和非谓语动词等一起考查,需要注意以下考点。

1. 不能用于被动语态的动词和词组:

come true, consist of, take place, happen, become, rise, occur, belong, break out, appear, arrive, die, fall, last, exist, fail, succeed 等。如:

It took place before liberation.

2. 下列动词的主动语态表示被动意义,而且常与 well, quite, easily, badly 等副词连用:

lock(锁), wash(洗), sell(卖), read(读), wear(穿), blame(责备), ride(乘坐), write(写)。如:

Glass breaks easily. 玻璃容易破碎。

The case locks easily. 这箱子很好锁。

The book sells well. 这本书很畅销。

3. 一些常用的经典被动句型:

It is said ..., It is reported, It is widely believed, It is expected, It is estimated ...等。

这些句子一般翻译为"据说……""人们认为……"。

而"以前人们认为……"则应该说:It was believed ..., It was thought ...。

核心考点二 情态动词

一、情态动词的基本用法

(一) can 和 could

can 和 could 表示"能力,许可,可能"等。could 是 can 的过去式。表示请求时 could 可以代替 can, 语气较为委婉, 但表示允许时不用 could。在口语中 can 可以代替 may 表示"许可", may 比较正式。

如:Can you carry the heavy box? (表能力)

—Can/Could I go now? (表请求)

—Yes, you can. (表允许)

I thought the story could not be true. (表可能)

注意:can 和 be able to 都可以表示能力,在意思上没有区别。但 can 只有原形和过去式, 表示一般性的能力, 而 be able to 则有更多的形式, 表示在特定情况下能够做某事的能力。

(二) may 和 might

may 和 might 表示"许可,可能"。表示请求时用 might 语气更委婉, 而表示允许时不用 might。may 和 might 都可表示可能性, 常用于肯定句, 有"或许,可能"的意思, might 语气更加不肯定。

如:You may eat whatever you like. (表许可)

They may/might be from Canada. （表可能）

（三）must 和 have to

must 表示"必须,应该";have to 表示"必须,不得不"。两者的意思很接近,但 must 表示说话人的主观看法,而 have to 表示客观需要。在回答 must 的问句时,否定式常用 needn't 或 don't have to,表示"不必",而不用 mustn't。否定形式 mustn't 表示"不应该,不许,禁止"等。must 还表示推测,意为"一定,准是",只用于肯定句,在否定句或疑问句中用 can/could。

如:—Must we hand in our exercise-books now? （表必须）

—No, you needn't. /No, you don't have to.

There must be something wrong. （表推测）

Every student will have to know how to use the computer. （表必须）

（四）shall 和 should

shall 用来表示征求对方的意见或向对方提议,用于第一、第三人称疑问句;还可表示说话人给对方的命令、警告、允诺或威胁,用于第二、第三人称陈述句。should 表示劝告、建议、责任、义务或要求,常译为"应该"。

如:Shall the reporters wait outside? （表征求意见）

Passengers shall not talk with the driver while the bus is moving. （表警告）

You should keep your promise. （表义务）

（五）will 和 would

will 表示意愿、决心等,用于各种人称陈述句。will 用于第二人称疑问句时,表示请求或建议。would 是 will 的过去式,用法和 will 一样,但语气比 will 更委婉。Would you please ...? 是一种非常礼貌的请求。will 和 would 还可表示某种倾向或习惯性动作。

如:Will you close the window? （表请求）

I promised that I would do my best. （表决心）

The boy would sit there hour after hour looking at the traffic go by. （表习惯性动作）

二、情态动词表推测的用法

（一）对现在、将来情况的推测

（1）对现在、将来情况的肯定推测:must +动词原形或 should/need to/have to +动词原形。

（2）对现在、将来情况的否定推测:can't +动词原形。

（3）对现在、将来情况的可能推测:may/might +动词原形。

如:He must be sleeping. 他一定在睡觉。

He can't be reading. 他一定没在读书。

He may/might be reading but I'm not sure. 他可能在读书,但我不确定。

（二）对过去情况的推测

（1）对过去情况的肯定推测：must + have done sth. 。

（2）对过去情况的否定推测：can't + have done sth. 。

（3）对过去情况的可能推测：may/might + have done sth. 。

第三讲　从句

核心考点一　主语从句

一、定义

主语从句就是在复合句中用作主语的从句。

二、引导词及其用法

（一）由从属连词（that, whether）引导

That our team had won the match made us excited.

注意：不能表述成 Our team had won the match made us excited. 尽管 that 在主语从句中没有实际含义，但它起引导主句的功能，在这里不可省略，否则句子结构会出现混乱，有两个谓语动词。如：

Whether it will do us harm remains to be seen.

（二）由特殊疑问词（which, how, why, when, what, where, who, whose, whom）引导

Which side wins makes no difference to him.

How he manages to finish the job is of interest to us all.

Why he failed to pass the final exam confused all of us.

When he will go abroad is not yet decided.

（三）it 作形式主语

由于主语从句位于句首会使句子显得"头重脚轻"，可把 it 放在句首作形式主语，而把真正的主语后置。如：

It made us excited that our team had won the match.

It remains to be seen whether it will do us harm.

It makes no difference to him which side wins.

It is said that he is the best student in the class.

核心考点二　宾语从句

一、定义

宾语从句就是在复合句中用作宾语的从句。如：

I haven't decided whether I should go.

She has got what she wanted.

二、时态

1. 主句用一般现在时，从句的时态根据实际来判断。

2. 主句用过去时，从句用过去某个时态。

3. 从句是客观真理时，不管主句是什么时态，从句只用一般现在时。如：

I don't know if other clients are going to abandon me, too. 我不知道其他顾客是否也会离开我。

The headmaster said that our team had won the match.

The teacher told us that light travels faster than sound.

三、引导词及其用法

（一）从属连词（that，if，whether）

that 引导陈述句作宾语从句，that 不作成分，无词义，只起连接作用。whether 和 if 引导的宾语从句，表示"是否"，从句常放在动词（短语）know，ask，care，wonder，find out 等后面。如：

He said that he was not coming and that he would call me tonight.

I don't know if there will be a bus any more.

Nobody knew whether he could pass the exam.

（二）连接代词（who，whom，whose，what，whoever，whomever，whatever，whichever 等）

连接代词一般引导特殊疑问句作宾语从句，但 what，whatever 除了指疑问外，也可以指陈述。连接代词可在宾语从句中作主语、宾语、表语、定语等，不可省略。

Do you know who has won the Red Alert game? 你知道是谁赢了红色警戒的游戏吗？

The book will show you what the best CEOs should know.

Have you determined whichever you should buy, a Huawei or an Apple cell phone? 你决定好是买华为手机还是苹果手机了吗？

1. 连接代词一般指疑问，但 what, whatever 除了指疑问外，也可以指陈述。

2. if, whether 引导从句的异同。

（1）if 和 whether 在作"是否"解时，引导的宾语从句常放在动词 know, ask, care, wonder 后，if 和 whether 可互换。 如：

He asked if（whether）we wanted a drink.

注意：若是引导条件状语从句，则只能用 if（意为"如果"）。

（2）当引导一个表示否定含义的宾语从句时，用 if 而不用 whether。 如：

I don't care if it doesn't rain.

注意：在个别词语（如 wonder, not sure 等）后面的宾语从句，有时也可用 whether 引导。 如：

I wonder if（whether）he isn't mistaken.

（3）whether 后可以加 or not，但是 if 不可以。 如：

I will write to you whether or not I can come.

（4）在不定式前只能用 whether。 如：

I can't decide whether to stay. 我不能决定是否留下。

（5）引导宾语从句或主语从句，且置于句首时只能用 whether。 如：

Whether he has left, I can't say. （whether 引导宾语从句）

Whether he will come is still a question. （whether 引导主语从句）

（6）引导表语从句、让步状语从句、同位语从句时用 whether，不用 if。 如：

The question is whether we should go on with the work.

Whether he agrees or not, I shall not do that.

The question whether we need it has not been considered.

（三）连接副词（when, where, why, how, whenever, wherever, however 等）

连接副词也可引导特殊疑问句作宾语从句。连接副词在宾语从句中作状语，不可省略。

He didn't tell me when we should meet again.

Could you please tell me how you use the new panel? 你能告诉我怎么用这个新的操纵面板吗？

None of us knows where these new parts can be bought. 没有人知道这些新的零件能在哪里买到。

四、用 it 作形式宾语的宾语从句

1. 动词 find，feel，consider，make，believe 等后有宾语补足语时，需要用 it 作形式宾语且将 that 引导的宾语从句后置。 如：

I consider it necessary that we take plenty of hot water every day.

I feel it a pity that I haven't been to the get-together. 我对没去聚会感到非常遗憾。

I have made it a rule that I keep diaries. 我养成了写日记的习惯。

We all find it important that we（should）make a quick decision about this matter.

我们都认为对这件事马上做出决定很重要。

2. 有些动词(短语)接宾语从句时需要在宾语从句前加 it。这类动词(短语)主要有 hate，take，owe，have，see to（see to it that 务必，保证）。如：

I hate it when they talk with their mouths full of food. 我讨厌他们说话时嘴里含满食物。

He will have it that our plan is really practical. 他会认为我们的计划确实可行。

We take it that you will agree with us. 我们认为你会同意我们的。

When you start the engine，you must see to it that the car is in neutral. 发动引擎时，一定要使汽车的离合器处于空挡位置。

3. 若宾语从句是由 when，where，why 等引导，则不可用 it 作形式宾语。如：

We all consider what you said to be unbelievable. 我们都认为你说的并不可信。

We discovered what we had learned to be useful. 我们发现我们所学到的东西都是有用的。

经典例题

Her first call of the day is to a woman poised at the door to her apartment，debating _____ to take that quick walk to get groceries.

    A. whether   B. where   C. what   D. how

【答案】A。解析：句意为"她那天的第一个电话是打给一位站在自家门口正在考虑是否快步走向杂货店的女士"。whether"是否"引导宾语从句，后面可以跟不定式，如 We decided whether to walk there（我们决定是否步行去那里）。where（哪里），how（如何）在宾语从句中作状语，what（……的事/人）在宾语从句中作主语、宾语等；虽然 where，how，what 其后均可跟不定式，但代入句中均不符合句意，排除 B、C、D。故本题选 A。

核心考点三　表语从句

一、定义

表语从句就是在复合句中用作表语的从句。如：

The fact was that our team had won the match.

That's where you are wrong.

The problem is not whether you agree with us or not.

二、引导词及其用法

连接表语从句的引导词有 that，what，who，when，where，which，why，whether，how 等。如：

He has become what he wanted to be ten years ago. 他已经成为他十年前想成为的人。

She has remained where I stood yesterday for an hour. 她一直在我昨天站的地方站了一个小时。

His suggestion is that we should stay calm. 他的建议是，我们应该保持冷静。

The question is when he can arrive at the hotel. 问题是他什么时候可以到达酒店。

三、接表语从句的系动词

（1）be(being,been,am,is,are,was,were)

（2）feel,seem,look,appear,sound,taste,smell

（3）stand,lie,remain,keep,stay

（4）become,get,grow,turn,go,come,run,fall

（5）prove,turn out

When Father came in, it seemed that Tom was eating something.

The river appeared as if enveloped in smog. 那条河好像笼罩在烟雾之中。

It sounds to me as though there's a tap running somewhere. 我好像听到某处水龙头流水的声音。

The statistics prove that about 15% of people lose their jobs every year.

（6）系动词的固定搭配:come true, fall asleep, fall ill, go bad, come right, run wild(胡闹,发疯)等。

核心考点四　同位语从句

一、定义

在复合句中用作同位语的从句叫同位语从句。

二、引导词及其用法

同位语从句一般用 that,whether,who,when,where,why,how 等词引导(不能用 if 和 which 引导)，常放在 fact, news, idea, truth, hope, problem, information, wish, promise, answer, evidence,report,explanation,suggestion,conclusion 等抽象名词后面,说明该名词的具体内容。换言之,同位语从句和所修饰的名词在内容上为同一关系,同位语从句对所修饰的名词做进一步说明。如:

The headmaster announced the news that our team had won the match.

He had no idea why she left.

There is some doubt whether he will come.

1. 如果同位语从句意义完整,应用 that 引导同位语从句(that 不充当任何成分,只起连接作用,不可省略)。如:

The general gave the order that the soldiers should cross the river at once. 将军下达了战士们立即过河的命令。

2. 如果同位语从句意义不完整,需增加"是否"的含义,应用 whether 引导同位语从句。如:

We'll discuss the problem whether the sports meeting will be held on time. 我们将讨论运动会是否会如期举行的问题。

3. 如果同位语从句意义不完整,需增加"什么时候""什么地点""什么方式"等含义,应用 when,where,how 等词引导同位语从句。如:

I have no idea when he will be back.

4. 当主句的谓语较短,而同位语从句较长时,同位语从句常后置。如:

The thought came to him that maybe the enemy had fled the city.

核心考点五　定语从句

一、定义

定语从句主要是用来修饰它前面的先行词(名词或代词)的从句,所以又称形容词从句。根据与先行词的关系,定语从句可分为限制性定语从句和非限制性定语从句。定语从句主要考查引导定语从句的关系代词、关系副词、介词+引导词及非限制性定语从句。解答定语从句题目需要首先确定定语从句修饰的是哪个词,作什么成分。

二、限制性定语从句

1. 引导定语从句的引导词有关系代词(who,whom,which,that,whose,as 等)和关系副词(when,where,why 等)。下列情况对引导词有特殊要求。

(1)当先行词本身是 all,everything,nothing,something,anything,little,much 等不定代词或先行词被 all,no,some,any,every,few,little,the only, the very 等或序数词或形容词最高级修饰时,定语从句的引导词用 that。如:

All that you want are here.

There is no person that doesn't make mistakes.

Is there anything that you want to buy in town?

This is the best film that I have ever seen.

This is the first time I have ever eaten sushi.

(2)当主句是以 which 或 who 开头的特殊疑问句时,关系代词只能用 that。如:

Who is the girl that is talking with Mr. Brown?

(3)如果出现两个或两个以上的先行词,并同时兼指人和物时,关系代词用 that。如:

We are talking about the people and countries that we have visited.

The scientist and his achievements that you told me about are admired by us all. 我们所有人都钦佩你告诉我的那位科学家和他所取得的成就。

(4)why 引导表示原因的定语从句,其先行词一般是 reason。当主句主语是 reason 时,作主句表语的成分不能有 because 和 because of。其结构一般为 the reason why … is that …,或者 the reason that … is that …。如:

He did not tell us the reason why he was late again.

The reason why (that) he didn't come is that he was ill.

2. 在"介词+ which/whom"的结构中,介词的选择取决于以下三种情况。

(1)定语从句中谓语动词或表语的搭配(指人只能用 whom,指物用 which)。如:

This is the college in which I am studying. (从句可还原为 I am studying in the college.)

He is the man about whom we are talking. (从句可还原为 We are talking about the man.)

(2)先行词与介词的习惯搭配。

当先行词表示"领域,方面"时,如 aspect,respect,area,field 等,用 in which。

当先行词表示"价格,利率,速度"时,如 rate,price,speed 等,用 at which。

当先行词表示"程度"时,如 degree,extent 等,用 to which。

当先行词表示"根据,依据,基础"时,如 grounds,foundation,basis 等,用 on which。

Are you able to find work in the field in which you obtained your degree?

The speed at which the machine operates is shown on the meter.

It is useful to be able to predict the extent to which price change will affect supply and demand.

(3)当定语从句为最高级时只能用 of which,其他情况则用其他介词。如:

I have five dictionaries of which Longman Dictionary is the best.

I have five dictionaries among which Longman Dictionary is published in the UK.

注意:不可拆分的动词短语其介词不能提前,如 put up with;有的短语可能有不同的介词搭配,此时需要根据上下文来确定,如:

Are you familiar with which foods are heart-healthy and which ones are heart-harmful? 你是否熟悉哪些食物对心脏有益,哪些对心脏有害?

When teaching math, it's important to give children a basis in reality, something familiar to which they can tie their math concepts. 在教授数学时,重要的是给孩子一个现实基础,可以使他们将数学概念与熟悉的东西联系起来。

3. 当先行词为表示时间的名词(如 time,day,year,week,month,occasion)或表示地点的名词(如 place,room,city,country)时,一般用关系副词 when 和 where,相当于 in which,at which 或 on which。但是当这些表示时间或地点的名词作从句的宾语时,则要用关系代词 that 或 which。如:

I can't forget the days when (in which) I lived with you. (从句可还原为 I lived with you in the days.)

Can you tell me the day when (on which) the first satellite was sent into space? (从句可还原为 The first satellite was sent into space on the day.)

China is the only country where (in which) wild pandas can be found. (从句可还原为 Wild pandas can be found only in the country.)

I'll never forget the village where I spent my childhood. (从句可还原为 I spent my childhood in the village.)

I will never forget the days that（which）I spent in Peking University.（从句可还原为 I spent the days in Peking University. 本句中 days 作 spent 的宾语，故用关系代词 that/which）

I have never been to Beijing, but it's the place that I most want to visit.（本句中 the place 作 visit 的宾语）

经典例题

A company _____ profits from home markets are declining may seek opportunities abroad.

A. of
B. whose
C. if
D. with

【答案】B。解析：句意为"国内市场利润减少的公司可能会寻求国外的机会"。主句结构为"A company may seek opportunities abroad"，空格处所填词引导的从句为修饰先行词 a company 的定语从句。由于 profits 和 a company 是所属关系，所以要用关系代词 whose。故本题选 B。

三、非限制性定语从句

（一）定义

非限制性定语从句起补充说明的作用，在句子中不充当成分，去掉它也不会影响全句的意思，它与主句往往用逗号隔开。

（二）引导词及其用法

非限制性定语从句不能用 that 和 why 引导，一般用引导词 which，as 或 who（指人）。非限制性定语从句既可以修饰主句的部分内容，也可以修饰主句的全部内容。

1. who 引导非限制性定语从句，在从句中作主语。如：

Our guide, who was a French Canadian, was an excellent cook. 我们的向导，一个法裔加拿大人，是一位优秀的厨师。

2. 关系代词 whom 用于指人，在句中作动词宾语和介词宾语，作介词宾语时，介词可位于 whom 前面。如：

Peter, whom you met in London, is now back in Paris. 彼得现在回巴黎了，你在伦敦见过他。

Mr. Smith, from whom I have learned a lot, is a famous scientist. 史密斯先生是一位著名的科学家，我从他那儿学了许多东西。

3. whose 是关系代词 who 的所有格形式，在从句中作定语。whose 通常指人，也可指动物或无生命的事物，意为"……的"。如：

The boy, whose father is an engineer, studies very hard. 小男孩学习很努力，他的父亲是一位工程师。

The play, whose style is rigidly formal, is typical of the period. 这个剧本是那个时期的典型作品，风格拘谨刻板。

4. 关系代词 which 在非限制性定语从句中可以指代主句中的名词、形容词、短语、其他从句或整个主句，在从句中作主语、动词宾语、介词宾语或表语。

（1）which 指代主句中的名词,被指代的名词包括表示物、婴儿或动物的名词,表示单数意义的集体名词及表示职业、品格等的名词。如:

These apple trees, which I planted four years ago, have not borne any fruit. 这些苹果树是我四年前栽的,还没有结过果实。

Water, which is a clear liquid, has many uses. 水是一种清澈的液体,有许多用途。

The two policemen were completely trusted, which in fact they were. 那两个警察完全受到信任,事实上也确实如此。

The baby which is sleeping in bed is her daughter. 在床上睡觉的婴儿是她的女儿。

（2）which 指代主句中的形容词。如:

She was very patient towards the children, which her husband seldom was. 她对孩子们很有耐心,她丈夫却很少这样。

She is always careless, which we should not be. 她总是马虎大意,我们可不应该这样。

（3）which 指代某个从句。如:

He said that he had never seen her before, which was not true. 他说以前从没见过她,这不是真的。

（4）which 指代整个主句。如:

In the presence of so many people he was a little tense, which was understandable. 在那么多人面前他有点紧张,这是可以理解的。

He may have acute appendicitis, in which case he will have to be operated on. 他可能得了阑尾炎,如果是这样,他就得动手术。

5. 关系副词 when 在非限制性定语从句中作时间状语,指代主句中表示时间的词语。如:

He will put off the picnic until May 1st, when he will be free. 他将把郊游推迟到 5 月 1 号,那时他有空。

6. 关系副词 where 在非限制性定语从句中作地点状语,指代主句中表示地点的词语。如:

They went to London, where they lived for six months. 他们去了伦敦,在那儿住了六个月的时间。

7. as 引导非限制性定语从句时,指代整个主句,对其进行说明,但通常用于像 as we all know, as it is known, as is known to all, as it is, as is said above, as always mentioned above, as is usual, as is often the case, as is reported in the newspaper 等句式中。as 在非限制性定语从句中作主语、表语或宾语,且引导的从句位置比较灵活,可位于句首或句末,也可位于主句中间,但 which 或 who 引导的非限制性定语从句不能放在主句句首。通常均用逗号将其与主句隔开。as 有"正如……,就像……"之意。如:

He forgot to bring his pen with him, as was often the case. 他忘了带笔,这是常事。（as 在从句中作主语）

As we all know, the moon is a satellite of the earth. 众所周知,月球是地球的卫星。（as 在

从句中作宾语)

He is absorbed in work, as he often was. 他正在全神贯注地工作,他过去经常这样。(as 在从句中作表语)

The large area is covered with thick snow, which affects people's life greatly.

His speech, which bored us to death, was over at last.

Her sister, who lived in another city, was coming to visit her.

经典例题

My eldest son, _____ work takes him all over the world, is in New York at the moment.

A. that
B. whose
C. his
D. who

【答案】B。解析:句意为"我的长子此刻正在纽约,他的工作使他在全世界到处跑"。空格处需填引导非限制性定语从句的关系词,排除 A、C;work 前缺少定语,所以要用 whose 修饰 work,并引导此非限制性定语从句。故本题选 B。

四、同位语从句与定语从句的区别

1. 同位语从句与其前面的名词是同位关系,即说明它前面名词的内容;定语从句与先行词是修饰与被修饰关系,即限定先行词或补充一些情况。如:

The news that I have passed the exam is true. (同位语从句,即从句所表达的意思就是前面名词的内容)我已经通过了考试这一消息是真的。

The news that he told me just now is true. (定语从句,即从句对前面名词起修饰限定作用,消息是"他告诉我的"那个消息,而不是别的消息)他刚才告诉我的消息是真的。

2. 引导同位语从句的 that 是连词,在从句中不充当任何成分;引导定语从句的 that 是关系代词,除了起连接作用外,还在从句中充当主语、宾语或表语等。如:

The idea that computers can recognize human voices surprises many people. (that 在从句中不充当任何成分)计算机能够识别人的声音的想法使许多人感到惊奇。

The idea that he gave surprises many people. (that 在从句中作 gave 的宾语)他提出的观点令许多人感到吃惊。

3. 定语从句是从句对其先行词的修饰或限定,属于形容词性从句的范畴;同位语从句是从句对前面抽象名词的进一步的说明和解释,属于名词性从句的范畴。如:

The news that our team has won the game was true. (同位语从句,补充说明 news 到底是一个什么消息)我们队赢了那场比赛的消息是真的。

The news that he told me yesterday was true. (定语从句,that 指代 news,在从句中作 told 的宾语)昨天他告诉我的那个消息是真的。

I made a promise that if anyone set me free, I would make him very rich. (同位语从句,补充说明 promise 到底是一个什么诺言)我许诺如果谁让我自由,我就让他非常富有。

The mother made a promise that pleased all her children. (定语从句,that 指代 promise 在从

句中作 pleased 的主语)这位妈妈做出了一个令她的孩子们高兴的诺言。

核心考点六　状语从句

一、定义

状语从句主要用来修饰主句或主句的谓语。一般可分为九大类,分别表示时间、地点、原因、目的、结果、条件、让步、比较和方式。掌握状语从句的关键是掌握引导不同状语从句的常用连接词和特殊的连接词。

二、九大状语从句

(一)时间状语从句

常用引导词(组):when,as,while,as soon as,before,after,since,till,until 等。

特殊引导词(组):the minute,the moment,the second,every time,next time,the day,the instant,immediately,instantly,directly,no sooner … than …,hardly … when …,scarcely … when …,not … until 等。

I didn't realize how special my mother was until I became an adult.

While John was watching TV, his wife was cooking.

The children ran away from the orchard (果园) the moment they saw the guard.

No sooner had I arrived home than it began to rain.

Every time I listen to your advice, I get into trouble.

He had hardly begun to speak when the audience interrupted him.

经典例题

_____ the brand gains recognition, several farmers who are not immigrants and some refugee farmers have reached out about selling herbs to the startup.

A. As   B. By

C. With   D. Until

【答案】A。解析:句意为"随着该品牌获得了认可,几个非移民农民和一些难民农民开始将草本植物卖给这家初创企业"。as 作连词时表示"当……时,随着",后面可跟完整的从句;by"在……之前"和 with"随着"均为介词,不能引导状语从句,故排除 B、C;until"直到……"。根据语境可知,逗号前的分句为时间状语从句,A、D 两项都可以引导时间状语从句,根据句意,本题选 A。

(二)地点状语从句

常用引导词:where 等。

特殊引导词组:wherever,anywhere,everywhere 等。

Generally, air will be heavily polluted where there are factories.

Wherever you go, you should work hard.

（三）原因状语从句

常用引导词：because，since，as 等。

特殊引导词组：seeing that（鉴于，因为），now that（既然，由于），in that（因为，由于），considering that（考虑到，鉴于），given that（假定，考虑到），for the reason that（因为……的原因，由于……），in the sense that（在某种意义上说）等。

如：My friends dislike me because I'm handsome and successful.

Since we don't have class tomorrow，why not go out for a picnic?

Now that everybody has come，let's begin our conference.

The higher income tax is harmful in that it may discourage people from trying to earn more.

Considering that he is no more than 12 years old，his height of 1.80m is quite remarkable.

Seeing that it's raining hard，we'll have to stay here for the night.

（四）目的状语从句

常用引导词（组）：so that，in order that 等。

特殊引导词（组）：lest（以免，唯恐），in case，for fear that（以免，唯恐），in the hope that（希望），for the purpose that，to the end that（为……起见）等。

如：The boss asked the secretary to hurry up with the letters so that he could sign them.

The teacher raised his voice for the purpose that the students in the back could hear more clearly.

I'm doing this in the hope that it will be helpful to someone.

（五）结果状语从句

常用引导词组：so … that …，such … that …等。

特殊引导词组：such that，to the degree that，to the extent that，to such a degree that（到……程度，达到……程度）等。

如：He got up so early that he caught the first bus.

It's such a good chance that we must not miss it.

To such a degree was he excited that he couldn't sleep last night.

（六）条件状语从句

常用引导词：if，unless 等。

特殊引导词组：as/so long as，only if，providing/provided that（如果，假设），suppose that，in case that，on condition that（在……的条件下，条件是）等。

如：We'll start our project if the president agrees.

You will certainly succeed so long as you keep on trying.

Provided that there is no opposition，we shall hold the meeting here.

（七）让步状语从句

常用引导词（组）：though，although，even if，even though 等。

特殊引导词(组):as,while(一般用在句首),no matter …,in spite of the fact that, while,whatever,whoever,wherever,whenever,however,whichever 等。

如:Much as I respect him, I can't agree to his proposal.

The old man always enjoys swimming even though the weather is rough.

No matter how hard he tried, she could not change her mind.

He won't listen whatever you may say.

as/though 引导的让步状语从句必须将表语或状语提前(名词、形容词、副词、分词、实义动词提前),即倒装。如:

Old as they were, they stuck to working. 他们虽然年纪大了,还在坚持工作。

Pretty as she is, she is not clever. 她虽然漂亮,但不聪明。

Hard as he tried, he couldn't lift the stone. 他虽然很努力地尝试了,但是还是没有搬动那块石头。

Young as he is, he knows a lot. 他虽然年轻,却知道很多东西。

但需注意:

(1)倒装时,句首的名词不能带任何冠词。如:

Child as he is, he speaks English very well. (正确)

A child as he is, he speaks English very well. (错误)

(2)需要倒装时,如果句首是实义动词,则其他助动词放在主语后。如果实义动词有宾语和状语,则随实义动词一起放在主语之前。如:

Try hard as he will, he never seems able to do the work satisfactorily. 他工作很努力,但总不能让人满意。

(3)让步状语从句中,有 though,although 时,主句不能出现 but,但是 though 和 yet 可连用。如:

Though we are tired, we're very happy.

(4)although 引导的让步状语从句不倒装,as 引导的让步状语从句必须倒装,though 引导的让步状语从句既可以倒装也可以不倒装。如:

Although he was tired, he worked late into the night. 他虽然累了,但还是工作到深夜。

Tired as he was, he worked late into the night.

Though tired he was, he worked late into the night.

=Though he was tired, he worked late into the night.

经典例题

Again as _____ in this experiment, he didn't lose heart.

A. he failed   B. did he fail   C. he did fail   D. had he failed

【答案】A。解析:句意为"在这次实验中,他又一次失败了,但是他没有灰心"。as 引导的让步从句必须将表语或状语提前(形容词、副词、分词、实义动词提前)。但需注意:①句首名词不能带任何冠词。②句首是实义动词时,其他助动词放在主语后。如果实义动词有宾语和状语,宾语和状语与实义动词一起放在主语之前。故本题选 A。

（八）比较状语从句

常用引导词:as(同级比较),than(不同程度的比较)等。

特殊引导词组:the more …,the more …(越……越……);just as …,so …;A is to B what X is to Y(A 与 B 的关系就如 X 与 Y 的关系);no … more than;not A so much as B 等。

如:She is as bad-tempered as her mother.

The house is three times as big as ours.

The more you exercise, the healthier you will be.

Food is to men what oil is to machine. 食物之于人,犹如油之于机器。

（九）方式状语从句

常用引导词(组):as,as if 等。

特殊引导词组:the way 等。

如:When in Rome, do as the Romans do.

She behaves as if she were the boss.

Sometimes we teach our children the way our parents have taught us.

第四讲　非谓语动词与主谓一致

核心考点一　非谓语动词

一、定义

所谓非谓语动词,是指不能作谓语的动词。一个英语句子只能有一个谓语,如果一个句中出现了两个及两个以上的动词,只能由一个动词作谓语,其他的动词只能以非谓语的形式出现。非谓语动词的特点是其不受主语人称和数的限制,但又具有动词的某些特征,非谓语动词不仅可以接宾语,而且还有时态和语态的变化。此外它可以作主语、表语、宾语、宾语补足语、定语、状语和同位语。非谓语动词不仅是语法学习的重点和难点,也是每年必考的语法知识。非谓语动词有三种形式:动词不定式、动名词、分词(现在分词和过去分词)。

二、常考知识点

（一）动词不定式

1. 可直接接动词不定式作宾语的动词(往往表示请求、要求、选择、决定、打算、企图等),包括 afford,begin,threaten,agree,bother,decide,fail,hinder,offer,pretend,undertake,ask,care,demand,venture,manage,prefer,start,want,pledge,hesitate 等。如:

He pledged never to come back until he had made great success.

I hesitate to spend so much money on clothes.

2. 以下情况下常使用不带(或省略)to 的动词不定式。

(1)感官动词,如 feel, listen, hear, look at, notice, see, watch, observe, perceive 后面。如:

I saw a man enter the shop.

(2)个别表示使役意义的动词,如 have,let,make 等。如:

The teacher has us write a composition every week.

(3)一些情态动词,如 had better,would rather ... than ...,would sooner ... than ...,rather than,may,well do,may as well do(还是……好了),cannot but ...,cannot help but ...等句型。如:

Rather than wait for anyone, I decided to go home by taxi.

We might as well put up here for tonight.

(4)在 do (did, does, done) nothing (anything, everything) but (except) + do 句型中。如:

I can do nothing but follow your advice.

注意:如果 but 或 except 之前没有 do 的某种形式,其后的 to 不能省略。如:

There is no choice but to wait and see.

(5)由 all, what 引导的主语从句或者主语被 only,first,least 或形容词最高级修饰,且从句中含有 do 时,其表语如果是动词不定式,则往往省略 to。如:

What I have to do is take a rest.

The only thing I could do was do it myself.

(6)由并列连词 and,except,but,than,or 连接两个及两个以上的具有相同意义或功能的不定式时,第二个动词不定式不带 to。如:

I'd like to stay with you, help you and learn from you.

She told us to stay home and wait till she came back.

注意:如果两个不定式表示对照或对比,则不能省略 to。如:

To try and fail is better than not to try at all.

He hasn't decided whether to quit or to stay.

To be or not to be, that is a question.

3. 有些动词后一般接"疑问词+动词不定式"作宾语。例如 ask, consider, discover, discuss,explain,guess,know,inquire,observe,show,teach,understand,wonder 等。如:

I wonder who to invite.

Ask my brother where to put the car.

(二)动名词

(1)可直接接动名词作宾语的动词,包括 admit, avoid, dread, excuse, stop, advise, consider, miss, fancy, imagine, postpone, allow, involve, dislike, escape, risk, suggest, forbid 等。如:

Forbid smoking on trains.

We have to postpone sending our answer to the request.

注意:上述动词中 allow,advise,forbid,permit,recommend 在有"人"作宾语时,则后接不定式作宾语补足语。如:

I recommended going by subway.

The doctor recommended me to take a few days' rest.

(2)下列短语中 to 为介词,后面只能接动名词或名词。

keep to	object to	indifference to	look forward to
with an eye to	amount to	commit … to	be familiar to
stand up to	with regard to	take to	owe … to
be faithful to	put one's mind to	with a view to	lead to
resign … to	be superior to	get down to	be opposed to
succeed to	attribute … to	be sensitive to	live up to
in relation to	admit to	dedicate … to	be devoted to
owing to	aid to	point to	limit to

如:No woman could succeed to the throne.

I am looking forward to seeing you again.

(3)在 demand,deserve,need,require,want,worth 等词后面接动名词形式表示被动的意思,即用主动形式表示被动意义。如果接不定式,必须用不定式的被动形式。如:

My socks want mending/to be mended.

This grammatical rule deserves mentioning.

That novel is well worth reading.

(4)在下列 it 作形式主语或形式宾语的句型中,用动名词作逻辑主语或逻辑宾语。如:

It is no use (no good, no point, no sense, a waste of time 等名词短语)+ doing sth.

It is good (nice, useless 等形容词)+ doing sth.

There is no point (use, sense, good 等名词)+ doing sth.

It's no use crying over spilt milk.

It's simply a waste of time and money watching that movie.

There is no point in my going out to date someone.

I find it no good advising him to go with us.

(5)have difficulty (trouble, problem, pleasure, a difficult time)(in)结构中,后接动名词;但注意 take the trouble, have no time 后接不定式。如:

The teachers have had some problems deciding when they should return the final papers to the students.

I worked so late in the office last night that I hardly had time to catch the last bus.

(6)下列动词后既可接不定式,也可接动名词,但表示的意义不同。不定式一般表示事情尚未发生;而动名词则表示事情已经发生。

remember to do sth. 记得将要去做某事

remember doing sth. 记得已经做过某事

如：Please remember to take the medicine. （还没吃）

I remember taking the medicine. （已经吃过）

forget to do sth. 忘记了要做的事情

forget doing sth. 忘记了已经做过的事情

如：I forgot to mail the letter. （没有寄信）

I forgot mailing the letter. （忘记曾经寄过信）

stop to do sth. 停止手中的事去做另一件事

stop doing sth. 停止正在做的事情

如：We stopped to have a rest.

I really must stop smoking.

go on to do sth. 继续做另一件事情

go on doing sth. 继续做正在做的事

如：The president welcomed the new students and then went on to explain the college regulations.

Peter went on sleeping despite the noise outside.

try to do sth. 努力、尽力去做某事

try doing sth. 尝试、试着做某事

如：He tried to climb the tree, but he could not.

Have you tried tasting this chocolate?

mean to do sth. 打算做某事

mean doing sth. 意味着做某事

如：I don't mean to be rude, but could you stop smoking?

Jumping from job to job means losing some benefits.

regret to do sth. 对某事感到遗憾

regret doing sth. 后悔做过某事

如：I regret to tell you that you failed the test.

I regret lending him so much money. He never paid me back.

（三）分词

分词分为现在分词和过去分词。现在分词通常含有主动和进行两个概念。过去分词通常含有被动和完成两个概念。

现在分词——动词原形+ ing（部分分词有不规则变化）

过去分词——动词原形+ ed（部分分词有不规则变化）

1. 分词作表语通常表示主语所具有的特征。如：

The film we saw yesterday was really moving. （电影使人感动，所以用现在分词）我们昨天看的那场电影确实感人。

2. 分词短语作定语时，往往放在所修饰的名词之后，实际上是一个定语从句的省略，但

要注意不是所有的定语从句都能用分词代替。关键在于定语从句的时态。如：

Do you know the teacher to teach us English? (= Do you know the teacher who will teach us English?)你认识要教我们英语的那位教师吗？

注意:过去分词作定语含有被动和完成的概念,即过去分词表示的动作发生在谓语动作之前,因此,不是所有被动语态的定语从句都可省略成过去分词。如:

Do you know the name of the book which will be written by our teacher? (该句的 written 发生在谓语动词 know 之后,所以不能省掉 which will be)你知道我们老师要写的书的名字吗？

3. 分词作状语

分词作状语实际上就是一个并列句或状语从句的省略,并对句子稍做改动。如:

Being a clever boy, he studies very well. (= As he is a clever boy, he studies very well.)因为他是个聪明的孩子,所以他学习很好。

4. 现在分词作宾语补足语

(1)hear,see,notice,watch,observe 等表示感官或感觉的动词可用现在分词作宾语补足语。如:

I saw the boy climbing the tree. 我看到那个男孩在爬树。

(2)catch,discover,find,get,have 等动词可用现在分词作宾语补足语。如:

She caught me smoking again. 她又看到我抽烟了。

5. 过去分词作宾语补足语

(1)表示感觉或心理状态的动词 see,hear,listen to,feel,think,find 等可接过去分词作宾语补足语。如:

I heard the song sung in English. (过去分词 sung 的动作显然先于谓语动作 heard)我听过有人用英语唱这首歌。

(2)使役动词 have,make,get,keep,leave 等接过去分词作宾语补足语有两种情况:过去分词所表示的动作由他人完成;过去分词所表示的动作由句中的主语所经历。如:

He had his money stolen. (被别人偷去了)他的钱被偷了。

He had his leg broken. (他自己的经历)他的腿断了。

备·考·锦·囊

注意：非谓语动词三种表示被动的结构。

to be done 不定式的被动语态表示将来的动作。

being done 用来表示动作的正在（被）进行或者表示原因、条件等。

done（having been done）表示动作的被动关系或过去完成状态。

Are you going to attend the meeting to be held next Sunday?

The question being discussed is very important.

Did you attend the press conference held in Beijing last week?

All flights having been cancelled, they had to take the train.

考生应注意非谓语动词三种表示被动的结构, 它是语法常考知识点。

核心考点二　主谓一致

在英语中,主语和谓语在数、性和格上应该保持一致,但是在实际应用过程中很容易被忽视,尤其是主语和谓语之间出现插入语,或者名词非正常形式作主语时,需要特别注意。此语法点主要考查考生对于主谓一致的特殊用法是否能正确掌握。在解答此类题目时考生需要熟记和灵活运用主谓一致的特殊用法。

一、语法一致

1. 不定式、动名词及从句作主语时应看作单数,谓语动词用单数。如:

Early to bed and early to rise makes one healthy,wealthy and wise. (指"早睡早起"这件事)

To work hard is necessary.

What I said and did is of no concern to you.

Reading three classical novels and making some social inventions are assignments for the students during the holiday. (注意:指不同性质的两件事,谓语动词用复数)

2. 不定代词 one,every,each,everybody,everyone,one of,no one,nothing,nobody,someone,somebody,either,neither,many a 等作主语或是修饰主语时应看作单数,谓语动词用单数。如:

Neither of my sisters likes sports. 我的姐妹们都不喜欢运动。

Many a student takes a walk on campus after dinner. 晚饭后,许多学生在校园里散步。

3. 有些短语,如 a lot of, most of, any of, half of, three fifths of, eighty percent of, some of,none of,the rest of,all of 等后面接不可数名词,或者是单数形式的名词作主语时应看作单数,谓语动词用单数;但如果后面接可数名词的复数形式作主语时应看作复数,谓语动词用复数。如:

A lot of money in the shop was stolen yesterday when the electricity was suddenly cut off. 昨天突然断电时,那家商店丢了许多钱。

4. 当主语后面接由 along with, as well as, as much as, accompanied by, including, in addition to,more than,no less than,rather than,together with 等连接的词组时,其谓语动词的形式要根据主语的单复数而定。如:

Petroleum,along with fuel gas,has recently risen in price. 最近石油和燃料煤气的价格上涨了。

二、意义一致

1. 一些以 -s 结尾的由两部分组成的物体名词,如 glasses, pliers, scissors, shorts, suspenders,trousers 等,作主语时,如果没有"一把""一副"等单位词修饰,谓语动词通常用复数形式。如果有单位词修饰,则由单位词决定谓语动词的单、复数形式。如:

Mary's glasses are new. 玛丽的眼镜是新的。

One pair of pliers isn't enough. 一把钳子不够用。

Two pairs of scissors are missing from my tool box. 我工具箱里的两把剪刀不见了。

2. 表示时间、金钱、距离、体积、重量、面积、数字等的词语作主语时,其意义若是指"总量",应看作单数,谓语动词用单数形式;但如果其意义是指"有多少数量",则应该看作复数,谓语动词也应该用复数形式。如:

Twenty years stands for a long period in one's life. 二十年在人的一生里意味着一个很长的时期。

Four weeks are often approximately regarded as one month. 人们常常粗略地将四个星期看成一个月。

3. 当 and 连接的两个并列主语在意义上指同一人、同一物、同一事或者同一概念时,应看作单数,谓语动词用单数形式。当 and 连接的两个形容词修饰一个单数形式的主语,但其实是指两种不同的事物时,主语应该看作复数,那么谓语动词也应该用复数形式。如:

War and peace is a constant theme in history. 战争与和平是历史上一个永恒的主题。

同例:ham and eggs 火腿蛋　　　　　　steam and bread 馒头(或 steamed bread)

law and order　　　　　　　　　　　bread and butter

apple pie and ice cream　　　　　　 fork and knife

wheel and axle 轮轴　　　　　　　　needle and thread

love and hate　　　　　　　　　　　egg and rice 蛋炒饭

The writer and translator is delivering a speech in our university tonight. (指同一个人)

The writer and the translator are delivering a speech in our university tonight. (指两个人)

A black and a white dog are playing in the yard. (指两只狗)

A black and white dog is playing in the yard. (指一只狗)

三、就近原则

就近原则是指谓语动词的人称和单复数常常与其最近的主语保持一致,常用于含有连词 either … or …,neither … nor …,not only … but also …,not … but …等的句子中,以及 there be 句型、主谓倒装句中。如:

Either I or they are responsible for the result of the matter. 要么是我,要么是他们,要对那件事的结果负责任。

经典例题

A recent survey by the University of Aurora Business School _____ that three out of every four new businesses are started with funds from personal saving accounts.

A. finding　　　　　B. founded　　　　　C. found　　　　　D. find

【答案】C。解析:句意为"奥罗拉大学商学院最近的一项调查发现,每四家新企业中,就有三家的启动资金来自个人储蓄账户"。分析句子结构可知主语是 a recent survey,that 后跟的是宾语从句,因此主句中缺少谓语。A 项为 find 的现在分词,不能直接作谓语,故排除;B 项是 found 的过去式和过去分词,found"建立,创立",与句意不符,故排除;C 项为 find 的过去式和过去分词;D 项为 find 的动词原形。因为主语 a recent survey 是可数名词单数,如果使用一般现在时,则应用第三人称单数形式,即 finds,故排除 D。故本题选 C。

第五讲　特殊句式

核心考点一　虚拟语气

虚拟语气在英语里主要用来表达三种语气,即幻想式虚拟语气、强制式虚拟语气和含蓄式虚拟语气。

一、幻想式虚拟语气

幻想式虚拟语气即非真实的情景,不可能发生的事,或表达说话人的主观愿望或假想。通常通过 if 从句和 wish + that 从句来表达。

（一）if 句型

if 句型共有三种,其表达方式详见下表。

表 2-1-4　if 句型

表示的情况	条件从句的谓语	主句的谓语
与现在事实相反	动词过去式（be 动词用 were）	would/should/could/might +动词原形
与过去事实相反	had +过去分词	would/should/could/might + have +过去分词
将来不大可能发生的事	动词过去式（be 动词用 were） 或 should +动词原形 或 were to +动词原形	would/should/could/might +动词原形

1. 与现在的事实相反

If I were Bill Gates, I would not work so hard every day. 如果我是比尔·盖茨,我不会每天如此努力地工作。

If the earth suddenly stopped spinning, we would all fly off it. 要是地球突然停止旋转,我们都会从地面上飞出去。

2. 与将来的事实相反

If it should/were to snow tomorrow, I would go skiing.

It is unlikely that a nation would choose war if its goals could be met peacefully.

3. 与过去的事实相反

If I had gone to America when I graduated from middle school, I would have got my PhD degree.

If the whole operation had not been planned beforehand, a great deal of time and money would have been lost.

4. 当虚拟条件句中的谓语动词含有 were,should,had 时,可将 if 省略,并将 were,should,had 等词置于句首。如:

Had he worked harder, he would have got through the exam.

Were she here, she would agree with me.

Should he agree to go there, we would send him there.

5. 当条件句发生的动作和主句发生的动作时间不一致时(例如:条件句动作发生在过去,主句的动作发生在现在),谓语动词要根据表示的时间进行调整,即可能出现错综时间条件句。如:

If you had taken the medicine yesterday, you would feel much better now.

If I were you, I wouldn't have missed the film last night.

（二）wish 句型（表达"但愿……，要是……多好"的语气）

"wish +宾语从句"中虚拟语气的用法:表示与现在事实相反,从句谓语用动词过去式(be 动词用 were);表示与过去事实相反,从句谓语用"had +过去分词";表示将来不大可能发生的事情,从句谓语用"would/should +动词原形"。如:

I wish I had been to the concert last night.

I wish he would forgive me.

I wish I would remember all the English words in a week.

同例:在 as if/as though 引导的状语从句中和 if only 引导的感叹句中,谓语动词与 wish 引导的宾语从句中的虚拟形式相同。如:

He talked as if he had known Tom for a long time.

He talks as if he were the boss. 他说起话来就像他是老板。

If only I were free now. (注意:if only …后面可以不加主句)

二、强制式虚拟语气

强制式虚拟语气即因为某些特殊动词和形容词的使用而导致句子必须使用虚拟语气。

1. 表示建议、命令、请求、坚持等主观色彩的动词后接从句时必须用虚拟语气。其结构形式为表示建议、命令、请求、坚持等主观色彩的动词+ that +(should)+动词原形,其中 should 经常被省略。这类动词包括 suggest, propose, recommend, demand, order, command, desire, require, insist, advise, decree(发布命令;下令), determine, prefer, stipulate, move(动议,规定), direct(命令), maintain(坚持), decide, ask 等。如:

I suggest that you (should) not be late again next time.

I prefer that you (should) not do that.

注意一:以上动词转化为名词(如 suggestion, proposal, demand, order, command, advice, desire, requirement, request, agreement, determination, preference, resolution 等)后接同位语从句或表语从句时,从句要用虚拟语气,其谓语部分用"(should)+动词原形"。如:

We are all for your proposal that the discussion (should) be put off.

His demand is that all of us (should) be present at the meeting.

注意二:有时这些动词的宾语从句不用虚拟语气,必须根据句子的意思来判断。

2. It is/was +形容词/过去分词+ that +(should)+动词原形,这些形容词/过去分词主要表示必要性、重要性、强制性、合适性、义务性,即某人对某事的反应。这类词包括 important, natural, desirable, possible, astonishing, advisable（可取的,明智的）, anxious, appropriate, compulsory（义务的;强制的;强迫的）, crucial（至关重要的）, eager, essential, fitting, imperative（命令的,强制的;必要的）, improper, necessary, obligatory（义不容辞的,必需的）, preferable, proper, urgent, vital, requested 等。如:

It was essential that the application forms be sent back before the deadline.

It is requested that a vote be taken.

It is necessary that we all should do our best to protect the environment around us.

It is of the utmost importance that you be here on time. 你按时到这里是极其重要的。

I don't think it advisable that Tim be assigned to the job since he has no experience. 既然蒂姆没有经验,我认为分配他做这项工作是不明智的。

注意:在表示不可思议、滑稽、不可想象、令人吃惊这样语气偏强的形容词如 amazing, strange, odd, ridiculous, surprising, unthinkable, incredible 等后的 that 从句中, should 一般不省略,而且翻译为"竟然",表示说话人惊异、懊悔、失望等的情感。如:

It is surprising that they should pass the time like that.

It is incredible that Jane should have finished her paper so soon.

It is strange that there should be any hope of finding the lost child.

三、含蓄式虚拟语气

含蓄式虚拟语气即通过某些特殊结构来表达一种含蓄的语气。在含蓄条件句中,如果表示对现在或将来情况的假设,主句谓语动词用 should/would be 型虚拟式;如果表示对过去情况的假设,谓语动词用 should/would have been 型虚拟式。

(一) 含蓄式虚拟语气的常见表达方式

含蓄式虚拟语气的常见表达方式包括"But for +名词+主句""Otherwise +句子""If only +句子"。如:

But for his help（=If it had not been for his help）, I would not have finished it so early. 要不是他的帮助,我本来不可能这么早完成。

Without electricity（=If there were no electricity）, there would be no modern industry. 如果没有电,就没有现代工业。

We didn't know his telephone number, otherwise we would have telephoned him. 我们不知道他的电话号码,要不然我们就给他打电话了。

If only he had remembered to close the door. 当初他要是记得把门关上就好了。(与过去事实相反)

If only I were you. 我要是你该多好。(与现在事实相反)

If only it would stop raining. 但愿雨能停下来。(与将来事实相反)

（二）表示"宁可，但愿"的虚拟语气

would rather …，would sooner …，had rather …，would just as soon …，would prefer …意为"宁可，但愿"。从句用虚拟语气，若表示现在或将来的事情，谓语用过去时；若表示过去的事情，谓语用过去完成时。如：

I would rather that you painted the room green.

I'd just as soon you had returned the book yesterday.

（三）表示"该是……的时候了"的虚拟语气

It's（about/high/good）time that …表示"该是……的时候了"，从句通常用一般过去时或"should+动词原形"（should 不能省略）。如：

It's time you went to bed.

It's high time that we took action.

It is time I were off.

（四）表示"唯恐，以免"的虚拟语气

在 lest that …，for fear that …，in case that …引导的表示消极意义的目的状语从句中常用虚拟语气，表示"唯恐，以免"，从句用（should）+动词原形。如：

He put his coat over the child for fear（lest）that he（should）catch a cold.

He emphasized it again and again lest（that）she（should）forget.

Take a hat with you in case（that）the sun is very hot.（注意：该句陈述某一事实）

（五）倒装的让步状语从句中的虚拟语气

有些让步状语从句是倒装句，这种倒装句往往是一些公式化的句子，句中的谓语动词为 be 型虚拟式或"情态动词+动词原形"。如：

The business of each day，be it selling goods or shipping them，went quite smoothly. 不论是卖货还是运货，每天的生意都进展得很顺利。

You needn't worry about her，be she well or ill. 不论她身体健康与否，你都不必为她担心。

经典例题

He is the happiest, _____ , who finds peace in his home.

A. be he rich or poor

B. were rich or poor

C. is he rich or poor

D. whether rich or poor

【答案】A。解析：句意为"无论贫富，只要家庭和睦，他就是最幸福的人"。be he rich or poor 是一个省略了 whether 的倒装句，完整的句子应是 whether he is rich or poor。由 be 引导的倒装句表示让步，并带有虚拟语气的结构特点，即 be 动词用原形，它既可位于句首，也可位于句末或穿插句中。故本题选 A。

核心考点二　There be 句型

There be 句型是英语中的常用句型,意思是"有",表示"人或事物的存在"。There 在此结构中是引导词,没有副词"那里"的含义。be 是谓语动词,be 后面的名词是句子的主语,属于倒装结构。要表达"某个地方或某个时间存在什么事物或人"的时候常用"There be +名词+地点(时间)"这一句型。下面是关于这一句型的具体讲解。

一、There be 结构的主谓一致

由于 be 是谓语动词,be 的单、复数形式与后面的名词的单、复数保持一致,若 be 后是两个或多个并列的名词,be 则与靠得最近的那个名词在单、复数上保持一致。如:

There was a party yesterday. 昨天有个聚会。

There is a pen, two books and many pencils on the desk. 桌上有一支钢笔、两本书和许多铅笔。

There are two books, a pen and many pencils on the desk. 桌上有两本书、一支钢笔和许多铅笔。

二、There be 与 have 的比较

(1)用法不同:There be 表示某个时间或地方"存在"某人或某物,而 have 表示主语"拥有"某人或某物,作宾语的某人或某物属主语所有。

(2)结构不同:There be+sb./sth. +时间/地点(副词或介词短语);sb./sth. +have/has+sb./sth. else。如:

There are some children in the garden. 花园里有一些孩子。

She has three cars. 她拥有三辆汽车。(汽车是属于她的)

注意:若表示部分与整体关系,有时用两种表达方式都可以。如:

A week has seven days. =There are seven days in a week. 一周有七天。

三、There be 的否定和疑问

(1)否定式:be 后面加 not (any)或 no。如:

There are not any boats on the river. 河上没有船。

(2)疑问句:把 be 移到 there 的前面来。如:

—Are there any boats on the river? 河上有船吗?

—Yes, there are. /No, there are not. 有。/没有。

(3)有助动词或情态动词时,否定式是在助动词或情态动词后面加 not,变疑问句时,将助动词或情态动词提至 There 之前。如:

There won't be a football match tomorrow. 明天没有足球赛。

Could there be something in what he said? 他的话会不会有些道理呢?

四、There be 结构的时态

There be 结构有不同的时态,而且可以和各种助动词或情态动词连用。如:

There was a sport meeting in the playground yesterday. 昨天在运动场上举行了一场运动会。

There will be (=There is going to be) a new film show on Monday. 星期一将有一场新电影上映。

There is to be a concert at the school hall. 学校礼堂将有场音乐会。

There have been a lot of accidents round here. 这里已经发生多起事故了。

He told me that there had been an argument between them. 他告诉我他们之间发生了一场争论。

There will have been a definite result by Sunday. 到星期日就有明确的结果了。

There must be a mistake somewhere. 一定在什么地方有错误。

There must have been rain last night, for the ground is wet. 昨晚一定下了雨,因为地是湿的。

五、There be 结构的变体

There be 结构中的 be 有时还可以被 live, exist, lie, stand, seem, rise, remain, happen, come, go 等动词代替。如:

Once there lived an old fisherman in a village by the sea. 从前,在海边的一个村子里住着一位老渔夫。

There remained just twenty-eight pounds. 只剩二十八英镑了。

There seems little doubt that he is insane. 毫无疑问他疯了。

六、There be 的非限定形式

There be 的非限定形式是 there to be 和 there being,主要用来作介词或动词的宾语、主语或状语。如:

Have you ever thought of there being so many interesting films for you to choose from? 没想过有这么多有趣的电影供你选择吧?

John was relying on there being another opportunity. 约翰相信另有机会。

There being a bus stop so near my house is a great advantage. 我家附近有一个公交站是很大的优势。

There having been no rain, the ground was dry. 由于没有下雨,地上很干燥。

It's unusual for there to be so few people in the street. (=It's unusual that there are so few people in the street.)这条街上人这么少是不正常的。

It was too late for there to be any subways. 太晚了,不会有地铁了。

Would you like there to be a meeting to discuss the problem? 你们要开个会讨论一下这个

问题吗?

I don't want there to be a simple mistake in the article that I have written. 我不想我写的这篇文章中有错误。

I expect there to be no argument about this. 我期望对此事没有争论。

注意:There to be 常作 like,expect,mean,want,intend,prefer,hate 等的复合宾语。

七、There be 的固定句型

There be +名词或代词+ to do（+介词）有某事要做

There be + some/no + trouble/difficulty（in）doing sth./with sth. 做某事（没）有困难

There be + some/no + doubt about/as to sth./that … 对某事（没）有疑问

There is no sense/use/good/point（in）doing sth. 做某事没有道理/用处/好处/意义

There is no need（for sb.）to do sth./that … （某人）做某事没有必要

There is no chance/possibility to do sth./of doing sth./that … 没有做某事的机会/可能性

There is a time when … 有做某事的一段时间

经典例题

It is not uncommon for there _____ problems of communication between the old and the young.

A. be   B. to be

C. are   D. being

【答案】B。解析:句意为"老人和年轻人之间存在沟通问题是很常见的"。there to be 与 there being 是 there be 句型的非限定形式。当用作介词补足成分且介词是 for 时,只能用 there to be 结构,如 It was unusual for there to be so few people in the street。若介词不是 for,则用 there being 结构,如 John was relying on there being another opportunity。故本题选 B。

核心考点三　反义疑问句

一、基本概念

反义疑问句又称附加疑问句,是指在陈述句后面对所叙述的事实提出疑问。其结构基本有两种:一是"肯定陈述句+简略否定问句";二是"否定陈述句+简略肯定问句"。反义疑问句后一部分的主谓与前一部分的主谓要保持一致。如:

It looks like rain, doesn't it?

He doesn't need to work so late, does he?

二、反义疑问句需要注意的问题

(1)陈述部分的主语是 this 或者 that 时,疑问部分的主语多用 it;陈述部分的主语为 these 或者 those 时,疑问部分的主语用 they。如:

This is a book, isn't it?

Those are books, aren't they?

（2）如果陈述句为 there be 结构时，疑问句部分仍用 there。如：

There once was a man named David, wasn't there?

（3）在英语口语中，"I am +表语结构"，后面的反义疑问句用 aren't I，如：

I am very interested in learning piano, aren't I?

（4）陈述句的主语是动词不定式，动名词或者从句时，疑问部分的主语多用 it。如：

Taking care of our environment is very important, isn't it?

What he said is right, isn't it?

（5）陈述句中含有 not，no，hardly，neither，never，few，little，too … to 等否定词或者具有否定意义的词时，疑问部分常用肯定形式。如：

Few people knew the news, did they?

Tom has never been to England, has he?

但陈述句中如果有带否定意义的前缀或者后缀的单词，整个句子仍视为肯定句，反义疑问部分多用否定形式。如：

He is unhappy, isn't he?

（6）陈述句的主语是 nobody，no one，everyone，somebody 等不定代词时，反义疑问部分的主语多用 they（当强调全体时）或 he（当强调个体时）。如果陈述句的主语是 something，nothing，anything，everything 等不定代词时，反义疑问部分的主语多用 it。如：

No one knows him, do they?

Something is waiting for you, isn't it?

（7）陈述句是主从复合结构时，如果主句的谓语动词是 think，believe，expect，feel，guess 等词，主语是第一人称 I 或者 we 时，反义疑问部分的人称、时态与宾语从句保持一致，同时还要考虑到否定转移。如：

I believe that the boy can get the ticket for you, can't he?

I don't think he is clever, is he?

We believe he can do it better, can't he?

若主语是第二人称或者第三人称，反义疑问句应该看主语。如：

She thought it is meaningless, didn't she?

如果是转述的要注意 He said that you were in hospital, weren't you? （这里是对那个 you 说的）

（8）祈使句的反义疑问句中，let's 要用 shall we，let us 要用 will you，其他形式一般用 will you/won't you/would you。如：

Let's meet in the coffee bar, shall we? 我们在咖啡厅碰头，好吗？

Have a little more wine, will you? 喝点酒，好吗？

（9）must 的反义疑问句：陈述部分有 must 的疑问句，疑问部分根据实际情况而定。

①must 表示"应该"，其反义疑问部分用 mustn't（不应该），如：

You must work hard next term, mustn't you? 下学期你应该努力学习，对吗？

②must 表示"必须"或"有必要",其反义疑问部分用 needn't(不必),如:

They must finish the work, needn't they? 他们必须今天完成这项工作,是吗?

③陈述部分含有情态动词 mustn't,表示"禁止"时,疑问部分可以用 must 或者 may,如:

You mustn't park your car here, must you? 你不能把车停在这个地方,知道吗?

④must 表示推测,其疑问部分必须与 must 后面的主要动词呼应。

a. 对现在动作或者存在情况的推测。如:

You must know the answer to the exercise, don't you? 你一定知道这项练习的答案,是不是?

That must be your bed, isn't it? 那一定是你的床,是吗?

b. 对过去发生的动作或者存在情况的推测:句中陈述部分没有表示过去的时间状语,这时,疑问部分中的动词就用现在完成时(haven't/hasn't +主语)。如:

You must have told her about it, haven't you? 你一定把这事告诉她了,是吗?

(10)have 作为动词的反义疑问句。

①当陈述部分有 have/had to 结构时,反义疑问句用 do 的适当形式。如:

We have to finish it, don't we?

②当 has,have 用作助动词时,疑问句才用 has,have 引导。如:

She has seen it, hasn't she? (这里的 has 用作助动词。)

③当陈述句中有 had better,或其中的 had 表示完成时态时,疑问句应该用 hadn't 等开头。如:

You had better get up early, hadn't you?

④其他情况句中有 have 时,疑问句应该用 don't 等开头;如 have 表示"有",疑问句用 do 或 have 开头。如:

He has three sisters, doesn't he? = He has three sisters, hasn't he?

He doesn't have any sister, does he?

⑤当 must have done 表示对过去情况的推测(一般句中有明确的过去时间状语),问句要根据陈述部分谓语的情况用"didn't +主语"或"wasn't/weren't +主语"。

如果强调动作的完成(一般没有明确的过去时间状语),问句要用"haven't/hasn't +主语"。如:

He must have read the novel last week, didn't he? 他上星期一定读了那本小说,是吗?

You must have told her about it, haven't you? 你一定把这事告诉她了,是吗?

(11)带有情态动词 dare 或 need 的反义疑问句,疑问部分常用 dare (need)+主语。如:

We need not do it again, need we?

He dare not say so, dare you?

当 dare,need 为实义动词时,疑问部分用助动词 do +主语。如:

She doesn't dare to go home alone, does she?

(12)感叹句中,疑问部分用 be +主语。如:

What a smell, isn't it?

(13)陈述部分为由 neither ... nor,either ... or 连接的并列主语时,疑问部分根据其实际逻辑意义而定。如:

Neither you nor I am an engineer, are we?

(14)陈述部分的谓语是 wish,疑问部分用 may +主语。如:

I wish to have a word with you, may I?

(15)含有 ought to 的反义疑问句,若陈述部分是肯定的,则疑问部分用 shouldn't/oughtn't +主语。如:

He ought to know what to do, oughtn't he?/shouldn't he?

(16)陈述部分的谓语是 used to 时,疑问部分用 didn't +主语/usedn't +主语。如:

He used to take pictures there, didn't he?/usedn't he?

(17)陈述部分有 would rather +v. ,疑问部分多用 wouldn't +主语。如:

He would rather read it ten times than recite it, wouldn't he?

(18)陈述部分有 You'd like to + v. ,疑问部分用 wouldn't +主语。如:

You'd like to go with me, wouldn't you?

对反义疑问句的回答,无论问题的提法如何,如果事实是肯定的,就用 yes,事实是否定的,就要用 no。要特别注意陈述部分是否定结构,反义疑问句部分用肯定式提问时,回答 yes 或者 no 与汉语正好相反。这种省略回答的 yes 要译成"不",no 要译成"是"。如:

—He likes playing football, doesn't he? 他喜欢踢足球,是吗?

—Yes, he does. /No, he doesn't. 是的,他喜欢。/不,他不喜欢。

—His sister didn't attend the meeting, did she? 他姐姐/妹妹没有参加会议,是吗?

—Yes, she did. /No, she didn't. 不,她参加了。/是的,她没参加。

经典例题

Children enter school at the age of six, _____ ?

A. do the children
B. don't they
C. don't the children
D. aren't they

【答案】B。解析:句意为"孩子们六岁入学,不是吗?"陈述部分是肯定句,且 enter 是实义动词,疑问部分用否定 don't they 的形式。故本题选 B。

核心考点四　倒装句

倒装句分为全部倒装和部分倒装。全部倒装是指把谓语动词全部放在主语前面。部分倒装是指将谓语的一部分如助动词或情态动词倒装至主语之前,没有助动词或情态动词时,则需添加助动词 do,does 或 did,并将其置于主语之前。

一、全部倒装结构及用法

全部倒装通常只用于一般现在时和一般过去时。

1. 以 here,there,now,then 等副词开头的句子中,习惯上用一般现在时的倒装。如:

There comes the bus! 公共汽车来了!

There goes the bell. 铃响了。

Now comes your turn. 轮到你了。

注意:在这种句型中,如果主语是代词,就不倒装。如:

Here you are. 给你。

There he comes. 他来了。

Here it is. 这就是。

2. 以表示处所、声音等意义的副词开头的句子,用表示运动的不及物动词(如 go,come,rush,fly 等)作谓语时,为了表示生动,可将某些副词放在句首,谓语动词放在主语之前,形成倒装结构。如:

Away flew the birds. 鸟儿飞走了。

Out went the children. 孩子们出去了。

Bang went the firecracker. 爆竹砰一声响了。

The door burst open and in rushed a stranger. 门突然开了,一个陌生人冲了进来。

注意:在上述情况中,如果主语是代词,就不用全部倒装。如:

In he came and the meeting began. 他一进来,会议就开始了。

3. 表示地点的介词短语位于句首时,要使用倒装结构。如:

Between the two buildings stands a tall pine. 两座楼之间有棵大松树。

In front of the house was a small river. 房前有一条小河。

In the middle of the lake was an island. 湖心有个岛。

4. 直接引语的部分或全部内容位于句首时,点明说话人的部分主谓要倒装。如:

"Are you listening to English on the radio?" said Mother. 母亲问道:"你在用收音机听英语吗?"

注意:如果引述动词后有间接宾语或状语,句子不倒装。

二、部分倒装结构及用法

1. "so ... that ..."句型中的"so +形容词/副词"部分位于句首时,be 动词或助动词倒装至主语前面。如:

So frightened was the girl that she daren't move an inch further.

2. so,neither 或 nor 构成的特殊句型,表示另一人或物也具有和前面提到的同样情况时,用部分倒装。如:

Jim asked the question. So did Lily.

注意:"so +主语+ be/助动词/情态动词"结构表示强调或同意。如:

—It was cold yesterday. 昨天很冷。

—So it was. 的确很冷。

3. 具有否定意义的词语位于句首时,要用部分倒装。如:

Never shall I forget your advice.

4. 注意下面几种情形的倒装:

(1)"only +状语从句"和"not until +从句"位于句首时,主句用部分倒装。如:

Not until the child slept did the mother leave the room.

(2)"not only ... but also ..."连接两个分句,not only 位于句首时,not only 所在分句要用部分倒装。如:

Not only were the children moved but also the adults showed their pity.

(3)"no sooner ... than ..."句型中的 no sooner 位于句首时,no sooner 引导的主句要用部分倒装;"hardly/scarcely ... when ..."句型中的 hardly/scarcely 位于句首时,hardly/scarcely 引导的主句要用部分倒装。如:

No sooner had I walked into the house than it began to rain.

(4)当 if 引导从句表示虚拟语气时,可省略 if,再把从句中的 were,had 或 should 放在主语前面,形成部分倒装。如:

Had we been present, such a thing would not have happened.

(5)当 as 引导让步状语从句时,参照下面的形式进行特殊倒装。如:

Proud as these women are, they still look very weak.(作表语的形容词提前)

Student as he is, he often works in the factory.(作表语的名词提前,同时省去不定冠词 a)

Hard as she worked, she couldn't support her family.(修饰谓语动词的副词提前)

Try as he would, he might fail again.(带助动词的谓语动词提前)

5. 常见考法:

(1) not until 引导时间状语(从句)时的倒装。

(2)含 so 的句子倒装与不倒装的区别。

(3) only 引导状语或状语从句时的倒装。

(4)虚拟条件句省略 If 时的倒装。

6. 误区提醒:

(1)Not until the early years of the 19th century _____ what heat is.

A. man did know   B. man knew

C. didn't man know   D. did man know

【答案】D。解析:not until 位于句首,主谓要部分倒装。故本题选 D。

(2)—Do you know Tom bought a new car?

—I don't know, _____ .

A. nor don't I care   B. nor do I care

C. I don't care, neither   D. I don't care also

【答案】B。解析:句中的 nor 引出部分倒装结构,表示"也不"。由 so,neither,nor 引导的倒装句,表示前一情况的重复出现。其中,so 用于肯定句,neither,nor 用于否定句。故本题选 B。

（3）—You forgot your purse when you went out.

—Good heavens, _____.

A. so did I

B. so I did

C. I did so

D. I so did

【答案】B。解析：容易错选 A。本题空处不表示跟前面情况一样，而是对上述情况的随声附和，所以不用倒装。故本题选 B。

（4）Only when the war was over _____ to hometown.

A. did the soldier return

B. the soldier returned

C. returned the soldier

D. the soldier did return

【答案】A。解析：only 引导状语或状语从句位于句首时主句要用部分倒装。此题为一般过去时，须在主语前加 did，故本题选 A。

（5）_____ for the free tickets, I would not have gone to see films so often.

A. If it is not

B. Were it not

C. Had it not been

D. If they were not

【答案】C。解析：容易错选 A。此题关键是前后时态要呼应。本题是一个虚拟条件句，主句的时态为 would + have + 过去分词，从句应该是过去完成时。故本题选 C。

经典例题

In the foreign languages bookstore _____ to be found books in various languages.

A. is

B. is been

C. are

D. are been

【答案】C。解析：本题考查倒装句和主谓一致。当表示地点的介词短语位于句首时，句子要全部倒装。In the foreign languages bookstore 为表示地点的介词短语，放在了句首，故句子需要主谓倒装。主语是 books，排除 A、B；没有"系动词 + been"这种形式，D 项错误。原句正常语序为 Books in various languages are to be found in the foreign languages bookstore。句意为"在这家外语书店里可以找到各种语言的书"。

核心考点五　同位语

一、同位语的定义

由两个或两个以上同一层次的语言单位组成的结构，其中前项与后项所指相同，句法功能也相同，后项是前项的同位语。换言之，一个名词（或名词的其他形式）对另一个名词或代词进行解释或补充说明，这个名词（或名词的其他形式）就是同位语。同位语与被它解释的词的格式要一致。如：

Laura Myers, a BBC reporter, asked for an interview. BBC 记者劳拉·迈尔要求采访。

Influenza, a common disease, has no cure. 流行性感冒是一种常见病,无特效药。

Mary, one of the most intelligent girls I know, is planning to attend the university. 玛丽是我所认识的最聪明的姑娘之一,她正准备上大学。

以上所举的同位语例子都是同位语的基本形式,一般不会出错。但有几种同位语,或由于本身结构特殊,或由于它们修饰的成分结构比较特殊,往往会引起误解。接下来将归纳并举例说明。

二、特殊同位语归纳

1. 代词 we,us,you 等后接同位语

Are you two reading? 你们两个人在看书吗?

They three joined the school team. 他们三个人加入了校队。

She has great concern for us students. 她对我们学生很关心。

He asked you boys to be quiet. 他要你们男孩子安静些。

We girls often go to the movies together. 我们女孩子经常一起去看电影。

2. none of us 之类的结构用作同位语

We none of us said anything. 我们谁也没说话。

We have none of us large appetites. 我们谁饭量都不大。

They neither of them wanted to go. 他们两人都不想去。

They've neither of them succeeded in winning her confidence. 他们两人谁也没能赢得她的信任。

注意:同位语并不影响其后句子谓语的"数",如:

学生每人都有一本词典。

正:The students each have a dictionary.

误:The students each has a dictionary.

请比较下面一句(谓语用了单数,因为 each 为句子主语):

正:Each of the students has a dictionary.

3. 从句用作同位语(即同位语从句)

They were worried over the fact that you were sick. 他们为你生病发愁。

I received a message that she would be late. 我得到的信息说她会晚到。

The news that we are having a holiday tomorrow is not true. 我们明天放假的消息不实。

The idea that you can do this work without thinking is wrong. 你可以不动脑筋做此项工作的想法是错误的。

第二章

阅读理解

本章导读

  2021 年度中国进出口银行秋季校园招聘考试对英语阅读理解的考查题量为 30 道,占比较大,主要考查考生的文章阅读能力,包括对整体及关键信息的把握,还要求考生能够掌握一定的解题思路和方法。阅读理解的题型可以概括为细节题、推断题、主旨题、态度题和词义猜测题五种,本章内容针对这五种题型提出解题思路与方法,帮助考生总结学习。值得注意的是,2021 年度考试中,阅读理解的部分文章围绕企业创新、公司资产、管理等内容展开论述,考生在平时的英文阅读中,可以增加对此类话题的关注,积累相关词汇,做到心中有数。

一、细节题

  细节题主要考查考生在文章中提取具体事实及信息的能力,它在整个阅读理解题中所占比重最大。做细节题需要找到定位词,带回原文验证。一般出题都会按照文章段落的顺序出,做题时可以顺序定位。作答时可遵循同义替换原则,例如 wrongly believe 与 misconception, manager 与 managerial,这种同义替换的地方往往就是问题答案所在。细节题常用的提问方式有以下几种:

Which of the following is NOT true?

Which of the following is NOT mentioned?

The main reason for … is …

According to the author …

【示例】

In spite of "endless talk of difference," American society is an amazing machine for homogenizing people. There is "the democratizing uniformity of dress and discourse, and the casualness and absence of deference" characteristic of popular culture. People are absorbed into "a culture of consumption" launched by the 19th century department stores that offered "vast arrays of goods in an elegant atmosphere. Instead of intimate shops catering to a knowledgeable elite" these were stores "anyone could enter, regardless of class or background. This turned shopping into a public and democratic act." The mass media, advertising and sports are other forces for homogenization.

According to the author, the department stores of the 19th century _____ .

A. played a role in the spread of popular culture

B. became intimate shops for common consumers

C. satisfied the needs of a knowledgeable elite

D. owed its emergence to the culture of consumption

【答案】A。解析：细节题。根据关键词 department stores of the 19th century 定位到本段。根据"Instead of intimate shops catering to a knowledgeable elite, these were stores …"可知，department stores 不同于 intimate shops，intimate shops 是面向知识精英阶层的，由此排除 B、C。D 项因果倒置，根据"People are absorbed into 'a culture of consumption' launched by the 19th century department stores"可知，是 the emergence of the 19th century department stores 在前，the culture of consumption 在后。因此 A 项"在传播大众文化中起到了重要作用"为正确答案。故本题选 A。

二、推断题

推断题要求得出文章的隐含意义或深层含义。出题的地方有可能需要对一句话、一个段落或一篇文章进行推断。推断题可以根据所要推断的一句话、一个段落或者全篇分为以下几种：①"小推"，有关键词，且出现在段落的支持句中；②"中推"，以段落为主，可以使用排除法，关键词在主题句上；③"大推"，没有关键词，唯一的办法就是放入原文验证，需要理解全文。推断题的常用提问方式有以下几种：

What is implied by the guidelines?

What can be inferred from the information?

What will probably happen when …?

【示例】

If ambition is to be well regarded, the rewards of ambition—wealth, distinction, control over one's destiny—must be deemed worthy of the sacrifices made on ambition's behalf. If the tradition of ambition is to have vitality, it must be widely shared; and it especially must be highly regarded by people who are themselves admired, the educated not least among them. In an odd way, however, it is the educated who have claimed to have given up on ambition as an ideal. What is odd is that they have perhaps most benefited from ambition—if not always their own then that of their parents and grandparents. There is heavy note of hypocrisy in this, a case of closing the barn door after the horses have escaped—with the educated themselves riding on them.

The last sentence of the paragraph most probably implies that it is _____ .

A. customary of the educated to discard ambition in words

B. too late to check ambition once it has been let out

C. dishonest to deny ambition after the fulfillment of the goal

D. impractical for the educated to enjoy benefits from ambition

【答案】C。解析：推断题。最后一句"There is heavy note of hypocrisy in this, a case of closing the barn door after the horses have escaped—with the educated themselves riding on them. (这其中有着浓厚的虚伪色彩,恰如马跑后再关上马厩的门那样,而受过良好教育的人自己正骑在那些马背上。)"通过比喻指责这些人是虚伪的,他们是抱负的受益者,但又虚伪地否认拥有抱负的重要性,故 C 项"达成目标后再否认抱负是不诚实的"表述正确。B 项"一旦抱负(像马一样)被放出来,再去控制抱负就太迟了"是对原句比喻义的曲解。A 项"受教育者习惯于口头上摒弃抱负"和 D 项"受教育者享受抱负带来的好处是不现实的"在原文中未被提及。故本题选 C。

三、主旨题

首先遵从"主题句原则"。一般的英文写作都是开门见山,所以文章的第一段和每段的第一句话和最后一句话都会体现文章或段落的主题。其次注意"焦点重合",即每段重复最多的词,或者是选项中都出现的词。例如,每段都有"service"这个词,就应该留意选项中这个词或者它的同义词。此外,有的文章带有一定的感情色彩,需要通篇把握文章的主旨和大意。主旨题主要考查考生对于文章或段落的整体把握能力。

主旨题的题干中的标志词一般有 main idea,subject,best title,topic,purpose,summary 等。常见的提问方式有以下几种:

The main purpose of the passage is to …

What is this excerpt about?

What is this passage (paragraph) mainly about?

Which of the following best states the central idea of the passage (paragraph)?

Which of the following is the most suitable title for the article?

What can be the best title of the passage?

(一)解题策略

1. 着重理解首段或末段

一篇思维缜密、结构严谨的议论文,中心思想一般会出现在文章的首段或末段,因此考生要着重理解首末两段,通过这两段概括出中心思想。当然也有例外,有的文章开头是引子,引子之后才是文章主旨,这样的文章一般会在引子处设题,以推断题或者结构题的形式出现,考查写引子的目的。

2. 重视承上启下段

文章主旨出现在中间段落的比较少见。如果是这种情况的话,主题句一般起承上启下的作用。考生应格外注意文章中间前后段落意思转折较为明显的地方,因为这往往是文章主旨所在之处。

3. 归纳各段主要内容

如果文章中没有明确的主题句,考生就要归纳各段主要内容从而概括主题。考生应着重理解每段的首句和末句,另外注意文章中反复提到的词,这一般是体现中心思想的核心词。

（二）正确答案的特征

正确答案具有以下特征：

（1）选项具有概括性，能恰如其分地概括文章所阐述的内容。

（2）选项通常与作者的观点和态度一致。

（3）选项主题观点突出，不涉及细节。

（三）干扰项的特征

干扰项具有以下特征：

（1）选项以偏概全，过于细节不能概括全部内容。有的选项只涉及细节，不能代表主题思想。

（2）选项所涉及的面太宽，超出了文章阐述的范围。

四、态度题

态度题有两种，一种是"大态度"，一般就是问作者的态度。解答这类题通常需要通读全文，掌握主题思想和主要事实，之后做出判断。文章中表示转折意义的词最能代表作者的态度，如 but, yet, however 等。另外一种是"小态度"，即文章中出现的某个人物的态度或者针对某句话的态度。这类题的解题方法是首先要弄清问题问的是什么，然后在文中找到相应的关键词或句子。对重要的形容词和副词应认真分析，然后做出推断。解答态度题的时候需要区分这两种不同的态度。态度无非有三大方向"支持、中立、反对"即"positive/supportive/approving""neutral""negative/opposed"。

态度题的题干中标志词有 attitude, opinion, tone 等，常见提问方式有以下几种：

What is the author's attitude towards …?

How would you describe … attitude towards …?

What is the tone（mood）of the passage?

The author's attitude towards … seems to be …

Which of the following best describes the author's attitude towards …?

（一）解题策略

做态度题要把握五原则：

（1）表示"客观"的词多为正确选项，如 objective, impartial, unbiased, unprejudiced 等。

（2）作者态度基本不会是漠不关心，所以此类词一般不是正确选项，如 indifferent, uninterested, impassive, unconcerned 等。

（3）尽量不要用贬义词去评价作者的态度。

（4）不要把考生自己的态度掺杂其中。

（5）要注意区分作者本人的态度和作者引用的观点的态度。

（二）常见表示态度的词

1. 表示积极、肯定的意义

positive 肯定的

supportive 支持的

defensive 保卫的

confident 自信的

concerned 关心的

tolerant 容忍的

persuasive 有说服力的

promising 有希望的

favorable 赞成的

enthusiastic 热情的

optimistic 乐观的

admiring 赞赏的

sympathetic 同情的

approving 赞成的

informative 有教益的；提供有用信息的

2. 表示消极、否定的意义

negative 否定的

critical 批评的

opposed 反对的

doubtful 怀疑的

skeptical 怀疑的

sarcastic 讽刺的

radical 激进的

confused 困惑的

disapproval 不赞成

criticism 批评

adverse 不利的

pessimistic 悲观的

worried 担忧的

suspicious 可疑的

ironic 讽刺的

hostile 有敌意的

disappointed 失望的

biased 有偏见的

subjective 主观的

objection 反对

concerned 担忧的，焦虑的

3. 表示客观的意义

objective 客观的

unbiased 无偏见的

disinterested 公正的，无私的

impartial 公平的，不偏不倚的

unprejudiced 无偏见的

4. 表示中立、不关心的意义

neutral 中立的

impassive 冷漠的

indifferent 漠不关心的

ambiguous 含糊的，模棱两可的

uninterested 冷淡的，不感兴趣的

unconcerned 冷漠的，不关心的

经典例题

The fact that you are earning your degree speaks volumes. Employers will want to know what degree you earned and what you studied, but as a recruiter, I'd be more focused on the types of internships you've taken, your skills and experiences (study abroad counts, as well). Subject matter counts, too. So if you're passionate about psychology and can fit in psychology classes, go for it. (I actually majored in psychology!) I knew at the time that understanding people would be a valuable asset to have during every stage of my life—both business and personal.

What's the speaker's attitude towards working outside of one's degree?

A. The speaker focuses more on one's internship experience rather than the degree.

B. The speaker encourages people to work outside of one's degree.

C. The speaker thinks it is not wise to choose a career that is not related to one's degree.

D. The speaker considers it risky to work outside of one's degree.

【答案】A。解析:题意为"演讲者(作者)对做与大学文凭无关的工作持什么态度?"首句点明所得文凭是能够说明一些事情的(The fact that you are earning your degree speaks volumes.),but 一词转折,表明作者持不同的观点,即"… but as a recruiter,I'd be more focused on the types of internships you've taken,your skills and experiences(但作为一名招聘人员,我更关注的是应聘者的实习经历、技能和经历)",由此可知,相比一个人的文凭而言,招聘者更关注的是人们的实习经历,故 A 项"演讲者(作者)更注重一个人的实习经历,而不是文凭"正确。

五、词义猜测题

词义猜测题是指在阅读过程中根据对语篇信息、逻辑、背景知识及语言结构等的综合理解去猜测或推断某个词、短语或句子的意思。词义猜测题主要考查考生根据不同的语境判断、猜测意义的能力。出题形式一般有两种:一是考纯粹的生词(多半属于非常用词);二是考熟词生义(或词的多义性)。

词义猜测题常用的提问方式有以下几种:

The underlined word "…" (para 2,line 3) probably means …

What does the underlined word "…" mean?

Which of the following is closest in meaning to "…"?

(一)猜测熟词的生义

"代入检验"法:如果四个词都认识,就分别代回原文,检查一下是否符合逻辑。

"词汇关系"法:查看是否有特定的搭配或者逻辑关系。

"句子关系"法:根据语法结构和句子逻辑关系判断文章句子关系是顺接还是逆接,话题和感情色彩相同还是相反。

(二)猜测生词含义

(1)通过语境猜测词义。通过文章主题和上下文的逻辑关系,来推测生词和句子的含义。要求词不离句,句不离篇。从对两种事物或现象的对比描述中,推断出词义。

(2)根据定义猜测词义。定义的形式通常包括:用一个句子或者段落给生词定义;使用破折号、冒号后面的内容或者引号、括号中的内容对生词加以解释或者定义。

(3)通过经验及生活常识猜测词义。在阅读文章的基础上利用自己对日常生活的理解和判断来对单词含义进行猜测。

行政职业能力测验

第一章

党和国家方针政策

本章导读

2021 年度中国进出口银行秋季校园招聘考试笔试真题中,时政部分的考查题量为 20 道,占比较大。考点涉及政治、经济、教育、公共卫生等多个领域的内容。由于此部分题目的时效性较强,多为考试前半年左右的热点新闻,因此本章不放置相关内容,只放置时效性持续时间较长的内容,如党和国家的方针政策。考生在复习备考本章内容时,应当时刻关注时事动向,如我国取得的重大成就、召开的重大会议、习近平总书记发表的重要讲话内容等。

第一讲　2021 年国务院政府工作报告(要点)

2021 年 3 月 5 日,在第十三届全国人民代表大会第四次会议上,李克强总理作了政府工作报告。该报告要点如下:

一、2021 年发展主要预期目标

2021 年发展主要预期目标:国内生产总值增长 6% 以上;城镇新增就业 1100 万人以上,城镇调查失业率 5.5% 左右;居民消费价格涨幅 3% 左右;进出口量稳质升,国际收支基本平衡;居民收入稳步增长;生态环境质量进一步改善,单位国内生产总值能耗降低 3% 左右,主要污染物排放量继续下降;粮食产量保持在 1.3 万亿斤以上。

二、2021 年重点工作

做好 2021 年工作,要更好统筹疫情防控和经济社会发展。坚持常态化防控和局部应急处置有机结合,继续毫不放松做好外防输入、内防反弹工作,抓好重点区域和关键环节防控,补上短板漏洞,严防出现聚集性疫情和散发病例传播扩散,有序推进疫苗研制和加快免费接种,提高科学精准防控能力和水平。2021 年要重点做好以下几方面工作:

(1)保持宏观政策连续性稳定性可持续性,促进经济运行在合理区间。在区间调控基础上加强定向调控、相机调控、精准调控。宏观政策要继续为市场主体纾困,保持必要支持力度,不急转弯,根据形势变化适时调整完善,进一步巩固经济基本盘。

（2）深入推进重点领域改革，更大激发市场主体活力。在落实助企纾困政策的同时，加大力度推动相关改革，培育更加活跃更有创造力的市场主体。

（3）依靠创新推动实体经济高质量发展，培育壮大新动能。促进科技创新与实体经济深度融合，更好发挥创新驱动发展作用。

（4）坚持扩大内需这个战略基点，充分挖掘国内市场潜力。紧紧围绕改善民生拓展需求，促进消费与投资有效结合，实现供需更高水平动态平衡。

（5）全面实施乡村振兴战略，促进农业稳定发展和农民增收。接续推进脱贫地区发展，抓好农业生产，改善农村生产生活条件。

（6）实行高水平对外开放，促进外贸外资稳中提质。实施更大范围、更宽领域、更深层次对外开放，更好参与国际经济合作。

（7）加强污染防治和生态建设，持续改善环境质量。深入实施可持续发展战略，巩固蓝天、碧水、净土保卫战成果，促进生产生活方式绿色转型。

（8）切实增进民生福祉，不断提高社会建设水平。注重解民忧、纾民困，及时回应群众关切，持续改善人民生活。

第二讲　《中华人民共和国国民经济和社会发展第十四个五年规划和 2035 年远景目标纲要》（要点）

2021 年 3 月 11 日，第十三届全国人民代表大会第四次会议通过了《中华人民共和国国民经济和社会发展第十四个五年规划和 2035 年远景目标纲要》。该纲要要点如下：

一、2035 年远景目标

展望 2035 年，我国将基本实现社会主义现代化。2035 年远景目标如下：

（1）经济实力、科技实力、综合国力将大幅跃升，经济总量和城乡居民人均收入将再迈上新的大台阶，关键核心技术实现重大突破，进入创新型国家前列。

（2）基本实现新型工业化、信息化、城镇化、农业现代化，建成现代化经济体系。

（3）基本实现国家治理体系和治理能力现代化，人民平等参与、平等发展权利得到充分保障，基本建成法治国家、法治政府、法治社会。

（4）建成文化强国、教育强国、人才强国、体育强国、健康中国，国民素质和社会文明程度达到新高度，国家文化软实力显著增强。

（5）广泛形成绿色生产生活方式，碳排放达峰后稳中有降，生态环境根本好转，美丽中国建设目标基本实现。

（6）形成对外开放新格局，参与国际经济合作和竞争新优势明显增强。

（7）人均国内生产总值达到中等发达国家水平，中等收入群体显著扩大，基本公共服务实现均等化，城乡区域发展差距和居民生活水平差距显著缩小。

（8）平安中国建设达到更高水平，基本实现国防和军队现代化。

（9）人民生活更加美好，人的全面发展、全体人民共同富裕取得更为明显的实质性进展。

二、"十四五"时期经济社会发展主要目标

"十四五"时期经济社会发展主要目标是：①经济发展取得新成效；②改革开放迈出新步伐；③社会文明程度得到新提高；④生态文明建设实现新进步；⑤民生福祉达到新水平；⑥国家治理效能得到新提升。

三、实现"十四五"时期经济社会发展主要目标和 2035 年远景目标的举措

实现"十四五"时期经济社会发展主要目标和 2035 年远景目标的举措：①坚持创新驱动发展，全面塑造发展新优势；②加快发展现代产业体系，巩固壮大实体经济根基；③形成强大国内市场，构建新发展格局；④加快数字化发展，建设数字中国；⑤全面深化改革，构建高水平社会主义市场经济体制；⑥坚持农业农村优先发展，全面推进乡村振兴；⑦完善新型城镇化战略，提升城镇化发展质量；⑧优化区域经济布局，促进区域协调发展；⑨发展社会主义先进文化，提升国家文化软实力；⑩推动绿色发展，促进人与自然和谐共生；⑪实行高水平对外开放，开拓合作共赢新局面；⑫提升国民素质，促进人的全面发展；⑬增进民生福祉，提升共建共治共享水平；⑭统筹发展和安全，建设更高水平的平安中国；⑮加快国防和军队现代化，实现富国和强军相统一；⑯加强社会主义民主法治建设，健全党和国家监督制度；⑰坚持"一国两制"，推进祖国统一。

第二章

言语理解

本章导读

在 2021 年度中国进出口银行秋季校园招聘考试中,对本章内容的考查主要包括选词填空、语句表达和阅读理解,题量为 5 道。其中,语句表达部分重点考查病句辨析;阅读理解以考查推断下文题为主。考生在复习备考言语理解时,要着重掌握基础知识,熟悉解题技巧,然后通过做真题及模拟试题来巩固记忆、提升能力。

第一讲　选词填空

核心考点一　辨析词语

辨析词语是选词填空的重要考点,测查考生在词语储备方面的基本功。大家在对近义词语进行辨析时,可从以下五个角度进行考虑。

一、词义的侧重点

有些词语虽然表示的概念、含义大致相同,但在表现对象上却有不同的侧重。做题时,大家需仔细体会选项中相近词语的不同侧重点,找出与题干内容最契合的一项。

【示例 1】"精准"vs"精确"

精准:侧重很符合、没差错。

精确:侧重精细、确切,如:精确到小数点后多少位数。

【误用】8 号选手的远投非常精确。

【辨错】句子说的是投篮投得准,所以"精确"应改为"精准"。

【示例 2】"因地制宜"vs"因时制宜"

"因地制宜"指根据不同地区的具体情况规定适宜的办法,侧重不同地区。

"因时制宜"指根据不同时期的具体情况,采取适当的措施,侧重不同时期。

【误用】社会变化快速,做事方法不能一成不变,当因地制宜。

【辨错】句子说的是社会变化快,即强调时间的变化,应改为"因时制宜"。

经典例题

只有_____勤俭节约，_____铺张浪费之歪风_____，才能有效净化我们的社会风气，培育健康向上的文明风尚。

填入画横线部分最恰当的一项是(　　)。

A. 厉行　提防　漫延　　　　　　　　　　B. 力行　防止　漫延

C. 力行　防备　蔓延　　　　　　　　　　D. 厉行　防范　蔓延

【答案】D。解析：第一空，"力行"侧重"力"，强调亲自实践，"厉行"侧重"厉"，强调严格执行。根据"只有……才……"可知，强调严格执行的"厉行"更适合，排除B、C。第三空，"漫延"一般用于水流向四周扩散。"蔓延"一般用于植物或火灾的生长或发展，也可用于抽象事物。文段说的是风气，其为抽象事物，此处应选"蔓延"，排除A。故本题选D。

· 备 考 锦 囊 ·

做题过程中经常会遇到语义相近且含有相同语素的词语，不加以准确辨析，则容易混淆。这时候可以从比较相异语素入手，如"简洁"侧重"洁"，强调说话、行文简明扼要；"简捷"侧重"捷"，强调做事简便、快捷、直截了当。对于这类具有相同语素的近义词，应比较其相异语素的含义，再结合相应语境进行选择。

二、词义的轻重程度

有的近义词虽然表示的概念、含义大致相同，但在表现的程度上有着轻重、强弱的不同。

【示例1】"瑕疵"vs"弊病"

瑕疵：微小的缺点，词义程度较轻。

弊病：弊端、缺点或毛病，词义程度较重。

【误用】尽管游戏中还是存在一些弊病，但是毫无疑问这款游戏仍然是近期最好的作品之一。

【辨错】由"近期最好的作品之一"可知，这款游戏受到了肯定，存在的问题并不大，"弊病"词义程度过重，应改为"瑕疵"。

【示例2】"相信"vs"信任"vs"信赖"

相信：认为正确，不怀疑，词义程度较轻。

信任：相信而敢于托付，词义程度较重。

信赖：信任并且可以依靠，词义程度最重。

【误用】大禹因治水有功，得到了众多部落的拥戴和舜的信赖，继舜之后担任了部落联盟的首领。

【辨错】由"继舜之后担任了部落联盟的首领"可知，句子侧重说的是舜对禹的相信与托付，故用"信任"比"信赖"更合适。

三、词语的感情色彩

根据感情色彩，词语可分为褒义词、贬义词和中性词。大家在做题时，需要根据现有句子所提供的语境,判断作者的感情态度和褒贬意味,从而选出与作者感情色彩最相符合的词语。

【示例】"充斥"vs"充满"vs"充溢"

充斥:塞满(含厌恶意),为贬义词。

充满:填满、布满,为中性词。

充溢:充满、洋溢,为褒义词。

【误用】假冒伪劣商品充溢市场,泛滥成灾,严重地侵害了消费者的利益。

【辨错】对于"假冒伪劣商品",人们应持否定态度,"充溢"为褒义词,不符合句子的感情色彩,应改为"充斥"。

经典例题

文字可将一个人思考之所得传诸他人,于是不仅可以_____,而且可以利用他人的思考为出发点。文字发展成为传至远方与后世的书籍,书籍也就成了人类思考结果的库藏。读书者可以从此库藏中_____,手执一卷可以上对邈古的哲人,远对绝域的学者,而仿佛亲聆其以言词_____毕生思考的心得。

填入画横线部分最恰当的一项是(   )。

A. 群策群力   任意索求   显露
B. 集思广益   予取予求   吐露
C. 传承文明   随心所欲   倾诉
D. 取长补短   无厌求取   诉说

【答案】B。解析:先看第二空,句意为读者凭借意愿选择书籍,由后文的"手执一卷可以上对邈古的哲人,远对绝域的学者……"表述可知,此处应为褒义语境。"随心所欲"在不同的语境可用作中性词或贬义词,但不能用作褒义词,排除C。"无厌求取"为贬义词,与文段的感情色彩不符,排除D。再看第三空,"显露"与"心得"搭配不当,排除A。"吐露"含有的诉说之意,与"心得"搭配更恰当。故本题选B。

备考锦囊

上题第一空的备选词语不易辨析,考生可直接跳过。 考试中考生不要过于纠结某一空。 第二空备选词语词义相近且没有可利用的相异语素,这时不要再从词义的角度进行辨析,可以从词义的轻重或感情色彩的角度进行考虑。

四、词语的语体色彩

根据语体色彩,词语可分为口头语和书面语两大类。口头语的主要特点是自然、通俗,常用于日常交谈,或比较口语化的文学作品。书面语的特点是文雅、庄重,多用于比较正式的场合、理论性强的文章等。从试题选材来看,考试中多考查考生对书面语的掌握情况。

【示例】"摇晃"vs"摇曳"

摇晃:摇摆、晃动,较为口语化。

摇曳:摇荡,多用于书面语。

【误用】轻风拂来,明净的湖面堆起丝丝笑靥,惹得四周心旌摇晃。

【辨错】句子表述文学气息较重,应选取书面语,"摇晃"较为口语化,应改为"摇曳"。

经典例题

在奥斯维辛解放60周年纪念活动的电视实况转播里,看到奥斯维辛正飘飞着鹅毛大雪。远处苍茫的背景下,奥斯维辛集中营那些处在低洼之地的木制和砖砌的营房和毒气室,在洁白飞舞的雪花中,静静地_____着,无言地出示着历史的一份_____着血泪的证言。

填入画横线部分最恰当的一项是(　　)。

A. 伫立　浸透

B. 肃立　书写

C. 站立　浸染

D. 树立　饱含

【答案】A。解析:第一空,"树立"指建立(多用于抽象的好的事情),如树立榜样,与"营房和毒气室"不能搭配,排除D。与"60周年纪念活动""在洁白飞舞的雪花中"对应,"伫立""肃立"所含有的庄重的意思更符合文段的语体色彩,"站立"较为口语化,排除C。第二空,由"集中营""毒气室"可知,这份血泪证言见证了一段惨痛的战争历史,"浸透"词义程度更重,且与"血泪"搭配更恰当。故本题选A。

五、词语的搭配

词语的搭配既受到语法规则的支配,又受到语义条件的限制,同时还存在专业领域的固定搭配。因此,大家在解答选词填空题时,可从词语的搭配角度入手快速解题。

【示例1】"发扬"vs"发挥"

发扬:常与"风格""精神""品质"等搭配。

发挥:常与"作用""水平""想象力"等搭配。

【误用】看图作文时,除了看懂图画的内容,还要充分发扬自己的想象力。

【辨错】与"想象力"搭配,用"发扬"不恰当,应改为"发挥"。

【示例2】"年轻"vs"年青"

年轻:年纪比相比较的对象小,适用对象较为广泛。

年青:处在青少年时期,适用对象为青少年。

【误用】她是一个精致讲究的女人,虽然年过花甲,但鹤发童颜,十分年青。

【辨错】"年青"指处在青少年时期,句中的"她"已经年过花甲,应改为"年轻"。

【示例3】"认识"vs"认知"

认识:通过实践了解、掌握客观事物,适用范围较广。

认知:通过思维活动认识、了解,为心理学术语。

【误用】"理解"强调要能在变化了的情境中解决实际问题,通过认识来获得个人意义,也就是举一反三。

【辨错】句子从心理学的角度解释了"理解",应选用心理学术语"认知"。

核心考点二　分析题干

横线处所填词语必须能够满足语境需求,同时不能有语法问题。对此,考生应先学会分析题干。分析题干,主要是分析题干中对解题有帮助的信息。

一、逻辑关系

分析语境,通常是分析横线处前后的逻辑关系。考试中最常见的逻辑关系有解释说明关系、相反相对关系、并举关系、递进关系和顺承关系。

(一)解释说明关系

解释说明关系指语段中的某些词句对空缺处词语的含义进行了解释说明。当文段中出现以下提示信息时,大家可重点考虑此处是否存在解释说明关系。

提示存在解释说明关系的五种信息

含有指代义的词语:这、那、此、这些、这样
表同义互换的词语:也就是说、或者说、即
表概括、归纳、总结说明的词语:可见、因此、因而、所以
表举例论证的词语:也是如此、即是例证、譬如
表解释说明的符号:冒号、破折号

(二)相反相对关系

相反相对关系指语段中的某些词句对空缺处词语的含义进行了反面提示。解决此类题目可以通过找出句中相应词语的反义词或者与分句语义相对的词语。

提示存在相反相对关系的五类词语

转折词:虽然……但是……,却,反而,然而,而,其实
否定词:是……不是……,不是……而是……,并非,不能,不会
选择词:是……还是……,与其……不如……,或
变化词:从……到……,过去……现在……,直到
相对词:一些(类)……另一些(类)……,少数……大多数……

(三)并举关系

并举关系是指语段中的某些词句与空缺处所填词语为并列关系,二者存在语义相近、结构相当的关系。

暗示存在并举关系的三种信息

表并举关系的词语:和、与、既……又……
表并举关系的符号:顿号、分号
相同或相似的句式

(四)递进关系

递进关系是指语段中的某些词句与空缺处所填词语存在范围或程度上的阶梯差异。当文段中出现表递进关系的关联词语时,可考虑此处是否存在递进关系。

常见的表递进关系的词语:甚至、更、还、以至、不仅/不但/不光……而且……、尚且……何况……。

（五）顺承关系

顺承关系是指作者在描述一个连续的动作或事情时,常遵循一定的时间、空间或逻辑顺序,表现在句子中则是分句之间有前后相承的关系,或描述连续动作的词语之间具有不可颠倒的前后次序。

· 备 考 锦 囊 ·

要注意区分递进关系与顺承关系。递进关系强调的是程度上存在差异,可以是一个事物内部存在差异,也可以是与其他事物相比存在差异。顺承关系强调的是顺序不可逆,多用于一个事件的完成。

二、语法与语用

语法,指的是语言的结构规律。做选词填空题时,除了要考虑文意、词义以外,还需要遵循一定的语法规则,通过分析所缺词语在句子中充当的句子成分,选择合适的词语填入其中。

语用,指的是语言的实际应用。语法探讨的是遣词造句的规则,而语用更多是指遣词造句的习惯。语用既是选词填空题的一个考查重点,也是解题的一个重要法宝。

（一）词性

1. 认识常考词性

考试中考查得比较多的是名词、动词和形容词。其中,名词在句中主要作主语和宾语。动词在句中主要作谓语。形容词在句中主要作定语、谓语、状语和补语。名词、动词、形容词的区分方法见下表。

表 3-2-1　名词、动词、形容词的区分方法

词性	名词	动词	形容词
与"很"搭配	不能搭配,如"很太阳"	不能搭配,如"很研究"	能搭配,如"很积极"
与"不"搭配	不能搭配,如"不太阳"	能搭配,如"不研究"	能搭配,如"不积极"

大家需要注意,有两类形容词不能与"很""不"搭配。第一类,本身已有达到某种程度之意,如"雪白""飞快","雪""飞"分别形容"白""快"的程度。第二类,ABB 式和 AABB 式形容词,如"绿油油""漂漂亮亮"等。

【示例1】撒哈拉沙漠是地球上最不适合生物生长的地方之一,其恶劣的气候_____了植物的生长。（障碍/阻碍）

解读:空缺处词语应作句子的谓语,"障碍"是名词,填入会产生语法错误;"阻碍"是动词,填入恰能充当设空句的谓语。

2. 并列成分的词语的词性通常一致

当句子中存在并列成分时,为了保持句子内部节奏的一致性、流畅性,并列成分的词语的词性通常要保持一致。

【示例2】在动荡的社会里,汉字的随意性比较强,当一个社会稳定的时候,就会出现对汉字的整理和_____。(规范/标准)

解读: 由"和"可知,所填词语应与"整理"构成并举关系,且保持词性一致。"整理"为动词,所填词语也应为动词。"标准"为名词,不能与"整理"构成并举关系。"规范"既可为名词也可为动词,作动词时,意为使合乎规范,与"整理"并列恰当。

> **·备·考·锦·囊·**
>
> 成语也有词性之分,大致可分为动词性、名词性、形容词性、副词性四类。不同词性的成语在句子中充当不同的成分,行使不同的语法功能。大家在做题时要注意甄别,以免落入命题者的陷阱。

(二)语义重复

当一个词语中已包含另一个词语的意思时,这两个词一般不能连用。例如:"中旬"本身就是一个概数,所以不能与"前后""左右"连用;"必需"意为一定要有,已包含了"有"的意思,所以不能再和"有"连用;"威慑"意为使人感到恐惧,已包含了"使"的意思,所以不能与"令人""让人"等表使动的词语连用。

三、事理常识

根据文段分析出来的语境,通常是言内语境。言外语境则是文段没有给出相关信息,是通过包括事理常识在内的一切背景知识推断出来的。有些试题,通过分析言外语境反而能更快地找到破题点。

第二讲　语句表达

核心考点一　病句辨析

病句,实际上就是有毛病的句子。这里的"毛病"是指违反了语法结构规律或客观事理逻辑。病句的六大类型见下图。

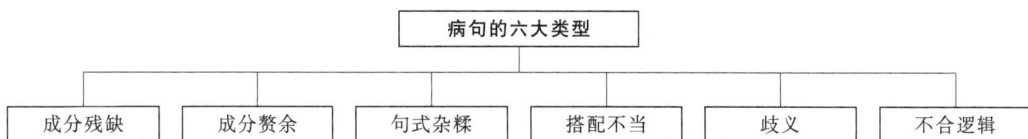

```
                    病句的六大类型
    ┌──────┬──────┬──────┬──────┬──────┬──────┐
  成分残缺  成分赘余  句式杂糅  搭配不当   歧义   不合逻辑
```

图 3-2-1　病句的六大类型

一、成分残缺

成分残缺是因缺少应有的成分造成句子结构不完整、表意不明确的一种语病。其类型及释义见下表。

表 3-2-2　成分残缺的类型及释义

类型	释义
主语残缺	常见的主语残缺主要是由滥用介词或暗中更换主语造成的
谓语残缺	常见的病因是错把状语或宾语中的动词当作整个句子的谓语
宾语残缺	常见的宾语残缺主要是由于动词所带的宾语较长，在表述时，往往只写了宾语的修饰语，而丢失了宾语的中心语
其他残缺	除了以上主谓宾三种主要成分的残缺外，还存在一些其他句子成分残缺的情况，如状语残缺、介词残缺、关联词语残缺等

【示例1】我国人民正在意气风发地为建设一个现代化的社会主义强国。

解读：谓语残缺。本句缺少谓语，删去"为"，或者在最后加上"而奋斗"。

【示例2】作为 2008 年北京奥运会保险合作伙伴，中国人保以更适合公众参加的形式，组织了弘扬奥林匹克精神、服务奥运，分享奥运所带来的激情和欢乐。

解读：宾语残缺。谓语动词"组织"缺少宾语，应在"服务奥运"后加上"的活动"。

【示例3】那些手上有过硬技术的职工，企业即使面临困难，也要千方百计地挽留。

解读：介词残缺。应在"那些手上有过硬技术的职工"前加介词"对于"。

【示例4】不管天气多么恶劣，他是按时到校学习。

解读：关联词语残缺。应在"是"前面加上"都"。

二、成分赘余

成分赘余，实际上就是句子中出现了重复表达的内容。常见的容易出现赘余的情形有词语隐含义与已提供的语境义重复、虚词多余等。

【示例1】只有把想法付诸于行动，才能最大限度地达到我们的目标。

解读："诸"已含有"之于"的意思，其后不能再接"于"，可将"于"删去。

【示例2】我们必须拿出自己的正版计算机游戏软件，否则，拿不出新软件，就难以抵制不健康的盗版软件。

解读："否则"本身就是一种表否定的假设，后面又说"拿不出新软件"，二者重复，可删除"拿不出新软件"。

三、句式杂糅

句式杂糅是把两种不同的句法结构混杂在一起，造成结构混乱、语义不清的语法错误。

【示例1】教师心态浮躁的背后，是整体学术氛围不纯的表现。

解读："背后是……"与"是……的表现"两种句式杂糅，可去掉"的表现"。

【示例2】要想真正深入学习实践科学发展观,就一定要在求真务实创新上下苦功夫不可。

解读:"一定要……"和"非要……不可"两种句式杂糅,可改为"就一定要在求真务实创新上下苦功夫"或"就非要在求真务实创新上下苦功夫不可"。

四、搭配不当

搭配不当是比较常见的语病,主要出现在主谓之间、动宾之间、主宾之间、修饰语与中心词之间等。其类型及释义见下表。

表3-2-3　搭配不当的类型及释义

类型	释义
主谓搭配不当	主要表现为谓语不能陈述主语,有时主语或谓语由联合短语充当,其中一部分不能搭配
动宾搭配不当	主要表现为当动词带两个以上宾语时,部分宾语与动词不搭配
主宾搭配不当	主要出现在由"是"充当谓语的句子中
修饰语与中心词搭配不当	主要表现为句子的定语、状语、补语与其修饰、限制的中心词搭配不当

【示例1】机关考勤制度改革后,"一杯茶、一支烟,一张报纸看半天"的现象不见了,全勤的人数骤然增多,出勤率较前三个月有很大增加。

解读:主谓搭配不当,主语"出勤率"与谓语"增加"不搭配,应把"增加"改为"提高"。

【示例2】在拉萨市郊的每块土地上,都可以看到农民们愉快的笑脸和那"喔哝、喔哝"的赶牛的吆喝声。

解读:动宾搭配不当。谓语动词"看到"只能与"笑脸"搭配,不能与"吆喝声"搭配。

【示例3】汉末之王充思想,是批评阴阳五行、天人感应及是古非今思想的代表人物。

解读:主宾搭配不当。本句的主语是"王充思想",宾语是"代表人物","王充思想是代表人物"明显搭配不当。

【示例4】我们中华民族在人类文明发展史上,曾经有过优越的贡献。

解读:修饰语与中心词搭配不当。"优越的"不能作为修饰语与"贡献"搭配,可改为"卓越的贡献"。

五、歧义

歧义是指一个句子存在两种或两种以上解释的现象。其类型及释义见下表。

表3-2-4　歧义的类型及释义

类型	释义
词的多义导致歧义	由句子中的多义词或多义短语造成的歧义
停顿不同导致歧义	因句中停顿不明确(或者说句中可以有不同的停顿)而引起的歧义
指代不明导致歧义	句中的指示代词或人称代词指代不明确造成的歧义

类型	释义
修饰语两可导致歧义	由修饰语修饰的中心词不明确而造成的歧义

【示例1】柏林反对申办奥运的暴力活动升级。

解读：停顿不同导致歧义。既可理解为"反对/申办奥运的暴力活动升级"，也可理解为"反对申办奥运的暴力活动/升级"。

【示例2】"有偿新闻"应当受到批评，这是极其错误的。

解读：指代不明导致歧义。"这"可以指"有偿新闻"，也可以指"有偿新闻受到批评"。

【示例3】几个学校的领导一起来了。

解读：修饰语两可导致歧义。"几个"既可以修饰"学校"，理解成"不同学校"；也可以修饰"领导"，理解为"来自同一个学校的多个领导"。

六、不合逻辑

不合逻辑主要考查的是对事理逻辑的分析能力。其类型及释义见下表。

表3-2-5　不合逻辑的类型及释义

类型	释义
一面对两面	这类病句的主要特征是句子内容不能前后照应，句子的一部分内容涉及两个方面，而与之对应的另一部分内容却只涉及一个方面
自相矛盾	前面的说法与后面的说法彼此冲突，主要涉及时间、数量、范围、动作、位置、状态等
主客倒置	颠倒了主体与客体之间存在着的主要与次要、认知与被认知、主动与被动等关系，造成表达的混乱
否定失当	主要原因是句中有多个否定词，多重否定失当从而造成与逻辑不符的结果
并列不当	这种语病通常是由对词语所表达的概念内涵及概念间关系的误解而造成的

【示例1】在那个时候，报纸与我接触的机会是很少的。

解读：主客倒置。主体应该是"我"，应改为"我与报纸接触的机会是很少的"。

【示例2】为了防止不再发生类似事故，领导制定了一系列切实加强安全保卫工作的措施。

解读：否定失当。"防止""不"双重否定表肯定，与句子要表达的意思相反，应删去其一。

【示例3】展望21世纪，中国文化和东方文化的伟大复兴，必将改变西方文化片面主宰世界的格局。

解读：并列不当。"中国文化"属于"东方文化"，二者不能并列。

核心考点二　语句连贯

语句连贯,就是指语句表达要前后勾连、前后衔接和呼应恰当。语句连贯包括语句排序和语句填充两种题型。同为语句连贯题,语句排序题更侧重考查语言的呼应与衔接,其难度要远远大于语句填充题,对考生的整体把握能力要求更高。

一、语句排序

语句排序题会给出几个打乱顺序的句子,要求考生对其进行排序。这种题型主要考查考生对句子的理解能力和逻辑组合能力。解答语句排序题可考虑以下几种思路。

(一)关注首尾句

首尾句是文段中特点非常鲜明的句子,做题时可先从选项给出的首尾句入手,排除干扰项。在此之前需要先了解首尾句的特点。

首句一般是一个文段的引论,当句子内容是介绍背景、引出话题时,可考虑此句为首句;首句一般不含有指代词,一般不含有转折性词语、递进性词语、总结性词语。

尾句通常是结论性的,当句子内容为结论性表述时,可考虑此句为尾句。

(二)抓住关联词语

关联词语提示了句子之间的逻辑关系,根据关联词语也可以确定句子之间的顺序。

通过关联词语判断句子顺序有两种情况:

(1)当出现固定搭配的关联词语,且两个词语在不同句子中时,可根据固定搭配的关联词语确定句子的前后顺序。

(2)当出现单独使用的关联词语时,需要通过句子意思判断与其逻辑关系相符的前后句顺序。

> **·备·考·锦·囊·**
>
> 表转折关系、因果关系和递进关系的关联词语特征明显,从这些词语入手通常比较容易判断分句间的逻辑关系。 大家看到这些词语时,可查看选项中与其相连的句子是否衔接恰当。

(三)重视指代词

指代词是表示指示概念的代词,常用来代替前面已提到过的对象。指代词通常紧跟在被指代的对象之后,通过指代词可以确定其前面的句子。

(四)注意逻辑顺序

文章在表情达意时,都要遵从一定的逻辑顺序。根据文段中的逻辑顺序也可以确定句子之间的前后关系。

语句排序题中常考的逻辑顺序包括时间顺序和事物发展顺序。

(1)按照时间顺序的排序方法:当几个句子中都出现时间词时,句子之间的排列应遵循时间的先后顺序。

（2）按照事物发展顺序的排序方法：当几个句子分别提到某一事物的状态、情况时，应按照其固有发展规律排序，事物发展的顺序是环环相扣的，不应违背其发展的先后顺序。

考试中，除了考查时间顺序和事物发展顺序外，还少量考查空间顺序，即要求文段能够按照一定的顺序（上下、左右、内外、整体与局部）介绍事物。

备考锦囊

时间顺序需要根据时间词判断，时间词可分为直接提示时间词和间接提示时间词。直接提示时间词标注出了具体时间，间接提示时间词一般为历史时期或专有名词，需要大家运用自己所学的知识来分析。

（五）分析承启关系

承启关系指的是句子与句子之间上承下启、前后勾连的关系。根据句子间的承启关系也可以确定句子的顺序。

承启关系的使用形式包括顶真手法、内容相关和句式一致。

（1）顶真手法，又叫连珠法，是将前一句的尾字作为后一句的首字，使两个句子首尾相连、前后承接，产生上递下接效果的修辞手法。当两个句子中出现某一句的宾语作另一句的主语的情形时，可考虑此处使用了顶真手法，两句应相连。

（2）内容相关指的是某一句开头与另一句末尾内容相同或相关时，即可判断这两句联系紧密，应相连。

（3）句式一致指的是为了增加语势和表达效果，通常把句式相同的两个句子相连。

二、语句填充

解答语句填充题，首先要观察设空位置，然后根据题干和选项寻找合适的破题角度。话题统一和前后照应是解答语句填充题的基本思路，此外，遇到文段前后分句存在并列、对比关系时，可考虑从句式一致入手。

（一）关注设空的位置

在语句填充题中，题干的设空位置不同，考查的侧重点也不同。从设空位置入手，能够快速判断所填句子在文段中的作用。语句填充的设空位置，无非是首尾句、过渡句。

1. 首尾句

在一段话中，首句的作用是引出话题、提出观点、总领后文。当设空位置在首句时，通常考虑所填句子是文段的总起句，然后通过分析其后文内容，归纳出所填句子的大致内容。

文段的尾句，通常是文段的总结句，即根据上文内容得出结论。当空缺处位于文段尾句时，考虑所填句子是对前文内容的总结，即对其前文进行梳理和归纳。

2. 过渡句

过渡句并非指其位于文段正中间，而是其上文和下文都有内容。设空句若是过渡句，则所填句子应起到承上启下的作用,保证前后的话题紧密衔接在一起。

(二)判断选项的标准

1. 话题统一

"话题统一"是指组成段落或复句的句子之间,彼此紧密联系,都围绕一个中心集中地表现一个事实、场景或观点。

"话题统一"包括以下两种方式:

(1)保持主语一致,指的是所填句子的主语应与文段各句的主语保持一致。因为主语在话题表述中承担着重要的作用,共同的主语是贯穿文段中各句的灵魂,行文时要尽量保持主语的一致性。

(2)保持话题一致,指的是句群之间涉及的领域、对象、观点一致。每个文段的内容都是围绕某一个中心话题展开的,因此所填句子要能紧密连接前后文的论述内容,使整个文段的句子共同指向一个中心话题。

2. 前后照应

"前后照应"指语段中的信息要前后吻合,彼此呼应,在表意上形成一个严密的整体。

"前后照应"在语句填充题中表现为词语照应、观点照应、问答照应三种形式。

(1)词语照应指的是正确选项中的词语与文段中的关键词语相互照应。

(2)观点照应指的是正确选项中的观点应与文段的整体观点一致。

(3)问答照应指的是选项与文段之间的问与答、肯与否要协调一致。

3. 句式一致

"句式一致"指组成文段的语言结构形式,前后具有一致性。句式的整齐一致,既可以增强语势,又可以加强语句的通畅性,给人以思路清晰的感觉。

"句式一致"可以从形式和内容两方面考虑。形式上,文段运用了对比、对偶、排比的修辞手法。内容上,句子间的内容是并列关系。

第三讲　阅读理解

核心考点一　主旨观点题

主旨观点题主要考查考生"概括阅读材料的主要内容;分析归纳阅读材料主旨;根据上下文合理推断阅读材料的隐含信息;判断作者的态度和意图"等对材料进行综合分析理解的能力。主旨观点题常见的提问方式有"这段文字主要说明的是""这段文字的主旨是""这段文字的作者意在强调""这段文字主要支持的观点是""这段文字主要想表达的是"等。

解答主旨观点题要从阅读材料入手,主旨观点题的阅读材料通常字数较多,考生可以通过关键词和关键句来解题。

一、关键词

关键词指文段中出现的某些具有提示文段主旨作用的词语,主要有高频词、总结词和强调词。

(一)高频词

高频词指的是文段中多次出现的词或短语。当某个词在文段中多次出现时,这表示文段的核心话题与此相关。对主旨的概括不能偏离其核心话题,所以,不包含高频词的选项可以直接排除。

(二)总结词

总结词通常出现在文段末尾,引出对文段进行总结性表述的句子。常见的总结词有因此、所以、总之、换句话说、这就意味着、从这个意义上讲等。

(三)强调词

作者在表达自己的观点时,为了引起读者的注意常常使用一些语气比较重的词语。阅读文段时关注这些强调词有助于抓住作者的中心观点。常见的强调词有关键、尤其、务必、其实、实际上、最为重要、最为突出、重中之重等。

二、关键句

关键句是指文段中某一句话直接或间接提示了文段的主旨。它一般包括首尾句、转折句、对策句等。

(一)首尾句

"总—分""分—总"结构是大家从小学就开始接触的文章写作结构,也是主旨观点题常见的写作结构。采用这种写作结构的文段,其首句或尾句通常是文段的重点。

(二)转折句

转折句通常出现在文段中间或末尾,表示前后话题或观点的转折。转折句之后的内容为文段的论述重点,因此属于转折前内容的选项可以直接排除。

(三)对策句

对策句就是论述解决问题的方法或建议的句子,如果文段先给出某个问题,然后给出解决问题的对策,那么这个对策句就是文段的论述重点,正确答案应与此相关。文段中常出现的提出对策的词语有应该、要、可以、倡导、建立、完善、加强等。当文段中出现对策句时,正确选项应与对策句的表述相符。

核心考点二　细节判断题

细节判断题主要考查考生"根据选项对原文进行信息查找;推理、判断选项说法与原文的表述是否相符"的能力。细节判断题常见的提问方式有"对这段文字理解(不)正确的一项是""下列说法与原文(不)相符的是""根据这段文字,以下说法(不)正确的是"等。

细节判断题的正确选项,有些是对原文的同义表述或近义替换,有些则是根据文段信息进行合理推断。

除了正确选项的特征之外,大家还要重点掌握错误选项的设错陷阱,如此才能快速排除错误选项。在细节判断题中,命题人常用的设错陷阱可归纳为四字口诀——绝、无、误、换。

一、设错四字口诀之"绝"

"绝"即表述绝对。表述绝对的选项通常既不符合原文,也不符合常识。所以,若题目中出现"一定、肯定、必须、只能、所有、只要、任何、仅仅"等表述绝对的选项,大家可以优先验证其说法是否错误。

二、设错四字口诀之"无"

"无"即无中生有。它主要是指把没有的说成有,凭空捏造。在细节判断题中,"无中生有"的选项主要指选项中出现的概念、问题或结论,在原文中并没有出现,或者选项中将两个事物进行对比而原文并未将两者进行对比。

三、设错四字口诀之"误"

"误"指逻辑错误或推断错误。细节判断题中最常见的逻辑错误有因果混乱和充分条件与必要条件的混淆两种。

(1)因果混乱。因果混乱包括两个方面,一是因果颠倒,即颠倒了"因"和"果";二是强加因果,就是把没有因果关系说成因果关系。

(2)充分条件与必要条件的混淆。充分条件常用的关联词是"只要……就……",必要条件常用的关联词是"只有……才……"。

推断错误,指选项过度推断了作者意图,或者与文段表述相反。

四、设错四字口诀之"换"

"换"指偷换概念或偷换时态。偷换概念指的是命题人将原文中一些词语偷换成另一些相似的词语,改变了原来概念的修饰语、适用范围、所指对象等具体内涵的设错方式。偷换时态指将未发生或未实现的("未然")说成已经发生或已经实现的(已然),将可能发生的("或然")说成"必然"发生的一种设错方式。

·备·考·锦·囊·

若发现选项中有"没有、不是、是……的结果、是……的原因"等表述,就要有意识地考虑选项是否从原文的反面来设置陷阱。

核心考点三　词句理解题

词句理解题主要考查考生对文段中含有特定意义的词语、句子以及代词的理解能力。词句理解题常见的提问方式有"这段文字中'××'指的是""文中的'这'指代的是""根据文意,画横线部分的意思是"等。

做词句理解题的关键在于:对词句的理解不能脱离文段,必须紧密联系上下文,结合词句的本义与具体的语言环境综合分析。下面给大家介绍做词句理解题比较实用的方法。

一、根据就近原则

词句理解题对代词指代内容的考查比较常见,遵循就近原则是理解代词指代内容的一个重要方法。代词一般出现在所指代的事物、人物之后,因此代词的指代对象一般在上句或上文,所以大家在解题时,可以从上句开始寻找指代词的指代内容。

二、划分句子层次

对词句的理解离不开特定的语境,通过对词句所在句子的层次进行划分,可以帮助大家快速理解词句的含义。一般而言,在词句理解题中,划分句子层次只要抓住句子主干(主谓宾)即可。

三、代入验证法

代入验证法是解答词句理解题比较实用的方法之一,它是指把选项内容代入文段的语境中,通过分析选项代入后的语意是否通顺来判断选项正误的方法。

核心考点四　推断下文题

推断下文题考查考生利用所给阅读材料进行阅读分析并对下文进行推断的能力。推断下文题常见的提问方式有"根据这段文字,作者接下来最有可能介绍的是""这段文字接下来最有可能讨论的是""这段文字是一篇文章的引言,文章接下来最应该讲述的是"等。

推断下文题以已知推断未知的题型特点,决定了论述的逻辑顺序及行文结构是其命题点也是解题突破点。快速解答此类题目有三种思路,分别是关注尾句、锁定材料结构和排除三种信息。

一、关注尾句

在推断下文题中,尾句经常起到总结上文,同时又提示下文信息走势的作用。因此,蕴含着作者下一步意图的尾句是解题的关键,正确选项往往与尾句相关。并且在这类题型中,尾句往往呈现出鲜明的特点。具体来讲,尾句分为三类。

（一）提出一个概念

有些题目的尾句会提出一个特定的概念，这个概念在前文没有提及，有时甚至会用引号加以强调。在这种情况下，下文很可能围绕这个概念展开。如果选项中有多项提到这个概念，可首先考虑介绍"此概念是什么"的选项。

（二）指出一种现象

有些题目的尾句会指出一种现象，这个现象可能比较新奇、特殊，也可能与前文内容形成一定的对比。在这种情况下，下文多围绕这个现象展开，或者继续论述该现象，或者解释该现象产生的原因。

（三）得出一个结论

有些题目在阐述完一个问题后，会在尾句得出一个结论，这个结论可能是作者对某事的评价、观点，也可能是作者的一个倡导。若文段未涉及结论得出的原因，则下文很可能就其原因进行分析；若文段中就原因进行了分析，则下文一般围绕"怎么做"展开。

二、锁定材料结构

在推断下文题中，有的材料结构比较特殊，我们从材料结构入手，可找到解题突破口。此类题型中特殊的材料结构有两类：一类是对比，另一类是转折。

（一）对比

在推断下文题中，对比手法的运用，无论是两体对比还是一体两面对比，均是为了突出"不同"。而下文论述的内容，多是分析"不同"产生的原因。遇到此类题目，可迅速确定解释"原因"的选项为正确答案。

（二）转折

在推断下文题中，转折指的是材料先给出一般情况，然后笔锋一转，列出一个特殊情况。在这种情况下，后文一般是继续论述这个特殊情况。

三、排除三种信息

在分析尾句和材料结构后都无法找到正确答案的情况下，可以考虑排除法。在推断下文题中，可排除的信息主要有三种：前文信息、本文信息和无关信息。

（一）排除前文信息

前文信息，指从逻辑顺序上说应在前文而非下文出现的信息。

（二）排除本文信息

本文信息，指已在文段中体现的信息，这种信息如果再在下文出现，就显得重复赘余。

（三）排除无关信息

无关信息，指与本文主旨相去甚远或与文段基本没有联系的信息。

核心考点五　标题添加题

标题,是指标明文章、作品等内容的简短语句,是文章的一个有机组成部分。标题添加题是找到最适合做材料的标题的一种题型,它是阅读理解部分的一种常考题型,其考查考生归纳概括、提炼重点的能力。标题添加题常见的提问方式有"最适合做本段文字标题的是""这段话最贴切的标题是"。

一、标题添加题的分类

虽然我们把标题添加题单独作为一个题型来讲解,但其实它并非一种新的题型,而是其他几种题型的变体。根据标题添加题的考查内容,可以把其分为主旨类、主题类、寓意类三种。

(一)主旨类

主旨类标题题目是指通过提炼文段的主旨即可选出正确的标题的题目。

这类题目的材料一般为议论文,材料观点明确、论证有力,作者通过摆事实、讲道理、辨是非,以确定其观点正确或错误,提出或否定某种主张。而正确选项,即文段标题应鲜明地体现出作者的观点或主张。对于此种题型,大家可通过寻找文中表明观点或发表议论的句子来确定标题,通常这样的句子在文段的结尾或开头。

主旨类标题题目最关键的是找到作者的观点句,然后进行同义替换或者浓缩提炼。

(二)主题类

主题类标题题目是指通过把握文段的论述主题便可确定标题的题目。这类题目的材料一般为说明文或者记叙文,材料介绍的内容一般为科学研究的新成果、新发现或对某一事物的特点或某一现象的阐述。选项以名词性短语为主。对于这种题型,大家可通过把握材料所说明的中心事物或现象来确定标题。

解答主题类标题题目要把握好以下两个关键点:

(1)突出精华、抓住特点:说明文或者记叙文一定有说明或记叙的对象,且该对象必有一个或几个特点,正确选项一定是最能突出对象特点的一项。

(2)研究成果为重点:此种题型的材料通常会包含提示词,如研究显示、研究者指出、在……中指出、据调查等。紧随以上提示词的句子即研究成果,应在标题中体现出来。

(三)寓意类

寓意类标题题目是指可以通过把握文段的寓意来确定标题的题目。

这类题目的材料一般通过名人的故事或者一则寓言来说明一个道理。而正确选项,即标题应该是一个富有哲理的句子,可以不完整,但是一定要有高度与深度,不能停留在故事本身,就事论事。

二、好标题的特征

常言道"看书先看皮,看报先看题",是说一个好的标题可以起到先声夺人、提升作品表现力的作用。好标题一般具有以下四个特征:题文一致、简洁凝练、吸人眼球、含义隽永。

(一)题文一致

题文一致是指标题的内容、格调、话题、情感倾向等都应该与整个文段一致,这是一个标题最基本的特征。

(二)简洁凝练

简洁凝练是指标题要有概括性,它要求尽量用最少的字数概括出文章的精华。

(三)吸人眼球

文章实现吸人眼球的方式主要有两种:一是使用比喻、拟人、夸张等修辞手法;二是在新闻标题中突出"首次、第一、最"等表示极端程度的词语。

(四)含义隽永

含义隽永指的是标题应该与文段的整体意境相吻合,体现出语言的美感。这一点在具体运用时,主要从标题的措辞入手,尽量选择那些有画面感、有情感层次、文学色彩浓厚的词语。

第三章

逻辑推理

本章导读

2021年度中国进出口银行秋季校园招聘考试真题中,逻辑推理部分的题量为7道,以考查数字推理、逻辑判断、定义判断为主,也涉及类比推理等。数字推理的考查形式主要为数列,学会分析数列形式、掌握数字推理规律是备考数字推理的关键。逻辑判断题目对必然性推理和可能性推理均有考查,考生应当掌握这两种题型对应的解题技巧。定义判断题目要求考生能够掌握解题原则,在对所给内容进行细致分析的基础上,熟练运用解题步骤,以求快速准确作答。本章重点介绍了解答以上题型所需的基础知识和破题技巧,考生在复习的同时可以多做题目提升能力。

第一讲　数字推理

一、多级数列

多级数列包括等差数列、等比数列、和数列和积数列四种类型,是数字推理其他题型的基础。

(一)等差数列

如果一个数列从第二项开始,每一项与它前面一项的差都等于同一个常数,那么该数列就叫作等差数列,这个常数称为这个等差数列的公差。最典型的等差数列就是1,2,3,4,5,……这个自然数列。

【示例】3,9,15,21,27,33,39,……是一个公差为6的等差数列。

(1)等差数列基本形式:通过一次作差得到等差数列,称原数列为二级等差数列;通过两次作差得到等差数列,称原数列为三级等差数列。

(2)等差数列变式:数列相邻两项作差(或两次作差),得到其他基本数列或其变式。

(3)等差数列特征归纳:等差数列主要分析数项整体趋势以及个别数项特征。①数列整体递增、递减或增减交替,都可能是等差数列或其变式;②基本等差数列各数项特征不明显,一般含有0或质数。

经典例题

39, 62, 91, 126, 149, 178, ( )

A. 205

B. 213

C. 221

D. 226

【答案】B。解析:每个数字都不具备明显特征,递增趋势平稳的情况下优先考虑作差。

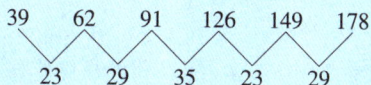

39　62　91　126　149　178　　　　　后项减前项

　23　29　35　23　29　　　　　　　循环数列

差数列的下一项是35,原数列应填入35+178=213。故本题选B。

备考锦囊

增减无序的数列作差后,所得数列一般不具有递增(减)的规律性,所以不会是等差数列。

(二)等比数列

如果一个数列从第二项开始,每一项与它前面一项的比值等于同一个非零常数,那么该数列就叫作等比数列,这个非零常数称为这个等比数列的公比。

【示例】2,6,18,54,162,486,……是一个公比为3的等比数列。

(1)等比数列基本形式:通过一次作商得到等比数列,称原数列为二级等比数列;通过两次作商得到等比数列,称原数列为三级等比数列。

(2)等比数列变式:数列相邻两项作商,得到一个其他基本数列或其变式。

(3)等比数列特征归纳:①等比数列各数项具有良好的整除性;②等比数列整体递增(减)趋势明显,还会出现先增后减的情况;③当数列相邻项之间有明显的倍数或比例关系时,优先考虑作商;④由于除数不能为0,所以当数列中出现0时,不考虑作商。

经典例题

2, 8, 32, 128, 512, ( )

A. 1 024   B. 2 048   C. 3 172   D. 4 196

【答案】B。解析:数列逐项递增,且各项具有良好的整除性,考虑作商。后项除以前项,8÷2=4,32÷8=4,128÷32=4,512÷128=4,发现这是一个公比为4的等比数列。应填入512×4=2 048,故本题选B。

(三)和数列

和数列是指项与项间通过作和寻求规律的数列。

(1)两项和数列:数列从第三项开始,每一项等于它前面两项之和。比如1,2,3,5,8,13,……

(2)三项和数列:数列从第四项开始,每一项等于它前面三项之和。比如1,1,2,4,7,13,24,……

(3)和数列变式:相邻两项作和后得到其他基本数列或其变式。

（4）和数列特征归纳：①和数列各数项偏小；②和数列或其变式在数列整体趋势上并非只有单调递增或递减，也会出现增减很杂乱的情况。

经典例题

7，26，33，59，92，（　　）

A. 151　　　　　　　　　　　　　　　　B. 163

C. 175　　　　　　　　　　　　　　　　D. 188

【答案】A。解析：数列逐项递增，且各项相差不大，优先考虑和差规律。显然作和规律更明显、直接，7+26=33，26+33=59，33+59=92，得到规律，第一项+第二项=第三项，则应填入59+92=151。故本题选A。

（四）积数列

积数列是指项与项间通过作积呈现出一定规律的数列。

（1）两项积数列：数列从第三项开始，每一项等于它前面两项之积。

这类数列最为常见，通常表现为1，A，A，……形式。这是因为寻常的积数列，往往容易发现规律，以1开头则具有一定的迷惑性。

（2）三项积数列：数列从第四项开始，每一项等于它前面三项之积。（考查较少）

这类数列是两项积数列的延伸，需要对数字有一定的敏感度。同时，这类题型的数字递增（减）趋势往往很明显，仅次于加入多次方运算规律的数列。

（3）积数列变式：相邻两项积构成其他基本数列或其变式。

经典例题

1，2，2，（　　），8，32

A. 4　　　　　　　　　　　　　　　　B. 3

C. 5　　　　　　　　　　　　　　　　D. 6

【答案】A。解析：两项积数列，相邻两项之积等于后一项，以此类推，应填入2×2=4。

备考锦囊

积数列中的乘积规律在考试中单独出现的频率并不高，多与作差、加和等规律结合考查。

二、递推数列

数列从某一项开始，前项经过一定的运算得到后面的项，称为递推数列。

（一）单一运算和组合运算

递推数列通常涉及加法、减法、乘法、除法、乘方等运算。递推过程中只涉及一种运算，称为单一运算。几种运算的组合，如加、减、乘、除四则运算的组合，四则运算与乘方运算的组合等，称为组合运算。

（二）一项递推和二项递推

数列从第二项开始,每一项都是它前面一项简单变化的结果,称为一项递推;数列从第三项开始,每一项都是它前面两项简单变化的结果,称为二项递推。

（三）递推规律分析方法

（1）分析数列趋势:当题干数字变化幅度很大时,优先考虑数列相邻项的乘积。当题干数字出现跳跃(幅度更大)时,应考虑乘方运算。

（2）分析局部数字:考虑数列中某两项或某三项之间的运算关系,得出常见的规律。小数字之间的运算关系过多,因此通常需要通过大数字来确定规律。

经典例题

3, 7, 16, 107, ( )

A. 1 704　　　　　　B. 1 072　　　　　　C. 1 707　　　　　　D. 1 068

【答案】C。解析:选项数值均很大,数列递增趋势明显,因此考虑含乘法的递推规律。由16变到107可能是16×7-5,也可能是16×6+11。再考虑由7到16为3×7-5＝16。故从第三项开始,每一项等于前两项的乘积减去5,下一项为16×107-5＝1 707。故本题选C。

三、多次方数列

多次方数列及其变式指数列各项可表示为幂次形式,规律多体现在幂次之中的数列。

（1）平方数列:数列各项可以改写为平方数,底数呈现规律。

（2）立方数列:数列各项可以改写为立方数,底数呈现规律。

（3）多次方数列:数列各项可改写成指数、底数均不相同的数列,底数和指数分别具有规律。

（4）多次方数列变式:数列各项可以改写成多次方数列+常数/基本数列的形式。

多次方数列变式的规律类型主要包括两种:①原数列各项是多次方数列与常数做简单运算得到的。比如2,3,10,15,26,这个数列各项可依次改写为$1^2+1,2^2-1,3^2+1,4^2-1,5^2+1$,即这是一个平方数列经过±1的运算修正得到的数列。②各项之间通过幂次运算形成递推规律。比如2,3,7,16,65,321,这个数列规律为第一项的平方加第二项等于第三项。

多次方数列及其变式强调数字敏感度。下面表格列出了常用的多次方数,不仅要熟记表中所列多次方数,还要记住该数±5范围内的其他数,这样才能应对多次方数列变式对数字敏感度的要求。

表 3-3-1　常用的多次方数

底数	指数								
	2	3	4	5	6	7	8	9	10
2	4	8	16	32	64	128	256	512	1 024
3	9	27	81	243	729				

(续表)

底数	指数								
	2	3	4	5	6	7	8	9	10
4	16	64	256	1 024					
5	25	125	625						
6	36	216							
7	49	343							
8	64	512							
9	81	729							

注:1. 除 0 以外,任何数的 0 次方都等于 1,0 的 0 次方是没有意义的。

2. 上表中加底纹的数字有多种多次方表现形式,解题时应格外注意。

(5)多次方数列特征归纳:①单调递增的多次方数列增幅明显,可由此确定规律类型;②底数与指数规律性变化的数列强调数字敏感度,一般看到一个数列中有三项是不加变化的多次方数就可以直接考虑从这方面入手构造;③多次方数+常数(基本数列),要熟记多次方数及其±5 范围内的数字;④多次方数×常数(基本数列),此形式数列中通常会出现 0,应以 0 作突破口构造多次方数列。

经典例题

$\dfrac{1}{10}$, 1, 6, 16, 8, ( )

A. −2

B. −1

C. 0

D. 1

【答案】C。解析:$\dfrac{1}{10}$ 较为特殊,是迷惑项。数列中 16、8 均是较为明显的多次方数,考虑构造多次方数列。原数列可依次改写为 10^{-1},8^0,6^1,4^2,2^3,(0^4),底数是公差为 −2 的等差数列,指数是公差为 1 的等差数列。应填入 0,故本题选 C。

备考锦囊

1 可以写成任何非零数的 0 次方,也可以写成 1 的任意次方。这往往是命题人设置的障碍,需要从其他数入手,有效避开。

5、7 等质数的多次方形式是 5^1、7^1;分子为 1 的分数,也可写成多次方形式,比如,$\dfrac{1}{7} = 7^{-1}$。不能因为数列中有分数或质数而放弃考虑多次方规律。

四、分式数列

分式数列是指数项以分数为主的数列。分式数列按其内在变化规律分为四类。

(1)分子分母分别变化:此类数列的本质是两个基本数列对应项的比值。通常需要对数列中的某些项进行适当形式的改写。

【示例】等比数列 1,2,4,8,16,32;等差数列 2,6,10,14,18,22。

解读:两个数列分别作为分数的分子和分母,对应项相除,依次是 $\frac{1}{2},\frac{2}{6},\frac{4}{10},\frac{8}{14},\frac{16}{18}$,$\frac{32}{22}$,记作数列①。

若对分数进行约分,为 $\frac{1}{2},\frac{1}{3},\frac{2}{5},\frac{4}{7},\frac{8}{9},\frac{16}{11}$,记作数列②。

将数列②转化为数列①,就是对分式数列的改写。改写时要注意:

第一,要有意识地构造简单变化的数列。

第二,分子、分母与原数列其他项分子、分母的整体增减趋势一致。

(2)分子分母关联变化:此类数列考查的是各项分子、分母之间的简单运算关系。比如,数列各项的分子(分母)都是前一项分子、分母简单运算的结果。

(3)分子分母顺次变化:此类数列的本质是将一个简单的数列顺次作为各项的分子、分母。

(4)分子分母交错变化:此类数列的本质是将两个简单变化的数列交错放置,作为数列各项的分子、分母。

经典例题

$\frac{1}{2},\frac{1}{2},\frac{5}{8},\frac{7}{9},\frac{11}{10},\frac{13}{12},($)

A. $\frac{17}{14}$ B. $\frac{19}{16}$ C. $\frac{7}{6}$ D. $\frac{23}{20}$

【答案】A。解析:将数列前两项依次改写为 $\frac{2}{4}$、$\frac{3}{6}$,则原数列变为 $\frac{2}{4},\frac{3}{6},\frac{5}{8},\frac{7}{9},\frac{11}{10},\frac{13}{12}$,分子是连续的质数,分母是连续的合数,所填应为 $\frac{17}{14}$。故本题选 A。

备考锦囊

分子分母分别变化型数列中分子、分母所组成的基本数列以递增型数列为主。等差数列及其简单变式、等比数列出现的频率最高。

经典例题

$\frac{1}{4},\frac{1}{4},\frac{3}{16},($)$,\frac{5}{64},\frac{3}{64}$

A. $\frac{3}{32}$ B. $\frac{6}{32}$

C. $\frac{5}{32}$ D. $\frac{4}{32}$

【答案】D。解析：四个选项的分母均是32，结合括号前后两项的分母，可判断分母是公比为2的等比数列，按此规律改写各项。也可根据括号前后两项的分子3、5，推断括号处的分子为4，各项的分子依次为1，2，3，4，5，6，据此规律改写各项。

原数列依次可改写为$\frac{1}{4}$，$\frac{2}{8}$，$\frac{3}{16}$，（$\frac{4}{32}$），$\frac{5}{64}$，$\frac{6}{128}$，分子是自然数列，分母是公比为2的等比数列。故本题选D。

备 考 锦 囊

要注重从局部出发，选择比较特殊的分子（分母）大胆构造简单数列，再由分母（分子）加以验证。另外，对含0的数列可直接从0入手，因为这个分数无论如何改写，分子必然是0，可根据这一点推断分子的规律。

五、组合数列

前面所讲的数列，如等差数列及其变式、等比数列及其变式、和数列及其变式、积数列及其变式等，都重在考查数列各项之间的运算关系。组合数列则重在考查数列结构特征，即只要发现了数列的结构特征，就能很容易地找到数字推理规律。

（一）间隔组合数列

间隔组合数列的奇数项和偶数项分别构成某个基本数列或其变式，奇数项与偶数项规律可以相同、相似，也可以不同。由于基本数列及其变式规律众多，所以间隔组合数列的规律种类也很多，其共同特点是数列项数较多，有时需要填出题干空缺的两项。

（二）分组组合数列

分组组合数列考查的是分组结构，解题时须将数列相邻数字分为独立的几组，然后考查组内数字或组间数字在运算关系上的联系，分组时以连续两项作为一组居多。这类数列的共同特点是数列项数较多，数列通常增减不定，或数字跳跃较大，没有明显的递增或递减趋势。

（三）数位组合数列

数位组合数列的题干数字以多位数为主，解题时需要将这些多位数分解成几个相互独立的部分。数位组合数列考查的规律有两类：

（1）各项对应位置上的数组成一个简单数列，我们称为数位对应型。

（2）数列每一项分成的几个部分之间有相同或相似的联系，我们称为数位关系型。

经典例题

2，1，4，4，8，9，16，（   ）

A. 25　　　　　　　B. 36　　　　　　　C. 20　　　　　　　D. 16

【答案】D。解析：数列已知项很多，且增减无序，明显应重新组合各项来寻找规律。奇数项为2，4，8，16，是公比为2的等比数列；偶数项为1，4，9，（16），是平方数列。故本题选D。

第二讲　逻辑判断

核心考点一　必然性推理

必然性推理在考试中时有出现,且必然性推理知识是解答可能性推理的基础,大家有必要学习并掌握。必然性推理部分主要介绍直言命题和复言命题。

一、直言命题

(一)直言命题的定义

日常生活中我们常用一些简单句子来断定事物是否具有某种性质,例如,我们都是中国人,中国是文明古国,有些人是好人,人不能做坏事……这些句子都是直言命题。

这样的句子主要由四部分组成。例如,有些人是好人。在这个句子中,被断定的对象"人"称为主项,所要断定的性质"好人"称为谓项,表示对象数量的词"有些"称为量项,表示对象是否具有该性质的词"是"称为联项。

联项分为肯定和否定两种。肯定一般用"是"表示,否定一般用"不是""没"等否定词表示。"是"在有些命题中可以省略,例如"人会说话"这句话就省略了"是"。

量项有全称量词、特称量词和单称量词三种。全称量词表示全部,一般用"所有""凡"等表示,有时也可省略。特称量词表示不定量,一般用"有""有些"表示。单称量词表示单个,通常省略,主项常为人名或地名等专有名词,例如"长城是建筑奇迹"中的"长城"。

> **· 备 考 锦 囊 ·**
>
> **特称量词"有的"的特殊性**
>
> 特称量词"有的"与我们的日常理解不同,这里的"有的"强调的是"有",即指"至少有一个",存在三种情况:既可能是"一个",也可能是"一部分",还可能是"全部"。
>
> 如我们说"有的人是好人",可能"只有一个人是好人",也可能"有多个人是好人",还有一种特殊的情况是"所有人都是好人"。因此,由"有的人是好人"推不出"有的人不是好人"。

(二)直言命题的分类

根据联项和量项的不同,可以将直言命题分为以下六种。

全称肯定命题:所有 A 是 B。例如,所有人都是会笑的。

全称否定命题:所有 A 不是 B。例如,所有动物都不是植物。

特称肯定命题:有的 A 是 B。例如,有的人是好人。

特称否定命题:有的 A 不是 B。例如,有的人不是好人。

单称肯定命题:a 是 B。例如,姚明是篮球运动员。

单称否定命题:a 不是 B。例如,刘翔不是演员。

当然,考试中出现的直言命题不一定是标准形式,有的可能需要转化。比如,"没有人不爱他"可转化为"所有人都爱他"。

（三）直言命题的对当关系

具有相同主项和谓项的直言命题之间在真假方面存在必然的制约关系,这种关系称为真假对当关系,主要包括推出关系、矛盾关系、下反对关系和反对关系四种。考试中常考的对当关系见下图。

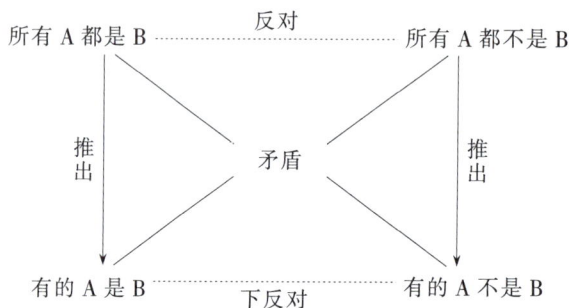

图 3-3-1　对当关系

（1）具有推出关系的两个命题之间的真假关系:**全称真则特称真;特称假则全称假**。

由此得出直言命题之间的推出关系:所有 A（不）是 B→某个 A（不）是 B→有的 A（不）是 B。

例如,所有人都（不）是党员→我（不）是党员→有的人（不）是党员。

（2）具有矛盾关系的两个命题之间的真假关系:**必有一真一假**。

除了图中的两对矛盾关系,单称肯定命题和单称否定命题之间也是矛盾关系。

（3）具有下反对关系的两个命题之间的真假关系:**不能同假,必有一真**。

（4）具有反对关系的两个命题之间的真假关系：**不能同真，必有一假。**

经典例题

通过调查得知，并非所有职务犯罪人员都有徇私舞弊的行为。

如果上述调查的结论是真实的，下列选项一定为真的是（　　）。

A. 多数职务犯罪人员都有徇私舞弊的行为

B. 所有职务犯罪人员都没有徇私舞弊的行为

C. 有的职务犯罪人员没有徇私舞弊的行为

D. 有的徇私舞弊的行为不属于职务犯罪

【答案】C。解析：本题直接考查直言命题的负命题，根据"并非所有是"＝"有的不是"，可知题干等值于"有的职务犯罪人员没有徇私舞弊的行为"，C项正确，其他几项均不能得出。故本题选C。

（四）直言命题的推理

在考试中，考查直言命题推理的题目通常有以下特点：题干给出多个直言命题，要求据此选择可以推出或不能推出的一项。

这种题目主要考查考生将直言命题转换成概念间关系，并用文氏图准确表示出来的能力，考生也可以利用三段论推理与变形推理进行解题。

1. 利用概念间关系进行推理

概念间关系指两个概念所表示的集合之间的关系，主要有全同、真包含于、真包含、交叉以及全异关系五种，其文氏图如下图所示。

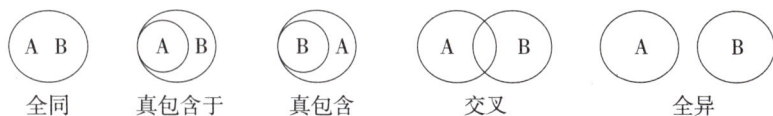

图 3-3-2　五种概念间关系

在解题时，考生可以将题干中的直言命题转化为其所表示的概念间关系，并画出文氏图进行直观判断。

直言命题所表示的概念间关系的情况见下表。

表 3-3-2　直言命题所表示的概念间关系的情况

命题类型	概念间关系（A 和 B 之间的关系）				
	全同关系	真包含于关系	真包含关系	交叉关系	全异关系
所有 A 是 B	√	√	×	×	×
所有 A 不是 B	×	×	×	×	√

命题类型	概念间关系（A 和 B 之间的关系）				
	全同关系	真包含于关系	真包含关系	交叉关系	全异关系
有的 A 是 B	√	√	√	√	×
有的 A 不是 B	×	×	√	√	√

从上表可以发现，一种直言命题能表示多种概念间关系，因此做题时需要充分考虑概念间关系的多种情况，也就是多种文氏图表示。

2. 三段论推理

三段论推理是由两个直言命题作为前提和一个直言命题作为结论而构成的推理。其中，两个前提中包含三个不同的概念，且在前提和结论中，每个概念都只出现两次。

三段论推理需要遵循一定的规则，尤其是当题干给出一个前提和结论，要求补充另一个前提时，三段论推理规则就显得更为有用。因此，在这里给大家介绍常用的两条规则：

（1）一特得特，指两个前提不能都是特称命题，且只要前提有一个为特称，则结论就为特称。

（2）一否得否，指两个前提不能都是否定命题，且只要前提有一个为否定，则结论就为否定。

根据这两条规则以及前面所说的包含三个概念且每个概念出现两次，再用概念间的关系作为辅助工具，可以极大地提高解题的速度和正确率。

"三段论"补充前提型的解题步骤：

第一，查看题干已知概念，找出所需补充的前提包含的概念，排除无关选项。

第二，根据"一特得特，一否得否"的推理规则进一步排除。

第三，将剩余选项代入题干验证，能确保推出结论的即为正确选项。

3. 直言命题的变形推理

直言命题的变形推理就是通过改变直言命题的联项或主项与谓项的位置来进行的推理，主要有换质推理和换位推理两种：

（1）换质推理，也就是换一种说法，是通过改变原命题中"是"与"不是"的表述，同时在"是"或"不是"后面增加或去掉"非"，从而得到等价命题的推理。

（2）换位推理是通过改变主项和谓项的位置，从而推出结论的推理。

直言命题的换质推理和换位推理见下图。

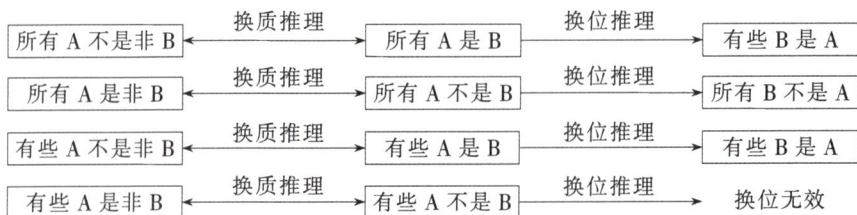

	换质推理		换位推理	
所有 A 不是非 B	←	所有 A 是 B	→	有些 B 是 A
所有 A 是非 B	←	所有 A 不是 B	→	所有 B 不是 A
有些 A 不是非 B	←	有些 A 是 B	→	有些 B 是 A
有些 A 是非 B	←	有些 A 不是 B	→	换位无效

图 3-3-3　直言命题的换质推理和换位推理

图 3-3-3 中有两个直言命题的换位推理较为特殊,需要考生记住。即"所有 A 是 B"通过换位只能推出"有些 B 是 A",而"有些 A 不是 B"不能进行换位推理。

此外,由"少数""大部分""一半"等词语作为量项引导的命题,尽管也是特称命题,但不能进行换位推理。

经典例题

来自公安机关的资料显示,娱乐圈中有人赌博,高级知识分子中也有人赌博。赌博中有些人是女性,而抢劫犯中有些人是赌博者。

由此可以推出( )。

A. 高级知识分子中也有抢劫犯

B. 抢劫犯中赌博者占了大多数

C. 有些抢劫犯可能是女性

D. 有些抢劫犯不是女性

【答案】C。解析:可以将题干信息用文氏图表示出来,其中两种情况如下图所示。

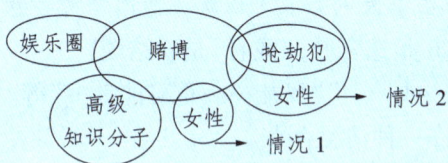

上面的文氏图中画出了关于"女性"这个概念的两种情况。当我们根据题干画出情况 1 时,会发现 A、B 两项明显错误,而此时 C 项不成立,D 项成立。但我们要注意一点,C 项中说的是"可能",因此我们要考虑其他的文氏图情况,看是否存在"有些抢劫犯可能是女性"这样的情况。据此可以画出情况 2,此时 C 项正确,D 项错误。由于 C 项是对可能性的表述,而 D 项是确定的表述,因此只要找出一种情况使 D 项不成立,即可排除 D。故本题选 C。

备考锦囊

需注意,在用文氏图解题时并不需要穷尽所有的情况,可以一边读题一边将题干所涉及的概念画在一个文氏图中,通常先只画出一种情况,然后利用这个文氏图去判断选项。 如果答案唯一则无须考虑其他情况,当存在多个正确选项的时候,再去考虑文氏图是否存在其他情况即可。

二、复言命题

复言命题一直是考试中的重点和难点,且掌握其中的一些知识点对解可能性推理题目有一定的帮助,需要考生引起重视。

(一)复言命题的定义

复言命题,是由若干个命题通过逻辑联结词组合而成的命题。例如,一滴水只有放进大海里才永远不会干涸。其中"只有……才……"为联结词,"放进大海里"和"永远不会干涸"是构成复言命题的肢命题。

根据逻辑联结词的不同,复言命题可以分为以下四种。

1. 联言命题

联,是联合的意思,联言命题就是将若干个命题联合起来,表示这些情况同时存在的命题。

【示例1】考试时间紧并且题目难。考试时间紧和题目难是考试的两个特点。

可表示为 **A 并且 B**(A、B 是联言肢,"并且"是联结词)。

其他还有"虽然……但是……""不但……而且……"等表示转折、递进等关系的联结词。

真假关系:联言命题只要有一个联言肢为假即为假。如上例中,只要"考试时间紧"和"题目难"有一个不成立,则该联言命题为假。即**"一假即假,全真才真"**。

2. 选言命题

选,是选择的意思,选言命题就是给出若干个命题,可以选择出一种或者多种情况存在的命题。根据所能选择的情况不同,可以分为两种。

相容选言命题:多种情况可以同时存在。

【示例2】去德国馆或者去意大利馆。可以既去德国馆又去意大利馆。

可表示为 **A 或者 B**(A、B 是选言肢,"或者"是联结词)。

其他联结词还有"或……或……""可能……也可能……"等。

不相容选言命题:只允许一种情况存在。

【示例3】要么顽强抵抗,要么屈膝投降。顽强抵抗和屈膝投降只能选择一种。

可表示为**要么 A,要么 B**(A、B 是选言肢,"要么……要么……"是联结词)。

其他联结词还有"或……或……,二者不可得兼"等。

· 备 · 考 · 锦 · 囊 ·

选言命题真假关系

相容选言命题的多个选言肢可以都为真,而不相容选言命题只能有一个选言肢为真。 因此,相容选言命题当所有肢命题都为假时才为假,而不相容选言命题当有多个选言肢为真或有多个选言肢为假时均为假。 可简述如下:

相容选言命题:一真即真,全假才假。

不相容选言命题:有且只有一真才为真。

3. 假言命题

假,是假设的意思,假言命题就是带有假设条件的命题。假言命题通常包含两个肢命题:反映条件的肢命题在前,称为前件;反映结果的肢命题在后,称为后件。根据前后件间条件关系的不同,又可分为三种。

充分条件假言命题:当条件 A 存在时,结论 B 一定成立,而无须考虑其他条件,则 A 是 B 的充分条件,即"有它就行"。

【示例4】如果天下雨,那么地就会湿。一旦天下雨了,地肯定会湿,地未湿就一定没有下雨。

可表示为**如果 A,那么 B** 或 A→B(A 是前件,B 是后件,"如果……那么……"是联结词)。

其他联结词还有"只要……,就……""若……,则……"等。

真假关系:当 A 出现而 B 没有出现时,充分条件假言命题才为假,即**"A 真 B 假才为假"**。

必要条件假言命题:当条件 A 不存在时,结论 B 一定不成立,则 A 是 B 的必要条件,即"没它不行"。

【示例5】只有年满18周岁才有选举权。在没有达到18周岁的时候肯定是没有选举权的,有选举权就说明已经年满18周岁了。

可表示为**只有 A,才 B** 或 **A←B**(A 是前件,B 是后件,"只有……才……"是联结词)。

其他联结词还有"不……,不……""除非……,否则不……""没有……,就没有……"等。

真假关系:当 A 不存在但 B 成立时,必要条件假言命题才为假,即**"A 假 B 真才为假"**。

• 备 考 锦 囊 •

充分条件与必要条件的转化

必要条件假言命题"只有 A,才 B" = "A←B" = "B→A" = "如果 B,那么 A"。

例如,"只有年满18周岁才有选举权" = "如果有选举权,那么年满18周岁"。

由必要条件假言命题的定义可知,"只有 A,才 B" = "如果非 A,那么非 B"。因此,表示必要条件的其他联结词也可用充分条件来理解。

例如,"除非政府出台新政策,否则楼市难降" = "只有政府出台新政策,楼市才不难降" = "如果政府不出台新政策,那么楼市难降"。

充分必要条件假言命题:表示 A 是 B 的充分条件和必要条件的命题,即表示 A 与 B 等值的命题。

【示例6】人不犯我,我不犯人;人若犯我,我必犯人。也就是说"人犯我"和"我犯人"要么都发生,要么都不发生。即人犯我=我犯人。

可表示为**当且仅当 A,有 B** 或 **A↔B**(A 是前件,B 是后件,"当且仅当"是联结词)。

其他联结词还有"若……则……,且若不……则不……"等。

真假关系:当 A 与 B 不等值时该充分必要条件假言命题为假,即**"A、B 不同真假时为假"**。

充分必要条件假言命题比较简单,且在考试中较少涉及,因此就不再赘述。大家重点掌握充分条件假言命题和必要条件假言命题的相关内容,其在考试中经常出现。

4. 负命题

负,是否定的意思。负命题,又称矛盾命题,就是对原命题进行否定的命题。

可表示为**并非 A**(A 是原命题,"并非"是联结词)。

真假关系:负命题的真假与原命题相反。当 A 为真时,则其负命题"并非 A"为假。因此,一个命题的负命题等值于与原命题具有矛盾关系的命题。

根据上述所说的各种命题的真假关系可得出其负命题,具体内容见下表。

表 3-3-3　原命题与负命题

原命题	负命题
A 并且 B (考试时间紧并且题目难)	非 A 或者非 B (考试时间不紧或者题目不难)
或者 A,或者 B (去德国馆或者去意大利馆)	非 A 并且非 B (既不去德国馆也不去意大利馆)
要么 A,要么 B (要么顽强抵抗,要么屈膝投降)	"A 并且 B"或者"非 A 并且非 B" ("既顽强抵抗,又屈膝投降"或者 "既不顽强抵抗,又不屈膝投降")
如果 A,那么 B (如果天下雨,那么地湿)	A 并且非 B (天下雨但地没湿)
只有 A,才 B (只有年满 18 周岁才有选举权)	非 A 并且 B (未年满 18 周岁却有选举权)
当且仅当 A,才 B (当且仅当你去了,我才会去)	"A 并且非 B"或者"非 A 并且 B" ("你去了我没去"或者"你没去但我去了")

在考试中,对复言命题的真假关系及其负命题的考查与直言命题相似,主要有两种:

(1)直接考查真假关系或负命题的等值命题,这类题目的题干中往往含有"并非""为真
(假)""满足""驳倒"等字眼。

(2)考查考生利用矛盾关系解题的能力,这类题目的特点:题干通过对话或猜测的形式
给出多个复言命题及其真假情况。

(二)复言命题的基本推理

1. 联言推理

联言推理即依据联言命题的逻辑性质进行的推理。联言命题的推理规则有两条:

(1)全部肢命题为真推出联言命题为真。

(2)联言命题为真,可推出其中任一肢命题为真。

其推理的有效式可表示如下:

$$\frac{A\ 并且\ B}{所以,A(B)}$$ 　　　　$$\frac{A,B}{所以,A\ 并且\ B}$$

　　　　　分解式　　　　　　　　　　　　组合式

【示例】"你很高"和"你很帅"可以推出"你又高又帅"这个联言命题;"你又高又帅"又
可以推出"你很高"和"你很帅"。

2. 选言推理

选言推理即依据选言命题的逻辑性质进行的推理。相容和不相容选言命题的推理见下表。

表 3-3-4　相容和不相容选言命题

命题	相容选言命题(A 或者 B)	不相容选言命题(要么 A,要么 B)
推理规则	肯定一部分选言肢,不能否定另一部分选言肢 否定一个选言肢以外的其他选言肢,可以肯定剩余的这个选言肢	肯定一个选言肢,就能否定其他的选言肢 否定一个选言肢以外的其他选言肢,可以肯定剩余的这个选言肢
推理有效式	A 或者 B 非 A(非 B) ——— 所以,B(A) **否定肯定式**	要么 A,要么 B　　要么 A,要么 B 非 A　　　　　　　A ———　　　　　　——— 所以,B　　　　　所以,非 B **否定肯定式**　　**肯定否定式**
示例	"去德国馆或者去意大利馆" 不去德国馆⇒去意大利馆 去德国馆⇏不去意大利馆	"要么顽强抵抗,不要屈膝投降" 顽强抵抗⇒不屈膝投降 不顽强抵抗⇒屈膝投降

3. 假言推理

假言推理即依据假言命题的逻辑性质进行的推理。充分条件与必要条件假言命题的推理见下表。

表 3-3-5　充分条件与必要条件假言命题

命题	充分条件假言命题(如果 A,那么 B 或 A→B)	必要条件假言命题(只有 A,才 B 或 A←B)
推理规则	肯定前件就能肯定后件,否定后件就能否定前件 否定前件或肯定后件均不能进行有效推理	否定前件就能否定后件,肯定后件就能肯定前件 肯定前件或否定后件均不能进行有效推理
推理有效式	如果 A,那么 B　　如果 A,那么 B A　　　　　　　非 B ———　　　　　——— 所以,B　　　　　所以,非 A **肯定前件式**　　**否定后件式**	只有 A,才 B　　只有 A,才 B 非 A　　　　　B ———　　　　——— 所以,非 B　　　所以,A **否定前件式**　　**肯定后件式**
示例	"如果下雨,那么地就湿" 下雨⇒地湿;地没湿⇒没下雨 没下雨⇏地没湿;地湿⇏下雨	"不到长城非好汉"="只有到长城才是好汉" 不到长城⇒不是好汉;好汉⇒到长城 到长城⇏好汉;不是好汉⇏不到长城

在考试中,大部分考查复言命题的题目都需要用到其基本推理规则,即使是在使用矛盾关系解题的过程中,也可能使用到推理规则。因此,考生务必牢记这些推理规则。

充分条件假言命题和必要条件假言命题的推理规则容易混淆,大家可以只记忆充分条件假言命题的相关知识,当遇到必要条件假言命题时将其转化为充分条件假言命题后,再进行推理即可。

(三)复言命题的复杂推理

在考试中,有些题目涉及多个复言命题,除了使用其基本推理规则以外,有的还需要使用多个复言命题组合而成的复杂推理,考生对此也要有一定的了解。

1. 假言连锁推理

有首老歌叫《酒干倘卖无》,歌中唱道:没有天哪有地;没有地哪有家;没有家哪有你;没有你哪有我。

这就是一个假言连锁推理,推理的结果:没有天就没有我。像这种从前提中几个相同性质的假言命题推出一个新的相同性质的假言命题的假言推理,就是假言连锁推理。

其中充分条件假言连锁推理可表示如下:

如果 A,那么 B;如果 B,那么 C;所以,如果 A,那么 C。

即 A→B,B→C,所以 A→C。

【示例】"若努力学习,则能考上大学"和"若考上大学,则会有好工作"这两个命题如果为真,则可以推出"若努力学习,则会有好工作"。

假言连锁推理要求前提中的前一个假言命题的后件必须与后一个假言命题的前件相同。

2. 二难推理

《红楼梦》中有一段话描述了贾宝玉得知林黛玉在私室内私祭后的心理活动:"但我此刻走去,见她伤感,必极力劝解,又怕她烦恼郁结于心;若不去,又恐她过于伤感,无人劝止,两件皆足致疾……"

在文段中,贾宝玉想:如果去看林黛玉,怕她烦恼郁结于心而成疾病;如果不去看林黛玉,怕她过于伤感而成疾病。无论是否去看林黛玉,都可成疾病。这就是一个二难推理。

二难推理是由两个假言命题和一个选言命题作前提,推出结论的推理。考试中出现的二难推理都比较简单,考生只需记住这种推理的结论是由各选言肢所能推出的命题组成的即可。

核心考点二　可能性推理

根据提问方式的不同,一般将可能性推理的题目分为五种,分别为削弱型、加强型、结论型、解释型和评价型题目。由于可能性推理题目的题干基本上都是一个论证,因此考生有必要先学习论证的相关知识,学会准确鉴别题干的论点和论据,这是解题的基础。

一、论证的基础知识

(一)论证的结构

一个论证在结构上通常由论点、论据和论证关系构成,可以用下图表示。

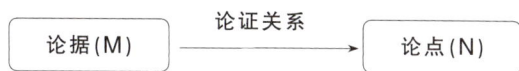

图3-3-4　论证的结构

【示例】研究人员对四川地区出土的一批恐龙骨骼化石进行分析后发现,骨骼化石内的砷、钡、铬、铀、稀土等元素含量超高,与现代陆生动物相比,其体内的有毒元素要高出几百甚至上千倍[论据]。于是一些古生物学家推测这些恐龙死于慢性中毒[论点]。

(二)准确区分论点和论据的技巧

考生要正确分析题干论证,就要学会区分论点和论据,应遵循以下几点:

(1)找"结论"。当题干出现"结论"时,之后的语句即为论点,前面的则为论据或背景信息。

(2)找联结词。通常,"所以""因此""那么""显然""由此可见""简而言之"等联结词之后的语句是论点,而在"因为""假如""由于""既然"等联结词之后的语句是论据。

(3)找特征词。如"宣称""认为""说明""建议""推测"等表示断定的词之后的语句可能是论点,如"理由是""根据是""例如"等之后的语句一般是论据。

(4)分析因果联系。当题干中没有出现提示性词语或者出现多个提示性词语时,考生可以通过分析题干中的因果联系来区分论点和论据。

为了使大家更好地掌握各类题型的解题方法,我们将以专题的形式分别介绍可能性推理的五种题型。

二、削弱型题目

(一)削弱型题目题型特点

在考试中,削弱型题目的特点是题干中给出一个完整的论证或表达某种观点,要求从备选项中寻找最能(或最不能)反驳或削弱题干论证或观点的选项。如果将这个选项放入论据和论点之间,会使得题干推理成立或论点正确的可能性降低,则为削弱选项。其提问方式一般如下:

"以下哪项如果为真,最能(或最不能)削弱上述结论(论证)?"

"以下哪项如果为真,最能(或最不能)质疑上述论述?"

"以下哪项如果为真,最能质疑上述观点?"

"以下哪项如果为真,能够最有力地反驳上述推论?"

一般来说,提问中包含"削弱""质疑""反驳"等字样的都为削弱型题目。

(二)削弱型题目解题方法

要反驳或削弱某个论证,可以通过削弱论点、削弱论据或削弱论证关系来达到目的,而不同的题目又有不同的方法,具体来说有以下几种可能的方式,见下表。

表 3-3-6　削弱论证的角度

论证形式		论据 A→论点 B
削弱论点	非 B	通过举出与论点 B 相反的例子或者直接否定论点 B 来说明论点是错误的
	C→非 B	引入新的条件 C 使得论点 B 不成立(C 可能是与原论据 A 相关的,也可能无关)
削弱论据	驳斥样本的科学性	当题干论据是问卷、调查、实验或研究时,常见的削弱形式有以下两种: (1)指出样本的数量不足 (2)指出样本不正确、不具有代表性或代表性不够 也即指出论据 A 是片面的,犯了"以偏概全"的错误
	直接否定论据	直接指出题干的论据 A 是错误的
削弱论证关系	A 和 B 之间无联系	指出 A 和 B 之间隐含的联系是不存在的,即打破 A 和 B 之间的联系
	A 和 B 之间有差异	指出 A 和 B 之间所涉及的概念是存在差异的,并不是"同一个概念"

备考锦囊

　　论据与论点之间没有联系一般是对题干隐含假设的否定,而论据与论点之间有差异一般表现为"偷换概念",即要说明两个概念的含义或适用范围等是不一样的。

　　当题干论证存在明显的因果联系时,也可直接从因果联系出发进行削弱,主要有以下几种方式。

表 3-3-7　削弱因果联系的角度

论证形式		A 是 B 的原因(A 导致 B)
削弱因果联系	因果倒置	指出实际上 B 才是 A 的原因
	另有他因	指出实际上 C 才是 B 的原因
	存在共同原因	指出实际上 C 既是 A 的原因,也是 B 的原因,即 C 是 A 和 B 的共同原因

　　通过削弱因果联系来考虑,其本质上也是削弱了论点、论据或论证关系,只是较为快捷。其中,因果倒置是最强的削弱形式,也是比较简单的;另有他因是最常见的一种削弱形式;而存在共同原因这种削弱形式出现较少,属于前两种削弱形式的变形。这几种削弱形式的本质都是试图说明"A 不是 B 的原因"。

(三)削弱程度的比较

　　许多削弱型题目的选项中往往会存在两个或两个以上可以削弱题干结论,这就考查了选项之间削弱程度的比较,这也是考试中的一大趋势和特点。

　　削弱程度的比较原则:①削弱论点比削弱论据的削弱作用强。对于一个论证来说,论点比论据更重要,不论是采用何种途径削弱,最终目的都是削弱题干中的论点。②直接削弱比间接削弱的削弱作用强。由于逻辑判断必须紧扣题干,从题干本身的含义出发,因此对题干论证或因果链条的直接削弱要比外加其他条件对题干进行的间接削弱作用强。③必然性的削弱程度强于或然性削弱,整体性的削弱程度强于部分性削弱。如果选项中含有"一些""有些"等模糊概念,那么一般不是最能削弱题干的选项。如果有选项是对题干论证中隐含假设的削弱,则其削弱程度就比较高。

(四)削弱型题目解题步骤

削弱型题目的解题步骤如下:

(1)仔细阅读题干,弄清楚题目要求削弱的是什么。

(2)根据题干所给信息分清其论证结构,即其论点和论据各是什么,论点和论据之间的论证关系是怎样的,特别要注意关键词或联结词的把握。

(3)分别查看各选项是否能削弱结论,如果能,则分析该选项是通过何种方式削弱的。

(4)如果存在多个能够削弱论证的选项,则需要根据上文中所讲的几个原则,比较各削弱方式之间的削弱程度,从而选择最符合题意的一项。

备考锦囊

有些题目的提问方式要求选择的是"不能质疑/削弱"的选项,这类题目实质上也是削弱型题目的一种,其解题方法和步骤也是一样的,都是要先找准论点和论据,再依次分析各选项,根据前面所讲的知识判断各选项是否能削弱题干,能够削弱的就排除,一般来说正确选项是无关项或加强项。这类题目实际上较为简单,但是在做题时一定要审清题干,不要因为看错而误选。

经典例题

一项医学研究表明,通过检测人体血液中六万种代谢物中的十几个冠心病标志物,若这些标志物异常,即可得出被测者患有冠心病的结论,从而及早进行治疗。有媒体报道称,该医学研究实现了只需抽血即可检测和预防冠心病。

以下哪项如果为真,最能削弱该媒体的结论?( )

A. 每个人血液中的代谢物种类基本相同

B. 这项医学研究仍在进行大量的临床实验

C. 只有冠心病患者的冠心病标志物才会异常

D. 人的汗液和唾液中也含有多个冠心病标志物

【答案】C。解析:题干根据"检测人体血液中的冠心病标志物,如果标志物异常,即可得知被测者患有冠心病",得出"只需抽血即可检测和预防冠心病"的结论。要削弱该结论,可以说明抽血并不能检测或预防冠心病。

C项指出冠心病患者的冠心病标志物才会异常,说明还未患上冠心病的人的冠心病标志物是正常的,则抽血检测冠心病标志物不能用来预防冠心病,削弱了该媒体的结论。A项指出人血液中的代谢物种类基本相同,为题干所述方法的实施提供了前提,说明该方法具有可行性,支持了该媒体的结论。B项指出这项研究仍在进行临床实验,但不代表这项研究的结果就是错误的,不能削弱该媒体的结论。D项指出人的汗液和唾液中也含有冠心病标志物,但并未说明题干方法能否用来检测和预防冠心病,不能削弱该媒体的结论。故本题选C。

三、加强型题目

在逻辑判断部分,加强型题目也是一种比较常见的考查题型。因此我们有必要学习加强型题目的解题方法。

(一)加强型题目题型特点

加强型题目一般在题干给出一个推理或论证,但由于前提条件不够充分或者由于论证的论据不够全面而不足以得出该结论。因此,考生需找到能使题干中的论证正确或者完整的选项,从而加强或支持题干。加强型题目分为一般加强型和补充前提型两类。

1. 一般加强型

一般加强型题目的提问中通常包含"加强""支持"等字样,这类题目常见的提问方式如下:

"以下哪项如果为真,最能(或最不能)加强题干的论证?"

"以下哪项如果为真,最能(或最不能)支持题干的论证?"

"以下哪项最能加强上述反驳?"

"以下哪项如果为真,最能支持上述观点?"

"以下哪项如果为真,能给上述断言以最大的支持?"

2. 补充前提型

补充前提型题目,即要求选择能够成为题干前提或假设的选项的一类题目,这类题目有以下几种提问方式:

"上述推论最可能基于下列哪项假设?"

"下列哪项是以上论述所需要的前提?"

"以下哪项如果为真,上述推断才是必然可靠的?"

"为使上述论证成立,以下假设必须为真的一项是:"

"上述论断是建立在以下哪项的假设上的?"

> ·备·考·锦·囊·
>
> 补充前提型题目和一般加强型题目有很多相似的地方,实际上,补充前提型题目是一种比较苛刻的一般加强型题目,它要求选项所补充的前提必须是该论证成立的必要条件,否则将无法推出结论。而一般加强型题目的正确选项既可以是结论的必要条件,也可以是充分条件,或者仅仅是对结论有加强作用。

(二)加强型题目解题方法

加强型题目的解题方法与削弱型题目类似,同样可以从加强论点、论据和论证关系三个方面来考虑,具体内容见下表。

表 3-3-8　加强论证的角度

论证形式		论据 A→论点 B
加强论点	B	直接说明论点 B 是正确的
	C→B	给出新的条件 C 来证明论点 B 的正确性,直接加强论点
加强论据	样本选择具有科学性	如果论据的形式是问卷、调查、实验或研究,一般有两种方式进行加强: (1)指出样本数量充足 (2)指出样本选择正确,具有代表性
	直接加强论据	直接说明论据是正确的
加强论证关系	建立联系	通过"搭桥"的方式在论据 A 和论点 B 之间建立联系,使原本看似没有关系的两句话之间产生逻辑关系
	排除他因	如果题干是由调查、研究、数据或实验等得出的一个解释性的结论,指出"没有别的因素影响推论"也是加强论证或结论的一种方式
	非 A→非 B	从反面加强论证,主要有以下两种情况: (1)前提不存在时,结论也不存在 (2)前提出现相反情况时,结论也相反

备考锦囊

　　上面的"建立联系"主要用来解答补充前提型题目,其基本思路是寻找题干论证中论据和论点的关键词或条件,然后利用搭桥法在论据与论点之间建立联系,即可得到所需的隐含假设。在解答补充前提型题目时,可以将搭桥法和反向代入法结合使用。 反向代入法是指将选项的反面代入题干,即假设该选项不成立时,看题干论证是否成立,如果题干论证不成立了,则该选项就是题干的隐含假设。

(三)加强程度的比较

加强程度的比较原则与削弱程度的比较原则类似,具体包括以下几点:

(1)加强论点>加强论据。

(2)直接加强>间接加强。

(3)必然性加强>或然性加强。

(4)整体性加强>部分性加强。

以上原则通常用于解答一般加强型题目,而补充前提型题目一般不需要在选项之间进行程度上的比较,只需掌握搭桥法和反向代入法即可。

(四)加强型题目解题步骤

　　一般加强型题目的解题步骤与削弱型题目类似,此处不再赘述。如果题目要求选择"不能加强/支持"的一项,则将加强项一一排除即可,正确选项一般为无关项或削弱项。

补充前提型题目的解题步骤如下：

（1）仔细阅读题干，弄清楚题干的论证结构，找到其中的漏洞。

（2）分析选项，排除那些明显不能弥补题干漏洞的选项。

（3）用反向代入法来验证那些可能正确的选项。

四、结论型题目

（一）结论型题目题型特点

结论型题目比较类似于言语理解题目，其题干中给出一段论述或推理，要求选出能够根据题干所给信息进行归纳或推理的选项。

结论型题目的提问方式一般如下：

"从上文能（或不能）推出以下哪个结论？"

"如果上述断定是真的，以下哪项也一定是真的？"

"如果上述断定是真的，那么除了以下哪项，其余的断定也必定是真的？"

"以下哪项作为结论从上述题干中推出最为恰当？"

"下列哪项最能概括上文的主要观点？"

有些必然性推理题目的提问方式与结论型相似，但是考查的是对直言命题或复言命题推理知识的掌握，并不是结论型题目。

结论型题目主要考查考生两个方面的能力，即对题干信息的理解能力和归纳能力。有的题目四个选项都是对题干信息的考查，有的题目个别选项是对题干的归纳，而其他选项是对题干信息的考查，很少出现四个选项都是归纳论点的题目。

（二）结论型题目解题方法

1. 准确理解题干信息

结论型题目主要考查的是考生对题干细节信息的准确理解的能力。题干中的每一句话以及句子之间的逻辑关系等都可以作为出题点，这对考生的读题能力提出了更高的要求。因此，在解题的过程中，考生首先要准确理解题干信息，其次对比选项与题干信息的差异，选出正确答案。

选项与题干存在的差异主要表现在以下几个方面：

（1）是否与题干信息矛盾。

（2）是或然性还是必然性。

（3）是否偷换概念。

（4）条件的适用范围是否改变。

（5）是否超出题干信息的范围。

2. 概括归纳题干论点

需要归纳论点的题目，要求体现对题干整体主要内容的理解概括与抽取能力，具体而言就是在阅读理解的基础上准确、精炼地把握住和表述出给定材料所含的主要信息。

解题时要首先弄清题干的论证结构，找出中心句、关键词和论据。如果是单纯的说明性文字,也要找出关键词和重要信息点。

(三)结论型题目解题步骤

结论型题目的解题步骤如下:

(1)读材料。阅读题干文字材料,理清材料的层次和段落,可标注一些关键性信息,以便查找。

(2)找原话。根据各个选项中的关键字到题干中找到原句,目的是据此判断选项的空间和范围正确与否。

(3)选答案。如果是单纯对题干信息的理解,则对选项与题干原句进行比较分析,判断各个选项正确与否,结合题目要求选择出正确答案。有些题目的提问方式是"不能推出"或"推不出",审题时要特别注意,避免在考试时犯低级错误。

如果需要归纳论点,则根据题干的信息进行推理、总结或概括,得出结论。

五、解释型题目

(一)解释型题目题型特点

解释,就是用一些道理来合理地说明事物变化的原因或者事物发展的规律等,实质上是为了更进一步地论证推理的正确性。

在考试中,解释型题目的特点:题干给出某一个事实或论证的描述,要求从选项中找出最能够合理地说明题干所述的一项,题干中的描述大多是一个结论、现象、矛盾或差异。

要做好解释型题目,首先要辨别出哪些题目属于解释型。在考试中,解释型题目主要有以下几种提问方式:

"以下最能解释这一现象的是:"

"以下各项如果为真,则哪项最可能造成上述结果?"

"以下哪项如果为真,最能解释上述行为?"

(二)解释型题目解题方法

解释型题目实际上是通过一种现象,来解释另一种的合理性,即题干的结果为什么发生,产生矛盾的原因是什么等。它所考查的不仅仅是逻辑性思维,还有常识性思维。

在解题时,我们要运用理性思维,找出一个常识性的选项来达到解释题干合理性的效果。因此,常常需要引入一个新概念来达到解释说明的作用,而这与补充前提型、结论型题目是有所区别的。

(三)解释型题目解题步骤

解释型题目的解题步骤如下:

(1)弄清楚题干中所提出的矛盾或现象是什么。

(2)找出选项中与论述的情景有关,并且能说明矛盾存在的原因或包容矛盾双方事实的选项。

(3)根据题目要求选择正确答案。

经典例题

十年前本地未成年人中,每十万人只有三十人被诊断有心理疾病。现在被诊断有心理疾病的未成年人比例相比于十年前增加了十倍。虽然心理疾病会增加患者自杀风险,但是该地近十年来未成年人自杀率和十年前持平。

以下选项中,最能合理解释上述现象的是(　　)。

A. 近十年来,该地因心理疾病向医生求助的孩子逐渐减少

B. 心理疾病是影响青少年健康成长的严重疾病之一

C. 随着医疗的发展,很多以前不能被确诊的病例被确诊为心理疾病

D. 虽然医疗水平提高,但很多心理疾病依然无法治愈

【答案】C。解析:题干现象:十年来被诊断患心理疾病的未成年人比例增加了十倍,但未成年人自杀率却和十年前基本持平。

C项指出很多以前不能被确诊的病例被确诊为心理疾病,即虽然被诊断患心理疾病的未成年人比例增加了十倍,但可能实际患心理疾病的未成年人的比例和十年前是基本持平的,因此自杀率和十年前基本持平,可以解释题干现象。A项表示诊断患心理疾病的孩子增加,求助于医生的孩子却逐渐减少,自杀率应该上升,无法解释题干现象。B项指出心理疾病严重影响青少年健康成长,但与题干的现象无关,无法解释题干现象。D项指出很多心理疾病无法治愈,与题干现象无关,无法解释题干现象。故本题选C。

六、评价型题目

(一)评价型题目题型特点

评价型题目通常要求考生对论证的结构、观点、有效性、错误等做出评价。在考试中,评价型题目的提问方式一般如下:

"下面哪一选项在论证方式上与题干相同?"

"以下哪项恰当地概括了题干的论证方式?"

"以下哪项最为恰当地指出了上述论证的漏洞?"

"对以下哪项问题的回答,最有助于评价上述论证?"

"以下哪项是二人争论的焦点?"

根据提问方式的不同,评价型题目题型可以分为寻找相似的逻辑结构、直接评价论证方法、常规评价、找争论的焦点四种。

(二)评价型题目解题方法

1. 寻找相似的逻辑结构

寻找相似的逻辑结构,即考查考生对论证结构的分析能力。这类题目的特点:题干和四个选项都是一个推理或论证。要求考生在分析题干论证结构的基础上,在选项中挑选出一个与题干最为类似的。由于题干往往是三段论、假言推理等,所以做这类题目往往需要用到必然性推理的知识。

2. 直接评价论证方法

直接评价论证方法,即要求考生直接对题干论证所用的方法进行评价。当题干只给出

一个论证时,考生只需要在分析题干论证的基础上选出正确选项即可;当题干给出两个论证(对话)时,一般需要考生分析第二个论证反驳(或支持)第一个论证的方式。

有些题目的论证中存在明显的逻辑漏洞,对这类题目,评价论证方法要求考生分析论证中存在的逻辑错误,并从选项中选择出概括最为恰当的一项。要解好这类题目,首先要了解论证规则和常见的逻辑错误。

3. 常规评价

常规评价的提问中通常会包含"评价"二字,这类题目往往需要考生寻找一个问题,对这个问题的回答可以验证论点或整个论证的正确性。

这类题目的选项一般为疑问句,无论是一般疑问句还是特殊疑问句,对这个问句都有正反两方面的回答。当一方面的回答对题干论证起支持作用,而另一方面的回答起削弱作用时,这个问句就对题干论证有评价作用,而这个问句所对应的选项即为能对论证起到正反两方面作用的评价型选项。

4. 找争论的焦点

有些题目往往采取对话的形式,要求考生选出对话中两人所争论的焦点。不管两人在对话中表达了几个观点,他们多数都只是在一个方面针锋相对,考生只需要把这个焦点找出来,而不需要去关注没有直接冲突的观点。

备考锦囊

在解这类题目的过程中,需要注意争论的焦点必须具备以下两个特点:①与双方观点都具有相关性;②双方观点必须构成对抗。 所以,论战双方都同意的看法不是争论的焦点,与争论双方观点不相关的论断也不是争论的焦点。

第三讲　定义判断

核心考点一　定义判断解题基础

一、定义的构成要素

定义就是用精练的语句将一个概念的内涵揭示出来,也就是揭示这个概念所反映的对象的本质属性。

定义由被定义项、定义项和定义联项三个部分组成。

【示例1】敌意性归因偏差[被定义项]是指[定义联项]在情景不明的情况下,会将对方的动机或意图视为有敌意的倾向[定义项]。

定义的方法主要是"属"加"种差"。"属"加"种差",就是通过揭示概念最邻近的"属"概念和"种差"来明确概念内涵的逻辑方法。可用公式表示为:

被定义项=种差+邻近属概念

要准确理解定义的方法,需明确以下几点:

第一,被定义项的邻近属概念,即比被定义概念范围更大、外延更广的概念,以确定被定义概念所反映的对象属于哪一类事物。

第二,被定义项的种差,即指被定义项的这个种概念与同一属概念下的其他同级种概念在内涵上的差别,这种差别也就是被定义概念所反映的对象同其他对象的本质区别。

第三,把被定义项同属加种差构成的定义项用定义联项联结起来,构成完整的定义。

【示例2】人是能制造和使用工具进行劳动的动物。

解读:这是给"人"下的定义。其中,"人"的属概念是"动物",确定人是动物这类事物中的一种;"能制造和使用工具进行劳动"是种差,是将人与其他动物相比较而得出的本质差别;"是"是定义联项,它把被定义项与定义项(属+种差)联结起来构成了一个完整的定义。

> **备考锦囊**
>
> 考试中所给出的定义是不容置疑的,这就要求考生在解题时,要准确理解被定义项的内涵,不要放大或缩小其范围,否则就会对定义产生误解,犯类似"定义过宽"或"定义过窄"的错误。

二、定义判断解题原则

为了能迅速、准确地解答定义判断题,考生应遵循以下四个原则。

(一)严格按照所给定义进行判断

定义判断题所给的定义已被假设为正确的,因而是不容置疑的。考生应从题干给出的定义入手进行分析和判断,不要根据自己记忆中的定义去衡量,尤其是当题干的定义与自己掌握的定义之间有差异时,更应当以题干中的定义为准。有些考生因为受生活常识或各方面的影响,经常会对所给的定义是否严密提出疑问,从而影响了对答案的选择。

(二)准确把握定义特征

定义判断题要求考生严格依据定义选出一个最符合或最不符合该定义的选项。因此,解答定义判断题首先必须快速、准确地锁定定义的特征,再逐一对照选项,得出正确答案。在寻找定义特征时,可以结合定义特征分析、定义特征归纳等解题技巧。

(三)细致分析定义间关系

针对多定义题目,要通过分析定义内容,比较多个定义之间的关系,判断定义间的区别和联系。尤其是当题干问法为"根据上述定义,下列说法(不)正确的一项是"时,更要对每个定义都做到准确理解,细致区分,避免出错。当然多数情况下,虽然题干涉及多个定义,但最后考查的往往是其中的一个定义。

(四)合理利用背景知识

通常来说,对于成熟的定义,大多是表达方法不同,不应出现实质性的差别。但是,考生由于记忆的偏差,可能会出现理解上的差异,对此,应牢记以下三点:

（1）当所学知识与题干定义没有实质性差异时，可进行联想与举例，充分利用自己的背景知识，准确理解定义的关键词，并对选项中的案例进行准确的归纳和抽象。

（2）当题干的定义与自己所学的知识之间有差异时，应当以题干中的定义为准。

（3）当遇到自己所学专业的概念时，不要想得太深，以至于把简单的问题弄复杂了，而是要紧紧扣住定义本身及其关键词。

三、定义判断解题步骤

由于定义判断考查的是考生的规范理解以及运用标准进行判断的能力，因此解答定义判断也要按照一定的步骤进行：

第一步，对定义进行快速扫读，过滤掉多余信息，要全面把握定义，注意细节，以达到对定义的初步了解，并且找准、找全定义的特征。

第二步，结合选项确定最具价值的特征（可能有的定义有很多特征属性，但真正有用的却很少），这一过程必须在尽量短的时间内完成。

第三步，分析各选项中的案例，找到各选项的核心，并与定义特征做对比，从而求解正确答案。

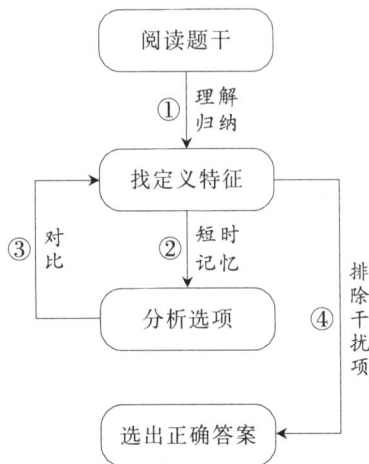

图 3-3-5　定义判断解题步骤

四、定义判断题型分类

根据每道题中所给出的定义数量的不同，可以将定义判断分为单定义判断和多定义判断两种。

（一）单定义判断

单定义判断的题干中只涉及一个定义，即给出一个假设完全正确的定义，然后给出几个事实选项，要求选出符合或者不符合定义的一项。这种题型是定义判断的基础考查题型，难度相对较低，一般通过定义特征分析或定义特征归纳即可快速解题，具体解题方法在后文中将会进行详细介绍。考试中主要侧重于对单定义判断的考查。

（二）多定义判断

多定义判断的题干涉及多个定义的内容,这些定义之间的关系可能是包含,也可能是并列。这类题目涉及的定义虽然个数比单定义判断更多,阅读量也更大,但解题方法和单定义判断一样。

多定义判断的出题模式分为两种。

（1）传统型多定义题目:这种考查形式一般会给出三个定义,然后再给出三个典型例证,要求选出典型例证与定义存在对应关系的数目,或者选出典型例证和定义关系描述正确的选项。此类多定义题目在近几年考试中出现较少。

针对这一题型,考生要抓住解题的关键:某一典型例证至多只能与某一定义对应。也就是说,某一定义可以与多个例证相对应,但是某一例证只能与一个定义相对应,这是该题型的特点。

（2）新型多定义题目:这种考查形式在近几年考试中经常出现,其形式和单定义题目相似,只是题干涉及的定义个数增多。在解答此类题目时,如果题干要考查的定义本身内涵非常清晰,就可以只看该定义;如果题目要求选择说法正确/错误的一项,则需要对题干涉及的每个定义都理解到位。

经典例题

人身关系是与人身不可分离,以人身利益为内容、不直接体现财产利益的社会关系;人身关系包括人格关系和身份关系两类。身份关系是以特定的身份利益为内容的社会关系。

根据上述定义,下列属于身份关系的是（ ）。

A. 穆某收养庞某而形成的父子关系

B. 汤某将房产赠与孙某而形成的赠与关系

C. 唐某与李某签订合同而形成的买卖关系

D. 房某借给康某一万元而形成的借贷关系

【答案】A。解析:题干涉及人身关系及其所包含的身份关系两个定义,分析定义内容,可得身份关系的定义特征:不直接体现财产利益,以特定的身份利益为内容的社会关系。A项通过收养而形成的父子关系,不直接体现财产利益,且是以特定的身份利益即父子为内容的社会关系,符合定义。B项涉及赠与房产、C项涉及买卖关系、D项涉及借贷关系,均直接体现了财产利益,不符合定义。故本题选A。

核心考点二　定义判断解题技巧

本核心考点主要介绍定义判断的不同解题技巧。针对单定义题目,当定义特征较为明显时,可通过所处位置或提示词来分析、定位定义的特征;当定义特征不明显时,可通过筛选、整合、归纳关键信息,得出定义的特征。而多定义题目只是在考查形式上与单定义题目略有不同,其解题方法与单定义题目是相通的。

一、定义特征分析

要想准确理解定义,就要把握住定义的特征,大多数定义的特征比较明显,能够通过位置或一些提示词直接定位,这些特征也就是构成定义的要点,主要包括主体、客体、目的、原因、条件、方式、结果、本质八种。我们将这些不同的要点类型及其对应的位置或提示词进行了总结,考生在解题过程中可以通过位置或这些提示词快速找到相应的要点。

(一)主体

主体就是定义的主语,也就是行为或事件的发动者。实际上,每个定义都会有主体,但是有的定义会特别指出主体类型,一般位于定义内容的开头。当然还有一些定义的主体是大家都熟知的,往往不是解题的关键,甚至有的定义中会省略主体。因此,在寻找定义要点时,首先要确定该定义是否有明确的主体。

一般来说,在法律类或行政类定义中,会出现明显的主体。另外,除了要重点关注主体本身,还要特别注意主体的修饰词,如主体的数量、主体的性质等。

【示例】企业战略联盟是两个或两个以上的经济实体(一般指企业,如果企业间的某些部门达成联盟关系,也适用此定义)为了实现特定的战略目标而采取的共担风险、共享利益的长期联合与合作协议。

解读:在这个定义中就规定了主体是"经济实体",还给出了主体的数量限定条件"两个或两个以上"。

(二)客体

客体与主体相对应,是指行为或事件的承受者、被指向者。

常见的提示词:针对……、对……。

有时定义中不会给出明显的提示词,需要大家分析语句含义,找到定义的要点;有些定义则会直接省略客体,这时则需要结合其他要点进行解题。

【示例】双重标准是指根据自己的好恶、利益等,对于同一性质或同一类型的事件,在相同条件下做出截然相反的判断。

解读:在这个定义中,"同一性质或同一类型的事件"就是客体。

(三)目的

有些定义中会明确指出其目的,也就是行为者主观上具有什么样的动机、意图,追求一种什么样的目的。

常见的提示词:为了……、确保……、以期……、出于……目的、以……为目的。

【示例】投机是指为了以后再销售(或暂时售出)商品而购买,以期从其价格变化中获利。

解读:在这个定义中,"以后再销售(或暂时售出)商品"和"从其价格变化中获利"就表示目的。

(四)原因

有些定义中规定了某些行为的原因,这类信息一般也是定义的要点。

常见的提示词:由于……、因为……、基于……。

【示例】时间综合征指由于对时间的紧迫感而造成心理上的烦恼、紧张,以及生理上的活动改变等导致的病症。

解读:在这个定义中,"对时间的紧迫感"就是时间综合征的原因。

(五)条件

有些定义中会包含一些成立的前提条件,对此应该引起注意。

常见的提示词:以……为前提/基础/依托、在……条件下、……时。

【示例】血缘关系是以血统或生理的联系为基础形成的人际关系,或者是指在婚姻和血缘的基础上形成的人际关系。

解读:在这个定义中,"以血统或生理的联系为基础""在婚姻和血缘的基础上"都是血缘关系的条件,两个条件之间的关系是"或",因此只要满足其中一项即可。

(六)方式

有些定义中有表示方式、方法或手段的关键内容,需要大家多多关注。

常见的提示词:通过/采用……方式/手段、通过……。

【示例】预感是指一个人通过梦境、幻觉、直觉等方式对未来事件的信息预先感知。

解读:在这个定义中,"梦境、幻觉、直觉等"就是预感的方式。

(七)结果

有些定义中会明确指出要达到什么样的结果等,这通常也是解题的关键点。

常见的提示词:造成……、导致……、致使……、从而……。

【示例】生物集群灭绝是指在一个相对短暂的地质时段中,在一个以上地理区域范围内,数量众多的生物突然死亡,从而造成生物物种数量短时间突然大幅下降。

解读:在这个定义中,"生物物种数量短时间突然大幅下降"就是生物集群灭绝的结果。

(八)本质

本质也就是定义所属的类别,一般位于定义最末,较少作为解题的关键。

【示例】蒸发散热,指体液的水分在皮肤和黏膜(主要是呼吸道黏膜)表面由液态转化为气态,同时带走大量热量的一种散热方式。

解读:在这个定义中,"一种散热方式"就是蒸发散热的本质。

备考锦囊

需要注意的是,在考试中,一个定义通常是由多个要点构成的,因此考生需要通过多个要点来确定答案。如果选项符合该定义,其描述的情况未必会体现出定义的所有要点,但一定不能出现不符合某一要点的情况。

经典例题

国家行政机关公文是行政机关在行政管理过程中所形成的具有法定效力和规范体式的公务文书,是依法行政和进行公务活动的重要工具。

根据上述定义,下面哪种是国家行政机关公文?（　　）

A. 甲、乙双方在达成一致意见后双方私下签订的合同协议

B. 微软公司制定的职工保密文件

C. 交通局最近又新颁布了一条交通法规

D. 学校的学生守则

【答案】C。解析:分析国家行政机关公文的定义:

国家行政机关公文【定义】是行政机关【主体】在行政管理过程中所形成的具有法定效力和规范体式的公务文书,是依法行政和进行公务活动的重要工具。

A 项中的甲、乙双方,B 项中的微软公司,D 项中的学校都不属于行政机关,因此不符合定义。只有 C 项中的交通局属于行政机关。故本题选 C。

二、定义特征归纳

前面讲解了如何通过特定的提示词或位置直接定位定义的特征,即定义的构成要点,以及如何运用这些要点进行解题,但有些定义的特征并非直接给出,而是通过描述具体的实例或过程等给出定义,这就需要我们对其特征进行总结归纳,提取出对解题有帮助的关键信息。这类定义多出现在心理学、社会学概念中。

要准确归纳定义的关键信息,考生需要具备筛选和整合信息的能力。所谓"筛选",是指从纷繁的材料中提取主要信息,筛掉次要信息。所谓"整合",是指对筛选出来的信息进行重新组合、简要概括。归纳关键信息既是提取有用信息的过程,也是舍弃无用信息、干扰信息的过程。

第四讲　类比推理

核心考点一　类比推理核心知识储备

一、类比推理考查方式

根据题干出现的词项个数或题目的典型特征,可以将类比推理分为两词型、三词型、对当型三种。这三种考查形式也是我们接下来要学习的重点内容。

(一)两词型

两词型是指题干和四个备选答案中均涉及两个词项的题目,其基本形式为 A:B。考生需要通过分析题干中两个词项之间的关系,在备选答案中找出与题干词项关系最为相似的一组。

经典例题

直率:率直

A. 摇动:动摇 B. 适合:合适

C. 科学:学科 D. 奴家:家奴

【答案】B。**解析：**直率和率直是近义词。A项，摇动是指动作，动摇常用来形容信念等不坚定，二者不是近义词。B项，适合和合适是近义词，与题干关系一致。C项，科学是人类探索、研究、感悟宇宙万物变化规律的知识体系的总称，学科通常是指教育专业设置的学科分类，二者不是近义词。D项，奴家是古时女子或者妇女的自称，家奴是属于个人的仆人，二者不是近义词。故本题选B。

（二）三词型

三词型是指题干和四个备选答案中均涉及三个词项的题目，其基本形式为A:B:C。考生需要通过分析题干中三个词项之间的关系，在备选答案中找出与题干词项关系最为相似的一组。

经典例题

英国:美国:亚洲

  A. 中国:埃及:大洋洲   B. 日本:韩国:欧洲

  C. 南非:法国:非洲   D. 德国:巴西:南美洲

【答案】A。**解析：**英国和美国均不属于亚洲，且两者属于不同的大洲，英国属于欧洲，美国属于北美洲。A项，中国和埃及均不属于大洋洲，且两者属于不同的大洲，中国属于亚洲，埃及属于非洲，与题干关系一致。B项，日本和韩国不属于欧洲，但两者同属于亚洲。C项，南非属于非洲，法国属于欧洲。D项，德国属于欧洲，巴西属于南美洲。故本题选A。

> **·备·考·锦·囊·**
>
> 个别题目还会采用四词型或五词型的考查形式，其属于两词型和三词型的变形，通常较少出现，虽然词项的数量有所增加，但考查的本质都是词项之间的关系，因此解题的思路和方法都是一样的。

（三）对当型

对当型的题干涉及的词项分成两组，每组均缺少一个词项，而四个备选答案中均涉及两个词项，其基本形式为A 对于（   ）相当于（   ）对于 B。考生需要将选项的词项代入题干后，综合分析前后两组词之间的关系，在备选答案中找出能使两组词关系最为相似的选项。

> **·备·考·锦·囊·**
>
> 对当型与两词型和三词型的不同之处在于：题干不存在完整的一组词，即词项间关系具有一定的不确定性，有可能代入不同的选项时词项之间的关系也是不同的，这在一定程度上增大了解题的难度，需要考生在代入选项时仔细对比前后两组词的关系。

二、类比推理考点精讲

考试中常见的词项间关系主要可以分为以下五类：概念间关系、近反义关系、描述关系、条件关系和语法关系。

（一）概念间关系

1. 全同关系

全同关系指一组词所指代的是同一个概念,即同一事物的不同称谓。比如同一事物的全称、简称、别称、美称、谦称、敬称等,或者对应的音译名和中文名、现代语和文言文、口语和书面语等。

2. 包含关系

包含关系包括种属关系(一种事物是另一种事物的其中一种)和组成关系(一种事物是另一种事物的其中一部分)。

3. 交叉关系

交叉关系指两个词语所代表的集合有相同部分,也有不同部分。

4. 并列关系

并列关系是特殊的全异关系,全异关系指两个词语所代表的集合完全不同。全异关系在考试中通常以并列关系的形式进行考查。并列关系指词语所表示的概念都是属于同一个大类的事物,或者具有某种共同属性。

> **备考锦囊**
>
> 并列关系又可分为反对关系和矛盾关系。反对关系可表示为"A和B同属于C,但除了A、B外,C还包括D、E等",例如"苹果:香蕉";矛盾关系可表示为"A和B同属于C,且C只包含A、B两类",例如"男人:女人"。

经典例题

火炮:战舰

A. 苹果:水果　　　　　　　　　　　　B. 车轮:汽车

C. 坦克:空客　　　　　　　　　　　　D. 铁锅:燃气炉

【答案】B。解析:火炮是战舰的组成部分,二者是组成关系。A项,苹果是水果的一种,二者是种属关系。B项,车轮是汽车的组成部分,二者是组成关系,与题干关系一致。C项,坦克和空客是两种交通工具,二者是并列关系。D项,铁锅和燃气炉可以搭配使用,二者是并列关系。故本题选B。

（二）近反义关系

1. 近义关系

近义关系指含义相近的两个词语之间的关系,不仅限于同义词、近义词,也可以是词性不同的两个词语。

2. 反义关系

反义关系指含义相反的两个词语之间的关系,不仅限于反义词,也可以是词性不同的两个词语。

反义关系又可分为相对反义和绝对反义。相对反义是指除了 A、B 两种情况外还存在其他情况，例如"冷：热"；绝对反义是指"只有 A、B 两种情况，不是 A 就是 B"，例如"真：假"。

经典例题

籍籍无名:平凡

A. 处心积虑:复杂

B. 深不可测:广泛

C. 虚怀若谷:谦逊

D. 脱颖而出:幸运

【答案】C。解析:籍籍无名与平凡是近义关系。A 项,处心积虑形容用尽心思地谋划,与复杂不是近义关系。B 项,深不可测比喻对事物的情况捉摸不透,与广泛不是近义关系。C 项,虚怀若谷指胸怀像山谷那样深而且宽广,善于接受别人意见和观点,与谦逊是近义关系,与题干关系一致。D 项,脱颖而出比喻本领全部显露出来,与幸运不是近义关系。故本题选 C。

（三）描述关系

根据所描述的对象的不同,考试中常见的描述关系主要可分为与事物相关、与人相关、与作品相关三种。

1. 与事物相关

与事物相关的描述既包括对事物的特征、性质、功能、用途、象征意义等属性的描述,也包括对事物的活动空间、分布场所、所在地、原材料、作用对象等其他相关内容的描述。

2. 与人相关

与人相关的描述既包括对特定群体所从事的职业及其职业特征、工作地点、工作对象、工作内容、所用工具等相关内容的描述,也包括对历史典故中涉及人物等的描述。

3. 与作品相关

与作品相关既包括对作品的作者、人物、体裁、年代、背景等的描述,也包括对作品中的诗句的出处、修辞手法、相关对象等的描述。

经典例题

（　　）对于 吉祥 相当于 狼烟 对于（　　）

A. 和平　战争

B. 麒麟　信号

C. 盛世　烽火

D. 凤凰　入侵

【答案】D。解析:A 项,和平和吉祥没有必然联系,狼烟可以代表战争,前后关系不一致。B 项,麒麟象征着吉祥,狼烟属于信号,前后关系不一致。C 项,盛世和吉祥没有必然联系,狼烟也叫烽火,前后关系不一致。D 项,凤凰象征吉祥,狼烟象征着入侵,前后关系一致。故本题选 D。

（四）条件关系

1. 因果关系

因果关系指一个动作或事件的发生导致或引起了另一个动作或事件的发生。

2. 顺承关系

顺承关系指几个动作或事件相继发生,具有一定的先后顺序。

3. 目的（引导）关系

目的(引导)关系指某个事件的发生是以另一个事件为目的,或者某个事件是另一个事件的手段;也指某个事件(事物)为其他事件的发生提供了方向或起到了引导的作用。

4. 充分/必要条件关系

如果事件 A 发生时,事件 B 就发生,则 A 是 B 的充分条件;只有事件 A 发生时,事件 B 才发生,则 A 是 B 的必要条件。注意区分两个事件之间哪个是充分条件,哪个是必要条件。

（五）语法关系

1. 主谓结构

主谓结构指两个词语可以构成主谓结构的短语或者词语本身的构成是主谓结构。

2. 动宾结构

动宾结构指两个词语可以构成动宾结构的短语或者词语本身的构成是动宾结构。

3. 并列结构

并列结构指两个词语可以构成并列结构的短语或者词语本身的构成是并列结构。

4. 修饰关系

修饰关系是指一个词语对另一个词语起到修饰作用。

核心考点二　类比推理实战技巧

类比推理一向以阅读量少、题型简单的特点著称,因此,大部分考生往往只会花很少的时间来做类比推理题。那我们要如何确保在短时间内准确找出答案,提高作答效率呢?

一、熟悉词项间关系

尽管类比推理有不同的考查方式,但考查的实质都是词项间关系的相似性,因此解题的基础就是扎实掌握这些常见的词项间关系,这对于快速准确地解答类比推理题有着重要的意义。除了熟悉前面所讲的几类词项间关系,考生还可依据自己的背景知识进一步扩展,想象并总结一下其他可能的关系,这样无论考试中出现什么样的新关系,都能应付自如。

二、运用快解技巧

（一）遣词造句法

遣词造句法，即利用语感对题干给出的几个词项进行造句，再用所造句子的结构套用于选项，合适的即正确答案。实际上，这种方法就是通过造句自然取得词项之间的关系，常用于三词型题目，尤其是当题干的词项间关系不明确时，运用遣词造句法往往能够顺利解题。

经典例题

借鉴：历史：创新

A. 油画：艺术：美感　　　　　　　　B. 度假：景区：休闲

C. 保护：植树：环境　　　　　　　　D. 总结：精神：升华

【答案】D。解析：在借鉴历史的基础上进行创新。D项，在总结精神的基础上进行升华，与题干句子结构一致。A项，油画是一种艺术，具有美感；B项，在景区度假，度假是一种休闲方式；C项，植树的目的是保护环境。三项均与题干的句子结构不同。故本题选D。

（二）横纵对比法

横纵对比法，即分别通过横向和纵向分析题干和选项之间的关系，选出与题干相同点最明显、最多的一项。随着试题难度的增加，许多词项除了表面的关系，往往还有更深层的关系，此时就需要通过横向和纵向多次对比，找出其中的细微差别，选出更符合题干关系的一项。

备考锦囊

常见的细微差别

考试中常见的细微差别包括：①词性是否相同；②感情色彩是否一致；③范围或程度上是否存在差异；④对象是否相同；⑤能否从成品看出原材料；⑥绝对反义与相对反义；⑦必然与可能、主要与次要、全面与片面；⑧主动与被动、单方与双方；⑨人工或自然产物；⑩是否存在更本质属性等。

三、巧避出题陷阱

类比推理这一题型与考试中的其他题型相比，难度相对较低，因此，有不少考生容易疏忽大意，觉得这种题目很简单，于是匆匆看一眼题干就作答。事实上，这种题目往往会设置一些陷阱，如果考生不够仔细，就会导致失分。以下针对常见的两个出题陷阱给出了相应的对策，希望引起考生重视。

（一）警惕前后颠倒

很多时候，命题人在设置类比推理题的选项时，会故意将选项中的词项顺序颠倒，使其虽然与题干关系看似一致，实则相反。尤其是对当型题目，在将选项代入题干的过程中，一定要注意前后两组词项的顺序是否颠倒。

另外,在使用遣词造句法解题时,也有可能存在词项颠倒的现象,因此大家要注意比较词项在句子中的位置是否一致。

经典例题

( ) 对于 爬行 相当于 青蛙 对于 ( )

A. 缓慢 害虫   B. 匍匐 蟾蜍

C. 运动 动物   D. 螃蟹 跳跃

【答案】D。解析:A项,缓慢的爬行,青蛙吃害虫,前后关系不一致。B项,匍匐和爬行含义相近,青蛙和蟾蜍是并列关系,前后关系不一致。C项,爬行属于运动,青蛙属于动物,虽然都是种属关系,但前一组词项中是后者属于前者,后一组词项中是前者属于后者,词项顺序颠倒。D项,螃蟹爬行,青蛙跳跃,均为主谓结构短语,前后关系一致。故本题选D。

(二)分析隐蔽关系

很多考生在做类比推理题时有一个不好的习惯,就是看到一个选项和题干的关系相符就直接进行选择,而不会继续分析剩余的选项,这样很容易与正确答案失之交臂。因为如果继续分析其他选项就会发现,有可能存在多个选项与题干的表面关系是类似的,需要我们继续分析题干与选项之间的其他隐蔽关系,才能准确解题。在大家寻找隐蔽关系的过程中,可以结合横纵对比法进行分析。

经典例题

子弹:枪管

A. 马车:山路   B. 原子:原子核

C. 电流:电缆   D. 行人:斑马线

【答案】C。解析:子弹在枪管中。A项,马车在山路上,关系类似,保留。B项,原子核在原子中,词项间顺序颠倒,且原子核是原子的组成部分,而题干并不具有组成关系。C项,电流在电缆中,关系类似,保留。D项,行人在斑马线上,关系类似,保留。纵向分析题干与A、C、D三项,发现题干中子弹必须经由枪管发射,C项中电流必须经由电缆传输,而A项马车未必一定通过山路,D项行人未必一定走斑马线,因此C项与题干的联系更紧密。故本题选C。

第五讲 图形推理

核心考点一 图形构成

研究图形应该从观察图形的构成入手。图形构成指的是图形的组成及一些细节特征,以及它们在数量和位置等方面的体现。这部分是图形推理中涉及考点最多的一部分,也是一个难点。

一、点线角面

点、线、面是图形的基本构成要素,角则是由相交直线构成的特殊元素。

（一）点

图形推理中需要关注的"点"有以下几种：

（1）交点。交点是指线与线相交的点，一般的交点包括"十"字点、"T"字点、折点（∠、⌐）。

（2）切点。两条光滑曲线的交点，且在此点的切线相同，这个点就是两条曲线的切点。除曲线与曲线的切点外，常考的还有曲线与直线的切点，如圆和直线相切。

（3）接触点。两个常见几何图形相接触而构成的点，常考的是内外图形的接触点。

（二）线

线条是图形最主要的构成要素，图形推理中主要从直线和曲线两个方面来考查。另外，还有一个与线条相关的概念——笔画，也是一个重要的考点。

1. 直线和曲线

直线图形：完全由直线构成的图形。例如，三角形、正方形。以下图形都是直线图形。

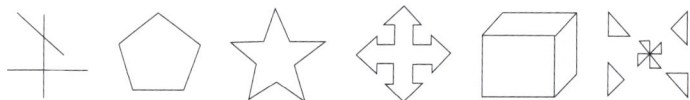

曲线图形：完全由曲线构成的图形。例如，圆。以下图形都是曲线图形。

直曲线混合图形：由直线和曲线共同构成的图形。以下图形都是直曲线混合图形。

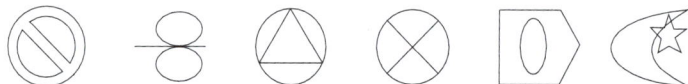

此部分还经常从数量上考查图形的直线数、曲线数或线条总数。

2. 笔画

考试中经常涉及图形笔画数的判定。若一个图形可以从某一点开始不重复、不间断地画出，则这个图形是一笔画图形；若一个图形可至少通过 n 次不重复、不间断的线条描出，则这个图形的笔画数为 n。

图形的笔画数由图形中奇点的个数决定。对于一个连通图形，所有线条之间的交点（以及端点）中，连接线条数量为奇数的点就是奇点（端点一定是奇点）。

图形笔画数的判定方法如下：

（1）一个连通图形中的奇点数为 0 或者 2 时，图形可由一笔画出。

（2）一个连通图形中的奇点数不为 0 也不为 2 时，图形可由多笔画出，图形笔画数 = 奇点数÷2。（注意，奇点均成对出现，即图形的奇点数必然为偶数。）

对于由多个部分组成的图形，先分别计算各个部分的笔画数，相加后得到图形的总笔画数。另外，汉字与字母的笔画数较为特殊，要按照书写习惯来计算。

（三）角

直线和直线相交形成角。考试中常见的与角相关的规律包括：

(1)图形中都含有直角。

(2)图形中角(锐角、直角)的个数存在数量关系(构成等差数列或其他基本数列)。

（四）面

图形推理中,与面相关的内容包括立体图形的面以及平面图形的封闭区域。

1. 立体图形的面

立体图形的面的常考规律:

(1)不同立体图形之间面的个数相等。

(2)不同立体图形之间面的个数能够构成等差数列或其他数量关系。

2. 平面图形的封闭区域

封闭图形:图形的边缘是由封闭线条围成的。以下图形是封闭图形。

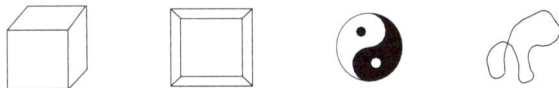

开放图形:图形中不存在由封闭线条围成的区域。以下图形是开放图形。

封闭区域:图形中由封闭线条围成的一个个空白。区域内部任何一点与区域外任何一点的连线都将和区域的边界相交。

封闭区域数:图形中所有封闭区域的个数。例如,汉字"品"的封闭区域数是3;在圆中任意画两条不重合的直径会形成4个封闭区域。

经典例题

从所给的四个选项中,选择最合适的一个填入问号处,使之呈现一定的规律性。(   )

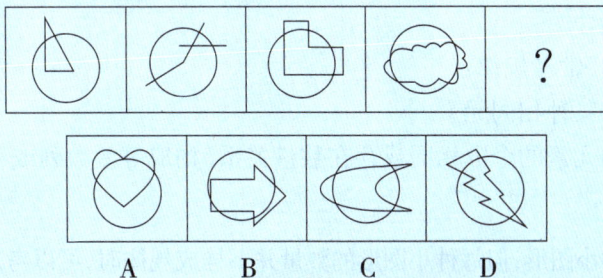

A   B   C   D

【答案】C。解析:观察发现每个图形均由圆形和一定数量的线条组成,且线条均和圆形有数量不等的交点,这类交点的数量依次为2、3、4、5、(6)。故本题选C。

二、图形部分

从直观上看,图形中不相连的就是图形中不同的部分,图形部分数就是图形中不相连部分的个数。任何一个图形的部分数都是确定的。考查部分数的图形比较多样,不仅包括一般的图形,也可以是汉字、数字等。

"图形部分"常考规律:

(1)图形的部分数相同。

(2)图形的部分数存在数量关系(构成等差数列或存在和差关系)。

经典例题

从所给的四个选项中,选择最合适的一个填入问号处,使之呈现一定的规律性。(　　　)

开	面	出
青	勺	什
小	对	?

无	忠	走	三
A	B	C	D

【答案】D。解析:题干均为汉字,在笔画数上没有发现规律,汉字的结构方面也不存在相似性,考虑汉字的部分数。第一行图形都由 1 个部分组成,第二行图形都由 2 个部分组成,第三行图形都由 3 个部分组成,选项中只有 D 项符合。故本题选 D。

三、图形种类

(一)元素种类数

把形状相同的构成元素称为图形的一种元素种类。图形中所有小图形的种类的个数称为这个图形的元素种类数。

(二)同种图形元素

"同种图形元素"常考规律:

(1)图形都含有某种相同元素。

(2)图形中相同元素的个数相同或存在数量关系(构成等差数列或存在和差关系)。

(三)数量换算

当题干出现两种小图形,但每种小图形的数量并不构成规律时,可以考虑将其中一种小图形换算成另一种小图形,然后寻找存在的规律。此类题型的实质是通过小图形间的数量换算,寻找图形间的数量关系。

从所给的四个选项中,选择最合适的一个填入问号处,使之呈现一定的规律性。(　　)

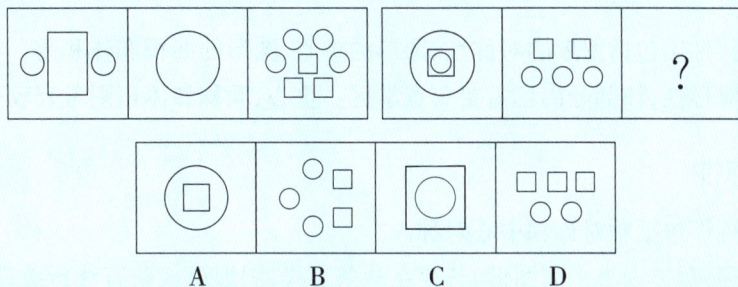

A　　B　　C　　D

【答案】B。解析: 观察题干图形,发现除第一组第二个图形外,每个图形都含有多个小图形,则可以分析这些小图形的种类和数量。第一组图形的元素种类数依次为2、1、2,不存在规律。再看每种小图形的个数,第一组图形中圆的个数依次为2、1、4,四边形的个数依次为1、0、3,发现每个图形中圆都比四边形多1个。分析第二组图形,发现也遵循此规律。故本题选B。

四、元素位置

(一)图形结构

图形结构是指图形中几个(至少两个)部分之间的相对位置关系,主要有左右结构、上下结构、内外结构、相交、相接、相离、相切、相邻、相对、线条的平行与垂直等。汉字的结构按照我们的认识习惯而定,例如,汉字"行"是左右结构,"李"是上下结构。

(二)元素在图形的特殊位置

如果题干给出的一组图形组成元素基本相同,如都包含一个小元素和主体元素,则其很有可能考查元素的特殊位置,即图形中的小元素在主体图形中的位置固定或有规律。

把下面的六个图形分为两类,使每一类图形都有各自的共同特征或规律,分类正确的一项是(　　)。

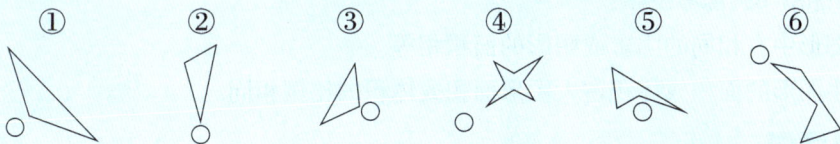

① ② ③ ④ ⑤ ⑥

A. ①③⑤,②④⑥
B. ③④⑥,①②⑤
C. ②③④,①⑤⑥
D. ①④⑤,②③⑥

【答案】A。解析: 每个图形均由一个圆形和一个多边形组成,且圆形均与多边形的一个角相对,可按照圆形所对的多边形的角的类型来分类。图形①③⑤中圆形所对的角均为钝角,图形②④⑥中圆形所对的角均为锐角。故本题选A。

核心考点二 几何性质

图形的几何性质包括图形的对称性、图形的重心、图形的面积和体积等。考试中考查最多的是图形的对称性,该部分内容需要重点掌握。重心、面积和体积则考查较少。

一、对称性

图形的对称性包括轴对称和中心对称。

轴对称图形:对于一个平面图形,若存在一条直线,图形沿这条直线折叠,图形的两部分能完全重合,这个图形就是轴对称图形,这条直线就是这个图形的一条对称轴。有的轴对称图形只有一条对称轴,有的轴对称图形有多条对称轴,因此考试中还可能考查对称轴的数量或方向。

中心对称图形:对于一个平面图形,若存在某一点,图形绕这个点旋转180°后,与原图形能够完全重合,我们就说这个图形是中心对称图形,这个点叫作这个图形的对称中心。对于一个中心对称图形的任意一点,它关于对称中心的对称点都在这个图形上。

二、重心

重心:一个物体的各部分都要受到重力的作用,从效果上看,我们可以认为各部分受到的重力作用集中于一点,这一点叫作物体的重心。

物体的重心与物体的形状和质量的分布有关。一般题目所给的图形均看成质量分布均匀的物体。其中形状规则的物体,它的重心就在几何中心上,其考查重点是重心的位置,即观察图形的重心位置是在图形的上部、中部还是下部。

三、面积和体积

"面积和体积"常考规律:

(1)图形中有相同的阴影或阴影的面积相等。

(2)小图形的面积或体积占大图形面积或体积的比例相同。

经典例题

从所给的四个选项中,选择最合适的一个填入问号处,使之呈现一定的规律性。( )

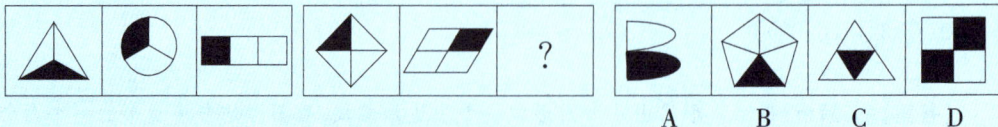

【答案】C。解析:第一组图形中阴影部分的面积占整个图形面积的$\frac{1}{3}$,第二组图形中阴影部分的面积占整个图形面积的$\frac{1}{4}$。故本题选 C。

图形中有阴影时,考虑下面两个方面的规律:当题干图形有很大差异时,考虑阴影的形状或面积;当题干图形相似时,考虑图形转化或阴影的位置变化,如移动、旋转等(具体会在后文进行讲解)。

核心考点三　图形转化

图形转化有两种情况:一是题干第一个图形中的元素通过移动、旋转、翻转等方式发生位置上的规律变化,依次得到后面的图形;二是两个图形叠加(或先进行其他简单变化再叠加)得到第三个图形。

一、移动、旋转、翻转

图形的移动、旋转和翻转是图形位置的改变,通常不会改变图形的大小和形状。在考试中,若题干各个图形中的元素形状、大小都相同,只是位置不同,则首先应考虑移动、旋转或翻转。

移动——找准移动的距离(一格、两格……)和方向(上、下、左、右、顺时针、逆时针)。

旋转——确定旋转的方向(顺时针、逆时针)和角度(30°、45°、60°、90°、135°等)。

翻转——确定翻转的方式(左右翻转、上下翻转)。

经典例题

从所给的四个选项中,选择最合适的一个填入问号处,使之呈现一定的规律性。(　　)

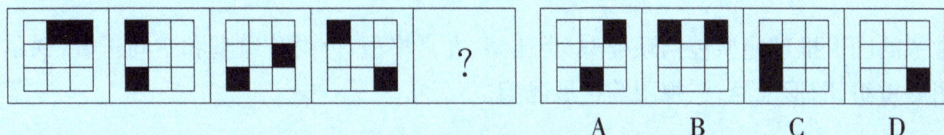

【答案】A。解析:题干图形都是九宫格内有两个黑色方块,直观来看,两个黑色方块之间的间隔依次是0、1、2、3,应选择两个黑色方块之间有4个间隔的图形。从本质来看,此题是黑色方块的移动,即第一个图中的一个黑色方块每次逆时针移动两格,另一个黑色方块每次逆时针移动三格。由此可确定两个黑色方块的位置。故本题选A。

根据图形组成元素完全相同,只是其相对位置不同,可确定考查的是图形间的移动转化规律,本题的关键是要根据图形间的对比找到小图形是如何移动的。

二、图形叠加

图形叠加是将两个图形叠放在一起,通过某种规则得到第三个图形,它是两个图形转化为第三个图形的重要方式。

"图形叠加"常考规律：

（1）直接叠加：将已知的两个图形叠放在一起，形成一个新图形，新图形中保留已知两个图形的所有构成元素。

（2）去同存异：将图形叠加后去掉相同的部分，保留不同的部分。

（3）去异存同：将图形叠加后去掉不同的部分，保留相同的部分。

（4）自定义叠加：图形叠加后，按照一定的规律发生改变，常出现在阴影类的图形推理中，叠加后相同位置的阴影情况会发生改变。

经典例题

从所给的四个选项中，选择最合适的一个填入问号处，使之呈现一定的规律性。（   ）

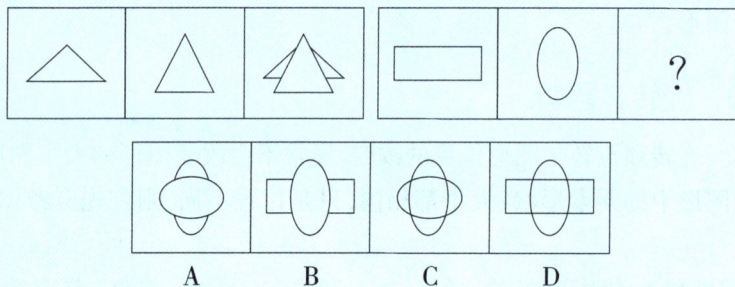

【答案】B。解析：观察第一组图形，发现存在叠加规律，即将第一个图形和第二个图形进行叠加，使第二个图形在上，第一个图形在下，且第一个图形被第二个图形覆盖的部分不显示出来。故本题选B。

核心考点四   图形推理题型分类精讲

常考的图形推理题型包括顺推型、类比型、九宫格型、分类分组型和空间折叠，偶尔还会出现图形重组、图形求异、三视图等扩展题型。

一、顺推型

顺推型包含一组题干图形和一组选项图形，需要根据题干图形的排列规律，在选项中选择一个合适的图形作为符合题干规律的图形。这一题型涉及的规律类型众多，考点变化丰富，图形构成、几何性质、图形转化均会涉及。

该题型的作答思路主要有两种：

（1）寻找图形的共同特征，然后在选项中找到唯一符合这一特征的图形。

（2）分析题干几个图形在某一考点规律上所存在的连续性变化，然后按照这个连续性的变化确定下一个图形所应具备的特征。

此外，有的题干图形是按规律间隔排列的，即在奇数项和偶数项上分别存在规律，但在考试中较少涉及。

经典例题

从所给的四个选项中,选择最合适的一个填入问号处,使之呈现一定的规律性。( )

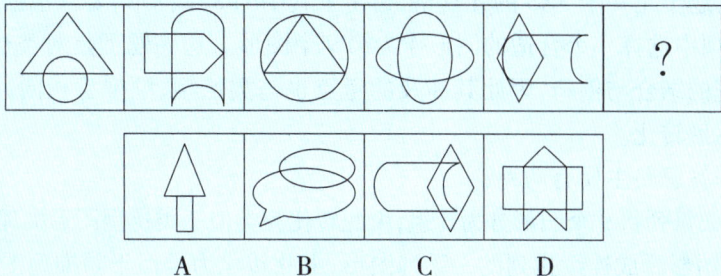

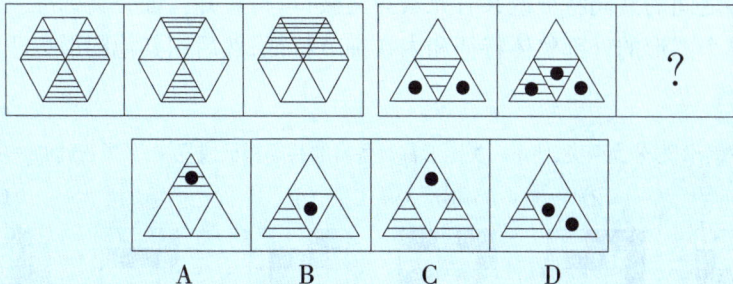

A B C D

【答案】C。解析:观察发现,每个图形都可看成由两个部分构成,且这两个部分都是轴对称图形,排除 B。再次观察发现,每个图形中都含有曲线,排除 A、D。故本题选 C。

备考锦囊

做题时要避免只关注一个规律而选错答案。有的考生在做图形推理题的时候,找到题干中的其中一个规律,只要看到符合的选项就直接选择,这样容易因为疏忽而做错。做题时,除了要分析题干的规律,还要分析选项中图形的区别,这样做题的正确率才有保证。

二、类比型

类比型的题干一般是两组图形,每组三个图形,需要根据第一组图形的排列规律,在选项中选择一个合适的图形作为第二组中所缺少的图形。这一题型的作答思路通常是使两组图形表现出最大的相似性,其涉及的规律全面,涵盖图形构成、几何性质、图形转化等各类考点。

类比型题目的作答思路有:

(1)先分析第一组图形,寻找其中的规律,再将这种规律运用于第二组图形。

(2)将两组图形中的相同位置的图形对应来看,寻找它们的共同特征,进而发现规律。

经典例题

从所给的四个选项中,选择最合适的一个填入问号处,使之呈现一定的规律性。( )

A B C D

【答案】B。解析:题干每组图形整体形状相同,但部分阴影情况不同,可以考虑叠加规律。每组前两个图形叠加,内部阴影去同存异得到第三个图形。故本题选 B。

三、九宫格型

九宫格型的题干是一个 3×3 的九宫格，给出了其中的 8 个图形，要求根据这几个图形的排列规律，在选项中选择一个合适的图形作为第 9 个图形。这一题型是对类比型图形推理、顺推型图形推理的结合与创新，因此其涉及的考点也与类比型、顺推型相同，即涉及图形构成、几何性质、图形转化。

该题型的作答思路主要有两种：

(1)从每行或每列将 9 个图形分为 3 组，由此转化为类似于类比型图形推理的解题思路。

(2)将 9 个图形看成连续排列的一系列图形，由此转化为类似于顺推型图形推理的解题思路。

经典例题

从所给的四个选项中，选择最合适的一个填入问号处，使之呈现一定的规律性。（　　）

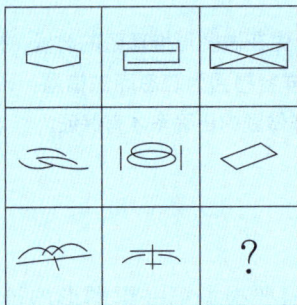

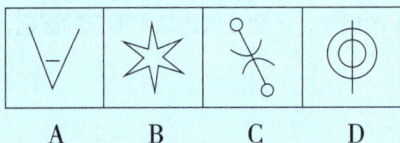

【答案】C。解析：题干图形均由一定数量的线条组成，可以考虑线条数量之间的关系。观察发现，第一行中每个图形的线条数量均为 6，第二行中每个图形的线条数量均为 4，第三行中前两个图形的线条数量均为 5，则问号处图形的线条数量也应为 5。故本题选 C。

四、分类分组型

分类分组型的题干包含六个图形，要求将这六个图形分为两类，使得每一类图形都有各自的共同特征或规律。

分类分组型题目的解题思路有：

(1)以图形之间的共同特征或共有元素为突破口，猜想并验证分类标准。

(2)分析单个图形的外部整体特征和内在细节特征，然后用其他图形去匹配。

经典例题

把下面的六个图形分为两类，使每一类图形都有各自的共同特征或规律，分类正确的一项是(　　)。

A. ①③⑥，②④⑤　　　　　　　　　　B. ①③⑤，②④⑥

C. ①⑤⑥,②③④   D. ①④⑥,②③⑤

【答案】C。解析:观察发现题干图形均由黑色方块和白色方块组成了若干个部分,图形①⑤⑥中黑色区域的部分数比白色区域的部分数少1,图形②③④中黑色区域的部分数比白色区域的部分数多1。故本题选 C。

五、空间折叠

除了前面讲解的几种平面形式的图形推理,考试中还会涉及空间形式的图形推理。空间形式图形推理主要考查考生的空间想象能力,常考题型为空间折叠,包括"折纸盒"问题和"拆纸盒"问题。解这类问题需要对图形中面与面的位置关系、小图形的指向、线条交点位置、阴影部分的位置关系等十分熟悉。考生在解题中也应熟练运用空间折叠的多种方法,使解题过程步骤化、简单化。

该题型的解题方法主要有三种。

(一)相对面与相邻面区分法

平面图形中相邻的两个面折成立体图形后也相邻,立体图形中相对的两个面拆成平面图形后不相邻,区分相对面与相邻面是解决空间折叠问题的基础。

(二)小图形特征判定法

小图形特征判定法就是根据相邻面中小图形的指向、线条交点位置、阴影部分的位置关系等,确定面与面之间的位置关系是否正确的方法。

(三)两面定位法

有些题目的选项中可能不存在相对面和相邻面的区分,也难以从小图形特征入手进行分析,此时我们可假设其中两个面的方位正确,判断第三个面的方位正确与否,从而确定答案。

经典例题

左边给定的是纸盒的外表面展开图,下列能由它折叠而成的是(   )。

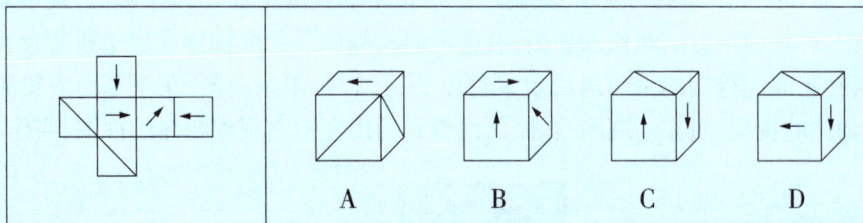

A   B   C   D

【答案】D。解析:A 项,假设正面和右侧面正确,则顶面箭头方向错误,应当顺时针旋转 90°,排除。B 项,假设顶面和右侧面正确,则正面箭头方向错误,应当指向下方,排除。C 项,正面和右侧面是相对面,不可能相邻,排除。D 项,可以由题干图形折叠而成,正确。故本题选 D。

六、其他形式

（一）图形重组

图形重组的考查内容包括线条组合和片块组合两种。线条组合要求将题干所有的线条组合在一起形成一个新的图形；片块组合是将题干所有片块组合在一起得到新的图形，可移动、旋转这些片块，但不能翻转。

该题型的作答思路主要有两种：

（1）利用图形中的特征部位，对比题干图形和选项图形。

（2）利用元素数量不变的特征进行排除，即图形重组前后的元素（线条、片块、小方格等）数量相等。

经典例题

选项的四个图形中，只有一个是由题干图形拼合而成的，请选出来。（　　）

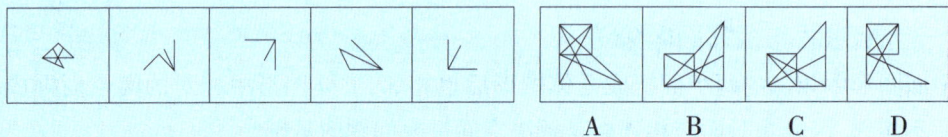

【答案】A。**解析**：本题中题干第一个图形是解题关键点，在 B、C、D 三项中都找不到完整的第一个图形，只有 A 项包含题干第一个图形。故本题选 A。

（二）图形求异

图形求异一般直接给出四个选项图形，要求考生直接找出与众不同的那个图形。从以往考试中出现的真题来看，解决图形求异问题的关键是对图形特征以及图形间差异的准确把握，这需要认真观察、仔细辨别。其涉及的考点以图形构成、几何性质为主。

（三）三视图

将人的视线规定为平行投影线，然后正对着物体看过去，将所见物体的轮廓用正投影法绘制出来的图形称为视图。要正确解答三视图题目，需要考生清楚地理解三视图的含义，并认真观察图形的细节特征。如下图所示，我们用三个互相垂直的平面作为投影面，其中正对着我们的叫作正面，正面下方的叫作水平面，右边的叫作侧面。一个物体在三个投影面内同时进行正投影，在正面内得到的由前向后观察物体的视图，叫作主视图；在水平面内得到的由上向下观察物体的视图，叫作俯视图；在侧面内得到的由左向右观察物体的视图，叫作左视图。

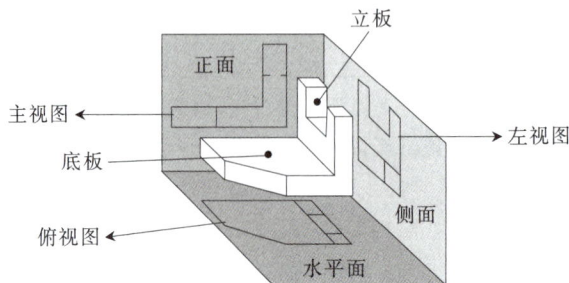

图 3-3-6　立体图形与其三视图

主视图、俯视图、左视图统称为三视图。三视图用于表示物体的形状和大小，所以在画三视图时不仅要表示出物体的外部轮廓，还要体现其细节特征。

如上图中所示的物体，我们以主视图为例来说明三视图的绘制方法。

外部轮廓：上图中物体的主视图外部轮廓如下所示，外部轮廓指的就是最大的外部边界，在视图中以实线画出。

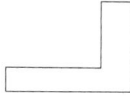

细节特征：除了外部轮廓，立体图形的主视图中还有两条线（一条实线和一条虚线），这两条线表示的就是物体的细节特征。实线表示的是底板在长度方向上切除的那一块的位置，而虚线表示的是立板在高度方向上切除的深度，但由于这个特征我们从前向后观察不到，所以用虚线画出（或者不画出）。

相切问题：当立体图形中有相切面时，由于相切处是光滑过渡，不存在轮廓线，所以在视图上一般不画出。

第四章

数学运算

本章导读

　　数学运算主要考查考生对数据关系的分析、推断、判断和运算能力。2021年度中国进出口银行秋季校园招聘考试笔试真题中,数学运算的考查题量为3道,涉及考点包括和差倍比问题、工程问题和浓度问题,解答这些题目需要考生掌握一定的技巧。在备考本章内容时,考生不仅要掌握各类题型的核心要点和基本解题思路,还要灵活运用巧算方法,实现快速准确作答,以节省考试时间。

第一讲　数学运算技巧方法

一、整除及其性质

(一)整除的判定

　　许多题目我们可以通过题干条件确定其正确答案是某些数的倍数,这样,对选项进行简单验证即可排除错项锁定答案,而无须进行烦琐的计算。对于这一类题目,我们需要掌握整除判定依据,尤其要重点掌握一个数能被3、9、7、11、6整除的判定方法,具体内容见下表。

表3-4-1　整除的判定方法

类别	判定方法	示例
能被3整除	各位数字之和是3的倍数	7 725,各位数字之和是21,21是3的倍数,所以7 725能被3整除
能被9整除	各位数字之和是9的倍数	6 084,各位数字之和是18,18是9的倍数,所以6 084能被9整除
能被7整除	末三位数字与剩下的数之差能被7整除	1 005 928,末三位数字为928,其余数字为1 005,1 005−928=77,77能被7整除,所以1 005 928能被7整除
能被11整除	奇位数字之和与偶位数字之和的差能被11整除	1 331,奇位数字之和为4,偶位数字之和为4,相差为0,0可以被11整除,所以1 331可以被11整除
能被6整除	能同时被2和3整除	2 334,既可以被2整除也可以被3整除,所以2 334能被6整除

除此之外,我们在判定选项数据的整除性时,经常会用到整除的可传递性和可加减性。

可传递性:如果数 a 能被数 b 整除,数 b 能被数 c 整除,则数 a 能被数 c 整除。

【示例1】42 能被 14 整除,14 能被 7 整除,则 42 能被 7 整除。

可加减性:如果数 a 能被数 c 整除,数 b 能被数 c 整除,则 $(a+b)$、$(a-b)$ 均能被数 c 整除。

【示例2】30 能被 3 整除,18 能被 3 整除,则 48(30+18)、12(30−18)也能被 3 整除。

经典例题

某超市搞活动,雪碧和可乐搭配出售。如果按 7 瓶雪碧 5 瓶可乐搭配分组,则只剩下 8 瓶雪碧;如果按 9 瓶雪碧 5 瓶可乐搭配出售,只剩下 40 瓶可乐。那么该超市拥有的雪碧和可乐的总数可能是( )瓶。

 A. 368   B. 488

 C. 508   D. 576

【答案】B。解析:根据题干可知,若按 7 瓶雪碧+5 瓶可乐搭配分成 n 组,剩余 8 瓶雪碧,则两种饮料的总数应是 $12n+8$;若按 9 瓶雪碧+5 瓶可乐搭配分成 m 组,剩余 40 瓶可乐,则两种饮料的总数应是 $14m+40=14(m+2)+12$。因为饮料总数是整数,所以该总数减去 8 能被 12 整除,减去 12 能被 14 整除。验证四个选项,只有 B 项符合。故本题选 B。

(二)质数与合数

质数:只可以被 1 和自身整除,不能被其他整数整除。比如 5,只能被 1 和 5 整除,为质数。2 是唯一的偶质数,其他的质数均为奇数。

合数:除了 1 和自身,还能被其他整数整除。比如 6,除了能被 1、6 整除,还能被 2、3 整除,因此 6 是一个合数。

任何一个合数都能够写成若干质数的乘积,这个分解过程称为质因数分解,主要通过短除法实现。其核心是从最小的质数开始除要分解的数,直到不能除尽,然后换更大的质数继续这一操作,直至商也为质数。

【示例】对 14 700 进行质因数分解。

解读:使用短除法对 14 700 进行质因数分解,过程如下。

```
2 | 14 700 ……………… 从最小的质数2开始
2 |  7 350
  3 |  3 675 ……………… 2除不尽换稍大的质数3
    5 |  1 225 ……………… 3除不尽换稍大的质数5
      5 |  245
        7 |   49 ……………… 5除不尽换稍大的质数7
              7 ……………… 最终结果为质数
```

把所有质数连乘,即完成对 14 700 的质因数分解。$14\,700=2^2\times3\times5^2\times7^2$。

设 a、b、c 皆为质数，且 $a+b+c=94$，$ab+bc+ac=2\ 075$，abc 的值是（　　）。

A. 3 728　　　　　　　　B. 3 782　　　　　　　　C. 1 378　　　　　　　　D. 1 738

【答案】B。解析：由"$a+b+c=94$"可知三个质数的和为偶数，则必然有一个质数为2，假设 $a=2$，则 $b+c=92$，$2b+2c+bc=2\ 075$，解得 $bc=1\ 891$，则 $abc=2×1\ 891=3\ 782$。故本题选B。

备考锦囊

上题的突破口在于2是唯一的偶质数，其他质数均为奇数。三个奇数相加不可能得到偶数，因此其中必然存在一个2。

（三）公因数与公倍数

若两个数有公共的因数，则这个因数称为它们的公因数，最大公因数指公因数中最大的那个数。比如，1、2、3、4、6、12是24和36的公因数，最大公因数是12。当两个数只有1这一个公因数时，这两个数互质。

若两个数有公共的倍数，则称这个倍数为它们的公倍数，最小公倍数指公倍数中最小的那个数。比如，48和60的最小公倍数是240。

下面我们以24和60为例来说明最大公因数与最小公倍数的求法。

首先，进行质因数分解，确定共有质因数，它们的乘积即为最大公因数。

$24=2×2×2×3=2^3×3$

$60=2×2×3×5=2^2×3×5$

可直观看出：24、60的共有质因数包括两个2、一个3，则最大公因数为 $2×2×3=12$。

确定各数所有种类的质因数，将所有种类的质因数相乘，每种质因数的指数取各数中该种质因数个数最多的个数，得到最小公倍数。

对于24、60来说，质因数出现了2、3、5。24分解出三个2，60分解出两个2；24和60都分解出一个3；60分解出一个5。则最小公倍数为三个2、一个3、一个5的乘积，即 $2^3×3×5=120$。

经典例题

$M=29×38×47×56×\cdots×n$（每两个连续因数的差均相等），已知数M的末尾连续有12个"0"，则数 n 的最小值是（　　）。

A. 470　　　　　　　　　　　　　　B. 515

C. 560　　　　　　　　　　　　　　D. 1 010

【答案】A。解析：可以看出，M的因数分别为奇数、偶数、奇数、偶数……，偶数中必然含有因数2，若再有一个因数5，就可以使末尾得到一个0。因数2的量肯定是足够的，只要在因数中找到12个5，就可以在末尾得到12个0。

相邻两个因数之间的差为9，则下一个因数应为65，65是第一个含有因数5的数，之后每相差45（5和9的最小公倍数）的数，都会含有因数5。列表如下：

数字	65	65+45=110	110+45=155	155+45=200	200+45=245
含有因数5的个数(个)	1	1（总共2）	1（总共3）	2（总共5）	1（总共6）
数字	245+45=290	290+45=335	335+45=380	380+45=425	425+45=470
含有因数5的个数(个)	1（总共7）	1（总共8）	1（总共9）	2（总共11）	1（总共12）

因此当 $29×38×47×56×\cdots×n$ 的末尾有连续的12个"0"时，n 的最小值为470。故本题选A。

（四）由比例判定倍数

在数学运算中，题干若出现分数、百分数，一般指的是两个量之间的比例关系。由于要求的量多为整数，可以利用比例的相关性质减少计算量。

当题干中给出两个数的比例关系时，可以将这个比例化简为一个分子和分母互质的分数，由此得出这两个数所应满足的倍数关系。

$$\frac{甲}{乙}=\frac{m}{n} \longrightarrow$$
（m、n 为互质整数）

甲为 m 份，乙为 n 份
甲是 m 的倍数、乙是 n 的倍数
甲、乙之和是 $(m+n)$ 的倍数；甲、乙之差是 $(m-n)$ 的倍数

·备·考·锦·囊·

一定要注意，在 m、n 互质的情况下才能得到相应的结论。

经典例题

某家庭在一年总支出中，子女教育支出与生活资料支出的比为3∶8，文化娱乐支出与子女教育支出为1∶2。已知文化娱乐支出占家庭总支出的10.5%，则生活资料支出占家庭总支出的（　　　）。

　A. 40%　　　　　　　　　　　　　　B. 42%
　C. 48%　　　　　　　　　　　　　　D. 56%

【答案】D。解析：由题干条件可知，文化娱乐支出与子女教育支出的比为1∶2，子女教育支出与生活资料支出的比为3∶8，可知文化娱乐支出∶子女教育支出∶生活资料支出=3∶6∶16。文化娱乐支出的3份占家庭总支出的10.5%，则生活资料支出占家庭总支出的10.5%÷3×16=56%。故本题选D。

·备·考·锦·囊·

连比即多个量之间的比例关系，数学运算中通常给出三个量，需要找出一个中间量，统一它们的比例关系，中间量的数值一般取比例关系中代表中间量的两个数的最小公倍数。例如，甲∶乙=3∶4，乙∶丙=5∶7，则甲∶乙∶丙=15∶20∶28。

二、代入排除法

选项也是试题的组成部分,孤立地看题干而忽略选项是不可取的。对于正面求解十分困难的题目,可以将选项代入题干,如果与题干任何一个条件相矛盾则立即排除这个选项。

(一)直接代入

直接代入是指将选项一个一个代入验证,直到找出正确选项。当根据题干条件正面分析情况较为复杂时,可以考虑将选项直接代入题干中验证是否满足各条件。特别的,当题中要求的量是"最大""最多",则从选项中最大的数开始代入;当题中要求的量是"最小""最少",则从选项中最小的数开始代入。这种代入次序可以减少代入的次数,节省解题时间。

经典例题

一个小于 80 的自然数与 3 的和是 5 的倍数,与 3 的差是 6 的倍数,这个自然数最大是多少?(   )

A. 32   B. 47   C. 57   D. 72

【答案】C。解析:题目要求满足条件的最大的数,可从选项中最大的数字开始代入。

代入 D 项,72-3 = 69,不是 6 的倍数,不符合,排除。代入 C 项,57+3 = 60,是 5 的倍数;57-3 = 54,是 6 的倍数,符合条件。故本题选 C。

(二)选择性代入

选择性代入是指根据题干给出的条件,尤其是根据整除、余数等整数特征,对选项进行筛选,再代入排除。

经典例题

已知甲、乙两人共有 260 本书,其中甲的书有 13% 是专业书,乙的书有 12.5% 是专业书,则甲有多少本非专业书?(   )

A. 75   B. 87   C. 174   D. 67

【答案】B。解析:甲的书有 13% 是专业书→甲的非专业书占甲的 $1-13\% = 87\% = \dfrac{87}{100}$,为最简分数,不能再化简→甲的书是 100 的倍数,非专业书是 87 的倍数,排除 A、D。

乙的书有 $12.5\% = \dfrac{1}{8}$ 是专业书→乙的书是 8 的倍数。结合选项,若甲有 174 本非专业书,则甲有 200 本书,那么乙的书有 60 本,不是 8 的倍数,排除 C。故本题选 B。

三、方程法

方程法适用于绝大部分题目,可以说是数学运算中的通用方法,基本的解题思路可以表示为"审题—找等量关系—设未知数、列方程—解方程"。

(一)设未知数的技巧

设未知数是列方程的第一步,未知数设定的优化程度决定了解方程的速度。为了便于列方程和解方程,在某些情况下,不一定要直接设所求量,也可以按照以下方式巧设未知数。

（1）利用题干中的比例关系设未知数。比如，两个量的比例为$m：n$，则可以设这两个量分别为mx和nx。这样设未知数，可以减少未知数的个数，并且规避分数的出现，进而减少计算量。

（2）当题干中有两个或更多个未知数时，根据各未知数之间的关系，采用取中间量的方法，减少未知数的个数，从而在一定程度上减少计算量。

经典例题

某人从家走到公司，走了24分钟时接到电话，随后加快速度，速度提高了20%，到公司时，他发现一共走了48分钟。那么他从家走出一半路程花了（　　）分钟。

A. 20　　　　　　　　B. 22　　　　　　　　C. 26　　　　　　　　D. 30

【答案】C。解析：根据题干可知，接电话前后的速度比为1：（1+20%）＝5：6。由此可设接电话之前的速度为$5a$，之后的速度为$6a$，那么前24分钟走了$24×5a＝120a$，后24分钟走了$24×6a＝144a$，那么全程为$120a+144a＝264a$。全程的一半为$264a÷2＝132a$，前$120a$走了24分钟，剩余$132a-120a＝12a$的路程行走速度为$6a$，则所求为$24+12a÷6a＝26$（分钟）。故本题选C。

（二）解方程组的技巧

方程组由多个方程组成，并含有多个未知数，在解方程组时要将其转化为一元一次方程。解方程组通常采用代入消元法求出单个未知数的解，但这样逐一求解比较费时。在不需要求出方程组所有未知数的解时，可以把方程视为一个整体进行加减运算，即整体代换法。

经典例题

某年级有4个班，不算甲班其余三个班的总人数是131人；不算丁班其余三个班的总人数是134人；乙、丙两班的总人数比甲、丁两班的总人数少1人，这四个班共有多少人？（　　）

A. 177　　　　　　　　　　　　　　　　B. 176

C. 266　　　　　　　　　　　　　　　　D. 265

【答案】A。解析：题干中未知量较多，为便于识别，可用甲、乙、丙、丁分别代替甲班、乙班、丙班、丁班的人数，则列式如下：

$$\begin{cases} 乙+丙+丁=131 \cdots\cdots① \\ 甲+乙+丙=134 \cdots\cdots② \\ 乙+丙=甲+丁-1 \cdots\cdots③ \end{cases}$$

对上述方程组，可以采用整体加减的方法。①+②得，甲+2乙+2丙+丁＝265……④。③代入④得，甲+丁＝89，乙+丙＝88，从而甲+乙+丙+丁＝177。故本题选A。

四、特值法

当题中未知量的取值具有任意性、不影响所求值时，可令其为利于计算的特殊数值，这就是特值法。

（一）设特殊值为1

在涉及乘法的计算中，为了避免出现过大的数字，可将某些未知量设为1。

某工程队有 10 人,筑路工程需要 30 天完成,做了 6 天后,要求提前 8 天完成,那么需要增加( )人。

A. 4
B. 5
C. 6
D. 7

【答案】B。解析:已知工作总量=工作效率×工作时间,结合题干条件,为避免出现数字较大,可设每人每天的工作效率为 1。则筑路工程的工作总量为 10×1×30=300,10 人工作 6 天完成 10×1×6=60,剩余工作量为 300-60=240,工作时间为 30-6-8=16(天),要想按要求完成,每天需要完成 240÷16=15,则需要增加 15-10=5(人)。故本题选 B。

(二)设特殊值为 100

当题干给出百分数时,把百分数分母代表的量设为 100,往往能够消去百分数直接做整数运算。

经典例题

年初,商场将某牌子的空调降价 20%出售。夏天将至,空调热销,商场欲原价出售,要涨价多少才能恢复到原价?( )

A. 15%
B. 20%
C. 25%
D. 40%

【答案】C。解析:题干中只含有一个百分数,为方便计算,可假设原价为 100 元,则现价为 80 元。设要恢复到 100 元需要涨价 x,则 80×(1+x)=100,解得 x=25%。故本题选 C。

(三)设特殊值为公倍数

在题干含有多个比例关系的情况下,可设未知的总量为已知分量的公倍数,以便将数值整数化,方便计算。

经典例题

两个相同的瓶子装满酒精溶液,一个瓶子中酒精与水的体积比是 3∶1,另一个瓶子中酒精与水的体积比是 4∶1。若把两瓶酒精溶液混合,则混合后的酒精和水的体积之比是( )。

A. 31∶9
B. 7∶2
C. 31∶40
D. 20∶11

【答案】A。解析:一个瓶子的酒精与水的体积比为 3∶1,则瓶子的体积是 3+1=4 的倍数;另一个瓶子的酒精与水的体积比为 4∶1,则瓶子的体积是 4+1=5 的倍数。因为瓶子的体积是相同的,为方便计算,不妨设瓶子的体积是 4、5 的最小公倍数 20。则两瓶中酒精体积分别为 20÷4×3=15、20÷5×4=16,水的体积分别为 20-15=5,20-16=4。混合后的酒精和水的体积比为(15+16)∶(5+4)=31∶9。故本题选 A。

(四)设特殊值为比例份数

根据比例设份数,因其灵活多变,故体现了特值法的精髓。它减少分式计算和未知数个数,在数学运算中得到广泛运用。

八(二)班学生团购一批单价为 9 角的 2B 铅笔,班长发现如果将这些铅笔分给男生,平均每人得到 12 支;如果将这些铅笔分给女生,平均每人得到 15 支。那么将这些铅笔平均分给全班同学,每人应付多少元?(   )

A. 6　　　　　　　　　　　　　　　　B. 7

C. 8　　　　　　　　　　　　　　　　D. 9

【答案】A。解析:由题意可知,将这些铅笔分给男生,平均每人得到 12 支;分给女生,平均每人得到 15 支。因为铅笔的数量一定,所以男生和女生人数之比为 15∶12＝5∶4。假设男生有 5 人,女生有 4 人,将这些铅笔平均分给全班同学,每人应付 12×5×0.9÷(5+4)＝6(元)。故本题选 A。

五、十字交叉法

十字交叉法的本质是方程法的简便形式,通过交叉的线段,将方程转换为图形,直观呈现各部分之间的关系,用以解决事物之间的平均数问题。

【示例】期末考试结束后,某班平均分为 89 分,其中男生平均分为 92 分,女生平均分为 87 分。问:该班男生、女生人数比为多少?

解读:

方程法
① 设男生、女生人数分别为 x 和 y
② 列方程 $92x+87y=89(x+y)$
③ 化简得到 $(92-89)x=(89-87)y$
人数比 $\dfrac{x}{y}=\dfrac{89-87}{92-89}=\dfrac{2}{3}$

十字交叉法

各部分平均分　总平均分　交叉作差
男生 92　　　　　89-87
　　　　　89
女生 87　　　　　92-89

人数比 $\dfrac{89-87}{92-89}=\dfrac{2}{3}$

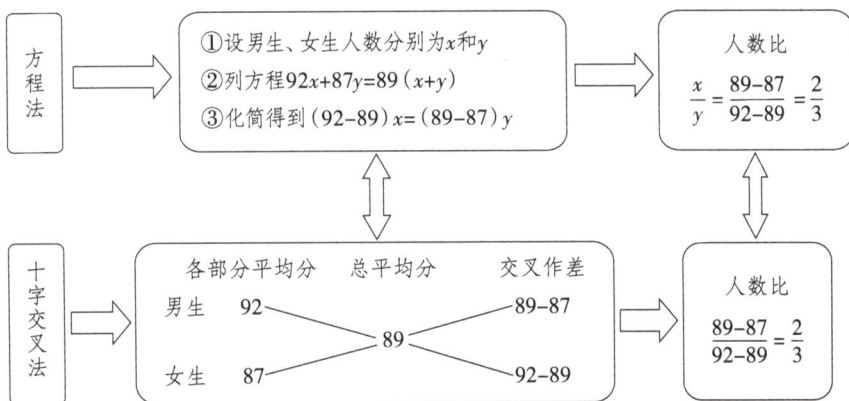

通过对上面两种方法的对比可知,形如 $ax+by=c(x+y)$ 的方程能够使用十字交叉法快速求解 x、y 的比值。其一般表现形式如下:

a ＼　　　＼ $c-b$　x
　　　c　　　　　　　$\dfrac{c-b}{a-c}=\dfrac{x}{y}$
b ／　　　／ $a-c$　y

其中 a 和 b 分别表示两个分量对应的平均数,c 表示混合后总的平均数。这里的平均数可以指浓度、速度、增长率等。涉及分量和混合后平均数的计算问题,均可以使用十字交叉法快速求解。

经典例题

某车间进行考核，整个车间平均分是 85 分，其中女工的平均分是 90 分，男工的平均分是 75 分，则女工人数是男工人数的多少倍？（　　）

A. 1　　　　　　　B. 1.5　　　　　　　C. 2　　　　　　　D. 2.5

【答案】C。解析：已知两个分量（女工、男工）以及总量（整个车间）的平均分，要求两个分量的人数比，可采用十字交叉法。

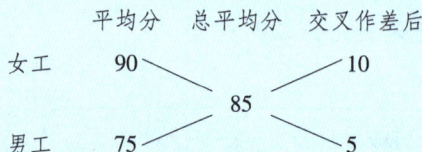

$$
\begin{array}{ccccc}
 & 平均分 & 总平均分 & 交叉作差后 \\
女工 & 90 & & 10 \\
 & & 85 & \\
男工 & 75 & & 5 \\
\end{array}
$$

可得女工人数：男工人数 $=10:5=2:1$，即女工人数是男工人数的 2 倍。故本题选 C。

第二讲　数学运算常考题型

核心考点一　和差倍比问题

和差倍比问题是研究不同量之间的和、差、倍数、比例关系的数学应用题。这类问题对计算速度和准确度要求较高，考生应注意培养自己的速算能力。按其考查形式，和差倍比问题可以分为和差倍问题、比例问题。

一、和差倍问题

和倍关系：已知两个数之和以及其之间的倍数关系，求这两个数。

$$和÷(倍数+1)=小数 \qquad 小数×倍数=大数$$

差倍关系:已知两个数之差以及其之间的倍数关系,求这两个数。

$$差÷(倍数-1)=小数 \qquad 小数×倍数=大数$$

和差关系:已知两个数之和与差,求这两个数。

$$（和+差）÷2=大数 \qquad （和-差）÷2=小数$$

解题时,要注意和(差)与倍数的对应关系。如果不是整数倍,要想办法转化得到整数倍,再应用公式。在情况比较复杂时,采用方程法思路往往比较简单。

二、比例问题

解决比例问题的关键是找准各分量、总量以及各分量与总量之间的比例关系,再根据分量÷总量=所占比例,分量÷所占比例=总量求解。解题时,有时根据题干数字特征,尤其是遇到含分数、百分数的题,可结合选项排除。

核心考点二　行程问题

行程问题主要研究路程(s)、速度(v)、时间(t)这三个量之间的关系。核心公式如下:

$$路程=速度×时间$$

一、基本行程问题

（一）平均速度

做变速运动的物体其路程与时间的比值不是恒定不变的,这时我们可以用平均速度粗略地描述物体在这段时间内运动的快慢情况。

平均速度是总路程与总用时的比,其核心公式是 $\bar{v}=\dfrac{s}{t_1+t_2+\cdots+t_n}=\dfrac{s}{\dfrac{s_1}{v_1}+\dfrac{s_2}{v_2}+\cdots+\dfrac{s_n}{v_n}}$。

特别的,当 $n=2$,且 $s_1=s_2$ 时,$\bar{v}=\dfrac{2s_1}{\dfrac{s_1}{v_1}+\dfrac{s_1}{v_2}}=\dfrac{2v_1v_2}{v_1+v_2}$。

经典例题

甲开车从 A 地到 B 地办事,前半段路程车速为 60 千米/时,后半段路程车速为 90 千米/时,则甲的平均车速是(　　)千米/时。

A. 75 　　　　　　　B. 70 　　　　　　　C. 72 　　　　　　　D. 65

【答案】C。解析:根据路程相等的平均速度公式可得,甲的平均速度为 $\dfrac{2×90×60}{90+60}=72$(千米/时)。故本题选 C。

（二）比例关系

对于两个运动过程,当速度、时间、路程其中有一个量相等时,另外两个量成比例关系。

其比例关系如下:

时间一定,路程与速度成正比

速度一定,路程与时间成正比

路程一定,速度与时间成反比

·备·考·锦·囊·

在行程问题中,比例关系的应用十分广泛。 抓住行程问题中的比例关系,能够简化计算过程。 但要注意,在利用比例关系时,一定要确保比例关系所代表的速度、时间和路程对应统一。

二、相遇与追及

(一)直线相遇与追及

两个物体同时在同一条直线上做运动时,从两地相向出发,可能涉及相遇问题;一前一后同向出发,可能涉及追及问题。这类问题中至少出现两个物体,故应考虑其运动时的相对速度。相遇与追及的核心公式如下:

相遇路程=速度和×相遇时间

追及路程=速度差×追及时间

经典例题

小李、小王从两地同时相向骑行,小李速度是 25 千米/时,小王速度是 20 千米/时。如果小李提前出发,那么两人提前 20 分钟相遇。请问:小李提前多少分钟出发?(　　　)

A. 30　　　　　　　B. 36　　　　　　　C. 38　　　　　　　D. 40

【答案】B。**解析:**若小李提前出发,两人将提前 20 分钟相遇,则小李提前出发所走的路程为两人 20 分钟所走的路程,为 $(25+20)\times\dfrac{20}{60}=15$(千米),小李走这段路程需要的时间为 $15\div25\times60=36$(分钟)。故本题选 B。

(二)多次相遇

当甲、乙两人分别从 A、B 两地同时出发,相向而行,且做往返运动时,就会涉及多次相遇问题。记第一次相遇时,两人所走的路程和为 AB 全程 s,两人所用的时间为 t;则第二次相遇时,两人所走的路程和为 3 倍的 s,所用的时间为 3 倍的 t,如下图所示。

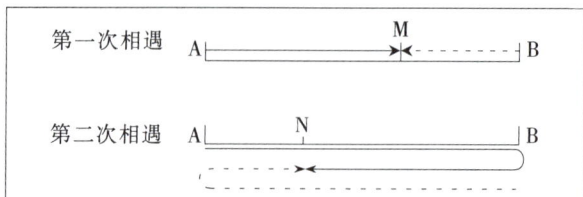

图 3-4-1　两次相遇图示

由此总结出,第 n 次相遇时的路程和公式如下:

$$s_n=(2n-1)s$$

相应地，第 n 次相遇时所用时间满足：

$$t_n = (2n-1)t$$

在计算第 n 次相遇时，每个人所走的路程也等于第一次相遇时其所走路程的（$2n-1$）倍。

经典例题

甲从 A 地、乙从 B 地同时以均匀的速度相向而行，第一次相遇离 A 地 6 千米，继续前进，到达对方起点后立即返回，在离 B 地 3 千米处第二次相遇，则 A、B 两地相距多少千米？（   ）

A. 10　　　　　　　　　　　　　　　B. 12

C. 18　　　　　　　　　　　　　　　D. 15

【答案】D。**解析**：如下图所示，甲、乙第一次相遇时，甲走了 6 千米。第二次相遇时，甲所走的路程应为第一次相遇时所走路程的 $2×2-1=3$ 倍，即 $6×3=18$（千米）。第二次相遇距离 B 地 3 千米，则 A、B 两地的距离为 $18-3=15$（千米）。故本题选 D。

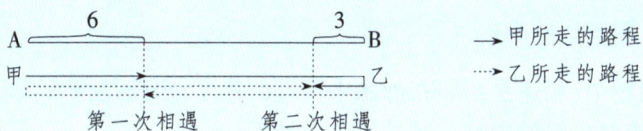

（三）环线相遇与追及

环线相遇问题：如下图所示，在周长为 s 的环形跑道上，甲、乙二人由同一起点同时出发，异向而行，则他们第一次相遇时，二人路程之和为 s。

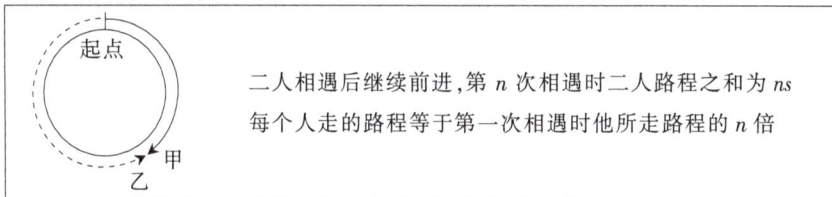

二人相遇后继续前进，第 n 次相遇时二人路程之和为 ns
每个人走的路程等于第一次相遇时他所走路程的 n 倍

图 3-4-2　环线相遇问题图示

环线追及问题：如下图所示，在周长为 s 的环形跑道上，甲、乙二人由同一起点同时出发，同向而行，则当乙第一次追上甲时，乙比甲多跑的路程为 s。

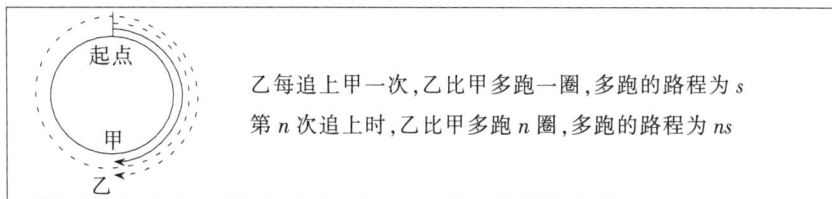

乙每追上甲一次，乙比甲多跑一圈，多跑的路程为 s
第 n 次追上时，乙比甲多跑 n 圈，多跑的路程为 ns

图 3-4-3　环线追及问题图示

经典例题

A、B、C 同时从 400 米环形跑道的同一地点出发,C 与 A、B 的方向相反。已知 A 的速度是每秒 3 米,B 的速度是每秒 4 米,C 的速度是每秒 4.5 米。出发后(　　)秒,C 第一次位于 A、B 的正中间。

A. 20   B. 30

C. 40   D. 50

【答案】D。解析:当 C 第一次位于 A、B 的正中间时,应是 C 与 B 第一次相遇之后,与 A 第一次相遇之前。B、C 第一次相遇,需经过 $400 \div (4+4.5) \approx 47$(秒),A、C 第一次相遇,需经过 $400 \div (3+4.5) \approx 53$(秒)。则 C 第一次位于 A、B 的正中间是出发后的 47~53 秒的某个时间,只有 D 项符合。故本题选 D。

三、流水行船

在流水行船问题中,船速是指船在静水中行进的速度,水速是指水流动的速度。流水行船时,必须考虑水流对行船的影响。其核心公式如下:

$$顺水速度(v_{顺}) = 船速(v_{船}) + 水速(v_{水})$$
$$逆水速度(v_{逆}) = 船速(v_{船}) - 水速(v_{水})$$

经典例题

甲、乙两个港口相距 360 千米,A 船往返两个港口需花费 25 小时,其中逆水时间比顺水时多 5 小时,B 船的速度为 18 千米/时,则 B 船往返两个港口需要(　　)小时。

A. 30   B. 20

C. 45   D. 38

【答案】C。解析:A 船顺水航行的时间为 $(25-5) \div 2 = 10$(小时),逆水航行的时间为 $10+5=15$(小时),则顺水速度为 $360 \div 10 = 36$(千米/时),逆水速度为 $360 \div 15 = 24$(千米/时),水速为 $(36-24) \div 2 = 6$(千米/时)。故所求为 $\frac{360}{18+6} + \frac{360}{18-6} = 15+30=45$(小时)。故本题选 C。

核心考点三　工程问题

工程问题是数学运算中的高频考题,只要掌握其中的解题思路,便可以轻松作答。工程问题的核心公式是工作总量=工作效率×工作时间,其中工作效率是指单位时间完成的工作量。

一、比例关系

当工作总量、工作效率、工作时间中有一个量相等时,另外两个量成比例关系。其比例关系如下：

$$工作效率相同，工作总量与工作时间成正比$$
$$工作时间相同，工作总量与工作效率成正比$$
$$工作总量相同，工作效率与工作时间成反比$$

经典例题

某工程队承修一条公路，原计划每天修 720 米。但实际每天比计划多修 80 米，按此速度施工，当剩下 1 200 米公路未修时，已施工时间比原计划完整工期恰好提前了 3 天。那么这条公路全长多少米？（　　）

A. 12 000　　　　　　　　　　　　　　B. 10 800

C. 10 000　　　　　　　　　　　　　　D. 9 600

【答案】B。解析：工作总量一定时，工作效率之比为工作时间的反比，已知原计划每天的工作效率与实际工作效率之比为 720：（720+80）=9：10，则工作时间之比为 10：9。剩余的 1 200 米公路实际再需要 1 200÷800=1.5（天）即可完成，即实际工作时间比原计划少了 1 份，对应 3-1.5=1.5（天），则实际工作时间为 1.5×9=13.5（天），这条公路全长为 13.5×800=10 800（米）。故本题选 B。

二、合作完工

在复杂的工程问题中，参与工程的有多个人，有时候有多项工程、每个人参与到不同的工程中，这类多人合作问题是命题热点。解题的关键在于，对于其中任何一项工程，工作总量都等于所有参与到这个工程的人完成的工作量的和。

$$效率和＝效率 1＋效率 2＋……$$
$$工作总量＝第一人工作量＋第二人工作量＋……$$

经典例题

师徒两人生产一产品，每套产品由甲、乙配件各 1 个组成。师傅每天生产 150 个甲配件或 75 个乙配件；徒弟每天生产 60 个甲配件或 24 个乙配件，师徒决定合作生产，并进行合理分工，则他们工作 15 天后最多能生产该种产品的套数为（　　）。

A. 900　　　　　　B. 950　　　　　　C. 1 000　　　　　　D. 1 050

【答案】D。解析：150÷75=2，60÷24=2.5，则对徒弟来说，生产甲配件的效率更高。要使生产的产品套数尽量多，则徒弟只生产甲配件，师傅既生产甲配件又生产乙配件。设师傅花 x 天生产甲配件，则有 150x+60×15=75×（15-x），解得 x=1，故他们工作 15 天后最多能生产该种产品的套数为 150×1+60×15=1 050（套）。故本题选 D。

核心考点四　浓度问题

一、基本公式

溶质溶于溶剂，形成溶液，溶质在溶液中所占的比即浓度。浓度问题涉及浓度、溶质、溶液三个量之间的关系。其基本公式如下：

$$浓度 = 溶质 \div 溶液$$
$$溶液 = 溶质 + 溶剂$$

• 备 考 锦 囊 •

浓度问题的一般解题思路：①分阶段理清题干中的三量，通过公式逐步求解；②找出溶液变化前后，溶质、溶液、浓度这三量的不变量，再通过不变量列方程求解。

二、十字交叉法在浓度问题中的应用

在前面我们介绍过十字交叉法是用以解决事物之间平均数问题的常用方法，而在浓度问题中十字交叉法可以解决两种溶液的混合问题。例如，甲、乙两种溶液质量或体积分别为 m_1、m_2，浓度分别为 c_1、c_2，混合后浓度为 c，此时可由十字交叉法直接得出 $\dfrac{c-c_2}{c_1-c} = \dfrac{m_1}{m_2}$。

经典例题

小刘将 130 克含糖 5% 的糖水，与含糖 9% 的糖水混合，配成含糖 6.4% 的糖水，则需要加入含糖 9% 的糖水（　　）克。

A. 70　　　　　　　　B. 68　　　　　　　　C. 72　　　　　　　　D. 64

【答案】A。解析：设需要加入含糖 9% 的糖水 x 克。方法一，含糖 5% 的糖水（分量 1）与含糖 9% 的糖水（分量 2）混合，配成含糖 6.4% 的糖水（总量）。可运用十字交叉法。

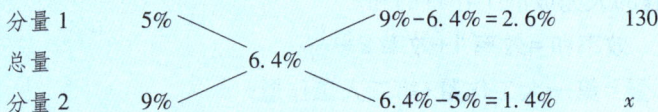

分量 1　　　　　5%　　　　　　　　　9% − 6.4% = 2.6%　　　130

总量　　　　　　　　　6.4%

分量 2　　　　　9%　　　　　　　　　6.4% − 5% = 1.4%　　　x

可列方程 $\dfrac{2.6\%}{1.4\%} = \dfrac{130}{x}$，解得 $x = 70$。故本题选 A。

方法二，130 克含糖 5% 的糖水含糖量为 $130 \times 5\% = 6.5$（克），根据混合前后溶质的量不变可列方程 $6.5 + 9\%x = 6.4\% \times (130 + x)$，解得 $x = 70$。故本题选 A。

三、倒水与加水

某种浓度的溶液，每次先倒出若干，再添水稀释，重复操作多次；或者先添水稀释，然后倒出若干，重复操作多次，求浓度的变化或判断最终的状态。这类问题的解题关键是分析溶质或溶剂的变化情况，这种变化一般是按某个固定比例进行，若能找到这个规律，就能快速求解。

【示例】一瓶浓度为 64% 的酒精溶液，倒出 $\dfrac{1}{4}$ 后加满清水，此时溶质减少 $\dfrac{1}{4}$，变为操作前的 $\dfrac{3}{4}$，溶液质量不变，则浓度变为操作前的 $\dfrac{3}{4}$。若重复操作三次，则浓度变为 $64\% \times \dfrac{3}{4} \times \dfrac{3}{4} \times \dfrac{3}{4} = 27\%$。

核心考点五　利润问题

利润问题与我们的生活息息相关,其中涉及成本、售价、利润、利润率、打折这些基本概念,要求考生能准确分析题中的销售过程,熟练运用公式。

一、收支与利润

利润来源于收入与支出之间的差额,因此收支计算最重要的就是有条理地分析清楚每一笔收入与支出,然后计算总利润。核心公式如下:

$$利润=收入-支出$$

经典例题

某经销商以2元/千克的价格购进5 000千克大蒜存入冷库。已知大蒜的市场价每天每千克将上涨0.5元,而冷库存放大蒜每天需要支出各种费用合计400元,且大蒜在冷库中最多保存60天,同时每天有10千克大蒜坏掉不能出售。若经销商获得39 600元利润,则这批大蒜存放多少天后集中全部出售?(　　)

A. 16　　　　　　　　　　　　　　B. 20

C. 24　　　　　　　　　　　　　　D. 28

【答案】B。**解析:**设大蒜存放x天后出售,$x\leqslant60$,则出售价为$(2+0.5x)$元/千克,售出数量为$(5\,000-10x)$千克,故总售价为$[(2+0.5x)(5\,000-10x)]$元。购进大蒜花费$2\times5\,000=10\,000$(元),冷库存放费用为$400x$元。总利润为$(2+0.5x)(5\,000-10x)-10\,000-400x=39\,600$,化简为$416x-x^2=7\,920$。代入选项,A项,$416\times16-16^2=6\,400\neq7\,920$,排除;B项,$416\times20-20^2=7\,920$,符合题意。故本题选B。

二、利润率计算

在商品销售的过程中,商品利润率是指商品利润占成本的比例,商品利润等于商品售价与成本之间的差额。其中售价即商品的销售收入,成本即购进该商品时的支出。计算过程中主要用到以下公式:

$$利润=售价(收入)-成本(支出)$$

$$利润率=\frac{利润}{成本}=\frac{售价-成本}{成本}=\frac{售价}{成本}-1$$

三、打折计算

打折,即按原价的一定比例销售。打八折,即按原价的80%进行销售。一件原价为100元的衣服,打八折后,售价变为80元。打七五折,即按原价的75%进行销售。打折情况反映了折后售价与原价之间的比例关系。

$$打N折=售价\div原价\times10$$

经典例题

新玛特商场周年庆,进行促销活动,提供两种"满减"优惠券:满200元减50元,满500元减100元,另外,在使用了满500减100的优惠券后还能再打九折,一次购物只能使用其中一张优惠券,小刘使用了优惠券后,在此商场购物一共花费了350元,则他购买了原价为(   )元的商品。

A. 400   B. 385

C. 530   D. 560

【答案】A。解析:若小刘使用的是满200减50的优惠券,实际支付350元,那么原价为350+50=400(元),A项符合。若小刘用的是满500减100的优惠券,之后再打九折,则原价至少为500元,此时实际至少需要支付(500-100)×90%=360(元),高于350元,所以一定没有用满500减100的优惠券。故本题选A。

核心考点六 排列组合问题

排列组合问题可以直观地理解为求完成某些事件的所有情况总数。根据完成这件事情的步骤或过程的不同,应选不同的计数方法。某些特定的事件模型,其完成的方法是确定的,可以根据既定公式直接得出方法总数。

一、基本原理及公式

(一)加法原理与乘法原理

加法原理体现的是分类讨论的思想。完成一件事情,需要划分几个类别,各类别中的方法可以独立完成这件事情。当分类没有重复、没有遗漏时,完成这件事情的方法总数等于每一类方法数之和。

【示例1】从A地到B地,有3个车次的火车,有5趟汽车,有2班飞机。那么从A地到B地一共有3+5+2=10(种)方法。

乘法原理体现的是分步讨论的思想。完成一件事情,需要分为几个步骤,每个步骤内的方法刚好完成该步骤,所有步骤实施完毕刚好完成这件事,则完成这件事情的方法总数等于每一个步骤的方法数之积。

【示例2】从A地到B地必须要经过C地,已知从A地到C地有4种路径,从C地到B地有3种路径。那么从A地到B地要分两步,A→C、C→B,共有4×3=12(种)方法。

经典例题

小王忘记了朋友手机号码的最后两位数字,只记得倒数第一位是奇数,则他最多要拨号多少次才能保证拨对朋友的手机号码?(   )

A. 90   B. 50

C. 45   D. 20

【答案】B。解析:拨手机号码最后两位数字,要进行两步。最后一位是奇数,可以是1、3、5、7、9,共5种选择;倒数第二位可以是0~9任意数字,共10种选择。分步用乘法,故最多要试5×10=50(次)。故本题选B。

（二）排列与组合

排列指的是从 m 个不同元素中任取 n 个元素按照一定的顺序排成一列，排列种数记作 A_m^n。根据乘法原理，把整件事分成 n 步，挑第一个有 m 种选择，挑第二个有 $(m-1)$ 种选择，以此类推可得：

$$A_m^n = m \times (m-1) \times \cdots \times (m-n+1)$$

如果直接对 m 个不同元素进行排列，就是 $A_m^m = m \times (m-1) \times \cdots \times 1 = m!$，称为"全排列"。

【示例1】从 4 个孩子中选出 2 个排成一行。先排第一个位置，有 4 种选择；再排第二个位置，从剩下的 3 个孩子中选一个，有 3 种选择。共有 4×3＝12（种）排法。

组合指的是从 m 个不同元素中取出 n 个元素作为一组，组合数记作 C_m^n。与排列不同的是，组合只关注取出的是什么，不考虑取出的顺序。

根据排列的计算方法，从 m 个不同元素中任取 n 个元素排成一列有 A_m^n 种情况，每组有 A_n^n 种排列，则组合数的列式如下：

$$C_m^n = \frac{A_m^n}{A_n^n} = \frac{m \times (m-1) \times \cdots \times (m-n+1)}{n \times (n-1) \times \cdots \times 1}$$

【示例2】从 4 个孩子中选出 2 个孩子组成一组。不需要考虑这 2 个孩子的顺序，是一个组合问题，因此共有 $C_4^2 = \dfrac{4 \times 3}{2 \times 1} = 6$（种）选法。

经典例题

一家管道疏通公司共有 4 名有经验的水管工和 4 名实习生，现有一大楼需要 3 名水管工去疏通管道，如果由 1 名有经验的水管工和 2 名实习生组成疏通小组，则组成方式有（　　）种。

A. 6　　　　　　　　B. 10　　　　　　　　C. 12　　　　　　　　D. 24

【答案】D。解析：第一步从 4 名有经验的水管工中选出 1 名，有 $C_4^1 = 4$（种）选择；第二步从 4 名实习生中选出 2 名，不考虑顺序，有 $C_4^2 = 6$（种）选择。分步用乘法，组成方式有 4×6＝24（种）。故本题选 D。

二、限制条件型问题

（一）指定位置型

在排列组合问题中，有些元素有特殊的位置限制，如指定某人站在某一位置或不能站在某一位置。可用特殊元素优先法求解，先排特殊元素或者特殊位置，再排其他元素或位置。

【示例】A、B、C、D、E，5 人排成一列，要求 A 必须站在第一位，先将 A 放在第一位，B、C、D、E，4 人在剩下 4 个位置上进行全排列，有 $A_4^4 = 24$（种）排法。

经典例题

某企业举办晚会共有 6 个大型节目，其中含有 4 个不同的相声表演和 2 个不同的歌舞表演，编排节目表时要求首尾必须是歌舞表演，则共有多少种不同的编排方式？（　　）

A. 48　　　　　　　　　　　　　　　B. 40

C. 36　　　　　　　　　　　　　　　D. 32

【答案】A。解析：题干对首尾节目有要求，那么可以先排首尾的节目，再排其他，为分步排列。首尾必须是歌舞表演，总共有 $A_2^2=2$（种）编排方式。中间的 4 个节目可任意排列，有 $A_4^4=24$（种）编排方式。总共有 $2×24=48$（种）。故本题选 A。

（二）相邻问题型

排列组合问题中，有些元素要求必须相邻，可用捆绑法求解。分两步来完成，先将必须相邻的元素捆绑作为一个整体，参与全排列，然后考虑捆绑元素之间的相对顺序。

【示例】A、B、C、D、E，5 人排成一排，要求 A、B 必须相邻。如图，先将 A、B 捆绑起来，作为一个整体与 C、D、E 一起进行排列，有 A_4^4 种排法；然后考虑 A、B 之间的排列，有 A_2^2 种排法。故共有 $A_4^4×A_2^2=48$（种）排法。

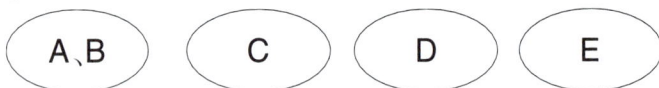

$$\boxed{A、B} \qquad \boxed{C} \qquad \boxed{D} \qquad \boxed{E}$$

备考锦囊

利用捆绑法解题时，要注意考虑被捆绑元素内部的排列顺序对事件是不是有影响。

经典例题

老师要和学生拍照片，共六人，如果班长和老师必须站中间，班里一对双胞胎要站在一起，一共有（　　）种排列方式。

A. 14 　　　　　　 B. 15 　　　　　　 C. 16 　　　　　　 D. 18

【答案】C。解析：将班长和老师、双胞胎、另外两名同学分别看作 1 个整体，排列在 3 个位置中。班长和老师的组合要站在中间，则双胞胎从两边的位置中选择 1 个，剩余位置留给另外两名同学，有 $C_2^1=2$（种）。又因每个组合的 2 个人位置可以互换，则 $2×2×2=8$（种）。分步用乘法，共有 $2×8=16$（种）排列方式。故本题选 C。

（三）不相邻问题型

排列组合问题中，指定元素不相邻，可用插空法求解。分两步来完成，先排其他元素，再将不相邻的元素插入这些元素所形成的"空"中，"空"的数量要数清楚。

【示例】A、B、C、D、E，5 人排成一列，要求 A、B 不能相邻。如图，先将 C、D、E 排成一列，有 A_3^3 种排法，C、D、E 正好形成 4 个"空"，将 A、B 插入"空"中，有 A_4^2 种排法。故共有 $A_3^3×A_4^2=72$（种）排法。

空 1 $\boxed{C}$ 空 2 $\boxed{D}$ 空 3 $\boxed{E}$ 空 4

经典例题

某电影院空着一排相邻的 8 个座位，现有 4 名观众就座，恰好没有连续空位的就座方式有（　　）种。

A. 48 　　　　　　 B. 120 　　　　　　 C. 640 　　　　　　 D. 1 440

【答案】B。解析：4名观众就座后，剩下了4个空位，要求空位不连续，可将4个空位插入4名观众就座位置形成的5个空中，有$C_5^4 = 5$（种）方式，因为观众就座方式有$A_4^4 = 24$（种），则恰好没有连续空位的就座方式有24×5＝120（种）。故本题选B。

（四）顺序固定型

排列组合问题中，当指定多个元素之间的排列顺序固定时，如m个元素中的n个元素相对位置固定，可用归一法分两步来完成。第一步，先将m个元素进行全排列。第二步，由于n个元素的固定顺序是n个元素全排列数中的一种，所以用m个元素的全排列数除以n个元素的全排列数，即可得到满足条件的排列数。

【示例】A、B、C、D、E，5人排成一列，要求A必须站在B前面。对5人进行全排列，因为在全排列中A、B两人有A_2^2种相对位置的变化，取其中1种。所以共有$A_5^5 \div A_2^2 = 60$（种）排法。

经典例题

一张节目表上原有3个节目，如果保持这3个节目的相对顺序不变，再添进去2个新节目，有多少种安排方法？（ ）

A. 20   B. 12   C. 6   D. 4

【答案】A。解析：运用归一法。先将5个节目进行全排列，然后除以相对位置固定的3个节目的全排列，$\dfrac{A_5^5}{A_3^3} = \dfrac{5 \times 4 \times 3 \times 2 \times 1}{3 \times 2 \times 1} = 20$（种）。故本题选A。

三、排列组合经典模型

（一）环线排列

与直线排列相比，环线上的排列问题没有前后与首尾之分。n个元素中任取一个作为队首，环线排列问题便转化为剩下的$(n-1)$个元素的直线排列问题。

n个人围成一圈，不同的排列方式有$A_{n-1}^{n-1} = (n-1)!$种

经典例题

某小组有四位男性和两位女性，六人围成一圈跳集体舞，不同的排列方法有多少种？（ ）

A. 720   B. 60   C. 480   D. 120

【答案】D。解析：本题考虑了顺序，属于排列问题，但由于围成一圈，是没有首尾之分的，如果将其中一个人列为队首，其余5个人顺次坐下来即可。这样将环线排列转化为直线排列，所以不同排列方式有$A_5^5 = 120$（种）。故本题选D。

（二）错位重排

错位重排问题是指把n个元素的位置重新排列，使每个元素都不在原来位置上的排列问题，记n个元素的错位重排数为D_n，$D_n = (n-1)(D_{n-1} + D_{n-2})$。

甲、乙、丙、丁四个同学排成一排，从左往右数，如果甲不排在第一个位置上，乙不排在第二个位置上，丙不排在第三个位置上，丁不排在第四个位置上，那么不同的排法共有多少种？（　　）

A. 9　　　　　　　　　　　　　　　　B. 11

C. 14　　　　　　　　　　　　　　　 D. 6

【答案】A。解析：将甲、乙、丙、丁四个同学分别看成一、二、三、四，则该题可理解为学生的排号与位置的排号不同，即 $n=4$ 的错位重排问题。已知 $D_4=9$，可以快速确定答案。故本题选 A。

（三）同素分堆

如果题中要求将 n 个相同元素分成 m 组，且每组"至少一个"元素时，可用 $(m-1)$ 个"挡板"插入这 n 个元素之间形成的 $(n-1)$ 个"空"中，将元素隔成 m 组，此时有 C_{n-1}^{m-1} 种情况。此方法称为"插板法"。

【示例】 将 10 个足球分给 4 个小朋友，每个小朋友最少要分一个，总共有多少种不同的方法？

解读： 如下图，10 个足球，9 个空，插入 3 个板，就分为了 4 份。问题变成求在 9 个空中插入 3 个板的方法总数，所求为 $C_9^3 = \dfrac{9 \times 8 \times 7}{3 \times 2 \times 1} = 84$（种）。

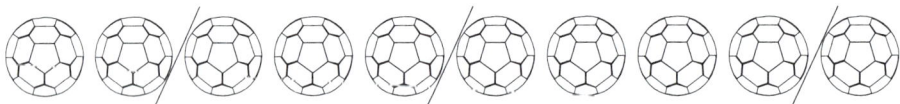

小明要将 30 个一模一样的玩具球放入 3 个不同颜色的桶里面，每个桶至少放 9 个玩具球，问：一共有多少种不同的放法？（　　）

A. 12　　　　　　　　　　　　　　　 B. 11

C. 10　　　　　　　　　　　　　　　 D. 9

【答案】C。解析：先将 3 个桶中均放入 8 个玩具球，还剩 $30-8 \times 3=6$（个）球，然后采用插板法，在 6 个球之间产生的 5 个空中插入 2 个挡板，共有 $C_5^2=10$（种）不同的放法。故本题选 C。

核心考点七　概率问题

概率是一个介于 0 和 1 之间的数,是对随机事件发生可能性的测度。

一、古典概率

把事件分成 n 个等可能的情形(即所有可能情况),事件 A 包括了其中的 m 个情形,那么事件 A 发生的概率如下:

$$P(A) = \frac{m}{n}$$

对任何一个随机事件而言,其发生的概率与其不发生的概率之和为 1。因此,当一个事件的概率不便正面求解时,可以先求其对立面,即它不发生的概率。

经典例题

箱子里放有 10 个球,其中黑球 3 个、白球 3 个、黄球 4 个,从中任取 3 个球,恰好是一个黄球、一个白球、一个黑球的概率是(　　)。

A. $\frac{4}{15}$

B. $\frac{3}{10}$

C. $\frac{2}{5}$

D. $\frac{7}{30}$

【答案】B。解析:任取三个球的情况有 C_{10}^3 种,其中恰好是一个黄球、一个白球、一个黑球的情况有 $C_4^1 C_3^1 C_3^1$ 种,所求概率为 $\frac{C_4^1 C_3^1 C_3^1}{C_{10}^3} = \frac{3}{10}$。故本题选 B。

备考锦囊

在考试中,概率问题常与排列组合问题结合来考查,如上题中所有可能情况和事件发生的可能情况,都需要计算排列组合数。

经典例题

市教委组织初三学生体育达标测试,学生甲通过 1 000 米跑的概率是 $\frac{1}{2}$。如果每个学生可以有连续两次参加达标测试的机会,最终以最好的成绩进行登记,则甲至少有一次通过 1 000 米跑的概率是(　　)。

A. $\frac{1}{2}$

B. $\frac{1}{4}$

C. $\frac{3}{4}$

D. $\frac{1}{3}$

【答案】C。解析:"至少有一次通过 1 000 米跑"的反面是"两次都没有通过"。则从反面计算可知,学生甲两次都没有通过 1 000 米跑的概率为 $(1-\frac{1}{2})^2 = \frac{1}{4}$,那么所求为 $1-\frac{1}{4} = \frac{3}{4}$。故本题选 C。

二、分类与分步事件概率

分类事件概率,顾名思义,需要将目标事件划分为几个类别,所求概率为不同类别的概率之和;分步事件概率是指完成目标事件需要分几个步骤,所求概率为每个步骤的概率之积。

经典例题

袋子中有黑球3个,白球4个,无放回式拿出,每次只拿出一个。第二次拿到黑球的概率是(   )。

A. $\dfrac{3}{7}$ 　　　　B. $\dfrac{4}{7}$ 　　　　C. $\dfrac{5}{12}$ 　　　　D. $\dfrac{1}{2}$

【答案】A。解析:第二次拿到黑球的情况分两种:一是第一次拿到白球,第二次拿到黑球,概率为 $\dfrac{4}{7}\times\dfrac{3}{6}$;二是两次都拿到黑球,概率为 $\dfrac{3}{7}\times\dfrac{2}{6}$。则所求为 $\dfrac{4}{7}\times\dfrac{3}{6}+\dfrac{3}{7}\times\dfrac{2}{6}=\dfrac{3}{7}$。故本题选 A。

核心考点八 几何问题

几何问题知识点多,考查的范围很广,涉及典型几何图形的面积、体积的计算,简单几何定理的考查等。解决几何问题的关键在于把握几何图形的特点,准确定位考点,化繁为简,实现快解。

一、平面图形的周长与面积

数学运算中对平面图形的考查包括周长和面积,下表为常见平面几何图形的周长与面积公式。

表3-4-2 常见平面几何图形的周长与面积公式

图形	图例	周长(C)	面积(S)
三角形		$a+b+c$	$\dfrac{1}{2}ah$
正方形		$4a$	a^2
长方形		$2(a+b)$	ab
梯形		$a+b+c+d$	$\dfrac{1}{2}(a+b)h$
圆形		$\pi d=2\pi r$	πr^2

已知下图中有两个正方形,边长分别是 8 厘米、5 厘米,则阴影部分的面积是( )平方厘米。

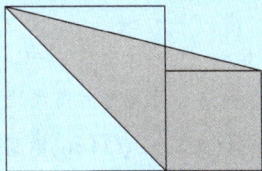

A. 52.5　　　　　　　　　　　　　　B. 57

C. 54.5　　　　　　　　　　　　　　D. 55

【答案】A。解析:方法一,如图 1 所示,将两个正方形补齐为长方形,则长方形的长为 8+5=13(厘米),宽为 8 厘米。阴影部分的面积=长方形 $ABCD$ 的面积-△ABE 的面积-△ADF 的面积=13×8-13×$(8-5)×\frac{1}{2}-8×8×\frac{1}{2}$=104-19.5-32=52.5(平方厘米)。故本题选 A。

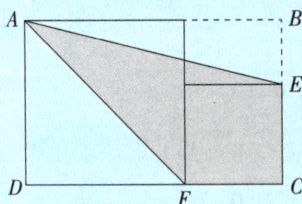

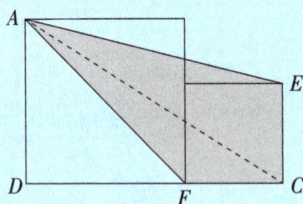

图 1　　　　　　　　　　　　　　　　图 2

方法二,如图 2 所示,连接 AC,则阴影部分面积=△ACF 的面积+△ACE 的面积=$\frac{1}{2}×AD×CF+\frac{1}{2}×$

$DC×CE=\frac{1}{2}×8×5+\frac{1}{2}×(8+5)×5$=52.5(平方厘米)。故本题选 A。

　　当所求图形是不规则图形时,无法直接利用公式计算所求面积,可以运用图形割补的思想构造规则图形,再运用公式进行计算。

二、勾股定理

　　在直角三角形中,两直角边的平方和等于斜边的平方(勾股定理)。能构成直角三角形的一组整数称为勾股数。常见勾股数:(3、4、5),(5、12、13),(6、8、10)。

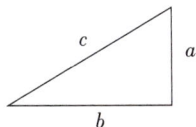　　　　$a^2+b^2=c^2$

　　特殊的,在直角三角形中,若有一个角是 30°,那么,较短的直角边边长:较长的直角边边长:斜边边长=1:$\sqrt{3}$:2;若有一个角是 45°,那么,直角边边长:斜边边长=1:$\sqrt{2}$。

1. 某型号卡车长5米,宽3米。设计国道时需要让这种型号的卡车在道路上掉头。那么国道设计最窄约为(   )米。

A. 5　　　　　　　　B. 6　　　　　　　　C. 7　　　　　　　　D. 8

【答案】B。解析:如下图所示,卡车的最长距离为对角线距离,即道路的宽度应大于卡车的最长距离。卡车的最长距离为 $\sqrt{5^2+3^2}=\sqrt{34}$(米),$5<\sqrt{34}<6$,则国道设计最窄约为6米。故本题选B。

2. 一只蚂蚁在边长为1的正方体上爬,从一个顶点 B 爬到相对顶点 C,最短长度为多少?(   )

A. 3　　　　　　　　　　　　　　　　B. $\sqrt{2}+1$

C. $\sqrt{5}$　　　　　　　　　　　　　　D. 2

【答案】C。解析:如图所示,将正方体的侧面展开,正方体的边长为1,根据两点之间线段最短,则所求长度为 $\sqrt{2^2+1^2}=\sqrt{5}$。故本题选C。

三、三角形相似

两个三角形形状相同则称这两个三角形相似。相似的两个三角形的三个角对应相等,三条边对应成比例,面积之比等于对应边之比的平方。

$\triangle ABC$ 与 $\triangle A'B'C'$ 相似,可推出:

$\angle A=\angle A'$,$\angle B=\angle B'$,$\angle C=\angle C'$

$\dfrac{AB}{A'B'}=\dfrac{AC}{A'C'}=\dfrac{BC}{B'C'}=m$,$\dfrac{S_{\triangle ABC}}{S_{\triangle A'B'C'}}=m^2$

有两种特殊的三角形相似情形:在下面左图中,$DE\parallel BC$,则 $\triangle ABC$ 与 $\triangle ADE$ 相似;在下面右图中,$AB\parallel CD$,则 $\triangle ABE$ 与 $\triangle DCE$ 相似。

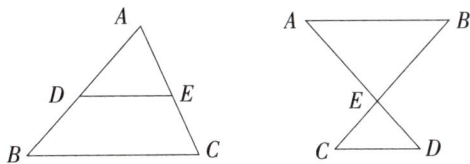

备 考 锦 囊

在上面左图中，若 D、E 分别为 AB、AC 的中点，则 DE 被称为 △ABC 的中位线。三角形的中位线等于底边的一半，即 $DE=\dfrac{1}{2}BC$。此时，△ADE 与 △ABC 的面积之比为 1：4。

四、立体图形的表面积与体积

掌握立体图形的基本公式是解决立体几何问题的基础。常见立体几何图形的表面积与体积公式见下表。

表 3-4-3　常见立体几何图形的表面积与体积公式

图形	图例	表面积(S)	体积(V)
正方体		$6a^2$	a^3
长方体		$2(ab+bc+ac)$	abc
球体		$4\pi r^2$	$\dfrac{4}{3}\pi r^3$
圆柱体		$2\pi r^2+2\pi rh$	$\pi r^2 h$
圆锥体		通常不考查	$\dfrac{1}{3}\pi r^2 h$

第五章

资料分析

本章导读

2021 年度中国进出口银行秋季校园招聘考试中,有一篇资料分析,包含 5 道小题,材料由文字和图形两部分组成。资料分析题涉及的考点相对固定,包括百分数与百分点、增长、比重、倍数与翻番等。该部分的整体特点是数据繁多、计算量较大,部分材料还存在内容冗长的特点,因此,在有限的时间内解答资料分析题的关键在于作答技巧的选取。本章将从作答步骤、核心考点及核心技巧三个方面对资料分析题目进行详细讲解,帮助考生掌握答题要诀,以求在考试中提高准确率和答题速度。

第一讲　资料分析作答步骤

资料分析建议采用"定位数据—准确列式—快速计算"三步答题法解题。

步骤一:定位数据

资料分析材料冗长,数据信息复杂。作答题目之前,需要根据题干涉及指标查找相关的数据信息,即定位数据。定位数据包括材料阅读和题干阅读。

材料阅读——重点关注材料中的统计时间、指标、统计资料内部逻辑关系。与数据相关内容均不在阅读范畴。具体阅读重点及参考时限见下表。

表 3-5-1　不同类型材料的阅读重点及参考时限

材料类型	阅读重点	参考时限
文字型	统计指标、时间关键词。分段型——各段首句、区分段落关系;未分段型——句首、重点指标	20~30 秒
表格型	总标题,行、列标题,不同统计项目之间关系	15~20 秒
图形型	统计指标、统计时间、单位、图例等	15~20 秒

题干阅读——查找统计指标,根据该指标快速定位到材料具体位置,结合相关统计数据信息确定题目核心考点。

步骤二：准确列式

运用核心考点的基本公式准确列式。资料分析考点相对固定，主要包括百分数与百分点、增长、比重、平均数、倍数与翻番等。

【示例1】2019年我国实际利用外资9 415亿元，其中高技术产业利用外资占28.3%。求2019年高技术产业利用外资额。

解读：实际利用外资和高技术产业利用外资是总分关系。题干给出总量、分量占比，求分量。考查比重的基本公式"分量＝总量×占比"，列式为9 415×28.3%≈2 664(亿元)。

第二讲将详细讲解资料分析的各类核心考点，考生需熟练掌握。

步骤三：快速计算

资料分析题目中，80%以上需要计算，因数据复杂计算量大，快速计算是关键。

【示例2】$\dfrac{4\ 955}{1+25\%}$，$25\%=\dfrac{1}{4}$，4 955非常接近5 000，则原式$\approx\dfrac{5\ 000}{1+\dfrac{1}{4}}=5\ 000\times\dfrac{4}{5}=4\ 000$。

第三讲将详细讲解首数法、尾数法、有效数字法、特征数字法等多种快解方法，帮助大家能根据列式特点及选项设置选择合适的快解技巧，快速确定答案。

经典例题

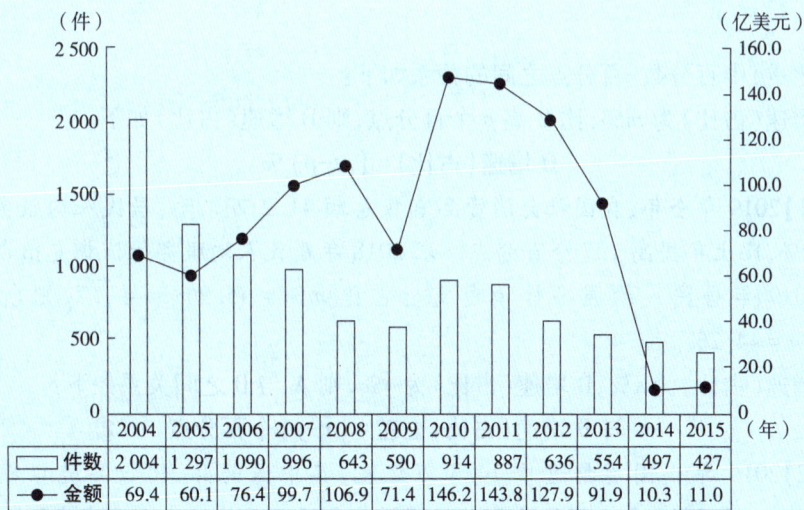

2004—2015年甲地区对乙地区投资情况

年	2004	2005	2006	2007	2008	2009	2010	2011	2012	2013	2014	2015
件数	2 004	1 297	1 090	996	643	590	914	887	636	554	497	427
金额	69.4	60.1	76.4	99.7	106.9	71.4	146.2	143.8	127.9	91.9	10.3	11.0

2008年甲地区对乙地区平均每件投资金额约是2004年的多少倍？(   )

A. 3.2 　　　　　　 B. 4.8 　　　　　　 C. 6.4 　　　　　　 D. 8.8

【答案】B。**解析：**题目考查平均每件投资额的倍数关系，首先运用平均数$=\dfrac{总量}{总数}=\dfrac{总投资金额}{件数}$求

解2004年、2008年的数值，分别为$\dfrac{69.4}{2\ 004}$亿美元、$\dfrac{106.9}{643}$亿美元。然后运用倍数$=\dfrac{比数}{基数}=$

$\dfrac{2008年平均每件投资额}{2004年平均每件投资额}=\dfrac{106.9}{643}\div\dfrac{69.4}{2\ 004}=\dfrac{106.9}{69.4}\times\dfrac{2\ 004}{643}$。$\dfrac{106.9}{69.4}\approx\dfrac{105}{70}=\dfrac{70+35}{70}=1.5$，$643\times3=1\ 929\approx$

2 004，则原式$\approx1.5\times3=4.5$倍，与B项最接近。故本题选B。

第二讲　资料分析核心考点

核心考点一　百分数与百分点

百分数:表示一个数是另一个数的百分之几,增长率、比重等比例关系多用百分数表示,表现形式为 $x\%$。

百分点:不含百分号的百分数,一般用于增长率、比重等大小的比较,表现形式为 x 个百分点。

> **备考锦囊**
>
> **百分数的常见表述形式**
>
> ①增加了 $a\%$ ——过去为 100,现在为 $100+100\times a\% = 100+a$。
>
> 增加为 $a\%$ ——过去为 100,现在为 $100\times a\% = a$。
>
> ②X 占 A 的 $a\%$ ——若 A 为 100,X 为 $100\times a\% = a$。
>
> X 超 A 的 $a\%$ ——若 A 为 100,X 为 $100+100\times a\% = 100+a$。
>
> X 比 A 增加了 $a\%$ ——若 A 为 100,X 为 $100+100\times a\% = 100+a$。

增长(比重)中百分数、百分点之间的关系如下:

(1)A 增速(占比)为 $m\%$,比 B 高 p 个百分点,则 B 增速(占比)如下:

$$B 增速(占比) = (m-p)\% \qquad ①$$

【示例1】2019 年全年,我国社会消费品零售总额 41.2 万亿元,居民人均服务性消费支出占比 45.9%,比上年提高 1.7 个百分点。求 2018 年居民人均服务性消费支出占比。

解读: 2019 年居民人均服务性消费支出占比 $m\% = 45.9\%$,$p = 1.7$,则所求占比为 $45.9\% - 1.7\% = 44.2\%$。

(2)A 增速(占比)为 $x\%$,B 增速(占比)为 $y\%$,则 A 与 B 之间关系如下:

$$A 与 B 增速(占比)之差 = (x-y) 个百分点 \qquad ②$$

【示例2】2019 年我国货物进口 14.3 万亿元,其中医药品、化妆品进口额分别增长 25.8%、38.8%。问:2019 年我国化妆品进口额增速比医药品快多少个百分点?

解读: 2019 年化妆品进口额增速 $x\% = 38.8\%$,医药品进口额增速 $y\% = 25.8\%$。则所求为 $38.8 - 25.8 = 13$(个)百分点。

经典例题

> 2018 年 1—2 月,社会消费品零售总额 61 082 亿元,同比增长 9.7%,增速比上年同期加快 0.2 个百分点,全国网上零售额 12 271 亿元,同比增长 37.3%,比上年同期提高 5.4 个百分点。其中,限额以上单位化妆品、家用电器等商品同比分别增长 12.5% 和 9.2%,分别比上年同期加快 1.9 个和 3.6 个百分点。限额以上单位服装、鞋帽、针纺织品类,日用品类商品同比分别增长 7.7% 和 10.1%,分别比上年同期加快 1.6 个和 0.9 个百分点。

1. 2017年1—2月社会消费品零售总额同比增速是(   )。

A. 9%
B. 9.5%

C. 9.7%
D. 10%

【答案】B。解析：由材料第一句可知，2018年1—2月，社会消费品零售总额同比增长9.7%，增速比上年同期加快0.2个百分点。根据公式①可知，2017年1—2月社会消费品零售总额同比增速为9.7%-0.2%=9.5%。故本题选B。

2. 2017年1—2月同比增速最快的是(   )。

A. 日用品类商品
B. 限额以上单位化妆品
C. 限额以上单位家用电器
D. 限额以上单位服装、鞋帽、针纺织品类

【答案】B。解析：根据选项涉及指标定位数据，结合公式①可知2017年1—2月四个选项指标的增速依次为10.1%-0.9%=9.2%，12.5%-1.9%=10.6%，9.2%-3.6%=5.6%，7.7%-1.6%=6.1%。增速最大的是限额以上单位化妆品。故本题选B。

核心考点二 增长

一、增长量

增长量即现期量较基期量变化的数值，强调增加的多少。常见表述为"增长量、增加量""同比增加、环比增加"等。增长量的基本公式如下：

$$增长量=现期量-基期量$$

• 备 考 锦 囊 •

基期量与现期量

基期：统计中计算指数或变化情况等动态指标时，作为参照标准的时期。描述基期的具体数值叫作基期量。

现期：相对于基期而言的，是与基期相比较的后一时期。描述现期的具体数值叫作现期量。

【示例】①某人2019年行测成绩为78分，比2018年提高了3分；②与2018年的行测成绩相比，2019年(78分)的要高3分。

解读：①②表达的意思相同，其中2018年是被比较的时期，所以2018年是基期，相应的2019年是现期。78分是现期量，3分是增长量，基期量为78-3=75(分)。

(一)同比/环比增长量

同比是以最大的时间概念为标准向过去循环一个周期进行比较。环比是以最小的时间概念为标准向过去循环一个周期进行比较。

【示例1】

现期	基期	
	同比	环比
2019 年 6 月	2018 年 6 月	2019 年 5 月
2019 年 1—6 月	2018 年 1—6 月	2018 年 7—12 月

同比/环比增长量=现期量-基期量 ① ——→常考变形公式:基期量=现期量-增长量

=基期量×增长率 ② ——→考查较少,了解即可

$$=\frac{现期量}{1+增长率}×增长率 ③$$ ——→最常见考查方式,需重点掌握

$$=现期量-\frac{现期量}{1+增长率} ④$$ ——→与③的已知条件相同、是③的变形

【示例2】2019 年 6 月,我国国内财政收入为 17 927 亿元,环比增长 656.3 亿元。问: 2019 年 5 月我国国内财政收入为多少亿元?

解读:现期量为 2019 年 6 月财政收入 17 927 亿元,环比增长量为 656.3 亿元,根据公式 ①变形,所求基期量为 17 927-656.3=17 270.7(亿元)。

经典例题

2012—2016 年我国人均 GDP

年份(年)	2012	2013	2014	2015	2016
人均 GDP(元)	40 007	43 852	47 203	50 251	53 935

1. 2013—2016 年,人均 GDP 增长量最高的一年是(　　)。

A. 2013 年 　　　　　　　　　　　　　　B. 2014 年

C. 2015 年 　　　　　　　　　　　　　　D. 2016 年

【答案】A。解析:增长量大小比较,运用公式①,可知 2013—2016 年人均 GDP 的同比增长量分别 为 43 852-40 007=3 8XX(元),47 203-43 852=3 3XX(元),50 251-47 203=3 0XX(元),53 935- 50 251=3 6XX(元),2013 年人均 GDP 的同比增长量最大。故本题选 A。

2. 2016 年,全国国内旅游人数 44.35 亿人次,比上年增长 11.0%,其中城镇居民 31.95 亿人 次,农村居民 12.40 亿人次。全国国内旅游收入 3.94 万亿元,比上年增长 15.2%,其中城镇居民旅游 消费 3.22 万亿元,农村居民旅游消费 0.71 万亿元。

中国公民出境旅游人数达到 1.22 亿人次,旅游花费 1 098 亿美元,分别比上年增长 4.3% 和 5.1%。

2016 年中国公民出境旅游花费同比增加(　　)亿美元。

A. 50~60 　　　　　B. 20~40 　　　　　C. 10~20 　　　　　D. 不到 10

【答案】A。解析:根据"公民出境旅游"定位到第二段,中国公民出境旅游花费 1 098 亿美元,比 上年增长 5.1%。根据公式③,所求为 $\frac{1\ 098}{1+5.1\%}×5.1\%$。1 098≈1 100,5.1%≈5%,原式≈$\frac{1\ 100×5\%}{1.05}$= $\frac{55}{1.05}$=5X.X(亿美元)。故本题选 A。

（二）平均增长量

平均增长量是指一段时间内某一数据指标增长量的平均值,考查年平均增长量(即年均增长量)的题目较多。

$$平均增长量=\frac{末期值-初期值}{时间差}$$

$$年均增长量=\frac{末期值-初期值}{年份差}$$

【示例】

2019 年 3—5 月我国每百元营业收入中的成本

指标	2019 年 3 月	2019 年 4 月	2019 年 5 月
每百元营业收入中的成本(元)	0.18	0.11	0.03

求 2019 年 3—5 月我国每百元营业收入中的成本的平均增长量。

解读:初期值=0.18,末期值=0.03,时间差=5−3=2。则所求平均增长量=(0.03−0.18)÷2=−0.15÷2=−0.075(元),即平均下降 0.075 元。

经典例题

2015—2018 年 A 省新登记市场主体情况

(单位:万户)

项目	2018 年	2017 年	2016 年	2015 年
新登记市场主体	229.74	195.00	161.58	138.76
一、新登记企业	97.80	90.41	79.05	61.10
二、新登记个体工商户	131.56	104.10	82.04	77.11
三、新登记农民专业合作社	0.38	0.49	0.49	0.55

2015—2018 年,A 省新登记市场主体数年均增长约( )万户。

A. 15.1   B. 23.2

C. 30.3   D. 36.4

【答案】C。**解析**:根据"新登记市场主体"定位到表格第二行,题目考查年均增长量,列式为(229.74−138.76)÷(2 018−2 015)≈91÷3=30.X(万户)。故本题选 C。

二、增长率

增长率即现期量较基期量变化的幅度,强调增长的快慢。常见表述为"增速""增幅"等。

（一）同比/环比增长率

$$同比/环比增长率=\frac{增长量}{基期量}\times100\% \quad ① \longrightarrow 考查较少,了解即可$$

$$=\frac{增长量}{现期量-增长量}\times100\% \quad ② \longrightarrow 常见考查方式$$

$$= \frac{现期量 - 基期量}{基期量} \times 100\% \textcircled{3} \longrightarrow 考查频率高，需熟练掌握$$

$$= \left(\frac{现期量}{基期量} - 1\right) \times 100\% \textcircled{4} \longrightarrow \textcircled{3}的变形，必考变形公式：基期$$

$$量 = \frac{现期量}{1 + 增长率}，需重点掌握$$

【示例】2019 年二季度我国对美国进出口贸易总值为 9 377.36 亿元，一季度为 8 158.64 亿元。问：2019 年二季度我国对美国进出口贸易总值环比增长率为多少？

解读：现期量为 9 377.36 亿元，基期量为 8 158.64 亿元。根据公式③，所求环比增长率 $= \frac{9\ 377.36 - 8\ 158.64}{8\ 158.64} \approx 14.9\%$。

经典例题

1. 2017 年 1—2 月累计，全国一般公共预算收入 31 454 亿元，比去年同期增加 4 069 亿元；1—2 月累计，全国一般公共预算支出 24 860 亿元，比去年同期增加 3 689 亿元。

在支出中，中央一般公共预算本级支出 3 403 亿元，同比增长 8.1%；地方一般公共预算支出 21 457 亿元，同比增长 19.1%。

2017 年 1—2 月累计，全国一般公共预算收入同比增长约为（　　）。

A. 15%　　　　　　　　　　　　　B. 17%

C. 23%　　　　　　　　　　　　　D. 26%

【答案】A。解析：根据"一般公共预算收入"定位到第一段，可知 2017 年 1—2 月累计全国一般公共预算收入 31 454 亿元，比去年同期增加 4 069 亿元。题目考查增长率，根据公式②，所求为 $\frac{4\ 069}{31\ 454 - 4\ 069} = \frac{4\ 069}{27\ 385} \approx \frac{407}{2\ 700} = 15.X\%$。故本题选 A。

2. 2018 年上半年国内生产总值 418 961 亿元，按可比价格计算，同比增长 6.8%。分季度看，一季度同比增长 6.8%，二季度增长 6.7%，连续 12 个季度保持在 6.7%~6.9% 的区间。

2018 年 1—5 月，全国规模以上工业企业实现利润总额 27 298 亿元，同比增长 16.5%；规模以上工业企业主营业务收入利润率为 6.36%，比上年同期提高 0.35 个百分点。

2017 年 1—5 月，全国规模以上工业企业实现利润总额约为（　　）亿元。

A. 23 431.8　　　　　　　　　　　B. 23 581.4

C. 24 364.2　　　　　　　　　　　D. 23 867.6

【答案】A。解析：根据"工业企业"定位到第二段，可知 2018 年 1—5 月全国规模以上工业企业实现利润总额 27 298 亿元，同比增长 16.5%。题目考查基期量，根据公式④的变形公式"基期量 $= \frac{现期量}{1+增长率}$"，列式为 $\frac{27\ 298}{1+16.5\%}$，$16.5\% \approx 16.7\% \approx \frac{1}{6}$，则原式 $\approx \frac{27\ 300}{1+\frac{1}{6}} = 27\ 300 - \frac{27\ 300}{7} = 23\ 400$（亿元），A 项最接近。故本题选 A。

（二）年均增长率

年均增长率反映某指标在一定时期内逐年递增的平均速度。基本公式如下：

$$年均增长率 = \sqrt[年份差]{\frac{末期值}{初期值}} - 1$$

年均增长率估算技巧

（1）年均增长率<10%（可根据选项大概判断），且选项差值较大时，可直接利用公式"年均增长率=（末期值÷初期值-1）÷年份差"估算。

（2）用特征数字估算，熟悉常用的特征数：$1.1^2 = 1.21$，$1.1^3 \approx 1.33$，$1.1^4 \approx 1.46$，$1.1^5 \approx 1.61$，$1.1^6 \approx 1.77$，$1.1^7 \approx 1.95$，$1.1^8 \approx 2.14$，$1.1^9 \approx 2.36$，$1.1^{10} \approx 2.59$，$1.2^2 = 1.44$，$1.2^3 \approx 1.73$，$1.2^4 \approx 2.07$，$1.2^5 \approx 2.49$，$1.3^2 = 1.69$，$1.4^2 = 1.96$，$1.5^2 = 2.25$，$1.6^2 = 2.56$，$1.7^2 = 2.89$，$1.8^2 = 3.24$，$1.9^2 = 3.61$。

【示例】

2012—2016 年我国单银幕产出情况

指标	2016 年	2015 年	2014 年	2013 年	2012 年
总票房（亿元）	457.1	440.7	296.4	217.7	170.7

2012—2016 年，我国单银幕总票房平均每年较上年增长约（　　　）。

A. 13%   B. 28%

C. 54%   D. 67%

解读：末期值为 2016 年的总票房 457.1 亿元，初期值为 2012 年的总票房 170.7 亿元，则所求为 $\sqrt[2016-2012]{\frac{457.1}{170.7}} - 1 = \sqrt[4]{\frac{457.1}{170.7}} - 1 \approx \sqrt[4]{2.7} - 1$，由于 $\sqrt[4]{1.6^2} < \sqrt[4]{2.7} < \sqrt[4]{1.7^2}$，可知 $1.2^2 < 1.6 < \sqrt{2.7} < 1.7 < 1.4^2$，故可得 $1.2 < \sqrt[4]{2.7} < 1.4$，则 $0.2 < \sqrt[4]{\frac{457.1}{170.7}} - 1 < 0.4$，只有 B 项符合。故本题选 B。

经典例题

1.

2013—2017 年全社会固定资产投资额

按资金链来源分	固定资产投资额（亿元）				
	2013 年	2014 年	2015 年	2016 年	2017 年
总计	491 612	543 480	584 198	616 934	639 369
国家预算内资金	22 305	26 745	30 924	36 212	38 742

2015—2017 年，全社会固定资产投资额的年均增长率为（　　　）。

A. 2.2%   B. 4.6%

C. 15.4%   D. 26.2%

【答案】B。解析：根据"全社会固定资产投资"定位到表格第三行，可知 2015 年全社会固定资产投资额为 584 198 亿元，2017 年为 639 369 亿元。题目考查年均增长率，列式为 $\sqrt[2]{\dfrac{639\ 369}{584\ 198}}-1\approx$

$\dfrac{\frac{639\ 369}{584\ 198}-1}{2}\approx\dfrac{\frac{639}{584}-1}{2}=\dfrac{55}{584}\times\dfrac{1}{2}\approx10\%\times\dfrac{1}{2}=5\%$，B 项最接近。故本题选 B。

2.

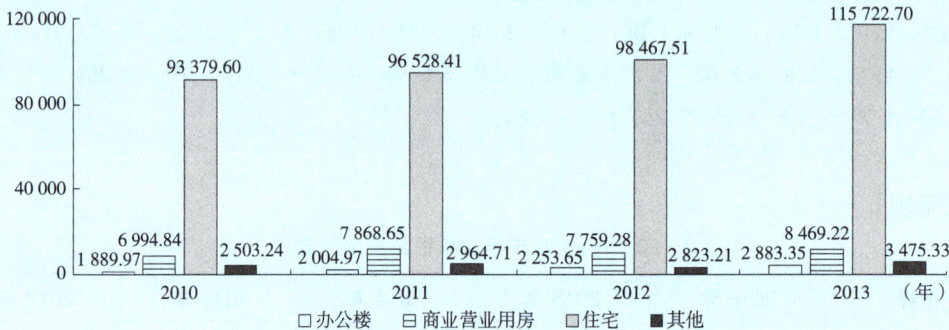

（万平方米）

某市不同种类商品房销售面积

2010—2013 年，该市商品房销售面积年均增长率最大的种类是（　　）。

A. 办公楼　　　　　　　　　　　　　　B. 商业营业用房

C. 住宅　　　　　　　　　　　　　　　D. 其他

【答案】A。解析：年均增长率 $=\sqrt[年份差]{\dfrac{末期值}{初期值}}-1$，选项各指标涉及的年份数均相同，要比较年均增长率的大小，只用比较 $\dfrac{末期值}{初期值}$ 的大小。办公楼为 $\dfrac{2\ 883.35}{1\ 889.97}\approx\dfrac{29}{19}=1+\dfrac{10}{19}$，商业营业用房为 $\dfrac{8\ 469.22}{6\ 994.84}\approx$

$\dfrac{85}{70}=\dfrac{17}{14}=1+\dfrac{3}{14}$，住宅为 $\dfrac{115\ 722.70}{93\ 379.60}\approx\dfrac{116}{93}=1+\dfrac{23}{93}$，其他为 $\dfrac{3\ 475.33}{2\ 503.24}\approx\dfrac{35}{25}=1+\dfrac{10}{25}$，年均增长率最大的种类明显是办公楼。故本题选 A。

（三）隔年增长率

隔年增长反映不相邻两期指标的增长情况，通常中间相隔 1 期。假设第 N 年某指标为 A，同比增长 $m\%$，增速同比增加 n 个百分点，则：

第（$N-1$）年该指标为 $\dfrac{A}{1+m\%}$，同比增长（$m-n$）%。推出：

第（$N-2$）年该指标，即隔年基期量为：

$$\dfrac{\frac{A}{1+m\%}}{1+(m-n)\%}=\dfrac{A}{(1+m\%)(1+m\%-n\%)}\qquad ①$$

则第 N 年较第（$N-2$）年该指标的增长率，即隔年增长率为：

$$A\div\dfrac{A}{(1+m\%)(1+m\%-n\%)}-1=(1+m\%)\times(1+m\%-n\%)-1\qquad ②$$

【示例】2019 年,我国文化核心领域营业收入 50 471 亿元,比上年增长 9.8%,增速比上年提高 2.1 个百分点。问:2017 年我国文化核心领域营业收入为多少亿元?

解读:已知 $A=50\ 471$ 亿元,$m\%=9.8\%$,$n\%=2.1\%$,根据公式①可知,所求隔年基期量为 $\dfrac{50\ 471}{(1+9.8\%)\times(1+9.8\%-2.1\%)}\approx42\ 680$(亿元)。

经典例题

2015 年全国共建立社会捐助工作站、点和慈善超市 3.0 万个,比上一年减少 0.2 万个……全年有 1 838.4 万人次困难群众受益,同比增长 8.5%,增长率较上一年下降 27.5 个百分点;全年有 934.6 万人次在社会服务领域提供了 2 700.7 万小时的志愿服务,同比减少 10.4 万小时。

2015 年受益的困难群众较 2013 年增长约( )。

A. 47.6%   B. 40.4%   C. 34.5%   D. 27.6%

【答案】A。解析:2015 年受益的困难群众同比增长 8.5%,增长率较上一年下降 27.5 个百分点,即已知现期同比增速及增速同比变化量求隔年增长率。根据公式②可知,2015 年较 2013 年增长 $(1+8.5\%)\times(1+8.5\%+27.5\%)-1\approx8.5\%+36\%+10\%\times35\%=48\%$,A 项与之最接近。故本题选 A。

(四)混合增长率

混合增长率主要考查总量增长率与多个分量增长率的关系,通过加权平均的思想解决分量增长率与总量增长率之间的比例关系。

设现期某一总量的两个分量分别为 A_1、A_2,比基期分别增长 $x\%$、$y\%$,则现期总量较基期的变化幅度如下:

$$z\%=\frac{A_1+A_2}{\dfrac{A_1}{1+x\%}+\dfrac{A_2}{1+y\%}}-1$$

其中,$z\%$ 介于 $x\%$ 和 $y\%$ 之间。

备考锦囊

混合增长率重要结论

当 $x=y$ 时,$x=y=z$。

当 $x>y$ 时,若 $\dfrac{A_1}{1+x\%}>\dfrac{A_2}{1+y\%}$,则 z 偏向 x,为 $\dfrac{x+y}{2}\sim x$;若 $\dfrac{A_1}{1+x\%}<\dfrac{A_2}{1+y\%}$,则 z 偏向 y,为 $y\sim\dfrac{x+y}{2}$。

当 $x<y$ 时,若 $\dfrac{A_1}{1+x\%}>\dfrac{A_2}{1+y\%}$,则 z 偏向 x,为 $x\sim\dfrac{x+y}{2}$;若 $\dfrac{A_1}{1+x\%}<\dfrac{A_2}{1+y\%}$,则 z 偏向 y,为 $\dfrac{x+y}{2}\sim y$。

拓展延伸:若现期某一总量的多个分量分别为 A_1、A_2……A_n,比基期分别增长 $x_1\%$、$x_2\%$……$x_n\%$,则现期总量较基期的增长率 $z\%$ 介于这些增长率的最大值与最小值之间。

2019 年某省养殖水产品产量为 120 万吨,同比增长 15%;捕捞水产品产量为 99 万吨,同比增长 21%。

2019 年该省水产品产量的同比增长率为多少?( )

A. 19.2%　　　　　　B. 14.3%　　　　　　C. 17.7%　　　　　　D. 23.2%

【答案】C。解析:水产品产量=养殖水产品产量+捕捞水产品产量。已知两个分量的现期量和同比增长率,所求为总量同比增长率,可以利用混合增长率重要结论判断,因为 15%<21%,120÷(1+15%)>99÷(1+21%),所以总量的同比增长率应偏向于 15%,为 $15\% \sim \frac{15\%+21\%}{2}$,即 15%~18%,故本题选 C。

核心考点三　比重

一、比重及递推基本公式

比重是指某部分在总体中所占的百分比,一般用百分数的形式表示。核心公式如下:

$$比重 = \frac{分量}{总量} \times 100\%$$

备 考 锦 囊

比重的递推

总量为 A,B 占 A 的比重为 $b\%$,C 占 B 的比重为 $c\%$,则:C 占 A 的比重=$b\% \times c\%$; $C=A \times b\% \times c\%$。

【示例】2019 年全国规模以上文化及相关产业企业实现营业收入 86 624 亿元,其中,文化新业态特征较为明显的 16 个行业小类实现营业收入 19 868 亿元。问:2019 年这 16 个行业小类营收占全国的比重是多少?

解读:总量为 86 624 亿元,分量为 19 868 亿元,则所求比重为 $\frac{19\ 868}{86\ 624} \times 100\% \approx 22.9\%$。

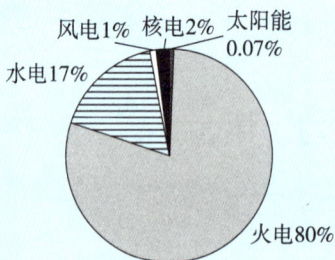

图1　中国2010年发电量　　　　图2　中国2020年发电量预测

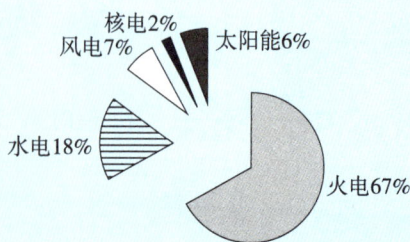

注:统计图中各部分占比之和超过 100% 是统计数据四舍五入所致。

已知中国 2010 年水电发电量为 6 867 亿兆瓦时,那同年核电发电量约为(　　)亿兆瓦时。

A. 583　　　　　　　　　　　　　　B. 763

C. 808　　　　　　　　　　　　　　D. 926

【答案】C。解析:题干给出 2010 年水电发电量即分量为 6 867 亿兆瓦时,由图 1 可知,该分量占总发电量比重为 17%,可求出 2010 年总发电量为 $\dfrac{6\,867}{17\%}$ 亿兆瓦时,则题目所求为 $\dfrac{6\,867}{17\%}\times 2\% = \dfrac{6\,867}{8.5} =$ 8XX(亿兆瓦时)。故本题选 C。

二、基期比重

已知现期总量为 A、增长率为 $a\%$,分量为 B、增长率 $b\%$,则:

$$\text{基期比重}=\frac{\text{基期分量}}{\text{基期总量}}=\frac{B\div(1+b\%)}{A\div(1+a\%)}$$

$$=\frac{B}{A}\times\frac{1+a\%}{1+b\%}\qquad\qquad①$$

$$\text{现期比重较基期变化}=\text{现期比重}-\text{基期比重}$$

$$=\frac{B}{A}-\frac{B}{A}\times\frac{1+a\%}{1+b\%}=\frac{B}{A}\times\frac{b\%-a\%}{1+b\%}\qquad②$$

即现期比重比基期增加了 $\left(\dfrac{B}{A}\times\dfrac{b\%-a\%}{1+b\%}\times 100\right)$ 个百分点。

核心结论:当 $b\%>a\%$ 时,现期比重>基期比重,现期比重较基期上升;

　　　　　当 $b\%<a\%$ 时,现期比重<基期比重,现期比重较基期下降。

【示例】2019 年 1—10 月,我国农产品进出口额 1 854.1 亿美元,同比增加 41.69 亿美元。其中,进口 1 221.0 亿美元,同比增加 55.9 亿美元。求 2018 年 1—10 月我国农产品进口额占进出口总额的比重。

解读:2018 年 1—10 月我国农产品进出口额为(1 854.1−41.69)亿美元,进口额为(1 221.0−55.9)亿美元,所求比重为 $\dfrac{1\,221.0-55.9}{1\,854.1-41.69}\approx 64.3\%$。

经典例题

2017 年 1—2 月累计,全国一般公共预算收入 31 454 亿元,比去年同期增加 4 069 亿元;全国一般公共预算支出 24 860 亿元,比去年同期增加 3 689 亿元。

在支出中,中央一般公共预算本级支出 3 403 亿元,同比增长 8.1%;地方一般公共预算支出 21 457 亿元,同比增长 19.1%。

与上年同期相比,2017 年 1—2 月累计,中央一般公共预算本级支出占全国一般公共预算支出的比重约(　　)。

A. 提高 12 个百分点　　　　　　　　B. 降低 12 个百分点

C. 降低 1.2 个百分点　　　　　　　　D. 提高 1.2 个百分点

核心考点四　平均数

一、平均数基本公式

平均数指总量与总数的比值,常表述为"……平均为……"。人均 XXX、单位面积产量等也是常见考查概念。核心公式如下:

$$平均数=\frac{总量}{总数}$$

如果有 n 个数 x_1、x_2、x_3……x_n,平均数 $\overline{x}=\dfrac{1}{n}\times(x_1+x_2+x_3+\cdots+x_n)$。

【示例】2018 年我国粮食种植面积 11 704 万公顷,单位面积粮食产量为 5 600 千克/公顷,问:2018 年我国粮食产量为多少万吨?

解读:已知总数为 11 704 万公顷,单位面积产量即平均数为 5 600 千克/公顷,则所求总量为 $11\,704\times5\,600=6\,554.24\times10^{4}$(万千克)$=65\,542.4$(万吨)。

二、基期平均数

已知现期总量为 A、增长率为 $a\%$,总数为 B、增长率 $b\%$,则:

$$基期平均数=\frac{基期总量}{基期总数}=\frac{A\div(1+a\%)}{B\div(1+b\%)}$$

$$=\frac{A}{B}\times\frac{1+b\%}{1+a\%}$$

$$平均数增长量=现期平均数-基期平均数$$

$$=\frac{A}{B}-\frac{A}{B}\times\frac{1+b\%}{1+a\%}=\frac{A}{B}\times\frac{a\%-b\%}{1+a\%}$$

$$平均数增长率=\frac{现期平均数}{基期平均数}-1$$

$$=\frac{A}{B}\div\left(\frac{A}{B}\times\frac{1+b\%}{1+a\%}\right)-1=\frac{a\%-b\%}{1+b\%}$$

核心结论:当 $a\%>b\%$ 时,现期平均数>基期平均数,现期平均数较基期上升;

当 $a\%<b\%$ 时,现期平均数<基期平均数,现期平均数较基期下降。

【示例】2019 年上半年，我国货物运输总量 245.8 亿吨，比上年增长 5.9%。货物运输周转量 98 481.83 亿吨公里，比上年增长 5.0%。求 2018 年上半年货物运输的平均距离。

解读：货物运输的平均距离＝货物运输周转量÷货物运输总量，题目求基期平均数，总量为货物运输周转量，总数为货物运输总量，所求为 $\dfrac{98\,481.83}{245.8}\times\dfrac{1+5.9\%}{1+5.0\%}\approx404.1$（公里）。

经典例题

1. 据调查，某省 2017 年小麦种植面积为 2 739 万亩，比上年增加 169 万亩，预计总产量 940 万吨，比上年增加 90 万吨，平均单产 343 公斤/亩，其中预计白麦总产量 558 万吨，红麦总产量 361 万吨，还有少量花麦。

根据预计，该省 2017 年小麦平均单产与 2016 年相比(　　　)。

A. 低约 2 个百分点　　　　　　　　B. 高约 4 个百分点
C. 低约 3 个百分点　　　　　　　　D. 高约 2 个百分点

【答案】B。解析：该省 2016 年小麦平均单产为(940-90)÷(2 739-169)×1 000≈331(公斤/亩)，则 2017 年小麦平均单产比 2016 年高约(343-331)÷331×100%＝12÷331×100%≈3.6%，即高约 4 个百分点。故本题选 B。

2. 2018 年上半年，全国快递服务企业业务量累计完成 220.8 亿件，同比增长 27.5%；业务收入累计完成 2 745 亿元，同比增长 25.8%。其中，同城业务量累计完成 50.9 亿件，同比增长 26.2%；异地业务量累计完成 164.7 亿件，同比增长 27.5%；国际/港澳台业务量累计完成 5.2 亿件，同比增长 43.1%。国际/港澳台快递业务量占全部快递业务量的 2.4%；业务收入占全部快递收入的 10.5%。

与上年同期相比，2018 年上半年全国快递企业每件业务获得的收入约(　　　)。

A. 上升了 1.5%　　　　　　　　　B. 下降了 1.5%
C. 上升了 1.3%　　　　　　　　　D. 下降了 1.3%

【答案】D。解析：2018 年上半年每件业务收入为 $\dfrac{2\,745}{220.8}$ 元，2017 年上半年为 $\dfrac{2\,745}{220.8}\times\dfrac{1+27.5\%}{1+25.8\%}$ 元，因 25.8%＜27.5%，则现期平均数＜基期平均数，可排除 A、C。所求为下降了 $1-\dfrac{2\,745}{220.8}\div\left(\dfrac{2\,745}{220.8}\times\right.$ $\left.\dfrac{1+27.5\%}{1+25.8\%}\right)=1-\dfrac{1+25.8\%}{1+27.5\%}=\dfrac{1.7\%}{1+27.5\%}＜\dfrac{1.7\%}{1.25}=1.7\%\times0.8=1.36\%$，D 项符合。故本题选 D。

核心考点五　倍数与翻番

一、倍数与翻番基本公式

倍数：表示两个量之间的比例关系，常用于比数＞基数的场合。

$$\text{比数 }A\text{ 是基数 }B\text{ 的 }\dfrac{A}{B}\text{ 倍}$$

翻番：其大小是以 2^n 变化的。A 翻 n 番＝$A\times2^n$。如原基数为 5，翻三番即为 $5\times2^3=40$，翻三番后达到的水平为 40，相当于原基数 5 的 2^3 倍，即 8 倍。

【示例 1】2019 年 1—5 月，规模以上工业企业中，国有控股企业实现利润总额 7 342.3 亿元,股份制企业实现利润总额 16 993.1 亿元,增长 0.4%。问:2019 年 1—5 月股份制企业实现利润总额是国有控股企业的多少倍?

解读: 比数为 2019 年 1—5 月股份制企业实现利润总额 16 993.1 亿元,基数为 2019 年 1—5 月国有控股企业实现利润总额 7 342.3 亿元,则所求为 $\frac{16\,993.1}{7\,342.3} \approx 2.3$ 倍。

【**示例2**】党的十六大报告中提出的全面建设小康社会的目标,即在优化结构和提高效益的基础上,国内生产总值 2020 年力争比 2000 年翻两番,综合国力和国际竞争力明显增强。2020 年我国的国内生产总值将是 2000 年的多少倍?

解读: 2020 年我国的国内生产总值将是 2000 年的 $2^2=4$ 倍。

• 备 考 锦 囊 •

"是……倍"与"多……倍"

多几倍=是几倍-1。 如: $\frac{A}{B}=k$, 表示 A 是 B 的 k 倍; $\frac{A}{B}-1=m$, 表示 A 比 B 多 m 倍。

经典例题

表1 改革开放之初五年和 2012—2016 年人均 GDP 比较

年份(年)	人均 GDP(元)	年份(年)	人均 GDP(元)
1978	385	2012	40 007
1979	423	2013	43 852
1980	468	2014	47 203
1981	497	2015	50 251
1982	533	2016	53 935

表2 改革开放之初五年和 2012—2016 年城市化情况比较

年份(年)	总人口(年末)(万人)	城镇人口数(万人)	年份(年)	总人口(年末)(万人)	城镇人口数(万人)
1978	96 259	17 245	2012	135 404	71 182
1979	97 542	18 495	2013	136 072	73 111
1980	98 705	19 140	2014	136 782	74 916
1981	100 072	20 171	2015	137 462	77 116
1982	101 654	21 480	2016	138 271	79 298

1. 2012—2016 年人均 GDP 的平均值,较改革开放之初五年人均 GDP 的平均值,增长了约多少倍?( )
  A. 100
  B. 101
  C. 102
  D. 103

【答案】B。解析：由表 1 第二列和最后一列可知,改革开放之初五年的人均 GDP 的平均值为$(385+423+468+497+533)\div 5\approx(390+420+470+500+530)\div 5=2\,310\div 5=462(元)$,2012—2016 年的为$(40\,007+43\,852+47\,203+50\,251+53\,935)\div 5\approx(40\,000+43\,900+47\,200+50\,250+53\,900)\div 5=235\,250\div 5=47\,050(元)$,所求为$\dfrac{47\,050}{462}-1=\dfrac{46\,200+850}{462}-1=100+\dfrac{388}{462}\approx 101$ 倍。故本题选 B。

2. 2016 年 GDP 约是 1978 年 GDP 的多少倍?( )

A. 140　　　　　　　　　　　B. 186

C. 200　　　　　　　　　　　D. 201

【答案】D。解析：GDP=人均 GDP×总人口。由表 1 和表 2 的第二行和最后一行可知,2016 年 GDP 约是 1978 年 GDP 的$\dfrac{138\,271\times 53\,935}{96\,259\times 385}\approx\dfrac{138\times 540}{963\times 385}\times 1\,000=\dfrac{138\times 12}{107\times 77}\times 1\,000\approx 201$ 倍。故本题选 D。

3. **某国 2018 年仓储运输业和邮政运输业的数据统计**

指标	企业法人单位（个）	从业人员（万人）	资产总计（亿元）	营业收入（亿元）	营业利润（亿元）
仓储运输业	17 416	51.5	5 694.5	3 020.9	240.3
邮政运输业	4 387	78.4	1 583.4	939.1	−22.0

平均每名仓储业从业人员在 2018 年创造的营业收入约是邮政业的多少倍?( )

A. 3　　　　　　　　　　　　B. 5

C. 7　　　　　　　　　　　　D. 10

【答案】B。解析：平均每名从业人员创造的营业收入$=\dfrac{营业收入}{从业人员}$,由表格第三列、第五列可知,仓储业平均每名从业人员创造的营业收入为$\dfrac{3\,020.9}{51.5}$万元,邮政业为$\dfrac{939.1}{78.4}$万元。所求为$\dfrac{3\,020.9}{51.5}\div\dfrac{939.1}{78.4}\approx\dfrac{60\times 78.4}{939.1}\approx\dfrac{60\times 80}{940}=\dfrac{240}{47}\approx 5$ 倍。本题选 B。

二、基期倍数与增长量倍数

已知某指标现期量比基期量增加 x,增长了 y 倍,则：

由已知条件可知,现期量−基期量$=x$①,$\dfrac{现期量-基期量}{基期量}=y$②。

将①代入②可得：$\dfrac{x}{基期量}=y$,推出：

$$基期量=\dfrac{x}{y}$$

已知两指标现期量 a、b 分别比基期增长 $x\%$、$y\%$,则：

$$基期倍数=\dfrac{基期比数}{基期基数}$$

$$=\dfrac{a\div(1+x\%)}{b\div(1+y\%)}=\dfrac{a}{b}\times\dfrac{1+y\%}{1+x\%}$$

$$增长量倍数 = \frac{比数增长量}{基数增长量}$$

$$= \frac{a \times x\%}{1+x\%} \div \frac{b \times y\%}{1+y\%} = \frac{a \times x\%}{b \times y\%} \times \frac{1+y\%}{1+x\%}$$

【示例1】2019 年 12 月广东省汽车产量同比增加 16.4 万辆,同比增长 105.61%。则 2018 年 12 月广东省汽车产量为 $\frac{16.4}{105.61\%} \approx 15.5$(万辆)。

【示例2】2019 年 1—5 月,河北省钢材产量为 11 482.9 万吨,同比增长 16.1%;广西钢材产量为 1 224.77 万吨,同比下降 3.3%。问:2018 年 1—5 月河北省钢材产量是广西的多少倍?

解读:现期比数为 2019 年 1—5 月河北省钢材产量,现期基数为 2019 年 1—5 月广西钢材产量。题目考查基期倍数关系,所求为 $\frac{11\ 482.9}{1\ 224.77} \times \frac{1-3.3\%}{1+16.1\%} \approx 7.8$ 倍。

经典例题

2018 年甲市规模以上工业企业部分产品产量及其增长速度

产品名称	单位	绝对数	比上年增长(%)
食用植物油	万吨	200.2	3.3
白酒	万千升	358.3	14.0
啤酒	万千升	221.4	10.2
卷烟	亿支	755.2	2.9
纱	亿吨	73.0	7.3

2018 年,甲市白酒产量的同比增长量约为啤酒的(　　　)倍。

A. 1.6　　　　　　B. 1.8　　　　　　C. 2.0　　　　　　D. 2.2

【答案】D。解析:同比增长量 $= \frac{现期量}{1+同比增长率} \times 同比增长率$。根据第三、第四行数据可知,白酒同比增长量为 $\frac{358.3}{1+14.0\%} \times 14.0\% \approx \frac{358}{1+\frac{1}{7}} \times \frac{1}{7} = 44.75$(万千升),啤酒同比增长量为 $\frac{221.4}{1+10.2\%} \times 10.2\% \approx$

$\frac{220}{1+\frac{1}{10}} \times \frac{1}{10} = 20$(万千升)。所求为 $44.75 \div 20 \approx 2.2$ 倍。故本题选 D。

第三讲　资料分析快解技巧

核心技巧一　首数法

通过计算列式的首位数字来确定选项。具体运用时,不要局限于首位数字,可以拓展为前两位数字。

适用环境:(1)列式形式:$\frac{a}{b}$ 型、$a+b$ 型、$a-b$ 型。

(2)选项特点:首位或前两位数字各不相同。

注:除非特殊情况,一般算到前两位即可,超过两位建议放弃该方法。

应用规则:(1)除法运算:一般情况下,分子不变,分母取三位有效数字计算。

(2)加/减法运算:做加法时,位数相同,首位数相加,注意是否有进位;位数不同,首位与较大加数相同或加1。

做减法时,位数相同,首位数相减,注意是否有借位;位数不同,首位与被减数相同或减1。

【示例1】75 131.6+14 722.1=(   )。

A. 89 853.7　　　　　　　　　　　B. 88 753.7

C. 87 633.7　　　　　　　　　　　D. 90 443.7

解读:选项前两位数字各不相同,列式前两位数字加和为75+14=89,第三位有效数字加和1+7<10,不涉及进位,则列式前两位数字加和为89。故本题选A。

【示例2】$\dfrac{5\ 336.1}{1+4.37\%}$=(   )。

A. 5 313.6　　　　　　　　　　　B. 5 021.7

C. 5 112.7　　　　　　　　　　　D. 5 644.3

解读:选项前两位数字各不相同,分母取前三位有效数字,原式$\approx\dfrac{5\ 336.1}{1.04}=5\ 1XX.X$。

故本题选C。

经典例题

孩子出生后,抚养其0~16周岁的费用为118 934.45元。食品费用支出最多,为52 314.68元;教育费用次之,为23 615.31元;然后依次是家庭生活服务费(12 651.68元)、衣着费用(11 683.94元)、零花和压岁钱的支出(9 876.85元)、文化娱乐活动的支出(8 431.25元)、健康保险费(5 216.34元)、日用品支出(4 562.31元)和医疗保健费(3 984.62元)。

从孩子出生后的抚养费用构成来看,食品费用支出占抚养费的比例约是文化娱乐活动支出所占比例的(   )。

A. 5.3倍　　　　　　　　　　　B. 4.7倍

C. 7.3倍　　　　　　　　　　　D. 6.2倍

【答案】D。**解析:**食品费用支出为52 314.68元,文化娱乐活动支出为8 431.25元,因孩子出生后的抚养费用相同,则题目所求为$\dfrac{52\ 314.68}{8\ 431.25}\approx\dfrac{52\ 314.68}{8\ 430}=6.X$倍。故本题选D。

核心技巧二　尾数法

尾数法即只取每个数据的末位数字进行计算,通过确定尾数判断正确答案。在实际应用时,不局限于末位数字,有时需要取末两位数字计算才能确定答案。

适用环境:(1)列式形式:$a+b$ 型、$a-b$ 型。

(2)选项特点:选项尾数或者是末两位数字各不相同。

应用规则:(1)计算出的尾数是精确值的尾数。

(2)加法运算:和的尾数等于两个尾数的和。

(3)减法运算:差的尾数等于被减数的尾数减去减数的尾数;不够减时,先借位再相减。

(4)加减混合运算:建议先加后减。

【**示例**】356.73+137.81−224.1+34.52 = (　　　　)。

A. 287.67　　　　B. 304.96　　　　C. 311.64　　　　D. 297.95

解读:选项末位数字各不相同,计算式先加后减,同时注意 224.1 小数点后面只有一位有效数字,其他均为两位。尾数加和为 3+1+2=6,符合的只有 B。故本题选 B。

经典例题

2019 年 1—4 月河北省规模以上工业部分产品产量

指标	4 月		1—4 月	
	产量	同比增长(%)	产量	同比增长(%)
汽车(万辆)	8.3	−7.5	37.4	2.7
锂离子电池(万只)	406.9	52.8	1 052.5	2.7
集成电路(万块)	21.0	−41.6	49.7	−14.3
铁矿石原矿(万吨)	2 338.9	2.8	10 055.7	20.0

2019 年 1—3 月,铁矿石原矿产量约为多少万吨?(　　　　)

A. 6 104.6　　　　　　　　　　　　B. 7 716.8

C. 8 915.4　　　　　　　　　　　　D. 10 055.7

【**答案**】B。解析:2019 年 4 月铁矿石原矿产量为 2 338.9 万吨,1—4 月为 10 055.7 万吨,则 2019 年 1—3 月铁矿石原矿产量为(10 055.7−2 338.9)万吨。选项尾数各不相同,可使用尾数法进行求解,所得结果尾数应为 1.7−0.9=0.8。故本题选 B。

核心技巧三　有效数字法

有效数字法是指在精度允许范围内,将算式中的有效数字近似为与之相近的简单数字,进而简化计算的方法。

有效数字:对于一个数,从左边第一个不是 0 的数字起,到精确到的位数止,所有的数字都叫作这个数的有效数字。

【**示例 1**】0.007 05 有三位有效数字,0.007 050 有四位有效数字,70 500 有五位有效数字。

注:当仅需要考虑一位有效数字时,70 500 写为 70 000;当需要考虑两位有效数字时,70 500 应写作 71 000。

误差分析:有效数字法可以让复杂数字变得简单,但同时也会产生一定的误差,这种误差有可能会导致题目答案选错,因此,将误差控制在题目允许范围内是解题关键。

具体保留几位有效数字与选项差距相关:

一般情况,若选项间最小差距>10%,取前两位有效数字计算,即可保证精度。

若选项间最小差距<10%,取前三位有效数字计算,以保证计算精度。

若选项间最小差距>50%,可结合列式数据灵活处理。

应用规则:(1)四舍五入。在取舍过程中,由于可能有多个数据进行放缩,所以要注意判断整个列式结果的放缩。为了减小误差,可以通过同向/反向取舍的方式使得误差相互抵消,最终结果尽量接近精确值。

减法/除法同向取舍:列式中的数据要增大都增大,要减小都减小。

加法/乘法反向取舍:列式中的一个数据增大,另外一个数据相应减小。

【示例2】$4\ 566+4\ 554+2\ 813≈4\ 600+4\ 500+2\ 800=11\ 900$。

$536÷62\ 485≈530÷62\ 000≈0.008\ 5$ 或 $536÷62\ 485≈540÷63\ 000≈0.008\ 6$。

(2)范围限定。对算式中的数据取有效数字进行放大或者缩小,将数值限定在一定范围内,结合选项或者其他限定条件得到答案。

适用于精度要求不太高的求值类题目,或题干所求为"……最大/最小"的大小比较类题目。

加法/乘法运算中,放大其中一项,结果放大;缩小其中一项,结果缩小。

【示例3】若$A>a>0,B>b>0$,则$A+B>a+B>a+b$,$A×B>a×B>a×b$。

减法/除法运算,被减数/被除数变化与结果一致,减数/除数变化与结果相反。

【示例4】若$A>a>0,B>b>0$,则$A-b>a-b>a-B$,$\dfrac{A}{b}>\dfrac{a}{b}>\dfrac{a}{B}$。

经典例题

截至2018年6月,我国网民规模为8.02亿人,上半年新增网民2 968万人,互联网普及率达57.7%。其中,30~49岁中年网民群体占比由2017年年末的36.7%扩大至39.9%。

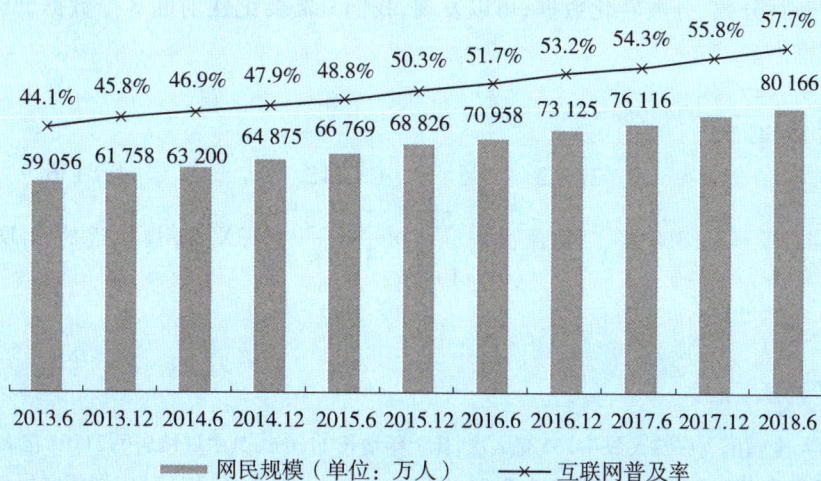

我国网民规模及互联网普及率

2018 年上半年,30~49 岁网民约增加多少万人?(　　)

A. 3 500　　　　　B. 3 650　　　　　C. 3 800　　　　　D. 3 950

【答案】B。解析:由文字材料可知,2018 年上半年 30~49 岁中年网民群体占比由 2017 年年末的 36.7%扩大至 39.9%。由条形图及文字材料可知,2018 年 6 月,我国网民规模为 80 166 万人,上半年新增网民 2 968 万人。则 2017 年 12 月我国网民规模为(80 166-2 968)万人。所求为 80 166× 39.9%-(80 166-2 968)×36.7% = 80 166×(39.9%-36.7%)+2 968×36.7% = 80 166×3.2%+2 968× 36.7%≈8 000×$\frac{1}{3}$+3 000×$\frac{1}{3}$=$\frac{11\ 000}{3}$≈3 667(万人),B 项最接近。故本题选 B。

核心技巧四　特征数字法

利用百分数和分数之间的关系,将百分数近似转化为一些特征分数,进而达到简化计算的目的。

应用环境:百分数近似常见的特征分数的题目。

列式形式:①$\frac{a}{1+x\%}$;②$\frac{a}{1+x\%}×x\%$;③$\frac{a}{1+x\%}×y\%(x\%≠y\%)$。

常考百分数、分数转化:

11.1%≈$\frac{1}{9}$,12.5%=$\frac{1}{8}$,14.3%≈$\frac{1}{7}$,16.7%≈$\frac{1}{6}$,20%=$\frac{1}{5}$,25%=$\frac{1}{4}$,33.3%≈$\frac{1}{3}$,

50%=$\frac{1}{2}$

8×11.1% = 88.8%≈$\frac{8}{9}$,7×12.5% = 87.5%=$\frac{7}{8}$,6×14.3% = 85.8%≈$\frac{6}{7}$,……,2× 33.3% = 66.6%≈$\frac{2}{3}$

根据常考百分数、分数转化数据,可以发现,我们只需要记住前面 8 个数据,其他的简单心算就可以推出。

【示例】$\frac{537}{1+34.2\%}$×34.2% = (　　　)。

A. 175.4　　　　　B. 213.2　　　　　C. 112.7　　　　　D. 136.9

解读:34.2%≈33.3%≈$\frac{1}{3}$,则原式≈$\frac{537}{1+\frac{1}{3}}$×$\frac{1}{3}$=$\frac{537}{4}$=13X.X,最接近的是 D。故本题选 D。

经典例题

2016 年,全国国内旅游人数 44.35 亿人次,比上年增长 11.0%,其中城镇居民 31.95 亿人次,农村居民 12.40 亿人次。全国国内旅游收入 3.94 万亿元,比上年增长 15.2%,其中城镇居民旅游消费 3.22 万亿元,农村居民旅游消费 0.71 万亿元。

假设 2015 年城镇、农村旅游人数占全国国内旅游总人数的比重与 2016 年一致,则 2015 年城镇、农村旅游人数分别约为多少亿人次?(   )

  A. 24.96,14.99   B. 26.68,13.27

  C. 28.78,11.17   D. 30.23,9.72

【答案】C。解析:根据两期比重变化的核心结论可知,若分量增长率与总量增长率相同,则分量所占比重与上年保持一致。由题干 2015 年比重与 2016 年比重一致,可推出 2016 年城镇和农村旅游人数的同比增速与全国国内旅游总人数的同比增速相同。

2016 年,全国国内旅游人数 44.35 亿人次,比上年增长 11.0%,其中城镇居民 31.95 亿人次,农村居民 12.40 亿人次。则 2015 年城镇居民旅游人数为 $\frac{31.95}{1+11.0\%} \approx \frac{31.95}{1+\frac{1}{9}} \approx 3.2 \times 9 = 32 - 3.2 = 28.8$(亿人次),农村居民

旅游人数为 $\frac{12.40}{1+11.0\%} \approx \frac{12.40}{1+\frac{1}{9}} \approx 1.24 \times 9 = 12.4 - 1.24 = 11.16$(亿人次),最接近的是 C。故本题选 C。

核心技巧五 乘除法转化法

在形如 $\frac{b}{1+x\%}$ 列式中,若 $|x\%|<5\%$,可将 $\frac{b}{1+x\%}$ 转化为 $b \times (1-x\%)$,减少计算量。

化简原理: 平方差公式 $(1-x\%)(1+x\%)=1-x\%^2$,若 $x\%$ 接近 0 时,$x\%^2$ 的值更接近于 0,公式可转化为 $(1-x\%)(1+x\%) \approx 1$,即 $1-x\% \approx \frac{1}{1+x\%}$。推出:

$$\frac{b}{1+x\%} \approx b \times (1-x\%)$$

误差分析: $\frac{b}{1+x\%} = \frac{b \times (1-x\%)}{1-x\%^2} > b \times (1-x\%)$,即实际值大于估计值。

实际值与估计值间的相对误差为 $\dfrac{b \times (1-x\%) - \dfrac{b}{1+x\%}}{\dfrac{b}{1+x\%}} = \dfrac{(1-x\%)\left(1-\dfrac{1}{1-x\%^2}\right)}{\dfrac{1}{1+x\%}}$

$$= (1+x\%)(1-x\%)\frac{-x\%^2}{1-x\%^2} = -x\%^2$$

则当 $|x\%|<5\%$ 时,$x\%^2<0.0025$,对实际结果的影响非常小,可忽略不计。

【示例】 $3\,321 \div (1+3.4\%) = ($ $)$。

 A. 3 212   B. 3 268   C. 3 414   D. 3 450

解读: 由于 $1+3.4\%>1$,则 $3\,321 \div (1+3.4\%)<3\,321$,可以首先排除 C、D 两项;$3.4\%<5\%$,运用乘除法转化法,$3\,321 \div (1+3.4\%) \approx 3\,321 \times (1-3.4\%) = 3\,321 - 3\,321 \times 3\% - 3\,321 \times 0.4\% \approx 3\,321 - 100 - 13 = 3\,208$,与 A 项最接近。故本题选 A。

验证: $3\,321 \div (1+3.4\%) \approx 3\,212$。

表 1　2018 年 12 月乘用车与轿车生产情况

（单位：万辆、%）

项目	12 月	环比增长	同比增长	1—12 月累计	同比累计增长
乘用车	205.5	-3.2	-21.3	2 352.9	-5.2
轿车	101.0	-4.1	-17.9	1 146.6	-4.0

表 2　2018 年 12 月乘用车与轿车销售情况

（单位：万辆、%）

项目	12 月	环比增长	同比增长	1—12 月累计	同比累计增长
乘用车	223.3	2.7	-15.8	2 371.0	-4.1
轿车	102.8	-4.4	-14.3	1 152.8	-2.7

2018 年 1—10 月，轿车生产量比销售量（　　）。

A. 多 3.61 万辆

B. 少 3.61 万辆

C. 多 2.19 万辆

D. 少 2.19 万辆

【答案】D。**解析**：由表 1 可知，2018 年 11 月轿车生产量为 $\frac{101.0}{1-4.1\%}$ ≈ 101×（1+4.1%）≈ 101+101×

4%≈105（万辆），推出 2018 年 1—10 月生产量约为 1 146.6-101.0-105=940.6（万辆）。

由表 2 可知，2018 年 11 月轿车销量为 $\frac{102.8}{1-4.4\%}$ ≈ 102.8×（1+4.4%）≈ 103+103×4%≈107（万

辆），推出 2018 年 1—10 月销量约为 1 152.8-102.8-107=943（万辆）。

则轿车生产量少于销售量，少约 943-940.6=2.4（万辆），D 项最接近。故本题选 D。

核心技巧六　运算拆分法

运算拆分法即将算式中数据拆分成两个或两个以上便于计算的数的和或差的形式，再分别进行相应计算的方法，类似于分配律，常用在乘除法的计算中。

拆分原则：（1）乘法运算中，将其中的一个乘数或两个乘数都进行拆分。

（2）除法运算中，只将被除数进行拆分，除数一般情况下不予拆分。

【示例 1】3 535×（1+11.2‰）= 3 535×1+3 535×1%+3 535×1‰+3 535×0.2‰≈3 535+35+4 = 3 574。

【示例 2】175.5÷13 = （169+6.5）÷13 = 169÷13+6.5÷13 = 13+0.5 = 13.5。

核心技巧七　反算法

针对题干表述为"……超过/不到 X 的……"类题目，根据题目列式结合题干中的具体数值，将除法列式巧妙转化为乘法，从而简化计算。

基本步骤：（1）将除法转化为乘法。

（2）检验">"或"<"关系是否成立，并进行计数。

（3）若正面计数个数较多，可从反面计数，再用总数相减求解。

【示例】2019 年粮食产量为 a，2018 年为 b，则当 a、b 满足什么条件时，2019 年增长率超过 20%？

解读：

粮食产量增长率超过20% → $(a-b) \div b > 20\%$

除法转乘法 → $a-b > 0.2b$　即 $a > 1.2b$ 时，2019年增长率超过20%。

经典例题

	2011年	2012年	2013年	2014年	2015年
□ 营运里程	9.3	9.8	10.2	11.2	12.1
▨ 复线里程	3.9	4.4	4.8	5.7	6.4
▦ 电气化里程	4.6	5.1	5.6	6.5	7.4

2011—2015 年全国铁路营运里程（单位：万公里）

2012—2015 年，有（　　）年全国铁路营运里程增速超过 10%。

A. 0　　　　　　　　B. 1　　　　　　　　C. 2　　　　　　　　D. 3

【答案】A。解析：增速 $=\dfrac{\text{现期量}}{\text{基期量}}-1$。题干要求 "$\dfrac{\text{现期量}}{\text{基期量}}-1 > 10\%$" 的年份数，可转化为求解符合 "现期量 > 基期量 + 0.1 × 基期量" 的年份数。

2012 年，9.8 < 9.3 + 0.93 = 10.XX，不符合；2013 年，10.2 < 9.8 + 0.98 = 10.7X，不符合；

2014 年，11.2 < 10.2 + 1.02 = 11.22，不符合；2015 年，12.1 < 11.2 + 1.12 = 12.3X，不符合。

可知没有任何一年增速超过 10%。故本题选 A。

核心技巧八　同位比较法

同位指相同位置。同位比较法即在相同位置上比较数字大小。当一个分数的分子、分母分别小于另外一个分数的分子、分母，并且两个分数的分子或分母存在明显的倍数或者近似倍数关系时，考虑应用同位比较法求解。

方法原理：两个分数大小比较时，分子大、分母小的分数>分子小、分母大的分数。

应用环境：(1)$A \div B$型：两个分数的分子存在倍数关系，将分子化同或近似化同；两个分数的分母存在倍数关系，将分母化同或近似化同。

(2)$A \times B$型：两个乘积$a \times b$与$c \times d$比较大小，若$a > c$，$d > b$，记$\dfrac{a}{c} = X$，$\dfrac{d}{b} = Y$。若$X = Y$，则$a \times b = c \times d$；若$X > Y$，则$a \times b > c \times d$；若$X < Y$，则$a \times b < c \times d$。

【示例1】 比较$\dfrac{4.38}{12.16}$与$\dfrac{17.48}{50.99}$的大小。

解读：观察发现后者的分子约是前者的4倍，因此可以将前者的分子、分母同时乘4得到$\dfrac{17.52}{48.64}$，比较可知，前者的分子大、分母小，则分数值大，即$\dfrac{4.38}{12.16} > \dfrac{17.48}{50.99}$。

【示例2】 比较0.71×5.04与1.26×2.9的大小。

解读：可比较$\dfrac{0.71}{1.26}$与$\dfrac{2.9}{5.04}$的大小，观察发现后者的分母是前者的4倍，因此可以将前者的分子、分母同时乘以4得到$\dfrac{2.84}{5.04}$，后者分子大，则$\dfrac{0.71}{1.26} < \dfrac{2.9}{5.04}$，因此$0.71 \times 5.04 < 1.26 \times 2.9$。

核心技巧九　差分法

两个分数$\dfrac{a}{b}$与$\dfrac{c}{d}$（$a > c$、$b > d$）比较大小，通过比较$\dfrac{a-c}{b-d}$与$\dfrac{c}{d}$的大小关系来确定$\dfrac{a}{b}$与$\dfrac{c}{d}$的大小关系。

应用原则：两个分数$\dfrac{a}{b}$和$\dfrac{c}{d}$，如果$a > c$，$b > d$，$\dfrac{a}{b}$记为"大分数"，$\dfrac{c}{d}$记为"小分数"，$\dfrac{a-c}{b-d}$记为"差分数"。

比较原则：(1)若$\dfrac{a-c}{b-d} = \dfrac{c}{d}$，则$\dfrac{a}{b} = \dfrac{c}{d}$；(2)$\dfrac{a-c}{b-d} > \dfrac{c}{d}$，则$\dfrac{a}{b} > \dfrac{c}{d}$；(3)$\dfrac{a-c}{b-d} < \dfrac{c}{d}$，则$\dfrac{a}{b} < \dfrac{c}{d}$。

【示例】 比较$\dfrac{5.32}{4.25}$与$\dfrac{4.27}{3.01}$的大小。

解读：差分数为$\dfrac{5.32-4.27}{4.25-3.01} = \dfrac{1.05}{1.24}$，$\dfrac{1.05}{1.24} < 1 < \dfrac{4.27}{3.01}$，因此，$\dfrac{5.32}{4.25} < \dfrac{4.27}{3.01}$。

第四篇 ▶▶▶

经济金融专业知识

经济

本章导读

本篇内容适用于报考经济金融岗位的考生。2021年度中国进出口银行秋季校园招聘考试(经济金融岗)笔试试卷中,对经济学部分的考查比重相对较小,只有2道题目,涉及考点为宏观经济运行特征和通货膨胀类型。虽然考查题量少,但考查形式包含单项选择题和多项选择题,个别题目需代入具体情境进行分析,因此要求考生扎实地掌握经济学理论知识,并能够灵活运用。

第一讲　供求理论

核心考点一　需求

一、需求概述

(一)需求的含义

需求是指消费者在一定时期内、在各种可能的价格水平下愿意而且能够购买的某种商品的数量。

由需求的含义可知:

$$\left\{\begin{array}{l}购买欲望\\购买能力(消费能力)\end{array}\right. \xrightarrow{\text{同时具备}} 形成需求$$

(二)影响需求量的因素

商品的需求量受多种因素的影响,主要因素有商品自身的价格、相关商品的价格、消费者的收入水平、消费者的偏好等。相关商品包括替代品和互补品。如果两种商品之间可以相互替代以满足消费者的某种需求,就称这两种商品互为替代品。如果两种商品必须同时使用才能满足消费者的某种需求,就称这两种商品互为互补品。这些因素对需求量的影响见下表。

表 4-1-1　影响需求量的因素

影响因素	内容
商品自身的价格	商品价格越高,该商品的需求量越小;商品价格越低,该商品的需求量越大
相关商品的价格	(1)替代商品的价格越高,该商品的需求量越大;替代商品的价格越低,该商品的需求量越小。例如:牛肉和羊肉 (2)互补商品的价格越高,该商品的需求量越小;互补商品的价格越低,该商品的需求量就越大。例如:汽车和汽油
消费者的收入水平	消费者收入水平提高,该商品的需求量增加;消费者收入水平下降,该商品的需求量减少
消费者的偏好	消费者对某商品偏好程度增强,该商品的需求量增加;消费者对某商品偏好程度减弱,该商品的需求量减少
消费者对商品价格的预期	消费者预期未来某商品价格会上升,就会增加对该商品现期的需求量;消费者预期未来某商品价格会下降,就会减少对该商品现期的需求量
消费人数的变化	一个商品市场上消费者人数的增减会直接影响该市场上需求量的多少

二、需求曲线概述

(一)需求函数

需求函数是表示一种商品的需求数量和影响该需求数量的各种因素之间的相互关系。

假定其他因素保持不变,仅考虑商品自身的价格与该商品需求量的关系,即把一种商品的需求量仅仅看成是这种商品的价格的函数,则价格与需求量之间的函数如下:

$$Q_d = f(P)$$

其中,P 为商品的价格,Q_d 为商品的需求量。

(二)需求表

商品的需求表是表示某种商品的各种价格水平和与各种价格水平相对应的该商品需求量之间关系的数字序列表。具体内容见下表。

表 4-1-2　某商品的需求表

价格—需求量组合	A	B	C	D	E	F	G
价格(元)	1	2	3	4	5	6	7
需求量(单位数)	700	600	500	400	300	200	100

(三)需求曲线

1. 线性需求曲线

商品的需求曲线是根据需求表中不同的价格—需求量组合,在平面直角坐标系上所绘制的一条曲线。需求曲线可以是直线型的,也可以是曲线型的。线性需求函数的通常形式如下:

$$Q_d = \alpha - \beta P$$

其中,α、β 为常数,且 α、$\beta > 0$。该函数所对应的需求曲线为一条直线。

图 4-1-1 为根据表 4-1-2 绘制的需求曲线。其中，横轴 OQ 表示商品的数量，纵轴 OP 表示商品的价格。

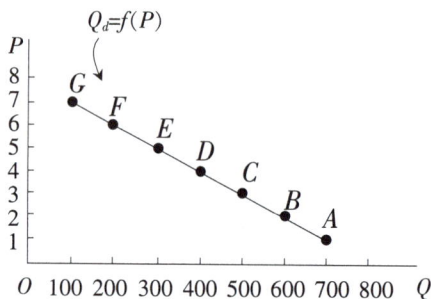

图 4-1-1　某商品的需求曲线

2. 需求曲线的移动

需求曲线通常受多种因素的共同影响而发生位置的移动。影响需求曲线位置移动的因素主要包括以下几项：

（1）消费者收入水平的变动。

（2）相关商品价格的变动。

（3）消费者偏好的变化。

（4）消费者对商品价格预期的变化。

某商品价格不变的情况下，当发生对需求有利的变化，比如消费者收入增加、替代品价格上升、互补品价格下降或者消费者对商品偏好增强时，需求曲线将向右上方移动；反之，则向左下方移动。

（四）需求定理

在其他条件不变的情况下，商品的需求量与价格成反方向变动，即商品价格越高，商品的需求量越低；商品价格越低，商品的需求量越高。

需求定理并不是对所有商品都是有效的，吉芬商品、炫耀性商品以及投机性商品等并不符合需求定理。在其他因素不变的情况下，当商品价格上升时，吉芬商品的需求量不降反增。

核心考点二　供给

一、供给概述

（一）供给的含义

供给是指生产者在一定时期内在各种可能的价格下愿意并且能够提供出售的某种商品的数量。

根据供给的定义可知：

$$\left\{\begin{array}{l}出售的愿望\\出售的能力\end{array}\right.\xrightarrow[\text{同时具备}]{}形成供给$$

（二）影响供给量的因素

影响某商品的供给量的主要因素有商品自身的价格、生产的成本、生产的技术水平、相关商品的价格、生产者对未来的预期、生产者数量等。这些因素对供给量的影响见下表。

表 4-1-3　影响供给量的因素

影响因素	对供给量的影响
商品自身的价格	某种商品的价格越高,该商品的供给量就越多;某种商品的价格越低,该商品的供给量就越少
生产的成本	某种商品的生产成本下降,该商品的供给量增加;某种商品的生产成本上升,该商品的供给量减少
生产的技术水平	一般情况下,生产某种商品的技术水平的提高可以降低生产成本,从而增加该种商品的供给量;反之,则供给量减少
相关商品的价格	(1)某种商品价格不变,其替代品的价格上升,该商品的供给量减少;反之,则供给量增加 (2)某种商品价格不变,其互补品的价格上升,该商品的供给量增加;反之,则供给量减少
生产者对未来的预期	生产者对未来的预期看好,则增加商品供给;生产者对未来的预期悲观,则减少商品供给
生产者数量	一个商品市场上生产者数量增加,会使市场上该商品的供给数量增加;反之,则供给数量减少

二、供给曲线概述

（一）供给函数

供给函数是指一种商品的供给量与影响该供给数量的各种因素之间的相互关系。

假定其他因素均不发生变化,仅考虑一种商品的价格变化对其供给量的影响,即把一种商品的供给量只看成是这种商品价格的函数,则供给函数就可用下式表示：

$$Q_s=f(P)$$

式中,P 为商品的价格;Q_s 为商品的供给量。

（二）供给表

商品的供给表是表示某种商品的各种价格及其相对应的该商品的供给数量之间的数字序列表。具体内容见下表。

表 4-1-4　某商品的供给表

价格—供给量组合	A	B	C	D	E
价格（元）	2	3	4	5	6
供给量（单位数）	0	200	400	600	800

（三）供给曲线

1. 线性供给曲线

商品的供给曲线是根据供给表中的商品的价格—供给量组合在平面直角坐标系上所绘制的一条曲线。供给曲线可以是直线型，也可以是曲线型，在微观经济学分析中，使用较多的是线性供给函数。线性供给函数的形式如下：

$$Q_s = -\delta + \gamma P$$

其中，δ、γ 为常数，且 δ、$\gamma > 0$。

图 4-1-2 为根据表 4-1-4 绘制的供给曲线。其中，横轴 OQ 表示商品的数量，纵轴 OP 表示商品的价格。

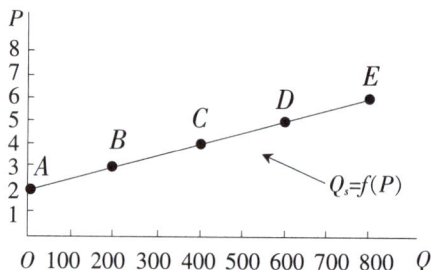

图 4-1-2　某商品的供给曲线

2. 供给曲线的移动

影响供给曲线位置移动的因素主要包括以下几项：①生产成本的变动；②生产技术的变化；③相关商品价格的变动；④生产者对未来预期的变化等。

某商品价格不变的情况下，当发生对供给有利的变化，比如生产成本降低、生产技术提高、互补品价格上升或者生产者对未来预期乐观时，供给曲线将向右下方移动；反之，则向左上方移动。

（四）供给定理

供给定理是指在其他条件不变的情况下，商品的供给量与价格同方向变动，即价格越高，供给量越大；价格越低，供给量越小。

生活中也存在不符合供给定理的情况，例如劳动力的供给、囤积居奇等。

核心考点三　均衡价格

一、市场均衡的含义及均衡价格的决定

市场均衡是指生产者愿意而且能够提供的商品量恰好等于消费者愿意而且能够购买的商品量的状态。供给曲线和需求曲线的交叉点就是市场的均衡点。

一种商品的均衡价格是指该种商品的市场需求量和市场供给量相等时的价格。均衡价格水平下的相等的供求数量被称为均衡数量。

假设需求曲线和供给曲线均为线性,即:

$$需求函数\ Q_d = \alpha - \beta P$$
$$供给函数\ Q_s = -\delta + \gamma P$$
$$均衡条件\ Q_d = Q_s$$

此时可以求出均衡价格和均衡数量。

二、市场均衡的变动

市场均衡主要受两方面因素的影响:一是需求的变动;二是供给的变动。二者对市场均衡的影响见下表。

表4-1-5 需求的变动和供给的变动对市场均衡的影响

影响情形	市场均衡的变动
供给不变,需求变动	需求增加,均衡价格和均衡数量增加;需求减少,均衡价格和均衡数量减少
需求不变,供给变动	供给增加,均衡价格下降,均衡数量增加;供给减少,均衡价格上升,均衡数量减少
需求和供给同时发生变动	这两种因素共同作用下的均衡价格及均衡数量,取决于需求和供给变动的幅度

备 考 锦 囊

在微观经济分析中,市场均衡可以分为局部均衡和一般均衡。 局部均衡是就单个市场或部分市场的供求与价格之间的关系和均衡状态进行分析。 一般均衡是就一个经济社会中的所有市场的供求与价格之间的关系和均衡状态进行分析。 在一般均衡分析中,每一商品的需求和供给不仅取决于该商品本身的价格,而且也取决于所有其他商品的价格。

供求定理:在其他条件不变的情况下,需求变动分别引起均衡价格和均衡数量的同方向变动;供给变动引起均衡价格的反方向变动,引起均衡数量的同方向变动。

核心考点四 需求弹性

一、需求弹性的含义、计算及分类

需求方面的弹性主要包括需求的价格弹性、需求的交叉价格弹性和需求的收入弹性。其中,需求的价格弹性又被简称为需求弹性。具体内容见下表。

表 4-1-6   需求弹性的含义、计算及分类

需求的弹性	含义	计算	分类
需求的价格弹性	需求的价格弹性表示在一定时期内一种商品的需求量变动对于该商品的价格变动的反应程度。或者说，表示在一定时期内当一种商品的价格变化百分之一时所引起的该商品的需求量变化的百分比	需求的价格弹性系数 $=-\dfrac{\text{需求量变动率}}{\text{价格变动率}}$ 需求的价格弧弹性公式如下： $$e_d=-\dfrac{\dfrac{\Delta Q}{Q}}{\dfrac{\Delta P}{P}}=-\dfrac{\Delta Q}{\Delta P}\cdot\dfrac{P}{Q}$$ 需求的价格点弹性公式如下： $$e_d=\lim_{\Delta P\to 0}-\dfrac{\dfrac{\Delta Q}{Q}}{\dfrac{\Delta P}{P}}=-\dfrac{\mathrm{d}Q}{\mathrm{d}P}\cdot\dfrac{P}{Q}$$ 需求的价格弧弹性的中点公式如下： $$e_d=-\dfrac{\Delta Q}{\Delta P}\cdot\dfrac{\dfrac{P_1+P_2}{2}}{\dfrac{Q_1+Q_2}{2}}$$	需求的价格弹性有以下五种类型： (1) 当 $e_d<1$ 时，需求量对价格变动的反应不敏感，被称为缺乏弹性 (2) 当 $e_d>1$ 时，需求量对价格变动的反应敏感，被称为富有弹性 (3) 当 $e_d=1$ 时，被称为单位弹性或者单一弹性 (4) 当 $e_d=\infty$ 时，需求曲线呈水平状态，相对于无穷小的价格变化率，需求量的变化率是无穷大，被称为完全弹性 (5) 当 $e_d=0$ 时，需求曲线呈垂直状态，即不管价格如何变动，需求量始终不变，被称为完全无弹性
需求的交叉价格弹性	需求的交叉价格弹性表示在一定时期内一种商品的需求量的变动对于它的相关商品的价格变动的反应程度。或者说，表示在一定时期内当一种商品的价格变化百分之一时所引起的另一种商品的需求量变化的百分比	需求的交叉价格弧弹性的公式如下： $$e_{XY}=\dfrac{\dfrac{\Delta Q_X}{Q_X}}{\dfrac{\Delta P_Y}{P_Y}}=\dfrac{\Delta Q_X}{\Delta P_Y}\cdot\dfrac{P_Y}{Q_X}$$ 其中，ΔQ_X 为商品 X 的需求量的变化量；ΔP_Y 为相关商品 Y 的价格的变化量 需求的交叉价格点弹性的公式如下： $$e_{XY}=\lim_{\Delta P_Y\to 0}\dfrac{\dfrac{\Delta Q_X}{Q_X}}{\dfrac{\Delta P_Y}{P_Y}}=\dfrac{\mathrm{d}Q_X}{\mathrm{d}P_Y}\cdot\dfrac{P_Y}{Q_X}$$	需求的交叉价格弹性系数的符号取决于所考察的 X、Y 两种商品的相关关系。商品之间的相关关系可以分为三种：替代关系、互补关系、无相关关系 (1) 若 e_{XY} 为正值，则这两种商品之间为替代关系 (2) 若 e_{XY} 为负值，则这两种商品之间为互补关系 (3) 若 e_{XY} 为零，则这两种商品之间无相关关系

需求的弹性	含义	计算	分类
需求的收入弹性	需求的收入弹性表示在一定时期内消费者对某种商品的需求量的变动对于消费者收入量变动的反应程度。或者说，表示在一定时期内当消费者的收入变化百分之一时所引起的商品需求量变化的百分比	需求的收入弧弹性公式如下： $$e_M = \dfrac{\dfrac{\Delta Q}{Q}}{\dfrac{\Delta M}{M}} = \dfrac{\Delta Q}{\Delta M} \cdot \dfrac{M}{Q}$$ 需求的收入点弹性公式如下： $$e_M = \lim_{\Delta M \to 0} \dfrac{\dfrac{\Delta Q}{Q}}{\dfrac{\Delta M}{M}} = \dfrac{\mathrm{d}Q}{\mathrm{d}M} \cdot \dfrac{M}{Q}$$	（1）$e_M > 0$ 的商品为正常品，因为，$e_M > 0$ 意味着该商品的需求量与消费者收入水平成同方向变化。在正常品中，$e_M < 1$ 的商品为必需品，$e_M > 1$ 的商品为奢侈品 （2）$e_M < 0$ 的商品为劣等品，因为，$e_M < 0$ 意味着该商品需求量与收入水平成反方向变化

备考锦囊

一般情况下，根据定义，需求的价格弹性为负值。但在实际应用中，为便于弹性大小的比较，在上表计算公式中加了一个负号使其系数为正。

线性需求曲线上的点弹性有一个明显的特征：在线性需求曲线上的点的位置越高，相应的点弹性系数值越大；相反，位置越低，相应的点弹性系数值就越小。

二、影响需求的价格弹性的因素

（1）商品的可替代性。一般来说，某商品的可替代品越多，相近程度越高，则该商品的需求的价格弹性往往就越大；相反，该商品的需求的价格弹性往往就越小。

（2）商品本身用途的广泛性。一般来说，一种商品的用途越广泛，它的需求的价格弹性就可能越大；相反，用途越狭窄，它的需求的价格弹性就可能越小。

（3）商品对消费者生活的重要程度。一般来说，生活必需品的需求的价格弹性较小，非必需品的需求的价格弹性较大。

（4）商品的消费支出在消费者预算总支出中所占的比重。消费者在某商品上的消费支出在预算总支出中所占的比重越大，该商品的需求的价格弹性可能越大；反之，则越小。

（5）所考察的消费者调节需求量的时间。一般来说，所考察的调节时间越长，则需求的价格弹性就可能越大。

第二讲　效用理论

核心考点一　基数效用论

效用是指商品满足人的欲望的能力评价,或者说,效用是指消费者在消费商品时所感受到的满足程度。

一、基数效用论的基本观点

效用是可以计量并加总求和的,因此,效用的大小可以用基数(1,2,3,……)来表示。效用可以计量,就是指消费者消费某一物品所得到的满足程度可以用效用单位来进行衡量。效用可加总求和,就是指消费者消费几种物品所得到的满足程度可以加总而得出总效用。基数效用论分析消费者行为采用的是边际效用分析法。

二、总效用与边际效用

总效用(TU)是指消费者在一定时间内从一定数量商品的消费中所得到的效用量的总和。

边际效用(MU)是指消费者在一定时间内增加一单位商品的消费所得到的效用量的增量。

当边际效用为正值时,总效用呈上升趋势;当边际效用为零时,总效用达到最高;当边际效用为负值时,总效用呈下降趋势。

三、边际效用递减规律

在其他商品消费数量保持不变的情况下,随着消费者在一定时间内对某种商品消费量的增加,他从每增加一单位商品的消费中所获得的效用增量呈逐渐递减的趋势,即消费者消费后一单位商品所获得的效用增量小于他消费前一单位商品所获得的效用增量。总效用有可能达到一个极大值,此时边际效用为零;若继续增加该商品的消费量,则会使边际效用为负值,从而减少总效用。这种在人们日常生活中普遍存在的现象,被称为边际效用递减规律。

四、消费者剩余

消费者对每一单位商品所愿意支付的最高价格取决于这一单位商品的边际效用。由于商品的边际效用是递减的,所以,消费者对某种商品所愿意支付的最高价格是逐步下降的,但其不等于该商品在市场上的实际价格。于是,在消费者愿意支付的最高价格和实际的市场价格之间就产生了一个差额,这个差额便构成了消费者剩余的基础。

例如:某种包子的市场价格为每个 3 元,随着包子的边际效用递减,消费者在购买第一、

二、三、四个包子时愿意支付的最高价格分别为 5 元、4.5 元、4 元、3.5 元。这样,他为购买四个包子所愿意支付的最高总金额为 17 元,但他实际支付了 12 元,两者的差额 5 元就是消费者剩余。由此可见,消费者剩余是消费者在购买一定数量的某种商品时愿意支付的最高总价格和实际支付的总价格之间的差额。

核心考点二　序数效用论

一、序数效用论的基本观点

效用作为一种心理现象无法计量,也不能加总求和,只能表示出满足程度的高低与顺序,因此,效用只能用序数(第一、第二、第三,……)来表示。序数效用论采用的是无差异曲线分析法。

二、无差异曲线

(一)消费者偏好的三个基本假定

偏好是消费者对任意两个商品组合所做的一个排序。序数效用论者对消费者偏好的三个基本假定见下表。

表 4-1-7　消费者偏好的三个基本假定

基本假定	假定内容
偏好的完全性	消费者总是可以比较和排列所给出的不同商品组合
偏好的可传递性	对于任何三个商品组合 A、B 和 C,如果消费者对 A 的偏好大于对 B 的偏好,对 B 的偏好大于对 C 的偏好,那么,在 A、C 这两个组合中,必定有消费者对 A 的偏好大于对 C 的偏好
偏好的非饱和性	如果两个商品组合的区别仅在于其中一种商品的数量不相同,那么,消费者总是偏好于含有这种商品数量较多的那个商品组合,即消费者对每一种商品的消费都没有达到饱和点。或者说,对于任何一种商品,消费者总是认为数量多比数量少好

(二)无差异曲线的含义

无差异曲线用来表示消费者偏好相同的两种商品的所有组合。或者说,它表示能够给消费者带来相同的效用水平或满足程度的两种商品的所有组合。

(三)无差异曲线的图形及特征

用无差异曲线来表示消费者偏好,下图为某消费者的无差异曲线。

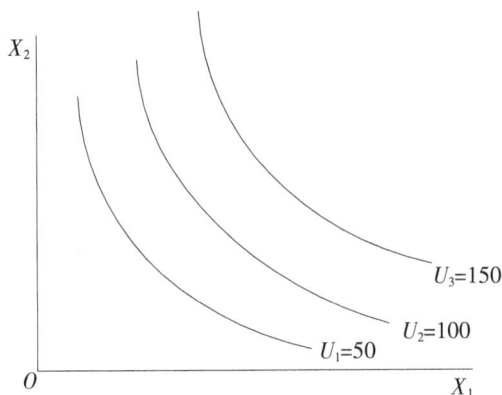

图 4-1-3　某消费者的无差异曲线

在任何一条无差异曲线上,消费者的任何一点的效用都相同,且偏离原点越远的曲线,其效用水平或满足程度越高。

无差异曲线的特征:①同一坐标平面上的任何两条无差异曲线之间,可以有无数条无差异曲线;②同一坐标平面上的任何两条无差异曲线均不会相交;③无差异曲线是凸向原点的。

（四）商品的边际替代率

在维持效用水平不变的前提下,消费者增加一单位某种商品的消费数量时所需要放弃的另一种商品的消费数量,被称为商品的边际替代率。

如果用商品 1 代替商品 2,ΔX_1 表示商品 1 的增加量,ΔX_2 表示商品 2 的减少量,则商品 1 对商品 2 的边际替代率可用下式表示:

$$MRS_{12} = -\frac{\Delta X_2}{\Delta X_1}$$

由于 ΔX_1 是增加量,ΔX_2 是减少量,两者的符号肯定是相反的,所以,为了使 MRS_{12} 的计算结果是正值,以便于比较,就在公式中加了一个负号。

在两种商品的替代过程中,普遍存在商品的边际替代率递减规律,即在维持效用水平不变的前提下,随着一种商品的消费数量的连续增加,消费者为得到每一单位的这种商品所需要放弃的另一种商品的消费数量是递减的。

（五）无差异曲线的特殊形状

无差异曲线的形状表明在维持效用水平不变的前提下,一种商品对另一种商品的替代程度。由边际替代率递减规律决定的无差异曲线的形状是凸向原点的,这是无差异曲线的一般形状。此外,两种极端情况对应的无差异曲线有着特殊的形状。

1. 完全替代品的情况

完全替代品指两种商品之间的替代比例是固定不变的情况。在完全替代的情况下,两种商品之间的边际替代率 MRS_{12} 就是一个常数,相应的无差异曲线是一条斜率不变的直线。

2. 完全互补品的情况

完全互补品指两种商品必须按固定不变的比例同时被使用的情况。在完全互补的情况下,相应的无差异曲线为直角形状。

核心考点三　收入效应和替代效应

一种商品价格的变化会引起该商品的需求量的变化,这种变化可以被分解为替代效应和收入效应两个部分。

收入效应:由商品的价格变动所引起的实际收入水平的变动,进而由实际收入水平变动所引起的商品需求量的变动。

替代效应:由商品的价格变动所引起的商品相对价格的变动,进而由商品的相对价格变动所引起的商品需求量的变动。

总效应等于替代效应与收入效应之和,不同物品的收入效应和替代效应相互作用的结果不同。

一、正常品的收入效应和替代效应

对于正常品来说,替代效应与价格成反方向的变动,收入效应也与价格成反方向的变动,在它们的共同作用下,总效应必定与价格成反方向的变动。正因为如此,正常品的需求曲线是向右下方倾斜的。

二、劣等品的替代效应和收入效应

对于劣等品来说,替代效应与价格成反方向的变动,收入效应与价格成同方向的变动,而且,在大多数场合,其收入效应的作用小于替代效应的作用,所以,总效应与价格成反方向的变动,相应的需求曲线是向右下方倾斜的。

三、吉芬品的替代效应和收入效应

在少数场合下,某些劣等品的收入效应的作用会大于替代效应的作用,于是,就会出现违反需求曲线向右下方倾斜的现象。这类物品就是吉芬品。

吉芬品是一种特殊的劣等品。作为劣等品,吉芬品的替代效应与价格成反方向的变动,收入效应与价格成同方向的变动。吉芬品的特殊性就在于:它的收入效应的作用很大,以至于超过了替代效应的作用,从而使得总效应与价格成同方向的变动。这也就是吉芬品的需求曲线呈现出向右上方倾斜的原因。

第三讲　生产理论

厂商进行生产的过程就是从投入生产要素到生产出产品的过程。生产要素一般被划分为劳动、土地、资本和企业家才能这四种类型。生产过程中生产要素的投入量和产品的产出量之间的关系,可以用生产函数来表示。生产函数表示在一定时期内,在一定技术条件下,生产中所使用的各种生产要素的数量与所能生产的最大产量之间的关系。

微观经济学的生产理论可以分为短期生产理论和长期生产理论。短期是指生产者来不及调整全部生产要素的数量,至少有一种生产要素的数量是固定不变的生产周期。长期是指生产者可以调整全部生产要素的生产周期。

核心考点一　短期生产理论

一、短期生产函数

短期内,假设资本投入量不变,用 $\overline{K}$ 表示,只有劳动投入量可变,用 L 表示,则短期生产函数如下:

$$Q=f(L,\overline{K})$$

二、总产量、平均产量和边际产量

总产量(TP)是指投入一定量的可变生产要素以后所得到的产出量总和。

平均产量(AP)是指平均每单位可变生产要素投入的产出量,如果用 X 表示某生产要素投入量,那么 $AP = TP/X$。

边际产量(MP)是指增加或减少一单位可变生产要素投入量所带来的产出量的变化,如果用 ΔTP 表示总产量的增量,ΔX 表示可变生产要素的增量,那么 $MP = \Delta TP/\Delta X$。

三、边际报酬递减规律

边际报酬递减规律成立的两个基本前提条件:一是生产技术是给定的;二是其他要素投入量是固定不变的。对短期生产函数来说,边际产量表现出的先上升而最终下降的特征,被称为边际报酬递减规律,有时也被称为边际产量递减规律或边际收益递减规律。

在技术水平不变的条件下,在连续等量地把某一种可变生产要素增加到其他一种或几种数量不变的生产要素上去的过程中,当这种可变生产要素的投入量小于某一特定值时,增加该要素投入所带来的边际产量是递增的;当这种可变要素的投入量连续增加并超过这个特定值时,增加该要素投入所带来的边际产量是递减的。这就是边际报酬递减规律。边际报酬递减规律是短期生产的一条基本规律。

核心考点二　长期生产理论

一、长期生产函数

在长期内,所有的生产要素的投入量都是可变的,多种可变生产要素的长期生产函数可以写成如下形式:

$$Q=f(X_1,X_2,\cdots\cdots,X_n)$$

式中,Q 为产量;$X_i(i=1,2,\cdots\cdots,n)$ 为第 i 种可变生产要素的投入数量。该生产函数表示:长期内在技术水平不变的条件下由 n 种可变生产要素投入量的一定组合所能生产的最大产量。

在生产理论中,为了简化分析,通常以两种可变生产要素的生产函数来考察长期生产问题。假定生产者使用劳动和资本两种可变生产要素来生产一种产品,则两种可变生产要素的长期生产函数可以写成如下形式:

$$Q = f(L, K)$$

式中,L 为可变要素劳动的投入量;K 为可变要素资本的投入量;Q 为产量。

二、等产量曲线

等产量曲线是在技术水平不变的条件下,生产同一产量水平的两种生产要素投入量的所有不同组合的轨迹。

等产量曲线具有以下四个特征:①在一个坐标平面上可以有无数条等产量曲线。每一条等产量曲线都代表一个产量水平,同一曲线表示相同产量;②离原点越近(或越远)的等产量曲线代表的产量水平越低(或越高);③同一坐标平面上的任意两条等产量曲线都不会相交;④凸向原点(由边际技术替代率递减规律决定)。

三、边际技术替代率及其递减规律

边际技术替代率是指在维持产量水平不变的条件下,增加一单位某种生产要素的投入量时所减少的另一种要素的投入量。边际技术替代率还可以表示为两要素的边际产量之比。

在两种生产要素相互替代的过程中,普遍存在一种现象:在维持产量不变的前提下,当一种生产要素的投入量不断增加时,每一单位的这种生产要素所能替代的另一种生产要素的数量是递减的。这一现象被称为边际技术替代率递减规律。

四、规模报酬

规模报酬分析涉及的是企业的生产规模变化与所引起的产量变化之间的关系。企业只有在长期内才可能变动全部生产要素,进而变动生产规模,因此,企业的规模报酬分析属于长期生产理论问题。企业的规模报酬变化可以分为规模报酬递增、规模报酬不变和规模报酬递减三种情况。这三种情况的具体内容见下表。

表 4-1-8　规模报酬变化的三种情况

类型	规模报酬递增	规模报酬递减	规模报酬不变
概念	产量增加的比例大于各种生产要素增加的比例,被称为规模报酬递增	产量增加的比例小于各种生产要素增加的比例,被称为规模报酬递减	产量增加的比例等于各种生产要素增加的比例,被称为规模报酬不变
举例	当全部的生产要素劳动和资本都增加 100% 时,产量的增加大于 100%	当全部的生产要素劳动和资本都增加 100% 时,产量的增加小于 100%	当全部的生产要素劳动和资本都增加 100% 时,产量也增加 100%

类型	规模报酬递增	规模报酬递减	规模报酬不变
产生原因	生产规模扩大后,企业能够利用更先进的技术和机器设备等生产要素;内部分工更合理和专业化;人数较多的技术培训和规模生产经营管理可以节省成本	由于企业生产规模过大,使得生产的各个方面难以得到协调,从而降低了生产效率	—
公式定义	令生产函数 $Q=f(L,K)$,如果 $f(\lambda L,\lambda K)>\lambda f(L,K)$ 且常数 $\lambda>1$,则生产函数 $Q=f(L,K)$ 具有规模报酬递增的性质	令生产函数 $Q=f(L,K)$,如果 $f(\lambda L,\lambda K)<\lambda f(L,K)$ 且常数 $\lambda>1$,则生产函数 $Q=f(L,K)$ 具有规模报酬递减的性质	令生产函数 $Q=f(L,K)$,如果 $f(\lambda L,\lambda K)=\lambda f(L,K)$ 且常数 $\lambda>1$,则生产函数 $Q=f(L,K)$ 具有规模报酬不变的性质

一般说来,在长期生产过程中,企业规模报酬的变化呈现出如下规律:当企业从最初很小的生产规模开始逐步扩大的时候,企业面临的是规模报酬递增的阶段。在企业得到了由生产规模扩大所带来的产量递增的全部好处以后,一般会继续扩大生产规模,将生产保持在规模报酬不变的阶段,这个阶段有可能比较长。在这以后,企业若继续扩大生产规模,就会进入规模报酬递减的阶段。

第四讲　成本理论

核心考点一　成本的基本概念

一、机会成本

机会成本是指生产者所放弃的使用相同的生产要素在其他生产用途中所能获得的最高收入。

二、显性成本和隐性成本

企业的生产成本可以分为显性成本和隐性成本两个部分。

显性成本即会计成本,指厂商在要素市场上购买或租用他人所拥有的生产要素的实际支出。

隐性成本是指应支付给厂商自有的且被用于生产过程中的那些生产要素的总价格。

三、经济利润

企业的所有显性成本和隐性成本之和构成总成本。企业的经济利润指企业的总收益和总成本之间的差额,简称企业的利润。企业所追求的最大利润,指的就是最大的经济利润。

经济利润也被称为超额利润。在此需注意区别经济利润与会计利润,会计利润等于总收益减去显性成本,经济利润不等于会计利润。

在西方经济学中还需区别经济利润和正常利润。正常利润通常是指厂商对自己所提供的企业家才能的报酬支付。正常利润是厂商生产成本的一部分,以隐性成本计入成本。

核心考点二　短期成本

一、短期成本的基本概念

在短期,厂商的成本有不变成本部分和可变成本部分之分。具体可分为以下七种:总成本(TC)、总不变成本(TFC)、总可变成本(TVC)、平均总成本(AC)、平均不变成本(AFC)、平均可变成本(AVC)、边际成本(MC)。这七种短期成本的具体内容见下表。

表4-1-9　各类短期成本的基本内容

类型	概念	公式	图像
总成本 (TC)	厂商在短期内为生产一定数量的产品对全部生产要素所付出的总成本	$TC = TFC + TVC$	
总不变成本 (TFC)	厂商在短期内为生产一定数量的产品对不变生产要素支付的总成本,如机器、厂房等	—	
总可变成本 (TVC)	厂商在短期内为生产一定数量的产品对可变生产要素所付出的总成本,如原材料、燃料、辅助材料等	—	

类型	概念	公式	图像
平均总成本（AC）	厂商在短期内平均每生产一单位产品所支付的全部成本	$AC = \dfrac{TC}{Q} = AFC + AVC$	
平均不变成本（AFC）	厂商在短期内平均每生产一单位产品所支付的不变成本	$AFC = \dfrac{TFC}{Q}$	
平均可变成本（AVC）	厂商在短期内平均每生产一单位产品所支付的可变成本	$AVC = \dfrac{TVC}{Q}$	
边际成本（MC）	厂商在短期内增加一单位产量时所增加的总成本	$MC = \dfrac{\Delta TC}{\Delta Q} = \dfrac{dTC}{dQ}$	

二、短期成本变动的决定因素：边际报酬递减规律

边际报酬递减规律是短期生产的一条基本规律，它也决定了短期成本曲线的特征。

在边际报酬递减规律作用下的短期边际产量和短期边际成本之间存在着一定的对应关系。这种对应关系可以表述如下：在短期生产中，边际产量的递增阶段对应的是边际成本的递减阶段，边际产量的递减阶段对应的是边际成本的递增阶段，与边际产量的最大值相对应的是边际成本的最小值。正因为如此，在边际报酬递减规律作用下的 MC 曲线表现出先降后升的 U 形特征。

核心考点三　长期成本

在长期内,厂商的长期成本可以分为长期总成本(*LTC*)、长期平均成本(*LAC*)和长期边际成本(*LMC*)。上述三类长期成本的概念及函数等内容见下表。

表4-1-10　各类长期成本的基本内容

类型	概念	公式	图像
长期总成本 (*LTC*)	厂商在长期中在每一个产量水平上通过选择最优的生产规模所能达到的最低总成本	$LTC = LTC(Q)$	 长期总成本曲线是无数条短期总成本曲线的包络线。它表示:当产量为零时,长期总成本为零,以后随着产量的增加,长期总成本是增加的。而且,长期总成本 *LTC* 曲线的斜率先递减,经拐点之后,又变为递增
长期平均成本 (*LAC*)	厂商在长期内按产量平均计算的最低总成本	$LAC = \dfrac{LTC(Q)}{Q}$	 在长期中,厂商可以根据它所要达到的产量来调整生产规模,从而始终处于最低平均成本状态

类型	概念	公式	图像
长期边际成本（LMC）	厂商在长期内增加一单位产量所增加的最低总成本	$LMC = \dfrac{\Delta LTC(Q)}{\Delta Q}$	长期边际成本曲线呈 U 形，它与长期平均成本曲线相交于长期平均成本曲线的最低点

备考锦囊

　　长期平均成本曲线的 U 形特征是由长期生产中的规模经济和规模不经济决定的。在企业生产扩张的开始阶段，厂商由于扩大生产规模而使经济效益得到提高，这便是规模经济；当生产扩张到一定规模后，厂商继续扩大生产规模会使经济效益下降，这便是规模不经济。一般来说，在企业的生产规模由小到大的扩张过程中，会先后出现规模经济和规模不经济。

第五讲　市场结构

一、市场类型的划分和特征

　　市场是物品买卖双方相互作用并得以决定其交易价格和交易数量的一种组织形式或制度安排。决定市场类型划分的主要因素有以下四个：第一，市场上厂商的数目；第二，厂商所生产的产品的差别程度；第三，单个厂商对市场价格的控制程度；第四，厂商进入或退出一个行业的难易程度。市场类型的划分和特征见下表。

表 4-1-11　市场类型的划分和特征

市场类型	厂商数目	产品差异程度	对价格的控制程度	进出一个行业的难易程度	接近哪种商品市场
完全竞争	很多	完全无差别	没有	很容易	一些农产品
垄断竞争	很多	有差别	有一些	比较容易	一些轻工业产品、零售业
寡头	几个	有差别或者无差别	相当程度	比较困难	钢、汽车、石油
垄断	唯一	唯一的产品，且无相近的替代品	很大程度，但经常受到管制	很困难，几乎不可能	公用事业，如水、电

二、完全竞争市场

完全竞争又称"纯粹竞争",是指不存在任何阻碍和垄断因素,且完全非个性化的市场结构。

完全竞争市场必须具备以下四个条件:①市场上有大量的买者和卖者;②市场上每一个厂商提供的商品都是完全同质的;③所有的资源具有完全的流动性;④信息是完全的。

三、垄断市场

垄断市场是指整个行业中只有唯一的一个厂商的市场组织。

垄断市场的条件主要有以下三点:第一,市场上只有唯一的一个厂商生产和销售商品;第二,该厂商生产和销售的商品没有任何相近的替代品;第三,其他任何厂商进入该行业都极为困难或不可能。在这样的市场中,排除了任何的竞争因素,独家垄断厂商控制了整个行业的生产和市场的销售,所以,垄断厂商可以控制和操纵市场价格。

垄断形成的原因主要有以下几个:①独家厂商控制了生产某种商品的全部资源或基本资源的供给。②自然垄断。某些产品的生产必须在一个很大规模上才能有效益,以至于只需一家这样的厂商生产就可以满足整个市场的需求。③政府特许。④发明和创新。厂商独家拥有生产某种商品的专利权或专有技术。

四、垄断竞争市场

垄断竞争市场是一个市场中有许多厂商生产和销售有差别的同种产品的市场组织。

在垄断竞争市场理论中,把市场上大量的生产非常接近的同种产品的厂商的总和称作生产集团,如快餐食品集团、美容美发集团等。

垄断竞争市场的条件主要有以下三个:①产品差异性。产品差异性包括产品在原料、包装、服务、厂商的信誉等因素上的不同,或者消费者偏爱心理的不同。②一个生产集团中的企业数量非常多,以至于每个厂商都认为自己的行为影响很小,不会引起竞争对手的注意和反应,因而自己也不会受到竞争对手的任何报复措施的影响。③厂商的生产规模比较小,因此,进入和退出一个生产集团比较容易。

五、寡头垄断市场

寡头垄断市场又称寡头市场,它是指少数几家厂商控制整个市场的产品生产和销售的一种市场组织。

寡头垄断市场的条件主要有以下四点:①在行业中,只有很少几个企业进行生产;②它们所生产的产品有一定的差别或者完全无差别;③寡头垄断厂商对价格有很大程度的控制;④厂商进出市场困难。

形成寡头垄断市场的主要原因有以下几点:①某些产品的生产必须在相当大的生产规模上运行才能达到最好的经济效益;②行业中少数几家企业对生产所需的基本生产资源供给的控制;③政府的扶植和支持等。

第六讲　公平与效率

核心考点一　洛伦兹曲线和基尼系数

一、洛伦兹曲线的含义及图形意义

洛伦兹曲线是由美国统计学家洛伦兹提出的用来表明社会收入分配状况并反映社会收入分配平均程度的一种曲线。它先将一国总人口按收入由低到高排序,然后考虑收入最低的任意百分比人口所得到的收入百分比。例如,收入最低的20%人口、40%人口等所得到的收入比例分别为3%、7.5%等,最后,将这样得到的人口累计百分比和收入累计百分比的对应关系描绘在图形上,即得到洛伦兹曲线。参见下图。图中横轴 OH 表示人口(按收入由低到高分组)的累计百分比,纵轴 OM 表示收入的百分比, ODL 为该图的洛伦兹曲线。

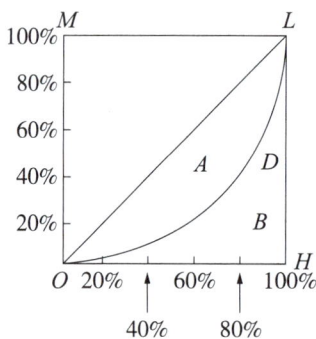

图 4-1-4　洛伦兹曲线

洛伦兹曲线的弯曲程度具有重要意义。一般来说,它反映了收入分配的不平等程度。弯曲程度越大,收入分配越不平等;弯曲程度越小,收入分配越平等。如果所有收入都集中在某一个人手中,而其余人口均一无所获时,收入分配达到完全不平等,洛伦兹曲线成为折线 OHL 。如果任一人口百分比均等于其收入百分比,从而人口累计百分比等于收入累计百分比,则收入分配就是完全平等的,洛伦兹曲线成为通过原点的45°线 OL 。

二、基尼系数

基尼系数是意大利经济学家基尼根据洛伦兹曲线所作出的判断收入分配平均程度的指标。他可以将洛伦兹曲线与45°线之间的部分 A 叫作"不平等面积"; OHL 与45°线之间的面积 $A+B$ 叫作"完全不平等面积"。不平等面积与完全不平等面积之比,称为基尼系数,是衡量一个国家贫富差距的标准。若设 G 为基尼系数,则:

$$G = \frac{A}{A+B}$$

显然,基尼系数不会大于1,也不会小于0,即有 $0 \leqslant G \leqslant 1$ 。

基尼系数的实际数值只能介于 0~1 之间, 基尼系数越小, 收入分配越平均; 基尼系数越大, 收入分配越不平均。 国际上通常把 0.4 作为贫富差距的警戒线, 大于这一数值容易出现社会动荡。

核心考点二　帕累托最优

一、帕累托标准

如果至少有一人认为 A 优于 B, 而没有人认为 A 劣于 B, 则认为从社会的观点看亦有 A 优于 B。这就是所谓的帕累托最优状态标准, 简称为帕累托标准。

利用帕累托最优状态标准, 可以对资源配置状态的任意变化作出"好"与"坏"的判断: 如果既定的资源配置状态的改变使得至少有一个人的状况变好, 而没有使任何人的状况变坏, 则认为这种资源配置状态的变化是"好"的; 否则认为是"坏"的。

二、帕累托改进和帕累托最优

帕累托改进是指以帕累托标准来衡量为"好"的状态改变。

帕累托最优状态是指如果对于某种既定的资源配置状态, 所有的帕累托改进均不存在, 即在该状态上, 任意改变都不可能使至少有一个人的状况变好而又不使任何人的状况变坏。换言之, 如果对于某种既定的资源配置状态, 还存在有帕累托改进, 即在该状态上, 还存在某种(或某些)改变可以使至少一个人的状况变好而不使任何人的状况变坏, 则这种状态就不是帕累托最优状态。

三、帕累托最优的前提条件

达到帕累托最优状态需要满足下列条件:

(1)交换的最优条件。任何两种产品的边际替代率对所有的消费者都相等。

(2)生产的最优条件。任何两种要素的边际技术替代率对所有生产者都相等。

(3)交换和生产的最优条件。任何两种产品的边际替代率等于它们的边际转换率。(边际转换率是指资源和技术水平既定的情况下, 增加一单位某产品的产出量所减少的另一种产品的产出量。)

当上述三个边际条件均得到满足时, 整个经济就达到了帕累托最优状态。

第七讲　市场失灵

市场机制一般只能保证资源配置的边际私人收益和边际私人成本相等, 而无法保证边际社会收益和边际社会成本相等。当边际社会收益和边际社会成本不相等时, 对整个社会而言,资源的配置就没有达到最有效率的状态,这就是市场失灵。市场失灵主要包括不完全竞争、外部影响、公共物品、不完全信息等情况。

一、不完全竞争

使资源配置达到帕累托最优状态的必要条件之一是完全竞争,因此,在垄断、寡头和垄断竞争等不完全竞争的情况下,市场就会出现失灵。

在实际中,只要市场不是完全竞争的,只要厂商面临的需求曲线不是一条水平线,而是向右下方倾斜的,则厂商的利润最大化原则就是边际收益等于边际成本,而不是价格等于边际成本。当价格高于边际成本时,就出现了低效率的资源配置状态。而由于协议的各种困难,潜在的帕累托改进难以得到实现,于是整个经济便偏离了帕累托最优状态,均衡处于低效率之中。

二、外部影响

(一)外部影响的概念的分类

外部影响是指某一个经济主体的经济行为对社会上其他人的福利造成了影响,但却并没有为此而承担后果。

外部影响分为"外部经济"和"外部不经济"。

(1)"外部经济"是指某个人的一项经济活动会给社会上的其他成员带来好处,但他自己却不能由此而得到补偿,即这个人从其经济活动中得到的利益("私人利益")小于该活动所带来的全部利益("社会利益",包括这个人和其他所有人得到的利益)。

(2)"外部不经济"是指某个人的一项经济活动会给社会上的其他成员带来危害,但他自己却并不为此而支付足够抵偿这种危害的成本。

(二)外部影响造成的后果

各种形式的外部影响的存在造成了一个严重后果:完全竞争条件下的资源配置将偏离帕累托最优状态。换句话说,即使假定整个经济仍然是完全竞争的,但由于存在外部影响,整个经济的资源配置也不可能达到帕累托最优状态。"看不见的手"在外部影响面前失去了作用。

(三)外部影响的对策

为了纠正由于外部影响所造成的资源配置不当,西方微观经济学理论提出如下政策建议:①使用税收和津贴,对造成外部影响的企业进行征税和补贴;②使用企业合并的方法,使外部影响"内部化";③规定财产权,使私人成本与社会成本相当。

三、私人物品和公共物品

私人物品是指在普通的市场上常见的物品。例如,用于吃的水果、用于穿的衣服,以及火车上的座位等。私人物品具有两个鲜明的特点:①排他性。只有对商品支付价格的人才能够使用该商品。②竞争性。如果某人已经使用了某个商品,则其他人就不能再同时使用该商品。

公共物品是指国防这样一类既不具有排他性也不具有竞争性的物品。公共资源是指不具有排他性但具有竞争性的物品,如海鱼。公共物品的特点是非竞争性和非排他性。市场机制只有在具备排他性和竞争性两个特点的私人物品的场合才真正起作用,才有效率。

四、信息的不完全和不对称

在现实生活中,信息常常是不完全的。在这里,信息的不完全是指相对意义的不完全,即市场经济本身不能够生产出足够的信息并有效配置它们。

信息不对称是指市场上买卖双方掌握的信息量不一样的一种情况。由于信息不对称的存在,就会产生逆向选择和道德风险等问题。

(一)逆向选择

由于买方和卖方之间信息不对称,市场机制会导致某些商品或服务的需求曲线向左下方弯曲,最终结果是劣质商品或服务驱逐优质商品或服务,以致市场萎缩甚至消失的现象。

(二)道德风险

由于信息不对称,市场一方不能观察另一方的行动,另一方就可能采取不利于对方的行动。

第八讲　国民收入核算理论

核心考点一　国内生产总值及核算方法

国民收入核算研究的是计量整个社会经济活动的一套方法。核算国民经济活动的核心指标是国内生产总值。

一、国内生产总值概述

(一)国内生产总值的概念

国内生产总值(Gross Domestic Product,简称 GDP),是指经济社会(一国或一地区)在一定时期内运用生产要素所生产的全部最终产品(物品和劳务)的市场价值。

GDP 概念可以从以下几个方面理解:

(1)GDP 是一国范围内生产的最终产品的市场价值,这里它是一个地域概念。

(2)GDP 是一个市场价值的概念。各种最终产品的价值都是用货币加以衡量的。

(3)GDP 测度的是最终产品的价值,中间产品价值不计入 GDP。

(4)GDP 是一定时期内所生产而不是所售卖掉的最终产品价值。

(5)GDP 是计算期内生产的最终产品价值,因而是流量,不是存量。

(6)GDP 一般仅指市场活动导致的价值,只有进入市场流通活动的产品与劳务才能计入 GDP。

（二）国内生产总值指标的缺陷

以 GDP 作为核算国民经济活动的核心指标也是有局限性的。GDP 指标的缺陷有如下几点：①不能反映社会成本；②不能反映经济增长方式付出的代价；③不能反映经济增长的效率和效益；④不能反映人们的生活质量；⑤不能反映社会收入和财富分配的状况。

二、核算 GDP 的两种常用方法

GDP 的核算方法主要有支出法和收入法两种。

（一）支出法核算 GDP

用支出法核算 GDP，就是通过核算在一定时期内整个社会购买最终产品的总支出，即最终产品的总卖价来计量 GDP。用支出法核算 GDP，就是核算经济社会（指一个国家或一个地区）在一定时期内消费、投资、政府购买以及净出口这几方面支出的总和。

1. 消费

消费（Consume，用 C 表示），主要有以下内容：

（1）耐用消费品（使用期限较长）：如家具、汽车等不易消耗掉的商品。

（2）非耐用消费品：如卫生纸、笔墨等非常容易消耗掉的商品。

（3）劳务：如医疗、旅游等。

2. 投资

投资（Investment，用 I 表示），具体内容如下：

（1）固定资产投资。固定资产投资主要包括以下两个方面：企业固定资产投资，如厂房、设备；住宅投资，如居民购买新建住房。

（2）存货投资。本期存货投资＝本期期末存货－上期期末存货，所以，存货投资可为正也可为负。

（3）净投资与重置投资。净投资即新增加的投资。重置投资是指由于厂房、机器的磨损,需用折旧费重新购置被磨损掉的机器设备等,即用折旧费进行的投资。重置投资的多少取决于原有资本存量的数量、构成与寿命等情况,它不会导致原有资本存量的增加。所以可以得到下式:

总投资=净投资+重置投资=固定资产投资+存货投资

用支出法计算 GDP 时的投资,指的是总投资。

3. 政府支出

政府支出的第一项就是政府购买支出(Government Purchase,用 G 表示)。政府购买支出是指各级政府购买物品和劳务的支出。政府购买支出主要指政府兴办公共工程的开支,比如架桥、修路、建机场、修水坝等。另外,政府机构的建立、维持和运营的费用也计入这一项。政府购买只是政府支出的一部分。

政府支出的另一部分如转移支付、公债利息等都不计入 GDP。理由是政府购买时通过雇佣公务人员、教师,建立公共设施等为社会提供了服务,而转移支付只是简单地把收入从一些人或一些组织转移给另一些人或另一些组织,没有相应的产品或劳务的交换发生。如政府给残疾人发放救济金,残疾人丧失劳动能力,只能靠救济生活。

4. 净出口

净出口(Net Export,用 NX 表示)是指进出口的差额。出口用 X 表示,进口用 M 表示,则净出口表示为($X-M$)。

支出法计算 GDP 的公式如下:

国内生产总值=消费支出+投资支出+政府购买支出+净出口

即:

$$GDP=C+I+G+(X-M)$$

(二)收入法核算 GDP

总产出是由生产过程中投入的生产要素所创造的,需要向这些生产要素支付报酬,这些报酬就成为生产要素所有者的收入。由于把利润看成是产品卖价扣除工资、利息、地租等成本支出后的余额,即利润是收入的一部分,因此,产出=收入。此外,产出等于支出,则总产出=总收入=总支出。收入法是把生产要素在生产中所得到的各种收入加总来计量 GDP。由于要素的收入从企业角度看即是产品的成本(包括企业利润),所以这种方法又称成本法。

收入法主要包括以下几个方面的内容:①工资、利息和租金等生产要素的报酬;②非公司企业收入;③公司税前利润;④企业转移支付和企业间接税;⑤资本折旧。

综上所述,GDP=工资+利息+利润+租金+间接税和企业转移支付+折旧。

核心考点二　国民收入的基本公式

由上述国民收入构成的基本公式,可以得到对分析宏观经济行为十分重要的一个命题,即储蓄—投资恒等式,具体内容见下表。

表 4-1-12　国民收入核算恒等式

部门	核算恒等式
两部门	两部门指一个假设的经济社会,其中只有居民户(家庭)和企业(厂商) 支出法: $$Y=C+I$$ 收入法(总收入一部分用作消费,其余部分则当做储蓄): $$Y=C+S$$ 则两部门经济中,国民收入构成的基本公式可写成: $$C+I=C+S$$ 公式两边消去 C,得: $$I=S$$ 这就是储蓄—投资恒等式,即两部门经济的国民收入核算恒等式 这种恒等关系就是两部门经济中的总供给($C+S$)和总需求($C+I$)的恒等关系
三部门	在居民户和企业之外,再加上政府部门的经济活动就构成了三部门经济 支出法: $$Y=C+I+G$$ 收入法: $$Y=C+S+T$$ 三部门经济中,国民收入构成的基本公式可写成: $$C+I+G=C+S+T$$ 公式两边消去 C,得: $$I+G=S+T \text{ 或 } I=S+(T-G)$$ 上式就是储蓄—投资恒等式,即三部门经济的国民收入核算恒等式 $(T-G)$ 可看作政府储蓄,因为 T 是政府净收入,G 是政府购买支出,二者差额即政府储蓄。政府储蓄可能是正值,也可能是负值
四部门	上述三部门经济加上一个国外部门就构成了四部门经济 支出法: $$Y=C+I+G+(X-M)$$ 收入法: $$Y=C+S+T+K_r$$ 其中,K_r 代表本国居民对外国人的转移支付 四部门经济中,国民收入构成的基本公式可写成: $$C+I+G+(X-M)=C+S+T+K_r$$ 公式两边消去 C,得: $$I+G+(X-M)=S+T+K_r \text{ 或 } I=S+(T-G)+(M-X+K_r)$$ 上式就是储蓄—投资恒等式,即四部门经济的国民收入核算恒等式。其中,S 代表居民私人储蓄,$(T-G)$ 代表政府储蓄,而 $(M-X+K_r)$ 则可代表外国对本国的储蓄。当 $(M+K_r)>X$ 时,外国对本国的收入大于支出,于是就有了储蓄;反之,则有负储蓄

第九讲　简单国民收入决定理论

核心考点一　均衡产出

仅包括产品市场的国民收入决定理论被称为简单的国民收入决定理论,即国民收入决定的收入—支出模型。

一、相关假设

说明一个国家的生产或收入如何决定,要从分析最简单的经济关系开始。先做以下假设:①所分析的经济中只有居民户和厂商,即两部门经济;②不论需求量为多少,经济社会总能以不变的价格提供相应的供给量。

二、均衡产出的概念

与总需求相等的产出被称为均衡产出或收入。在两部门经济中,总需求由居民消费和企业投资构成,则均衡产出公式如下:

$$y=c+i$$

此处的 y、c、i 分别代表剔除了价格变动的实际产出或收入、实际消费和实际投资。

均衡产出是和总需求相一致的产出,也就是经济社会的收入正好等于全体居民和企业想要有的支出。社会经济如要处于均衡收入水平上,就必须使实际收入水平引起一个相等的计划支出量。以 E 代表支出,y 代表收入,则经济均衡的条件是 $E=y$。

三、投资等于储蓄

均衡产出或收入的条件 $E=y$,也可用 $i=s$ 表示,因为这里的计划支出等于计划消费加投资,即 $E=c+i$,而生产创造的收入等于计划消费加计划储蓄,即 $y=c+s$,因此 $E=y$ 也就是 $c+i=c+s$,等式两边消去 c,则得:

$$i=s$$

核心考点二　凯恩斯的消费理论

一、消费函数

（一）消费函数概述

关于收入和消费的关系,凯恩斯认为,存在一条基本心理规律:随着收入的增加,消费也会增加,但是消费的增加不及收入的增加多,消费和收入的这种关系被称作消费函数或消费倾向,用公式表示如下:

$$c=c(y)$$

（二）边际消费倾向与平均消费倾向

增加的消费与增加的收入之比率,即增加 1 单位收入中用于增加消费部分的比率,被称为边际消费倾向(MPC),用公式表示如下:

$$MPC=\frac{\Delta c}{\Delta y}\text{或}\beta=\frac{\Delta c}{\Delta y}$$

任一收入水平上消费支出在收入中的比率,被称为平均消费倾向(APC),用公式表示如下:

$$APC=\frac{c}{y}$$

边际消费倾向总是大于 0 而小于 1,但平均消费倾向则可能大于、等于或小于 1,因为消费可能大于、等于或小于收入。

如果消费和收入之间存在线性关系,则边际消费倾向为一常数,这时消费函数可用下列方程表示:

$$c=\alpha+\beta y$$

式中,α 为必不可少的自发消费部分,β 为边际消费倾向,$0<\beta<1$;βy 表示收入引致的消费。

二、储蓄函数

（一）储蓄函数概述

储蓄是收入中未被消费的部分。由消费随收入增加而增加的比率是递减的,可知储蓄随收入增加而增加的比率是递增的。储蓄与收入的这种关系就是储蓄函数,用公式表示如下:

$$s=s(y)$$

（二）边际储蓄倾向与平均储蓄倾向

储蓄曲线上任一点的斜率是边际储蓄倾向(MPS),它是该点上的储蓄增量对收入增量的比率,用公式表示如下:

$$MPS=\frac{\Delta s}{\Delta y}$$

储蓄曲线上任一点与原点相连而成射线的斜率,则是平均储蓄倾向(APS),它是任一收入水平上储蓄在收入中所占的比率,用公式表示如下:

$$APS = \frac{s}{y}$$

如果储蓄和收入之间存在线性关系,由于$s=y-c$,且$c=\alpha+\beta y$,因此有如下公式:

$$s=y-c=y-(\alpha+\beta y)=-\alpha+(1-\beta)y$$

三、消费函数和储蓄函数的关系

由于储蓄被定义为收入和消费之差,因此二者存在如下关系:

(1)消费函数和储蓄函数互为补数。

(2)若APC和MPC都随收入增加而递减,但$APC>MPC$,则APS和MPS都随收入增加而递增,但$APS<MPS$。

(3)APS和APC之和恒等于1,MPS和MPC之和也恒等于1。

核心考点三　不同部门经济中国民收入的决定

不同部门的经济中,均衡收入的决定有所不同,具体内容见下表。

表4-1-13　国民收入的决定

部门经济	推导过程		均衡收入
两部门	使用总支出等于总收入(总供给)的方法决定均衡收入: $\begin{cases} y=c+i \\ c=\alpha+\beta y \end{cases}$	使用计划投资等于计划储蓄的方法求得均衡收入: $\begin{cases} i=s=y-c \\ s=-\alpha+(1-\beta)y \end{cases}$	$y=\dfrac{\alpha+i}{1-\beta}$
三部门	$y=c+i+g=\alpha+\beta(y-t)+i+g$ 式中,g表示政府购买支出,t表示税收		$y=\dfrac{\alpha+i+g-\beta t}{1-\beta}$
四部门	$y=c+i+g+x-m$ $c=\alpha+\beta y_d$ $y_d=y-t+t_r$ $t=\bar{t} \quad i=\bar{i} \quad g=\bar{g} \quad t_r=\bar{t}_r \quad x=\bar{x}$ $m=m_0+\gamma y$ 式中,x表示出口,m表示进口,y_d表示可支配收入,t_r表示政府转移支付,m_0表示自发性进口,γ表示边际进口倾向		$y=\dfrac{\bar{\alpha}+\bar{i}+\bar{g}-\beta\bar{t}+\beta\bar{t}_r+\bar{x}-m_0}{1-\beta+\gamma}$

第十讲　产品市场与货币市场的一般均衡

核心考点一　产品市场的一般均衡

一、投资理论

（一）投资概述

投资,是建设新企业,购买设备、厂房等各种生产要素的支出以及存货的增加,其中主要指厂房和设备的增加,投资就是资本的形成。决定投资的因素有很多,主要的因素有实际利率水平、预期收益率和投资风险等。

> **备考锦囊**
>
> 在西方国家,人们购买证券、土地和其他财产,都被说成投资,但在经济学中,这些都不能算是投资,只是资产权的转移。

（二）投资函数和投资需求曲线

凯恩斯认为,决定投资的首要因素是实际利率。实际利率等于名义利率减通货膨胀率。投资是利率的减函数,投资与利率之间的反方向变动关系就称之为投资函数。记作 $i=i(r)$。

投资函数一般可写成:

$$i=i(r)=e-dr$$

其中, e 为自发投资; d 为利率对投资需求的影响系数,或投资需求对利率变动的反应程度; r 为实际利率; $-dr$ 是投资需求中与利率有关的部分,又称为引致投资。

二、IS 曲线及其推导

两部门经济中均衡收入决定的公式如下:

$$y=\frac{\alpha+i}{1-\beta}$$

在这里,投资(i)作为外生变量参与均衡收入决定。现在把投资作为利率的函数,即 $i=e-dr$,则均衡收入的公式就要变为:

$$y=\frac{\alpha+e-dr}{1-\beta}$$

经变形,可得 IS 曲线的代数表达式:

$$r=\frac{\alpha+e}{d}-\frac{1-\beta}{d}y$$

同理,三部门经济中的 IS 曲线方程如下:

$$r=\frac{\alpha+e+g-\beta t}{d}-\frac{1-\beta}{d}y$$

IS 曲线推导见下图。

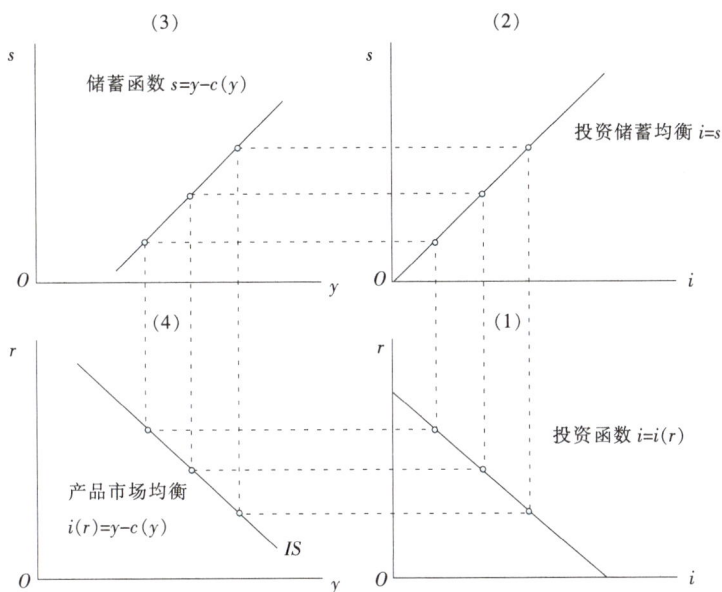

图 4-1-5 *IS* 曲线推导

将满足产品市场均衡条件的利率和收入的各个组合点连接起来,就得到了 *IS* 曲线。可见,*IS* 曲线是产品市场均衡状态的一幅简单图像,它表示:与任一给定的利率相对应的国民收入水平,在这样的水平上,投资恰好等于储蓄。

核心考点二 货币市场的一般均衡

一、利率的决定

(一)利率决定于货币的供给和需求

凯恩斯认为,利率是由货币市场上的供给和需求的均衡决定的,而货币的供给量是由货币当局所控制,即由代表政府的中央银行所控制,因而假定它是一个外生变量。在货币供给量既定的情况下,货币市场的均衡只能通过调节对货币的需求来实现。

(二)"流动性偏好"的概念

对货币的需求,又称"流动性偏好"(也译为"灵活偏好"或"流动偏好")。"流动性偏好"是指由于货币具有使用上的灵活性,人们宁可以牺牲利息收入而储存不生息的货币来保持财富的心理倾向。

(三)货币需求的动机

凯恩斯认为,货币具有使用上的灵活性,可随时满足以下三类不同的动机。

(1)交易动机,是指个人和企业需要货币是为了进行正常的交易活动。按凯恩斯的说法,出于交易动机的货币需求量主要决定于收入,收入越高,交易数量越大。交易数量越大,所交换的商品和劳务的价格越高,从而为应付日常开支所需的货币量就越大。

（2）谨慎动机或称预防性动机，是指为预防意外支出而持有一部分货币的动机，如个人或企业为应付事故、失业、疾病等意外事件而需要事先持有一定数量货币。从全社会来看，这一货币需求量大体上也和收入成正比，是收入的增函数。

如果用 L_1 表示交易动机和谨慎动机所产生的全部实际货币需求量，这种货币需求量和收入的关系可表示成：

$$L_1 = L_1(y) = ky$$

式中，k 为出于上述两种动机所需货币量同实际收入的比例关系；y 为具有不变购买力的实际收入。

（3）投机动机，是指人们为了抓住有利的购买有价证券的机会而持有一部分货币的动机。对货币的投机需求取决于利率，如果用 L_2 表示货币的投机需求，用 r 表示利率，则这一货币需求量和利率的关系可表示成：

$$L_2 = L_2(r) = -hr$$

式中，h 是货币的投机需求的利率系数，负号表示货币的投机需求与利率变动有负向关系。

备考锦囊

　　在实际生活中，有价证券价格高低与利率的高低成反比。利率越高，即有价证券价格越低，人们就会抓住机会及时买进有价证券，于是，人们手中出于投机动机而持有的货币量就会减少。相反，利率越低，即有价证券价格越高，人们就会抓住时机卖出有价证券。这样，人们手中出于投机动机而持有的货币量就会增加。

（四）"流动性偏好陷阱"

"流动性偏好陷阱"是指利率极低时，人们认为利率不大可能再下降，或者说证券价格不大可能再上升而只会跌落，因而会将所有证券全部换成货币。不管有多少货币，人们都愿意持有在手中，以免证券价格下跌遭受损失。

（五）货币需求函数与货币需求曲线

1. 货币需求函数

对货币的总需求是人们对货币的交易需求、预防需求和投机需求的总和。货币的交易需求和预防需求决定于收入，而货币的投机需求决定于利率，因此，对货币的总需求函数可写成如下形式：

$$L = L_1 + L_2 = ky - hr$$

式中，L、L_1、L_2 都是代表对货币的实际需求，即具有不变购买力的实际货币需求量。

名义货币量和实际货币量是有区别的。名义货币量是不管货币购买力如何而仅计算其票面值的货币量。把名义货币量折算成具有不变购买力的实际货币量，必须用价格指数加以调整。如用 M、m 和 P 依次代表名义货币量、实际货币量和价格指数，则：

$$m = \frac{M}{P} \text{或} M = Pm$$

2. 货币需求曲线

货币需求函数可用图 4-1-6 来表示。

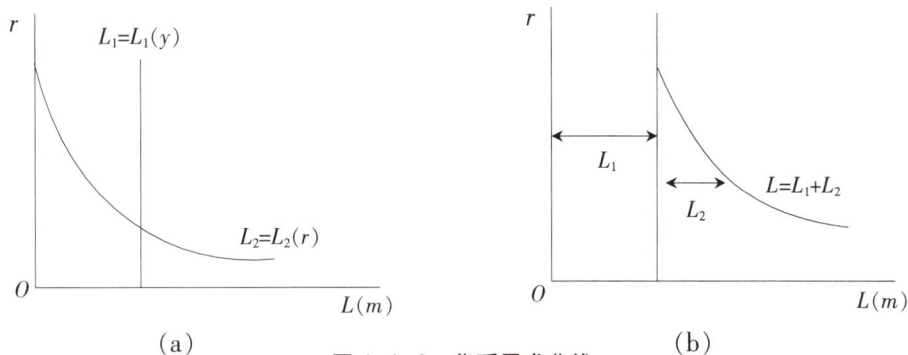

图 4-1-6　货币需求曲线

图(a)中垂线 L_1 表示为满足交易动机和谨慎动机的货币需求曲线,它和利率无关,因而垂直于横轴。L_2 线表示满足投机动机的货币需求曲线,它起初向右下方倾斜,表示货币的投机需求量随利率下降而增加,最后为水平状,表示"流动性偏好陷阱"。

图(b)中的 L 线则是包括 L_1 和 L_2 在内的全部货币需求曲线,其纵轴表示利率,横轴表示货币需求量,由于具有不变购买力的实际货币一般用 m 表示,因此横轴也可用 m 表示。这条货币需求曲线表示在一定收入水平上货币需求量和利率的关系。利率上升时,货币需求量减少;利率下降时,货币需求量增加。

(六)货币供求均衡和利率的决定

货币供给有狭义的货币供给和广义的货币供给之分。以下所讲的货币供给是指狭义的货币供给。

西方经济学家认为,货币供给量是由国家用货币政策来调节的,因而是一个外生变量,其大小与利率高低无关,因此货币供给曲线是一条垂直于横轴的直线。如图 4-1-7 中的 m 直线,这条货币供给曲线和货币需求曲线 L 相交的点 E 决定了利率的均衡水平 r_0,它表示只有当货币供给等于货币需求时,货币市场才达到均衡状态。如果市场利率低于均衡利率 r_0,则说明货币需求超过供给,这时人们感到手中持有的货币太少,就会卖出有价证券,证券价格就要下降,亦即

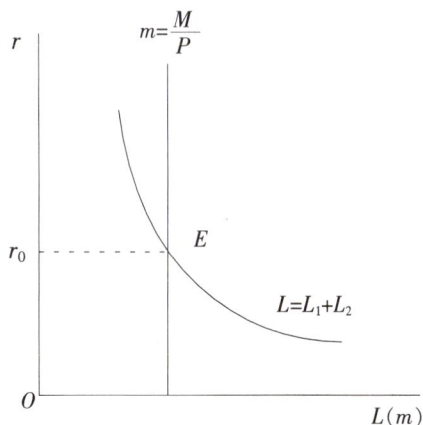

图 4-1-7　货币供给和需求的均衡

利率要上升。对货币需求的减少,一直要持续到货币供求相等时为止。相反,当利率高于均衡利率 r_0 时,说明货币供给超过货币需求,这时人们感到手中持有的货币太多,就会用多余的货币买进有价证券。于是,证券价格要上升,亦即利率要下降。这种情况也一直要持续到货币供求相等时为止。只有当货币供求相等时,利率才不再变动。

货币需求曲线和供给曲线会变动。例如,当人们对货币的交易需求或投机需求增加时,货币需求曲线就会向右上方移动;当政府增加货币供给量时,货币供给曲线则会向右移动。

二、LM 曲线

（一）LM 代数表达式及 LM 曲线

假定 m 代表实际货币供给量,则货币市场的均衡就是 $m = L = L_1 + L_2 = ky - hr$。从这个等式中可知,当 m 为一定量,L_1 增加时,L_2 必须减少,否则不能保持货币市场的均衡。L_1 是货币的交易需求(由交易动机和谨慎动机引起),它随收入增加而增加。L_2 是货币的投机需求,它随利率上升而减少。因此,当国民收入增加使货币交易需求增加时,利率必须相应提高,从而使货币投机需求减少,才能维持货币市场的均衡。反之,当收入减少时,利率必须相应下降,否则,货币市场就不能保持均衡。

当 m 给定时,$m = ky - hr$ 的公式可表示为满足货币市场的均衡条件下的收入 y 与利率 r 的关系,这一关系的图形就被称为 LM 曲线。由于货币市场均衡时 $m = ky - hr$,因此 LM 曲线的代数表达式如下:

$$y = \frac{hr}{k} + \frac{m}{k} \text{或} r = \frac{ky}{h} - \frac{m}{h}$$

右图即 LM 曲线,该曲线图形的纵坐标表示的是利率,横坐标表示的是收入。图中这条向右上方倾斜的曲线(在这里,此曲线代表的是一线性方程,故是直线)就是 LM 曲线,此线上任一点都代表一定利率和收入的组合,在这样的组合下,货币需求与供给都是相等的,亦即货币市场是均衡的。

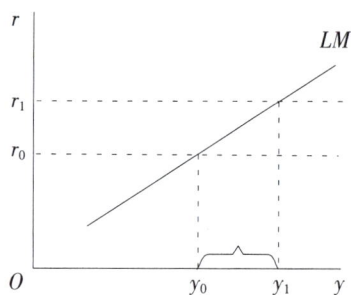

图 4-1-8　LM 曲线

（二）LM 曲线的推导

LM 曲线实际上是从货币的投机需求与利率的关系、货币的交易需求与收入的关系以及货币需求与供给相等的关系中推导出来的,具体推导过程见下图。

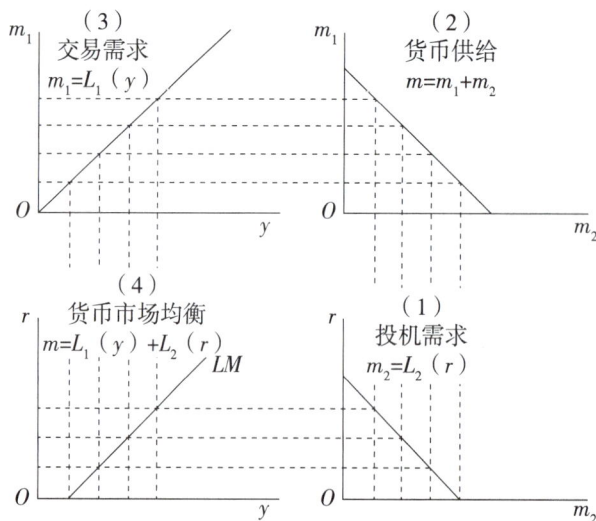

图 4-1-9　LM 曲线推导

核心考点三　IS-LM 模型

一、IS-LM 模型的假设前提

IS-LM 模型的假设前提包括：价格水平是外生的；消费仅仅受收入水平的影响；投资仅仅是市场利率的函数；经济资源存在着大量的闲置和失业；暂时不考虑外贸部门。

二、两个市场同时均衡的利率和收入

一般来说，

$$i(r) = s(y) \quad IS \text{ 曲线}$$
$$M = L_1(y) + L_2(r) \quad LM \text{ 曲线}$$

由于货币供给量 M 被假定为既定，因此，在这个二元方程组中，变量只有利率 r 和收入 y，解出这个方程组，就可得到 r 和 y 的一般解。

上述的一般解可以在图 4-1-10 中 IS 曲线和 LM 曲线的交点 E 上获得。

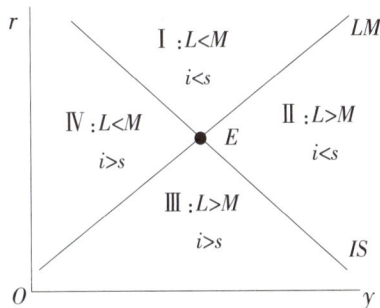

图 4-1-10　产品市场和货币市场的一般均衡

在图 4-1-10 中，由 E 点代表的收入和利率是能使产品市场和货币市场同时实现均衡的收入和利率。只要投资、储蓄、货币需求和供给的关系不变，任何失衡情况的出现也都是不稳定的，最终会趋向均衡。

在图 4-1-10 中，坐标平面分为四个区域，Ⅰ、Ⅱ、Ⅲ、Ⅳ，在这四个区域中都存在产品市场和货币市场的非均衡状态。

区域Ⅰ：在产品市场上，$i<s$ 有超额产品供给；在货币市场上，$L<M$ 有超额货币供给。

区域Ⅱ：在产品市场上，$i<s$ 有超额产品供给；在货币市场上，$L>M$ 有超额货币需求。

区域Ⅲ：在产品市场上，$i>s$ 有超额产品需求；在货币市场上，$L>M$ 有超额货币需求。

区域Ⅳ：在产品市场上，$i>s$ 有超额产品需求；在货币市场上，$L<M$ 有超额货币供给。

各个区域中存在的各种不同的组合的 IS 和 LM 非均衡状态，会得到调整，IS 不均衡会导致收入变动：投资大于储蓄会导致收入上升，投资小于储蓄会导致收入下降。LM 不均衡会导致利率变动：货币需求大于货币供给会导致利率上升，货币需求小于货币供给会导致利率下降。这种调整最终都会趋向均衡利率和均衡收入。

第十一讲　失业、通货膨胀与通货紧缩

核心考点一　失业

一、失业的衡量

失业率是衡量宏观经济运行状况的一个重要指标,失业是有劳动能力的人想工作而找不到工作的社会现象。就业者和失业者的总和就是劳动力。失业者占劳动力的百分比称为失业率,用公式表示如下:

$$劳动力=就业人数+失业人数$$

$$失业率=\frac{失业人数}{劳动力数量}\times100\%$$

二、失业的分类

失业的主要类型见下表。

表4-1-14　失业的分类

类别	概念
摩擦性失业	摩擦性失业是指劳动力在正常流动过程中产生的失业,如劳动力流动性不足、工种转换困难等所引致的失业
结构性失业	结构性失业指劳动力的供给和需求不匹配造成的失业。其特点是既有失业,又有职位空缺,失业者或没有适当技术,或居住地点不当,因此无法填补现有的职位空缺。它也可看作是摩擦性失业较极端的形式
周期性失业	周期性失业是由于整体经济的支出和产出水平下降,即经济需求下降而造成的失业

三、自然失业率

(一)自然失业率的定义

自然失业率为经济社会在正常情况下的失业率,它是劳动市场处于供求稳定状态时的失业率。这里的稳定状态被认为是既不会造成通货膨胀也不会导致通货紧缩的状态。自然失业通常包括摩擦性失业和结构性失业等。

(二)自然失业率的影响因素

影响自然失业率的因素很多,大致包括以下几种:

(1)人口组成。人口组成是决定失业的一个重要决定因素。

(2)最低工资。经济学家认为最低工资的存在影响到了一个国家的自然失业率水平。有研究表明,最低工资的提高对青少年的就业有副作用。

(3)部门差异。部门间的增长率差异越大,总失业率就越高。

（4）失业保险。失业保险减轻了失业的痛苦，但也增加了自然失业率。

（5）工会力量。当工会把工资提高到均衡水平之上时，它就增加了劳动供给量，减少了劳动需求量，从而造成了失业。工会工人从集体谈判中获得了好处，而没有参加工会的人承担了低工资与失业的代价。

四、奥肯定律

奥肯定律用来描述 GDP 变化和失业率变化之间存在的一种相当稳定的关系。奥肯定律是指失业率每高于自然失业率 1 个百分点，实际 GDP 将低于潜在 GDP 2 个百分点。

奥肯定律的一个重要结论是，实际 GDP 必须保持与潜在 GDP 同样快的增长，以防止失业率的上升。如果政府想让失业率下降，那么，该经济社会实际 GDP 的增长必须快于潜在 GDP 的增长。

核心考点二 通货膨胀

一、通货膨胀的概念

当一个经济中的大多数产品和劳务的价格连续在一段时间内普遍上涨时，宏观经济学就称这个经济经历着通货膨胀。通货膨胀的程度通常用通货膨胀率来衡量。通货膨胀率被定义为从一个时期到另一个时期价格水平变动的百分比，用公式表示如下：

$$\pi_t = \frac{P_t - P_{t-1}}{P_{t-1}}$$

式中，π_t 为 t 时期的通货膨胀率；P_t 和 P_{t-1} 分别为 t 时期和（$t-1$）时期的价格水平。

二、通货膨胀的原因

对于通货膨胀的原因大致有三种解释：①货币数量论的解释；②从总需求和总供给角度的解释；③从经济结构因素变动角度的解释。

（一）作为货币现象的通货膨胀

通货膨胀的表现就是价格上涨，而价格上涨的原因也就是通货膨胀的成因。因此，货币数量论对于通货膨胀的解释就是：每一次通货膨胀背后都有货币供给的迅速增长。

（二）需求拉动的通货膨胀

总需求超过总供给所引起的一般价格水平的持续显著地上涨，又称"超额需求通货膨胀"，解释为"过多的货币追逐过少的商品"。消费需求、投资需求或来自政府的需求、国外需求，都会导致需求拉动的通货膨胀。

（三）成本推动的通货膨胀

在没有超额需求的情况下，由于供给方面成本的提高所引起的一般价格水平持续和显著地上涨，又称"成本通货膨胀或供给通货膨胀"。根据推动成本不同又可以分为工资推动通货膨胀及利润推动通货膨胀(这里的利润通常为垄断利润)。

(四)结构性通货膨胀

在没有需求拉动和成本推动的情况下,只是由于经济结构因素(部门间生产率增长速度的差异)的变动,也会出现一般价格水平的持续上涨,称为结构性通货膨胀。

三、通货膨胀的治理措施

综合国内外的一般经验,常见的通货膨胀治理措施见下表。

表 4-1-15　通货膨胀的治理措施

措施		内容
紧缩性的需求政策	紧缩性的财政政策	(1)减少政府支出:①削减购买性支出;②削减转移性支出 (2)增加税收
	紧缩性的货币政策	(1)提高法定存款准备金率 (2)提高再贴现率 (3)公开市场卖出业务 (4)直接提高利率
紧缩性收入政策	工资-物价指导线	政府根据长期劳动生产率的平均增长率来确定工资和物价的增长标准,并要求各部门将工资-物价的增长控制在这一标准之内
	以税收为基础的收入政策	政府规定一个恰当的物价和工资增长率,然后运用税收的方式来处罚物价和工资超过恰当增长率的企业和个人
	工资-价格管制及冻结	政府强行规定工资、物价的上涨幅度,甚至有时候暂时将物价和工资进行冻结
其他治理措施	收入指数化	将工资、利息等各种名义收入部分地或全部地与物价指数联系,使其自动随物价指数升降
	币制改革	政府下令废除旧币,发行新币,变更钞票面值,对货币流通秩序采取一系列强硬的保障性措施等。它一般是针对恶性通货膨胀而采取的措施

核心考点三　通货紧缩

一、通货紧缩的概念和原因

通货紧缩是与通货膨胀完全相反的一种宏观经济现象,其含义是指物价水平的全面持续下跌,表明单位货币所代表的商品价值在增加,货币在不断升值。

根据引起通货紧缩的原因的不同,通货紧缩有狭义和广义之分。狭义的通货紧缩是指由于货币供应量的减少或货币供应量的增幅滞后于生产的增幅,致使对商品和劳务的总需求小于总供给,从而出现物价总水平的下降。广义的通货紧缩是指除货币因素外,还有许多非货币因素,如生产能力过剩、有效需求不足、资产泡沫破坏、新技术的普及和市场开放程度的不断加快等,使商品和劳务价格下降的压力不断增大,从而可能形成物价的普遍持续下跌。

二、通货紧缩的治理措施

判断某个时期的物价下降是否是通货紧缩,一要看通货膨胀率是否由正变负;二要看这种下降是否持续了一定的时期。通货紧缩的治理措施见下表。

表4-1-16　通货紧缩的治理措施

措施	内容
扩张性的财政政策	扩张性的财政政策包括减税和增加财政支出两种方法
扩张性的货币政策	如扩大中央银行基础货币的投放、增加对中小金融机构的再贷款、加大公开市场操作的力度、适当下调利率和存款准备金率等
加快产业结构的调整	要治理通货紧缩,必须对产业结构进行调整,主要是推进产业结构的升级,全面提升产业技术水平,培育新的经济增长点,同时形成新的消费热点
其他措施	对工资和物价的管制政策也是治理通货紧缩的手段之一;通过对股票市场的干预也可以起到一定的作用。此外,要完善社会保障体系,建立健全社会保障体系,适当改善国民收入的分配格局,提高中下层居民的收入水平和消费水平,以增加消费需求

第十二讲　宏观经济政策

核心考点一　宏观经济政策目标

宏观经济政策目标是指宏观经济政策最终所要达到的目的。宏观经济政策的目标主要包括充分就业、物价稳定、经济增长和国际收支平衡。各目标的具体分析见下表。

表4-1-17　宏观经济政策的目标

宏观经济政策的目标	概念
充分就业	充分就业是宏观经济政策的第一目标。一般意义上是指一切生产要素都有机会以自己愿意的报酬参加生产的状态(不是百分之百就业,不排除摩擦性失业这样的失业情况存在)
物价稳定	物价稳定是指保持物价总水平的基本稳定,使一般物价水平在短期内不发生显著或急剧的波动,避免出现通货膨胀和通货紧缩。通货膨胀率是物价稳定的宏观经济衡量指标
经济增长	经济增长是指在一个特定时期内经济社会所生产的人均产量和人均收入的持续增长。经济增长通常用一定时期内实际国内生产总值年均增长率来衡量

宏观经济政策的目标	概念
国际收支平衡	国际收支平衡是指既无巨额国际收支赤字又无巨额国际收支盈余的状况。从长期看,一国的国际收支状况无论是赤字还是盈余都会对一国经济的稳定发展产生不利的影响,会对其他宏观经济目标的实现造成障碍

核心考点二　财政政策

一、财政政策的一般定义

财政政策是政府变动税收和支出以便影响总需求进而影响就业和国民收入的政策。

二、财政政策的主要工具

国家财政由政府收入和支出两个方面构成,其中政府支出包括政府购买和转移支付,而政府收入则包含税收和公债两个部分。其相关概念见下表。

表 4-1-18　财政政策的主要工具

财政政策工具	概念
政府购买	政府购买是指政府对产品和劳务的购买,如购买军需品、购买机关办公用品、发放政府雇员报酬、实施公共项目工程所需的支出。政府购买是一种实质性支出,直接形成社会需求和购买力
政府转移支付	政府转移支付是指政府在社会福利保险、贫困救济和补助等方面的支出。转移支付是一种货币性支出,没有相应的产品和劳务的交换发生
税收	税收是政府收入中最主要的部分,它是国家为了实现其职能按照法律预先规定的标准,强制地、无偿地取得财政收入的一种手段。税收具有强制性、无偿性、固定性三个基本特征
公债	公债是政府运用信用形式筹集财政资金的特殊形式,包括中央政府的债务和地方政府的债务。公债属于"临时挪用、影响供求",主要分为长期债、中期债和短期债三种形式

备考锦囊

　　税负转嫁是指纳税人在缴纳税款后,通过各种途径将税收负担全部或部分转移给他人的过程。也就是说,最初缴纳税款的法定纳税人不一定是该税收的最后负担者。从量税的归宿与是对消费者课征还是对生产者课征无关,而是取决于供给曲线与需求曲线的弹性,税收负担会更多地落在缺乏弹性的市场一方身上。

核心考点三　财政政策和货币政策的混合使用

财政政策和货币政策可有多种结合,这种结合的政策效应,有的是事先可预计的,有的则必须根据财政政策和货币政策何者更强有力而定,因而是不确定的。例如,图4-1-11中 IS 曲线和 LM 曲线的移动幅度相同,因而产出增加时利率也不变,若财政政策的影响大于货币政策, IS 曲线右移的距离超过 LM 曲线右移的距离,则利率就会上升;反之,则会下降。

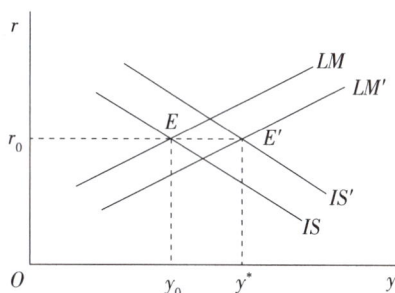

图4-1-11　财政政策和货币政策的混合使用

由上例可见,这两种政策结合使用时对利率的影响是不确定的。表4-1-19给出了各种政策混合使用的效果。

表4-1-19　两种政策混合使用的效果

政策混合	产出	利率
扩张性财政政策和紧缩性货币政策	不确定	上升
紧缩性财政政策和紧缩性货币政策	减少	不确定
紧缩性财政政策和扩张性货币政策	不确定	下降
扩张性财政政策和扩张性货币政策	增加	不确定

政府和中央银行可以根据具体情况和不同目标,选择不同的政策组合。

当经济萧条但又不太严重时,可采用第一种组合,用扩张性财政政策刺激总需求,用紧缩性货币政策控制通货膨胀;当经济发生严重通货膨胀时,可采用第二种组合,紧缩货币来提高利率,降低总需求,紧缩财政,以防止利率过分提高;当经济中出现通货膨胀又不太严重时,可采用第三种组合,用紧缩性财政政策压缩总需求,用扩张性货币政策降低利率,以免财政过度紧缩而引起衰退;当经济严重萧条时,可用第四种组合,用扩张性财政政策增加总需求,用扩张性货币政策降低利率以克服"挤出效应"。

　　财政政策与货币政策都存在政策时滞。政策时滞是指政策从认识到决策，再到实施和产生效果，要有一个时间过程。这种时滞分为内在时滞和外在时滞。内在时滞指经济中发生不稳定到决策者制定出适当政策并付诸实施之间的时间间隔。外在时滞指经济政策实施到对经济发挥作用并达到预期目标所需要的时间过程。通常财政政策的内在时滞较长、货币政策的外在时滞较长。

经典例题

　　货币主义认为，扩张性的财政政策如果没有相应的货币政策配合，就会产生"（　　）"。

A. 收缩效应 　　　　　　　　　　　　　　　B. 挤出效应

C. 流动性陷阱 　　　　　　　　　　　　　　D. 货币幻觉

【答案】B。解析：货币主义认为，扩张性的财政政策如果没有相应的货币政策配合，就只能产生"挤出效应"，不可能产生"乘数效应"。

第二章

金 融

本章导读

通过分析 2021 年度中国进出口银行秋季校园招聘考试笔试真题可知,金融部分题量70 余道,其中国际金融、国际结算考查较多,占比超过 60%。该部分题目考点分散、考查范围广,但涉及知识点较为基础,难度不大。因此,复习的难点在于知识面的广泛性。考生在复习本章内容时,可结合相关练习题记忆考点,在巩固学习的同时拓展知识面。

第一讲　货币与货币制度

核心考点一　货币

一、货币的本质

货币的根源在于商品本身,货币是固定地充当一般等价物的特殊商品,并体现一定的社会生产关系。

二、货币的职能

货币的本质是通过货币的职能表现出来的。货币职能的具体内容见下表。

表 4-2-1　货币的职能

职能	表现
价值尺度	价值尺度是货币衡量和表现商品价值大小的职能。价值尺度是货币最重要、最基本的职能 货币执行价值尺度职能时具有观念性的特点
流通手段	流通手段是货币在商品流通中充当交换媒介的职能 执行流通手段职能的货币必须是现实的货币,作为流通手段的货币可以是不足值的,也可以是无内在价值的价值符号

职能	表现
贮藏手段	贮藏手段是指当货币暂时退出流通领域而处于静止状态时被当作独立的价值形态和社会财富而保存起来的职能。发挥贮藏作用的货币必须是足值的、现实的货币,主要是金属货币,必须是退出流通领域而处于静止状态的货币
支付手段	当货币作为价值运动的独立形式进行单方面转移时,就执行支付手段的职能 "流通中的货币"就是发挥支付手段职能的货币和发挥流通手段职能的货币的总和
世界货币	世界货币的作用:作为国际支付手段,平衡国际贸易差额;作为国际购买手段,用于购买外国商品;作为国际资本和一般财富转移的手段,用于投资、对外援助和战争赔款等

核心考点二　货币制度

一、货币制度的概念

货币制度又称"币制""货币本位制",是一个国家在历史上形成的并由国家以法律形式规定的货币流通的组织和管理形式,是一国经济制度和市场经济体制的重要构成部分。

二、货币制度的演变

（一）银本位制

银本位制是以白银为本位币材的一种货币制度。在银本位制下,银铸币为本位货币,具有无限法偿能力。银本位币可以自由铸造、自由熔毁、自由输出或输入国境。银本位制是与封建社会经济发展相适应的货币制度。

（二）金银复本位制

1. 内容

以金、银两种金属为币材,同时铸造金、银两种本位币,并在同一市场共同流通。在金银复本位制下,金、银两种本位币可以自由铸造、熔毁、兑换、输出或输入国境,均为无限法偿。

2. 类型

按照金币与银币之间比价的确定方式不同,金银复本位制主要有以下类型:

（1）平行本位制:金铸币和银铸币各按其所含金、银重量的市场比价进行流通,国家不规定两种铸币的兑换比率。

（2）双本位制:典型的金银复本位制。国家和法律规定金、银两种铸币的固定比价,两种铸币按国家比价流通,不随金、银市场比价的变动而变动。

（3）跛行本位制:金币与银币在法律上拥有同样的地位,但是银币事实上被禁止自由铸造。跛行本位制是金银复本位制向金本位制过渡的一种货币制度。

3. 优点

金银复本位制的优点如下:

（1）币材充足，能够满足流通需要。

（2）复本位制下，金银比价由政府规定，能够反过来影响金银的市场价格，有利于金银币值的稳定。

（3）便于交易，人们可以根据交易额的大小选择金币或者银币进行支付。

（三）金本位制

金本位制分为金币本位制、金块本位制和金汇兑本位制三种形式。

1. 金币本位制

金币本位制是金本位货币制度的最早形式，亦称为古典的或纯粹的金本位制，是金本位制中最典型的代表。金币本位制有以下几个特征：①以一定量的黄金为货币单位铸造金币，作为本位币；②金币可以自由铸造、自由熔化，具有无限法偿能力，同时限制其他铸币的铸造和偿付能力；③辅币和价值符号（如银行券）可以自由兑换金币或等量黄金；④黄金可以自由输出与输入。在实行金币本位制的国家之间，根据两国货币的黄金含量计算汇率，称为金平价；⑤以黄金为唯一准备金。

2. 金块本位制

金块本位制是指由中央银行发行、以金块为准备的纸币流通的货币制度。它是一种以金块办理国际结算的变相金本位制，亦称金条本位制。在该制度下，由国家储存金块作为储备。流通中的各种货币与黄金的兑换关系受到限制，不再实行自由兑换；但在需要时，可按规定的限制数量以纸币向本国中央银行兑换金块。可见，这种货币制度实际上是一种附有限制条件的金本位制。

3. 金汇兑本位制

金汇兑本位制是指以银行券为流通货币，通过外汇间接兑换黄金的货币制度。金汇兑本位制与金块本位制的相同之处在于规定货币单位的含金量，但实行金汇兑本位制的国家国内流通银行券，没有铸币流通。银行券不能直接兑换黄金，只能兑换实行金块或金币本位制国家的货币。本国中央银行将黄金与外汇存于另一个实行金本位制的国家，允许以外汇间接兑换黄金，并规定本国货币与该国货币的法定比率，从而稳定本币币值。

布雷顿森林体系是以美元和黄金为基础的金汇兑本位制。其实质是建立一种以美元为中心的国际货币体系，其基本内容包括美元与黄金挂钩、其他国家的货币与美元挂钩以及实行固定汇率制度。布雷顿森林体系的运转与美元的信誉和地位密切相关。布雷顿森林体系下会出现"特里芬难题"，即由于美元与黄金挂钩，而其他国家的货币与美元挂钩，美元虽然取得了国际核心货币的地位，但是各国为了发展国际贸易，必须用美元作为结算与储备货币,这样就会导致流出美国的货币在海外不断沉淀,美国国际收支会发生长期逆差;而美元作为国际核心货币的前提是必须保持美元币值稳定,这又要求美国必须保持国际贸易收支长期顺差。这两个要求互相矛盾,因此是一个悖论。

布雷顿森林体系崩溃以后,1976年1月,国际货币基金组织理事会"国际货币制度临时委员会"在牙买加首都金斯敦举行会议,签订达成了《牙买加协议》,同年4月,国际货币基金组织理事会通过了《IMF协定第二修正案》,从而形成了新的国际货币体系,即牙买加体系。

牙买加协议的主要内容如下:

(1)实行浮动汇率制度的改革。

(2)推行黄金非货币化。

(3)增强特别提款权的作用。

(4)增加成员基金份额。

(5)扩大信贷额度,以增加对发展中国家的融资。

(四)纸币本位制

纸币本位制又称信用本位制,是指由中央银行代表国家发行以纸币为代表的国家信用货币,由政府赋予无限法偿能力并强制流通的货币制度。它的主要特点如下:

(1)纸币的发行不受黄金储备的限制,其发行量完全取决于实现货币政策的需要。

(2)纸币的价值取决于它的购买力,纸币的购买力与发行量成反比,与商品供应量成正比。

(3)纸币的流通完全取决于纸币发行者的信用。

(4)政府通过法律手段保证纸币具有一定的强制接受性。

(5)从世界范围看,纸币本位制下的存款货币和电子货币的流通广泛发展,而现金货币流通呈现出日渐萎缩的趋势。

第二讲　信用、利息与利率

核心考点一　信用

一、信用的产生与发展

信用就是以偿还本金和付息为特征的借贷行为。一般认为,当商品交换出现延期支付、货币执行支付手段职能时,信用就产生了。

理解信用的概念需要注意以下几个方面:

(1)信用是以偿还本金和付息为基本特征的借贷行为。

(2)信用关系是债权债务关系。

(3)信用是价值运动的特殊形式。

(4)信用关系反映一定的生产关系。

信用具有以下特征:①信用的标的是一种所有权与使用权相分离的资金;②以还本付息

为条件;③以相互信任为基础;④以收益最大化为目标;⑤具有特殊的运动形式。

信用的产生必须具备两方面的条件:①信用是在商品货币经济有了一定发展的基础上产生的;②信用只有在货币的支付手段职能存在的条件下才能发生。

货币运动与信用活动相互渗透,形成新的经济范畴——金融。金融即货币资金的融通。任何与货币、银行有关的问题都与信用有关。现在世界各国使用的货币都是信用货币,银行也称为信用机构。事实上,信用构成了现代经济运转的基础,也是金融、金融机构、金融制度存在的基础。

二、信用的基本形式

信用的基本形式见下表。

表4-2-2　信用的基本形式

形式	含义	内容
高利贷信用	高利贷信用是高利贷资本的运动形式,以贷款利率特别高为特征	高利贷的年利率一般在30%以上,100%~200%的年利率也是常见的
商业信用	商业信用是指企业在正常的经营活动和商品交易中由于延期付款或预收账款所形成的企业常见的信贷关系,它是现代信用制度的基础	商业信用的主要形式包括赊购商品、预收货款和商业汇票
银行信用	银行信用是由银行、货币资本所有者和其他专门的信用机构以贷款的形式提供给借款人的信用	与商业信用相比,银行信用具有以下优势: (1)克服了商业信用的局限性 (2)规模大、成本低、风险小 (3)能够创造信用
国家信用	国家信用是以国家和地方政府为债务人的一种信用形式	国家信用包括国内信用和国外信用两种
消费信用	消费信用是由工商企业、商业银行以及其他信用机构以商品形态或货币形式向消费者个人提供的信用	消费信用主要有分期付款、赊销和消费贷款三种形式
国际信用	国际信用是一个国家官方(主要指政府)和非官方(如商业银行、进出口银行、其他经济主体)向另外一个国家的政府、银行、企业或其他经济主体提供的信用,属于国家间的借贷行为	(1)国际商业信用是由出口商以商品形式提供的信用,有来料加工和补偿贸易等形式 (2)国际银行信用是进出口双方银行所提供的信用,可分为出口信贷和进口信贷 (3)政府间信用通常是指由财政部出面向外国政府借款的行为

三、信用工具

信用工具又称金融(融资)工具,是指用来证明债权(所有权)、债务关系的各种具有法律效力的书面凭证。信用工具具有偿还性、收益性、风险性和流动性四个特征。

与多种信用形式相对应的是多种信用工具,信用工具的分类见下表。

表 4-2-3　信用工具的分类

划分标准	种类
按信用形式划分	商业信用工具(如各种商业票据等)、银行信用工具(如银行券和银行票据等)、国家信用工具(如国库券等各种政府债券)、证券投资信用工具(如债券、股票等)
按期限划分	长期、短期和不定期信用工具。长期与短期的划分没有一个绝对的标准,一般以 1 年为界,1 年以上的为长期,1 年以下则为短期 (1)短期信用工具主要是指国库券、各种商业票据,包括汇票、本票、支票等 (2)长期信用工具通常指有价证券,主要有债券和股票 (3)不定期信用工具是指银行券和多数的民间借贷凭证。银行券是银行发行的一种信用货币,是不定期的债务凭证

核心考点二　利息与利率概述

一、利息的概念

利息是指在借贷活动中,债务人支付给债权人的超过借贷本金的那部分货币资金,是债务人为取得货币使用权所付出的代价。或者说,它是债权人让渡货币的使用权所获得的报酬。

二、利率的分类

利息率简称利率,是利息额同借贷资本总额的比率,是借贷资本的价格。依据不同的分类标准,利率有多种划分方法,具体内容见下表。

表 4-2-4　利率的分类

划分标准	种类
计算利率的期限单位	年利率、月利率与日利率。通常,年利率用"%"表示,月利率用"‰"表示,日利率用"‱"表示
利率的决定方式	市场利率、官定利率和公定利率。市场利率是指由资金供求关系和风险收益等因素决定的利率。官定利率是指由政府金融管理部门或中央银行根据国家经济发展和金融市场需要所确定和调整的利率。公定利率是指由一个国家或地区银行公会(同业协会)等金融机构行业组织所确定的利率
借贷期内利率是否调整	固定利率与浮动利率。固定利率是指在整个借贷期限内,利率水平保持不变的利率。浮动利率是指在借贷关系存续期内,利率水平可随市场变化而定期变动的利率
利率的地位	基准利率和普通利率。基准利率是指相对于普通利率而言,在多种利率并存的条件下起决定作用的利率。基准利率变动,其他利率也相应变动。传统上,西方国家所说的基准利率一般是指中央银行的再贴现率,现在已有变化,各国不尽相同。在我国,一般以中国人民银行对金融机构规定的存贷款利率为基准利率

划分标准	种类
借贷期限长短	长期利率和短期利率。通常以1年为标准来区分长期利率和短期利率。凡是借贷期限满1年的利率为长期利率，不满1年的则为短期利率
是否剔除通货膨胀因素	名义利率与实际利率。名义利率是指没有剔除通货膨胀因素的利率，即包括补偿通货膨胀风险的利率。实际利率是指剔除通货膨胀因素的利率，即物价不变，从而货币购买力不变条件下的利率。如果以r表示实际利率，i表示名义利率，p表示通货膨胀率，则实际利率的计算公式如下： $$r=\frac{1+i}{1+p}-1$$ 或 $$r=i-p$$ 前一种计算方式比较精确，多用于核算实际成本和实际收益；后一种多用于估算成本、收益及理论阐述
借贷主体的不同	①中央银行利率（包括再贴现、再贷款利率等）；②商业银行利率（包括存款利率、贷款利率、贴现率等）；③非银行利率（包括债券利率、企业利率、金融利率等）
金融机构对同类存贷款利率制定不同的标准	一般利率和优惠利率。后者的贷款利率往往低于前者，后者的存款利率往往高于前者。贷款优惠利率的授予对象大多为国家政策扶持的项目，存款优惠利率大多用于争取目标资金来源

三、决定利率的因素

利率是计算借贷资金报酬的依据，因此利率水平的高低直接影响借款者的成本和贷出者的收益。决定利率水平的因素多种多样，具体内容见下表。

表4-2-5　决定利率的因素

因素	表现
平均利润率	在其他条件不变的情况下，平均利润率高，银行就要按较高的利率收取或支付利息
借贷资金的供求关系	当借贷资本供不应求时，利率上升；当借贷资本供过于求时，利率下降
预期通货膨胀率	当预期通货膨胀率提高时，债权人会要求提高贷款利率；当预期通货膨胀率降低时，利率一般会相应下降
中央银行货币政策	中央银行采取紧缩货币政策时，会提高再贴现率或其他由中央银行所控制的基准利率；当中央银行实行扩张货币政策时，会降低再贴现率或其他基准利率
国际收支情况	(1)一国国际收支平衡时，一般不会变动利率 (2)一国国际收支持续大量逆差时，金融管理当局会提高利率 (3)一国国际收支持续大量顺差时，金融管理当局可能会降低利率，减少资本项目的外汇流入
国际利率水平	国际资金的流动受到利率的影响，资金会流向利率相对较高的国家

四、利率的计算

一般情况下,利率的最高界限为平均利润率,最低界限为0。利率的计算公式如下:

$$利率 = \frac{利息额}{借贷资金额} \times 100\%$$

利率可划分为年利率、月利率、日利率。一般来说,年利率与月利率及日利率之间的换算公式如下:

$$年利率 = 月利率 \times 12 = 日利率 \times 360$$

五、单利与复利

(一)单利

单利就是不论借贷期限的长短,仅按本金计算利息,上期本金所产生的利息不计入下期本金计算利息。单利的计算公式如下:

$$I = P \cdot r \cdot n$$
$$S = P \cdot (1 + n \cdot r)$$

其中,I 表示利息额,P 表示本金,r 表示利率,n 表示借贷期限,S 表示本利和。我国的银行存款利息除活期存款在每季度结息日时将利息计入本金作为下一季度的本金计算复利外,其他存款不论存期多长,一律不计复利。

(二)复利

复利也称利滚利,就是将每一期所产生的利息加入本金一并计算下一期的利息。复利的计算公式如下:

$$S = P(1+r)^n$$
$$I = S - P = P\left[(1+r)^n - 1\right]$$

其中,S 表示本利和,I 表示利息额,P 表示本金,r 表示利率,n 表示借贷期限。

一般来说,若本金为 P,年利率为 r,每年的计息次数为 m,则第 n 年年末的本息和公式如下:

$$S = P\left(1 + \frac{r}{m}\right)^{mn}$$

核心考点三　利率理论

一、利率的风险结构

债权工具的到期期限相同但利率却不相同的现象称为利率的风险结构。它是由以下三个原因引起的:违约风险、流动性和所得税因素。其具体内容见下表。

表 4-2-6　利率的风险结构

要点	具体内容
违约风险	违约风险即债务人无法依约付息或偿还本金的风险,它影响着各类债权工具的利率水平。 一般来说,债券违约风险越大,其利率越高 (1)同等条件下,政府债券的违约风险最低,公司债券的违约风险相对较高 (2)同等条件下,信用等级较高的公司债券的违约风险低于普通公司债券的违约风险
流动性	流动性反映的是投资的时间尺度和价格尺度之间的关系。流动性差的债券风险大,利率较高;流动性强的债券风险小,利率较低 (1)国债的流动性强于公司债券 (2)期限较长的债券,流动性差
所得税因素	同等条件下,免税的债券利率低

综上所述,违约风险越大,流动性越差,无免税债券的利率越高。

二、利率的期限结构

具有相同风险、流动性和税收特征的债券,由于距离到期日的时间不同,其利率也会存在差异,具有不同到期期限的债券之间的利率关系被称为利率的期限结构。目前,主要有三种理论解释利率的期限结构,即预期假说、分割市场理论和流动性溢价理论。

(1)预期假说。预期假说认为,长期债券的利率等于长期债券到期之前人们所预期的短期利率的平均值。由于未来不同的时间段内的短期利率的预期值不同,所以到期期限不同的债券具有不同的利率。

(2)分割市场理论。分割市场理论认为,不同期限的债券市场是完全独立和分割开来的市场,到期期限不同的债券利率仅取决于各债券的供给与需求,而与其他不同期限的债券的预期回报率无关。

(3)流动性溢价理论。流动性溢价理论认为,长期债券的利率应当等于在该债券期限内预期发生的短期债券利率的平均值加上该债券受供求影响的流动性溢价。

经典例题

根据利率期限的流动性溢价理论,如果在接下来的三年中,预期的一年期债券利率分别为4%、5%、6%,三年期债券的流动性溢价为0.5%,那么三年期债券的利率是(　　)。

A. 4%　　　　　　B. 4.5%　　　　　　C. 5%　　　　　　D. 5.5%

【答案】D。解析:流动性溢价理论是预期理论与分割市场理论结合的产物。它认为长期债券的利率应当等于长期债券到期之前预期短期利率的平均值与随债券供求状况变动而变动的流动性溢价之和。由此可知,三年期债券利率为(4%+5%+6%)÷3+0.5%=5.5%。

三、利率理论

(一)马克思的利率决定理论

马克思的利率决定理论是以剩余价值在不同资本家之间的分割作为起点的。马克思指出,利息是贷出资本的资本家从借入资本的资本家那里分割来的一部分剩余价值。剩余价值表现为利润,因此,利息量的多少取决于利润总额。利息率取决于平均利润率。

(二)古典利率理论

古典利率理论认为,利率取决于储蓄(S)与投资(I)的均衡点。投资是利率的递减函数,储蓄是利率的递增函数。

(1)当 $S>I$ 时,利率会下降。

(2)当 $S<I$ 时,利率会上升。

(3)当 $S=I$ 时,利率达到均衡水平。

古典利率理论的隐含假定是,当实体经济部门储蓄等于投资时,整个国民经济达到均衡状态。因此,该理论属于"纯实物分析"的框架。

(三)凯恩斯利率理论

凯恩斯利率理论包含以下三个内容:

(1)凯恩斯利率理论又称流动性偏好理论,该理论认为,货币的供应量由中央银行直接控制,因此货币供给独立于利率的变动,在坐标图中表现为一条垂线。货币的需求量取决于三种动机,即交易动机、预防动机和投机动机。

(2)均衡利率取决于货币需求曲线与货币供给曲线的交点。

(3)流动性陷阱。当利率下降到某一水平时,市场就会产生未来利率会上升的预期,这样货币投机需求就会达到无穷大,这时无论中央银行供应多少货币,都会被相应的投机需求所吸收,从而使利率不能继续下降而"锁定"在这一水平,这就是"流动性陷阱"。

(四)可贷资金利率理论

可贷资金利率理论是新古典学派的利率理论,是为修正凯恩斯的"流动性偏好"理论而提出的,实际上可将其看成古典利率理论和凯恩斯利率理论的一种综合。

按照可贷资金理论,借贷资金的供给包括三个方面:①当前收入超过消费的部分即储蓄 S,与利率正相关;②央行增发货币及银行系统信用扩张引起的货币增加(ΔM),与利率无关;③净负窖藏(ΔH),即上期的窖藏重新投入市场,它来源于人们对流动性偏好的降低,与利率正相关(利率越高,窖藏的机会成本越高,储蓄也越高)。

$I(i)$ 表示投资是利率的反函数,$DH(i)$ 表示窖藏是利率的反函数,$S(i)$ 表示储蓄是利率的增函数,$\Delta M(i)$ 表示信用创造或货币发行是利率的增函数,$\Delta H(i)$ 表示反窖藏是利率的增函数,L_s 表示可贷资金供给,L_d 表示可贷资金需求,则有以下关系:

$$L_s = S(i) + \Delta M(i) + \Delta H(i)$$

$$L_d = I(i) + DH(i)$$

可贷资金利率理论认为,利率取决于可贷资金供给与需求的均衡点。当可贷资金的供给与需求达到均衡时,则有以下关系:

$$S(i) + \Delta M(i) + \Delta H(i) = I(i) + DH(i)$$

可贷资金利率理论没有考虑收入因素对利率的影响。

（五）IS-LM 模型分析的利率理论

IS-LM 模型的理论基础有以下几点：

（1）整个社会经济活动可分为两个领域：实际领域和货币领域。在实际领域中要研究的主要对象是投资（I）和储蓄（S）；在货币领域中要研究的主要对象是货币需求（L）和货币供给（M）。

（2）实际领域均衡的条件是投资（I）＝储蓄（S），货币领域均衡的条件是货币需求（L）＝货币供给（M），整个社会经济均衡必须在实际领域和货币领域同时达到均衡时才能实现。

（3）投资是利率（i）的反函数，即 $I(i)$；储蓄是收入（Y）的增函数，即 $S(Y)$。货币需求可按不同的需求动机分为两个组成部分：L_1 和 L_2，其中 L_1 是满足交易与预防动机的货币需求，是收入的增函数，即 $L_1(Y)$；而 L_2 是满足投机动机的货币需求，是利率的反函数，即 $L_2(i)$。

根据以上条件，必须在实际领域找出 I 和 S 相等的均衡点的轨迹，即 IS 曲线；在货币领域找到 L 和 M 相等的均衡点的轨迹，即 LM 曲线。然后由这两条曲线所代表的两个领域同时达到均衡的点来决定利率和收入水平，即 IS-LM 模型。该模型见右图。

在图 4-2-1 中，IS 曲线和 LM 曲线的交点 E 所决定的收入 Y_0 和利率 i_0 就是使整个经济处于一般均衡状态的唯一的收入水平和利率水平。处于 E 点以外的任何收入和利率的组合都是不稳定的，都需要通过商品市场和货币市场的调整来达到均衡。

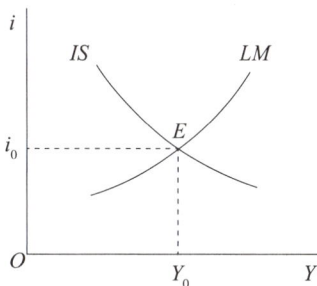

图 4-2-1　IS-LM 模型

第三讲　金融机构和金融制度

核心考点一　金融机构

一、金融机构的概念

狭义的金融机构是指金融活动的中介机构，即在间接融资领域中作为资金余缺双方交易的媒介，专门从事货币、信贷活动的机构，主要指银行和其他从事存、贷款业务的金融机构。

广义的金融机构是指所有从事各类金融活动的组织，包括直接融资领域中的金融机构和间接融资领域中的金融机构。直接融资领域中金融机构的主要职能是充当投资者和筹资者之间的经纪人；间接融资领域中金融机构的主要职能是作为资金余缺双方进行货币借贷交易的媒介。

二、金融机构的职能

金融机构的职能是由其性质决定的。金融机构主要具有以下五种职能：

（1）促进资金融通。

（2）便利支付结算。

（3）降低交易成本和风险。

（4）减少信息成本。

（5）反映和调节经济活动。

三、金融机构的种类

按照不同的标准，可以将金融机构划分为不同的类型，具体内容见下表。

表 4-2-7　金融机构的种类

划分标准	种类
按照融资方式的不同	直接金融机构和间接金融机构
按照职能作用不同	一般金融机构和金融调控、监管机构
按照金融机构的业务特征不同	银行和非银行金融机构
按照是否承担政策性业务	政策性金融机构和商业性金融机构
按照经营领域不同	投资类金融机构、保险类金融机构和信息咨询服务类金融机构
按照资金来源方式不同	存款性金融机构、契约性储蓄机构和投资性中介机构

· 备 考 锦 囊 ·

影子银行是指游离于银行监管体系之外、可能引发系统性风险和监管套利等问题的信用中介体系（包括各类相关机构和业务活动）。影子银行主要包括五种类型：①具有"挤兑"风险的集合投资工具；②依赖短期融资提供贷款服务的机构或业务（如贷款公司、租赁公司、汽车金融公司、专业金融公司、典当行等）；③依赖短期融资或客户抵押融资提供交易中介服务的机构或业务（如证券经纪商、证券金融公司等）；④提供增信服务的机构或业务（如融资担保公司、信用保险公司、信用增级公司等）；⑤提供证券化融资服务的机构或业务（如住房抵押贷款证券化和资产支持证券化等）。

四、我国的金融中介机构体系

目前，我国的金融中介机构体系主要包括商业银行、政策性银行、证券机构、保险公司、金融资产管理公司、农村信用合作社、信托公司、财务公司、金融租赁公司和小额贷款公司等。

（1）商业银行。在我国的金融机构体系中，商业银行是主体，并且以银行信贷为主的间接融资在社会总融资中占主导地位。目前，我国的商业银行体系分为国有控股商业银行、股份制商业银行、城市商业银行、农村银行机构、外资商业银行、民营银行。

（2）政策性银行。政策性银行是由政府出资创立、参股或保证的，以配合、贯彻政府社会经济政策或意图为目的的，在特定的业务领域内，规定有特殊的融资原则，不以营利为目的的金融机构。政策性银行包括中国进出口银行和中国农业发展银行。2015 年 3 月，国务院明确将国家开发银行定位为开发性金融机构。

（3）证券机构。我国证券机构主要包括证券公司、证券交易所、证券登记结算公司、证券投资咨询公司、证券投资基金管理公司等。

（4）保险公司。保险公司是指以经营保险业务为主的非银行金融机构，是金融机构体系的重要组成部分。

（5）其他金融机构。其他金融机构包括金融资产管理公司、农村信用合作社、信托公司、财务公司、金融租赁公司、汽车金融公司、小额贷款公司、消费金融公司等。

五、中央银行

（一）中央银行的性质与职能

1. 中央银行的性质

中央银行代表国家管理金融、制定和执行金融政策，主要采用经济手段对金融经济领域进行调节和控制。中央银行是一国最高的货币金融管理机构，在各国金融体系中居于主导地位。

2. 中央银行的职能

我们通常将中央银行的职能概括为"发行的银行"、"银行的银行"和"政府的银行"。其具体内容见下表。

表 4-2-8　中央银行的职能

职能	定义	表现
发行的银行	中央银行是发行的银行，是指中央银行垄断货币发行权，是全国唯一有权发行货币的机构	（1）根据国民经济发展的客观情况，适时适度发行货币 （2）从宏观经济角度控制信用规模，调节货币供给量 （3）根据货币流通需要，印刷、铸造或销毁票币，调拨库款，调剂地区间货币分布、货币面额比例
银行的银行	中央银行是银行的银行，通过办理存、放、汇等业务充当商业银行和其他金融机构的最后贷款人	中央银行面向银行等金融机构提供的服务如下： （1）集中保管商业银行的存款准备金 （2）充当银行业的最后贷款人 （3）组织全国商业银行间的清算业务 （4）组织外汇头寸抛补业务
政府的银行	中央银行是政府的银行，是指中央银行为政府提供服务，是政府管理一国金融的专门机构	（1）代理国库收支 （2）代理政府金融事务，如代理国家债券的发行 （3）为政府提供资金融通 （4）充当政府金融政策顾问 （5）保管国家外汇储备和黄金储备 （6）代表政府参与国际金融活动，进行国际金融合作 （7）执行金融行政管理职能

中国人民银行是我国的中央银行，履行作为中央银行的职能。

（二）中央银行的业务

1. 中央银行的资产、负债业务

中央银行在履行三大基本职能时，其业务活动集中反映在某一时点上的资产负债表。我国中央银行资产与负债业务的主要内容见下表。

表4-2-9　中央银行的资产与负债业务

业务	内容
资产业务	中央银行的资产是指中央银行在一定时点所拥有的各种债权，包括国外资产（外汇、黄金）、对金融机构债权、政府债券和其他资产等。中央银行的资产业务对其制定实施货币政策、调控金融运行具有重要作用。其主要有贷款、再贴现、证券买卖、管理国际储备及其他资产业务
负债业务	中央银行的负债是指金融机构、政府、个人和其他部门持有的对中央银行的债权，主要包括通货发行、商业银行等金融机构存款、国库及公共机构存款、其他负债等。中央银行的负债业务是中央银行资产业务的基础，主要有货币发行、经理或代理国库和集中存款准备金

2. 中央银行的中间业务

资产清算业务是中央银行的主要中间业务，这类业务可以划分为以下三类：①集中办理票据交换；②结清交换差额；③办理异地资金转移。

核心考点二　金融制度

一、金融制度的概念

金融制度是指一个国家以法律形式确定的金融体系结构，以及组成该体系的各类金融机构的职责分工和相互关系的总和。从广义上说，金融制度包括金融中介机构、金融市场和金融监管制度等方面的内容。

二、中央银行制度

目前世界各国基本上都实行中央银行制度，大致有单一式中央银行制度、复合式中央银行制度、准中央银行制度和跨国中央银行制度。其中，单一式中央银行制度是指国家建立单独的中央银行机构，使之全面行使中央银行职能的中央银行制度。这种类型又分为一元式中央银行和二元式中央银行制度。具体内容见下表。

表4-2-10　中央银行制度

组织形式		内容
单一式中央银行制度	一元式中央银行制度	一元式中央银行制度是一个国家只设立一家统一的中央银行行使中央银行职能的制度形式

组织形式		内容
单一式中央银行制度	二元式中央银行制度	二元式中央银行制度又称为二元复合式中央银行制度,指一国建立中央与地方两级相对独立的中央银行机构,分别行使金融调控和管理职能,不同等级的中央银行共同组成一个复合式统一的中央银行体系 二元式中央银行制度具有权力与职能相对分散、分支机构较少等特点,一般被实行联邦制的国家所采用,如美国、德国等
复合式中央银行制度		复合式中央银行制度是指国家不单独设立专司中央银行职能的中央银行机构,而是由一家集中央银行与商业银行职能于一身的国家大银行兼行中央银行职能的中央银行制度
准中央银行制度		准中央银行制度是指在一个国家或地区不设置真正专业化、具备完全职能的中央银行,而是设立若干类似中央银行的金融管理机构执行部分中央银行的职能,并授权若干商业银行也执行部分中央银行职能的中央银行制度形式
跨国的中央银行制度		跨国的中央银行制度是指由若干国家联合组建一家中央银行,由这家中央银行在其成员国范围内行使全部或部分中央银行职能的中央银行制度

三、商业银行制度

商业银行是各国金融体系的主体。商业银行的制度包括组织制度和业务经营制度,具体内容见下表。

表 4-2-11　商业银行的制度

制度	内容
组织制度	(1)单一银行制度 (2)分支银行制度 (3)持股公司制度 (4)连锁银行制度
业务经营制度	(1)分业经营银行制度 (2)综合性银行制度

四、政策性金融制度

政策性金融是一种具有政策性与金融性双重特征的特殊金融活动。

政策性金融机构的职能主要有以下四个方面:①倡导性职能(诱导性职能);②选择性职能;③补充性职能(弥补性职能);④服务性职能。

政策性金融机构的经营原则包括政策性原则、安全性原则和保本微利原则。

五、金融监管体制

金融监管体制是指一国金融管理部门的构成及其分工的有关安排。世界各国的金融监管体制差异很大,一个合适的监管体制能够大大地提高监管的效率。金融监管体制可以从不同的角度加以分类。

(一)从银行的监管主体以及中央银行的角色进行分类

(1)以中央银行为重心的监管体制。这是以中央银行为重心,其他机构参与分工的监管体制。美国是其中的典型代表,属于这一类型的还有法国、印度、巴西等国家。

(2)独立于中央银行的综合监管体制。这是在中央银行之外,同时设立几个部门对银行、证券和保险金融机构进行监管的体制,但是中央银行在其中发挥独特的作用。德国是其中的典型代表,英国、日本和韩国等国也属于这一类型。

(二)从监管客体的角度进行分类

(1)综合监管体制。这是指将金融业作为一个整体进行监管。在这种体制下,监管主体可以对不同类型的金融机构发挥监管职能,全面履行监管的职责,属于功能性监管。英国是其中的典型代表。实行综合监管体制的主要目标是适应金融经营体制从分业转向混业的需要。随着混业经营趋势的发展,实行综合监管体制的国家越来越多,如瑞士、日本和韩国等。

(2)分业监管体制。这是指对不同类型的金融机构分别设立不同的专门机构进行监管。当前,由于仍然实行分业经营体制,金融发展水平不高,金融监管能力不足,大多数发展中国家,包括中国在内,仍然实行分业监管体制。

六、我国金融调控监管机构

我国的金融调控监管机构主要有中国人民银行、中国银行保险监督管理委员会、中国证券监督管理委员会、国家外汇管理局、金融行业自律组织等。

为加强金融调控监管机构之间的协调,国务院金融稳定发展委员会于 2017 年 11 月成立。自此,中国当前的金融监管体制已经从"一行三会"过渡到了"一委一行两会",即国务院金融稳定发展委员会、中国人民银行、中国证券监督管理委员会和中国银行保险监督管理委员会。

(一)国务院金融稳定发展委员会的职责

国务院金融稳定发展委员会的主要职责包括以下五个方面:

(1)落实党中央、国务院关于金融工作的决策部署。

(2)审议金融业改革发展重大规划。

(3)统筹金融改革发展与监管,协调货币政策与金融监管相关事项,统筹协调金融监管重大事项,协调金融政策与相关财政政策、产业政策等。

(4)分析研判国际国内金融形势,做好国际金融风险应对,研究系统性金融风险防范处置和维护金融稳定重大政策。

(5)指导地方金融改革发展与监管,对金融管理部门和地方政府进行业务监督和履职问责等。

(二)中国人民银行的职责

中国人民银行的主要职责如下:

（1）拟订金融业改革、开放和发展规划，承担综合研究并协调解决金融运行中的重大问题、促进金融业协调健康发展的责任。牵头国家金融安全工作协调机制，维护国家金融安全。

（2）牵头建立宏观审慎管理框架，拟订金融业重大法律法规和其他有关法律法规草案，制定审慎监管基本制度，建立健全金融消费者保护基本制度。

（3）制定和执行货币政策、信贷政策，完善货币政策调控体系，负责宏观审慎管理。

（4）牵头负责系统性金融风险防范和应急处置，负责金融控股公司等金融集团和系统重要性金融机构基本规则制定、监测分析和并表监管，视情责成有关监管部门采取相应监管措施，并在必要时经国务院批准对金融机构进行检查监督，牵头组织制定实施系统重要性金融机构恢复和处置计划。

（5）承担最后贷款人责任，负责对因化解金融风险而使用中央银行资金机构的行为进行检查监督。

（6）监督管理银行间债券市场、货币市场、外汇市场、票据市场、黄金市场及上述市场有关场外衍生产品；牵头负责跨市场跨业态跨区域金融风险识别、预警和处置，负责交叉性金融业务的监测评估，会同有关部门制定统一的资产管理产品和公司信用类债券市场及其衍生产品市场基本规则。

（7）负责制定和实施人民币汇率政策，推动人民币跨境使用和国际使用，维护国际收支平衡，实施外汇管理，负责国际国内金融市场跟踪监测和风险预警，监测和管理跨境资本流动，持有、管理和经营国家外汇储备和黄金储备。

（8）牵头负责重要金融基础设施建设规划并统筹实施监管，推进金融基础设施改革与互联互通，统筹互联网金融监管工作。

（9）统筹金融业综合统计，牵头制定统一的金融业综合统计基础标准和工作机制，建设国家金融基础数据库，履行金融统计调查相关工作职责。

（10）组织制定金融业信息化发展规划，负责金融标准化组织管理协调和金融科技相关工作，指导金融业网络安全和信息化工作。

（11）发行人民币，管理人民币流通。

（12）统筹国家支付体系建设并实施监督管理。会同有关部门制定支付结算业务规则，负责全国支付、清算系统的安全稳定高效运行。

（13）经理国库。

（14）承担全国反洗钱和反恐怖融资工作的组织协调和监督管理责任，负责涉嫌洗钱及恐怖活动的资金监测。

（15）管理征信业，推动建立社会信用体系。

（16）参与和中国人民银行业务有关的全球经济金融治理，开展国际金融合作。

（17）按照有关规定从事金融业务活动。

（18）管理国家外汇管理局。

（19）完成党中央、国务院交办的其他任务。

（20）职能转变。

（三）中国证券监督管理委员会的职责

中国证券监督管理委员会的主要职责如下：

（1）研究和拟订证券期货市场的方针政策、发展规划；起草证券期货市场的有关法律、法规，提出制定和修改的建议；制定有关证券期货市场监管的规章、规则和办法。

（2）垂直领导全国证券期货监管机构，对证券期货市场实行集中统一监管；管理有关证券公司的领导班子和领导成员。

（3）监管股票、可转换债券、证券公司债券和国务院确定由证监会负责的债券及其他证券的发行、上市、交易、托管和结算；监管证券投资基金活动；批准企业债券的上市；监管上市国债和企业债券的交易活动。

（4）监管上市公司及其按法律法规必须履行有关义务的股东的证券市场行为。

（5）监管境内期货合约的上市、交易和结算；按规定监管境内机构从事境外期货业务。

（6）管理证券期货交易所；按规定管理证券期货交易所的高级管理人员；归口管理证券业、期货业协会。

（7）监管证券期货经营机构、证券投资基金管理公司、证券登记结算公司、期货结算机构、证券期货投资咨询机构、证券资信评级机构；审批基金托管机构的资格并监管其基金托管业务；制定有关机构高级管理人员任职资格的管理办法并组织实施；指导中国证券业、期货业协会开展证券期货从业人员资格管理工作。

（8）监管境内企业直接或间接到境外发行股票、上市以及在境外上市的公司到境外发行可转换债券；监管境内证券、期货经营机构到境外设立证券、期货机构；监管境外机构到境内设立证券、期货机构，从事证券、期货业务。

（9）监管证券期货信息传播活动，负责证券期货市场的统计与信息资源管理。

（10）会同有关部门审批会计师事务所、资产评估机构及其成员从事证券期货中介业务的资格，并监管律师事务所、律师及有资格的会计师事务所、资产评估机构及其成员从事证券期货相关业务的活动。

（11）依法对证券期货违法违规行为进行调查、处罚。

（12）归口管理证券期货行业的对外交往和国际合作事务。

（13）承办国务院交办的其他事项。

（四）中国银行保险监督管理委员会的职责

中国银行保险监督管理委员会的主要职责如下：

（1）依法依规对全国银行业和保险业实行统一监督管理，维护银行业和保险业合法、稳健运行，对派出机构实行垂直领导。

（2）对银行业和保险业改革开放和监管有效性开展系统性研究。

（3）依据审慎监管和金融消费者保护基本制度，制定银行业和保险业审慎监管与行为监管规则。制定小额贷款公司、融资性担保公司、典当行、融资租赁公司、商业保理公司、地方资产管理公司等其他类型机构的经营规则和监管规则。制定网络借贷信息中介机构业务活动的监管制度。

（4）依法依规对银行业和保险业机构及其业务范围实行准入管理，审查高级管理人员任职资格。制定银行业和保险业从业人员行为管理规范。

（5）对银行业和保险业机构的公司治理、风险管理、内部控制、资本充足状况、偿付能力、经营行为和信息披露等实施监管。

（6）对银行业和保险业机构实行现场检查与非现场监管，开展风险与合规评估，保护金融消费者合法权益，依法查处违法违规行为。

（7）负责统一编制全国银行业和保险业监管数据报表，按照国家有关规定予以发布，履行金融业综合统计相关工作职责。

（8）建立银行业和保险业风险监控、评价和预警体系，跟踪分析、监测、预测银行业和保险业运行状况。

（9）会同有关部门提出存款类金融机构和保险业机构紧急风险处置的意见和建议并组织实施。

（10）依法依规打击非法金融活动，负责非法集资的认定、查处和取缔以及相关组织协调工作。

（11）根据职责分工，负责指导和监督地方金融监管部门相关业务工作。

（12）参加银行业和保险业国际组织与国际监管规则制定，开展银行业和保险业的对外交流与国际合作事务。

（13）负责国有重点银行业金融机构监事会的日常管理工作。

（14）完成党中央、国务院交办的其他任务。

（15）职能转变。

（五）金融行业自律性组织

我国的金融机构行业自律组织包括行业协会和交易所等，主要有中国银行业协会、中国证券业协会、中国保险业协会、中国证券投资基金业协会、中国期货业协会、中国银行间市场交易商协会、中国支付清算协会、证券交易所、中国财务公司协会、中国信托业协会、中国互联网金融协会、中国融资租赁企业协会。

第四讲　金融市场

核心考点一　金融市场与金融工具概述

一、金融市场的概念与功能

（一）金融市场的概念

金融市场是创造和交易金融资产的市场，是以金融资产为交易对象而形成的供求关系和交易机制的总和。金融市场是要素市场的一种。现代金融市场往往是无形的市场。

（二）金融市场的功能

金融市场最基本的功能是满足社会再生产过程中的投融资需求，促进资本的集中与转换。从微观层面看,金融市场的主要功能包括价格发现、提供流动性、减少搜寻成本和信息成本;从宏观层面看,金融市场的主要功能包括实现储蓄—投资转化、资源配置和宏观调控。

二、金融市场的重要性

金融市场是经济运行的"晴雨表",其重要性体现在以下四个方面:①促进储蓄—投资转化;②优化资源配置;③反映经济状态;④宏观调控。

三、金融市场的构成要素

金融市场的构成要素包括金融市场主体、金融市场客体、金融市场中介和金融市场价格。

(一)金融市场主体

金融市场主体是指在金融市场上交易的参与者。金融市场主体包括家庭、企业、政府、金融机构、中央银行及监管机构。其具体内容见下表。

表4-2-12　金融市场主体

主体	具体内容
家庭	家庭是金融市场上主要的资金供应者
企业	企业是金融市场运行的基础,是重要的资金需求者和供给者
政府	在金融市场上,各国的中央政府和地方政府通常是资金的需求者
金融机构	金融机构是金融市场上最活跃的交易者,分为存款性金融机构和非存款性金融机构。存款性金融机构是指经营各种存款并提供信用中介服务以获取收益的金融机构,主要包括商业银行、储蓄机构和信用合作社等。非存款性金融机构通过发行债券或以契约的形式聚集社会闲散资金,包括保险公司、退休养老金、投资银行和投资基金等机构
中央银行	中央银行在金融市场上处于一种特殊的地位,它既是金融市场中重要的交易主体,又是监管机构之一
监管机构	我国的金融监管机构主要有中国人民银行、中国银行保险监督管理委员会、中国证券监督管理委员会、国家外汇管理局、国有重点金融机构监事会、金融机构行业自律组织等

(二)金融市场客体

金融市场客体即金融工具,是指金融市场上的交易对象或交易标的物。

金融工具的分类有三种方法,具体内容见下表。

表4-2-13　金融工具的分类

划分标准	类型	具体内容
按期限不同	货币市场工具	期限在1年以内的金融工具,包括商业票据、国库券、银行承兑汇票、大额可转让定期存单、同业拆借、回购协议等
	资本市场工具	期限在1年以上的金融工具,包括股票、企业债券、中长期国债等

划分标准	类型	具体内容
按性质不同	债权凭证	债权凭证是发行人依法定程序发行，并约定在一定期限内还本付息的有价证券
	所有权凭证	所有权凭证主要是指股票
按与实际金融活动的关系	原生金融工具	商业票据、股票、债券、基金等基础金融工具
	衍生金融工具	期货合约、期权合约、互换合约等衍生金融工具

（三）金融市场中介

金融市场中介是指在金融市场上充当交易媒介，从事交易或促使交易完成的组织、机构或个人。它与金融市场主体一样，都是金融市场中的参与者，但金融市场中介参与金融市场活动的目的是获取佣金，其本身并非真正的资金供给者或需求者。

（四）金融市场价格

金融市场价格表现为各种金融工具的价格。价格机制在金融市场中发挥着极为关键的作用，是金融市场高速运行的基础。在一个有效的金融市场中，价格能及时、准确、全面地反映资产的价值，反映各种公开信息，引导资金的流向。

四、金融市场的类型

金融市场由很多子市场构成。金融市场的类型见下表。

表 4-2-14　金融市场的类型

划分标准	类型	具体内容
市场中交易标的物	货币市场	货币市场是短期资金市场，是指融资期限在 1 年以下的金融市场，是金融市场的重要组成部分
	债券市场	债券市场和股票市场合称资本市场。资本市场是长期资金市场，是指证券融资和经营期限在 1 年以上的资金借贷及证券交易的场所
	股票市场	
	外汇市场	外汇市场是指经营外币和以外币计价的票据等有价证券买卖的市场
	衍生品市场	衍生品市场是由基础金融市场派生出来的、以衍生产品为交易对象的市场
	保险市场	保险市场是指保险商品交换关系的总和或是保险商品供给与需求关系的总和
	黄金市场	黄金市场是指集中进行黄金买卖和金币兑换的市场
交易中介作用	直接金融市场	直接金融市场是指资金需求者直接向资金供给者融通资金的市场
	间接金融市场	间接金融市场是以银行等信用中介机构作为媒介来进行资金融通的市场

划分标准	类型	具体内容
交易性质	发行市场	发行市场又称一级市场或初级市场,是新发行的金融工具最初从发行者手中出售到投资者手中的市场
	流通市场	流通市场又称二级市场或次级市场,是已发行的金融工具进行转让交易的市场
有无固定场所	场内市场	场内市场又称证券交易所市场,是证券买卖双方公开交易的场所,是一个高度组织化、集中进行证券交易的市场,是整个证券市场的核心
	场外市场	场外市场又称柜台市场或店头市场,是指在交易所市场外由证券买卖双方当面议价成交的市场。随着金融交易朝着电子化、网络化、无纸化的方向发展,场内市场和场外市场界限逐渐模糊
交易期限	货币市场	货币市场是指期限在1年以内的,以短期金融工具为媒介进行的资金融通和借贷的交易市场
	资本市场	资本市场是指期限在1年以上的,以金融资产为交易标的物的金融市场
地域范围	国内金融市场	国内金融市场是指金融交易的范围仅限于一国之内的市场。它在一国内部,交易以本币计价,受本国法律制度的规范和保护。国内金融市场包括全国性金融市场和地区性金融市场
	国际金融市场	国际金融市场是金融工具在国际间进行交易并引起资本在国际间流动的市场。国际金融市场大多数没有固定的交易场所,属于无形市场
成交与定价方式	公开市场	公开市场是指公开竞价形成相应价格的市场,一般在证券交易所进行
	议价市场	议价市场是指买卖双方通过协商形成相应价格的市场,无固定场所,相对分散
交割时间	即期市场	即期市场是指交易双方成交后即时清算交割的市场
	远期市场	远期市场是指交易双方达成成交协议后,约定在一定时期后进行清算和交割的市场

五、有效市场假说

1970年,尤金·法玛发表了《有效资本市场:理论与实证研究回顾》,系统地提出了有效市场假说(EMH)。

（一）有效市场假说的定义

根据法玛的定义,有效市场假说是指证券价格充分反映了全部可以提供的信息,也就是有效市场是一个价格可以迅速对影响价格的因素作出反应的市场。

（二）有效市场假说的假设

有效市场假说建立在以下五个主要假设之上：

（1）投资者都是理性的，能理性地为证券估值。

（2）如果市场上存在非理性人，他们会进行随机交易，行为会相互抵消，不会造成价格大规模波动。

（3）即使市场上的大量理性人进行的交易具有一定的模式，市场上大量的套利投资者会抵消其对价格的影响。

（4）信息是随机的，没有相关性。

（5）没有交易成本。

（三）有效市场的分类

法玛根据信息的公开程度，将信息分为三类：历史信息、公开信息和内幕信息，并以此界定了三种不同程度的有效市场。有效市场的分类见下表。

表4-2-15　有效市场的分类

类型	具体内容
弱有效市场	市场价格已充分反映出所有历史的证券价格信息，包括股票的成交价和成交量、卖空金额、融资金额等，历史价格信息的技术分析是徒劳的
半强有效市场	股价已充分反映出所有已公开的有关公司营运前景的信息。这些信息有成交价、成交量、盈利资料、盈利预测值、公司管理状况及其他公开披露的财务信息等。假如投资者能迅速获得这些信息，股价应迅速作出反应，基本面分析方法无效
强有效市场	股价已经包括全部与公司有关的信息，甚至内幕信息。从理论上说，一个机制完善、监管严格的市场是不存在利用内幕信息进行交易的情况的

有效市场假说理论认为，证券在任一时点的价格均对所有相关信息作出了反应。股票价格的任何变化只会由新信息引起。由于新信息是不可预测的，因此股票价格的变化也是随机变动的。一个有效的市场将不存在证券价格被高估或被低估的情况，投资者将不可能根据已知信息获利。

核心考点二　货币市场、资本市场与外汇市场

一、货币市场

货币市场主要包括同业拆借市场、回购协议市场、商业票据市场、银行承兑汇票市场、短期政府债券市场和大额可转让定期存单市场等。货币市场中交易的金融工具一般都具有期限短、流动性高、对利率敏感等特点，具有"准货币"特性。货币市场的分类见下表。

表 4-2-16　货币市场的分类

类型	具体内容
同业拆借市场	同业拆借的资金主要用于弥补银行短期资金的不足、票据清算的差额以及解决临时性资金短缺需要,亦称"同业拆放市场",是金融机构之间进行短期、临时性头寸调剂的市场
回购协议市场	回购协议市场是指通过证券回购协议进行短期货币资金借贷所形成的市场。证券回购协议是指证券资产的持有者在卖出一定数量的证券资产的同时与买方签订的在未来某一特定日期按照约定的价格购回所卖证券资产的协议 回购协议中的交易计算公式如下: $$I = PP \times RR \times \frac{T}{360}$$ $$RP = PP + I$$ 其中,PP 表示本金;RR 表示证券商和投资者所达成的回购时应付的利率;T 表示回购协议的期限;I 表示应付利息;RP 表示回购价格
商业票据市场	商业票据是公司为了筹措资金,以贴现的方式出售给投资者的一种短期无担保的信用凭证。由于商业票据没有担保,完全依靠公司的信用发行,因此其发行者一般都是规模较大、信誉良好的公司。商业票据市场就是这些公司发行商业票据并进行交易的市场
银行承兑汇票市场	汇票是由出票人签发的,委托付款人在见票后或票据到期时,对收款人无条件支付一定金额的信用凭证。由银行作为汇票的付款人,承诺在汇票到期日支付汇票金额的票据,称为银行承兑汇票,以此为交易对象的市场就是银行承兑汇票市场。银行承兑汇票市场主要由一级市场和二级市场构成。一级市场即发行市场,主要涉及汇票的出票和承兑行为;二级市场相当于流通市场,涉及汇票的贴现与再贴现过程
短期政府债券市场	短期政府债券是一国政府部门为满足短期资金需求而发行的一种期限在 1 年以内的债务凭证。广义的短期政府债券不仅包括国家财政部门发行的债券,还包括地方政府及政府代理机构所发行的债券;狭义的短期政府债券则仅指国库券
大额可转让定期存单(CDs)市场	大额可转让定期存单(CDs)是银行发行的有固定面额、可转让流通的存款凭证。它由花旗银行首先推出,是银行业为逃避金融法规约束而创造的金融创新工具

二、资本市场

(一)资本市场的交易对象

资本市场的交易对象主要是政府中长期债券、公司债券和股票等有价证券以及银行中长期贷款。

(二)资本市场的特点

资本市场具有以下特点:

(1)融资期限长。资本市场的期限至少在 1 年以上,也可以长达数十年之久,甚至无到期日。

(2)流动性相对较差。在资本市场上筹集到的资金多用于解决中长期融资需求,故流动性与变现性相对较弱。

（3）风险大而收益相对较高。由于融资期限较长，发生重大变故的可能性也大，市场价格容易波动，投资者需承受较大风险。同时，作为对风险的报酬，其收益也较高。

（4）资金借贷量大。

（5）价格变动幅度大。

（三）资本市场的分类

在我国，资本市场主要包括债券市场、股票市场和证券投资基金市场。资本市场的分类见下表。

表4-2-17　资本市场的分类

类型	具体内容
债券市场	债券是债务人依照法定程序发行，承诺按约定的利率和日期支付利息，并在约定日期偿还本金的书面债务凭证。它反映了筹资者和投资者之间的债权债务关系。债券市场是发行和买卖债券的场所，是金融市场的一个重要组成部分
股票市场	（1）股票是由股份有限公司签发的用以证明股东所持股份的凭证，它表明股票持有者对公司的部分资本拥有所有权。股票是代表对一定经济利益享有分配请求权的资本证券，是资本市场流通的一种重要工具 （2）股票市场是股票发行和流通的市场，可分为一级市场和二级市场。一级市场是股票的发行市场，是股份公司发行新股票筹集资本的市场；二级市场即股票的流通市场，是指对已发行的股票进行买卖和转让的市场
证券投资基金市场	证券投资基金是通过发行基金股份或收益凭证，将投资者分散的资金集中起来，由专业管理人员分散投资于股票、债券或其他金融资产，并将投资收益分配给基金持有者的一种融资活动。证券投资基金市场是指各类基金的发行、赎回及转让所形成的市场

三、外汇市场

（一）外汇市场概述

外汇是一种以外国货币表示的用于国际结算的支付手段，通常包括可自由兑换的外国货币和外币支票、汇票、本票、存单等。广义的外汇还包括外币有价证券，如股票、债券等，实际上包括了一切外币金融资产。外汇市场是进行外汇买卖的场所或营运网络，由外汇需求者、外汇供给者及买卖中介机构组成。

（二）外汇交易的类型

在外汇市场上，外汇交易基本类型包括即期外汇交易、远期外汇交易和掉期交易，这三类外汇交易的具体内容见下表。

表4-2-18　外汇交易的类型

类型	具体内容
即期外汇交易	即期外汇交易又称现汇交易，是指在成交当日或之后的2个营业日内办理实际货币交割的外汇交易，是外汇市场上最常见、最普遍的外汇交易形式

类型	具体内容
远期外汇交易	远期外汇交易又称期汇交易,是指交易双方在成交后并不立即办理交割,而是按照事先约定的币种、金额、汇率、交割时间、地点等交易条件,到约定时期才进行实际交割的外汇交易
掉期交易	掉期交易是指将币种相同、金额相同但方向相反、交割期限不同的两笔或两笔以上的交易结合在一起进行的外汇交易

核心考点三　股票市场

一、股票概述

股票是一种有价证券,它是股份有限公司签发的证明股东所持股份的凭证。

股票的性质如下：

(1)股票是有价证券。有价证券是财产价值和财产权利的统一表现形式。

(2)股票是要式证券。

(3)股票是证权证券。

(4)股票是资本证券。股票是投入股份公司资本份额的证券化,属于资本证券。

(5)股票是综合权利证券。股票不属于物权证券,也不属于债权证券,而是一种综合权利证券。

二、股票的分类

根据不同的分类标准,股票可分为不同的类型,具体内容见下表。

表 4-2-19　股票的分类

划分标准	类型	具体内容
股东享有权利的不同	普通股票	普通股票是最基本、最常见的一种股票,其持有者享有股东的基本权利和义务
	特别股票	特别股票是指设有特别权利或特别限制的股票。优先股是一种最常见的特别股票。除优先股票外,还有其他类型的特别股票
是否记载股东姓名	记名股票	记名股票是指在股票票面和股份公司的股东名册上记载股东姓名的股票。《中华人民共和国公司法》规定,公司发行的股票可以为记名股票,也可以为不记名股票
	无记名股票	无记名股票是指在股票票面和股份公司股东名册上均不记载股东姓名的股票。无记名股票也称不记名股票,与记名股票的差别不是在股东权利等方面,而是在股票的记载方式上

划分标准	类型	具体内容
是否在股票票面上标明金额	有面额股票	有面额股票是指在股票票面上记载一定金额的股票。这一记载的金额也称为"票面金额"，"票面价值"或"股票面值"
	无面额股票	无面额股票也被称为"比例股票"或"份额股票"，是指在股票票面上不记载股票面额，只注明它在公司总股本中所占比例的股票

三、股份变动

股份变动主要指股票分割与合并、增发、配股、资本公积金转增股本、股份回购、可转债转换为股票等，具体内容见下表。

表 4-2-20　股份变动

变动类型	内容
股票分割与合并	股票分割又称拆股、拆细，是将 1 股股票均等地拆成若干股。股票合并又称并股，是将若干股股票合并为 1 股
增发与定向增发	增发是股份公司向不特定对象公开募集股份的行为。定向增发是股份公司采用非公开方式向特定对象发行股票的行为
配股	配股是上市公司向原股东配售股份的行为。原股东可以参与配股，也可以放弃配股权
资本公积金转增股本	资本公积金转增股本是在股东权益内部，把资本公积金转入股本账户，并按照投资者所持有公司股份份额比例的大小分到各个投资者的账户中，以此增加每个投资者的投入资本
股份回购	股份回购是股份公司利用自有资金买回发行在外股份的行为
可转换债券转换为股票	可转换债券转换为股票，公司收回并注销发行的可转换债券，同时发行新股

四、我国主要的股票类型及股票价格指数

（一）我国主要的股票类型

我国常见的几种股票类型：

A 股：境内上市人民币普通股票。

B 股：境内上市外资股。

H 股：注册地在中国内地、上市地在中国香港的外资股。

N 股：在美国纽约上市的外资股。

S 股：在新加坡上市的外资股。

L 股：在伦敦上市的外资股。

红筹股：在中国境外注册、在中国香港上市，但主要业务在中国内地或大部分股东权益来自中国内地公司的股票。

（二）我国主要的股票价格指数

股票价格指数是用以反映整个市场上各种股票市场价格的总体水平及其变动情况的指标。

1. 沪深 300 指数

沪深 300 指数由沪、深证券交易所于 2005 年 4 月 8 日正式发布,是沪、深证券交易所联合发布的第一只跨市场指数。沪深 300 指数由沪深 A 股中规模大、流动性好、最具有代表性的 300 只股票组成,以综合反映沪深 A 股市场整体表现。沪深 300 数以"点"为单位,精确到小数点后 3 位。其以 2004 年 12 月 31 日为基日,基点为 1 000 点。

2. 上证 180 指数

上证 180 指数选择总市值和成交金额排名靠前的股票,按照中证一级行业的自由流通市值比例,分配和选取 180 只固定样本,以自由流通股本为权重加权计算。这些公司核心竞争力强、资产规模大、经营业绩好、产品品牌广为人知,是上海证券市场上最具代表性的大型蓝筹股股票指数,是投资评价尺度和金融衍生品标的的基础指数,于 2002 年 7 月发布。

3. 恒生指数

恒生指数于 1969 年 11 月 24 日首次公开发布,基期为 1964 年 7 月 31 日,基期指数定为 100,以 33 种有代表性的上市股票为成分股,用加权平均法计算。

恒生指数由香港恒生银行全资附属的恒生指数服务有限公司编制,是以香港股票市场中的 50 家上市股票为成分股样本,以其发行量为权数的加权平均股价指数。恒生指数是香港最早的股票市场指数之一,是反映香港股票市场表现的重要指标。

五、股票价值和价格

（一）股票的价值

股票的价值包括股票的票面价值、股票的账面价值、股票的清算价值和股票的内在价值。股票价值的相关概念与联系见下表。

表 4-2-21　股票的价值

股票的价值	具体内容
股票的票面价值	股票的票面价值又称面值,即在股票票面上标明的金额。该种股票被称为有面额股票。票面价值代表了每一份股份占总股份的比例,在确定股东权益时具有一定的意义 发行方式有以下三种: (1)平价发行。以面值作为发行价 (2)溢价发行。发行价格高于面值,溢价发行募集的资金中等于面值总和的部分计入资本账户,溢价款列入资本公积金 (3)折价发行。发行价格低于面值

股票的价值	具体内容
股票的账面价值	股票的账面价值又称股票净值或每股净资产,在没有优先股的条件下,每股账面价值等于公司净资产(公司资产总额减去负债总额后的净值,从会计角度说等于股东权益价值)除以发行在外的普通股票的股数。通常情况下,股票账面价值并不等于股票的市场价格
股票的清算价值	股票的清算价值是公司清算时每一股份所代表的实际价值
股票的内在价值	股票的内在价值即理论价值,指股票未来收益的现值。股票的内在价值决定股票的市场价格,股票的市场价格总是围绕其内在价值波动

（二）股票的价格

1. 股票的理论价格

股票及其他有价证券的理论价格是根据现值理论得来的。现值理论认为,人们之所以愿意购买股票和其他证券,是因为它能够为它的持有人带来预期收益,因此,它的价值取决于未来收益的大小。

2. 股票的市场价格

股票的市场价格一般是指股票在二级市场上交易的价格。股票的市场价格由股票的内在价值决定,但同时受许多其他因素的影响。

六、沪港通和深港通

沪港通是指上海证券交易所和香港联合交易所允许两地投资者通过当地证券公司(或经纪商)买卖规定范围内的对方交易所上市的股票,是沪港股票市场交易互联互通机制。深港通,是深港股票市场交易互联互通机制的简称,指深圳证券交易所和香港联合交易所建立技术连接,使中国内地和香港投资者可以通过当地证券公司或经纪商买卖规定范围内的对方交易所上市的股票。沪港通包括沪股通和沪港通下的港股通两部分;深港通包括深股通和深港通下的港股通,具体内容见下表。

表4-2-22　沪港通和深港通

要点	具体内容
沪股通	沪股通是指投资者委托中国香港经纪商,经由香港联合交易所在上海设立的证券交易服务公司,向上海证券交易所进行申报(买卖盘传递),买卖规定范围内的上海证券交易所上市的股票

要点	具体内容
沪港通下的港股通	沪港通下的港股通是指投资者委托内地证券公司,经由上海证券交易所在香港设立的证券交易服务公司,向香港联合交易所进行申报(买卖盘传递),买卖规定范围内的香港联合交易所上市的股票 "港股通"在证券交收时点上,实行T+2交收安排。T日买入港股的投资者,T+2日日终完成交收后才可获得相关证券的权益;T日卖出港股的投资者,T日和T+1日日终仍可享有关于证券的权益
深股通	深股通是指投资者委托中国香港经纪商,经由香港联合交易所在深圳设立的证券交易服务公司,向深圳证券交易所进行申报(买卖盘传递),买卖深港通规定范围内的深圳证券交易所上市的股票
深港通下的港股通	深港通下的港股通是指投资者委托内地证券公司,经由深圳证券交易所在香港设立的证券交易服务公司,向香港联合交易所进行申报(买卖盘传递),买卖深港通规定范围内的香港联合交易所上市的股票

七、保证金信用交易

保证金信用交易也称为保证金交易、信用交易或垫头交易,是指在证券交易中,客户凭借自己的信誉,在买卖证券时,只向证券经纪人交付一定的保证金而从证券经纪商处获得贷款或借得证券,以完成证券交易的方式。

保证金信用交易可分为两类:

(1)融资交易。融资交易是指投资者向证券公司缴纳一定的保证金,融入一定数量的资金买入股票的交易行为。

(2)融券交易。融券交易是指投资者向证券公司缴纳一定的保证金,融入一定数量的证券并卖出的交易行为。

在保证金信用交易中,客户与经纪人之间的关系扩大为债权债务关系。债权债务关系包括抵押关系。

八、熔断机制

熔断机制(Circuit Breaker),也叫自动停盘机制,是指当股指波幅达到规定的熔断点时,交易所为控制风险采取的暂停交易措施。具体来说,熔断机制是对某一合约在达到涨跌停板之前,设置一个熔断价格,使合约买卖报价在一段时间内只能在这一价格范围内交易的机制。

国外交易所中采取的熔断机制一般有两种形式,即"熔即断"与"熔而不断"。

(1)"熔即断"是指当价格触及熔断点后,随后的一段时间内交易暂停。

(2)"熔而不断"是指当价格触及熔断点后,随后的一段时间内买卖申报在熔断价格区间内继续撮合成交。

国际上采用得比较多的是"熔即断"的熔断机制。

核心考点四 债券市场

一、债券的定义和分类

(一)债券的定义

债券是一种有价证券,是社会各类经济主体为筹集资金而向债券投资者出具的、承诺按一定利率定期支付利息并到期偿还本金的债权债务凭证。我国债券市场的主体是银行间债券市场。

(二)债券的分类

根据划分标准不同,可将债券分为不同类型,具体分类见下表。

表4-2-23 债券的分类

划分标准	类型	具体内容
发行主体	政府债券	(1)政府债券的发行主体是政府,中央政府发行的债券称为国债 (2)用途:解决由政府投资的公共设施或重点建设项目的资金需要和弥补国家财政赤字 (3)除了政府部门直接发行的债券外,有些国家把政府担保的债券也划归为政府债券体系,称为政府保证债券,由一些与政府有直接关系的公司或金融机构发行
	金融债券	(1)金融债券的发行主体是银行或非银行的金融机构。金融机构一般有雄厚的资金实力,信用度较高,因此金融债券往往有良好的信誉 (2)用途:用于某种特殊的用途;改变本身的资产负债结构 (3)对金融机构来说,吸收存款和发行债券都是它的资金来源。存款是被动负债,而发行债券是主动负债,金融机构有更大的主动权和灵活性。金融债券的期限以中期较为多见
	公司债券	(1)公司债券是公司依照法定程序发行、约定在一定期限还本付息的有价证券 (2)公司债券的风险性相对于政府债券和金融债券要大一些 (3)在发达资本国家,公司债券和企业债券是同一种债券;在我国,公司债券和企业债券是两类不同的债券,具有不同的发行条件和管理体系
付息方式	零息债券	债券合约未规定利息支付的债券。通常,这类债券以低于面值的价格发行和交易,债券持有人实际上是以买卖(到期赎回)价差的方式获得债券利息
	附息债券	附息债券的合约中明确规定,在债券存续期内,对持有人定期支付利息(通常每半年或每年支付一次)。按照计息方式的不同,这类债券还可细分为固定利率债券和浮动利率债券两大类
	息票累积债券	与附息债券相似,这类债券也规定了票面利率,但是,债券持有人必须在债券到期时一次性获得本息,存续期间没有利息支付

划分标准	类型	具体内容
债券形态	实物债券	实物债券是一种具有标准格式实物券面的债券。在标准格式的债券券面上，一般印有债券面额、债券利率、债券期限、债券发行人全称、还本付息方式等各种债券票面要素。无记名国债就属于这种实物债券，它以实物券的形式记录债权、面值等，不记名，不挂失，可上市流通
	凭证式债券	凭证式债券的形式是债权人认购债券的一种收款凭证，而不是债券发行人制定的标准格式的债券
	记账式债券	记账式债券是没有实物形态的票券，它利用证券账户通过电脑系统完成债券发行、交易及兑付的全过程
利率是否固定	固定利率债券	在发行时规定了整个偿还期内利率不变的债券
	浮动利率债券	发行时规定债券随市场利率定期浮动的债券
	可调利率债券	也被称为可变利率债券，指在债券存续期内允许根据一些事先选定的参考利率指数的变化，对利率进行定期调整的债券
期限长短	长期债券	偿还期在10年以上的是长期债券
	中期债券	偿还期在1年或1年以上的、10年以下（含10年）的为中期债券
	短期债券	偿还期在1年以下的为短期债券
发行方式	公募债券	按法定手续，经证券主管机构批准在市场上公开发行的债券
	私募债券	向与发行者有特定关系的少数投资者募集的债券，私募债券的发行和转让均有一定的局限性
信用状况	利率债	直接以政府信用为基础或是以政府提供偿债支持为基础而发行的债券。由于有政府背书，正常情况下利率债的风险很小，影响其内在价值的因素主要是市场利率或资金的机会成本
	信用债	以企业的商业信用为基础而发行的债券。除了利率，发行人的信用也是影响该类债券的重要因素

二、债券估值

（一）债券估值原理

债券估值的基本原理：现金流贴现。

1. 债券现金流的确定

债券的现金流，需通过以下几个方面来确定：

（1）债券的面值和票面利率。

（2）计付息间隔。

（3）债券的嵌入式期权条款。债券条款中可能包含发行人提前赎回权、债券持有人提前返售权、转股权、转股修正权、偿债基金条款等嵌入式期权。

（4）债券的税收待遇。

（5）其他因素。债券的利率类型、债券的币种等因素都会影响债券的现金流。

2. 债券贴现率的确定

债券的贴现率是投资者对该债券要求的最低回报率，也称必要回报率。其计算公式如下：

债券必要回报率 = 真实无风险收益率 + 预期通货膨胀率 + 风险溢价

（二）债券估值模型

不含嵌入式期权的债券理论价格的计算公式如下：

$$P = \sum_{t=1}^{T} \frac{C_t}{(1+y_t)^t}$$

其中，P 表示债券理论价格；T 表示债券距到期日时间长短（通常按年计算）；t 表示现金流到达的时间；C 表示现金流金额；y 表示贴现率（通常为年利率）。

1. 零息债券定价

零息债券不计利息，折价发行，到期还本。通常期限在 1 年期以内的债券为零息债券。定价公式如下：

$$P = \frac{FV}{(1+y_T)^T}$$

其中，FV 表示零息债券的面值。

2. 附息债券定价

附息债券可以看作一组零息债券的组合。可用零息债券定价公式分别为其中每只债券定价，加总后即为附息债券的理论价格，也可直接套用现金流贴现公式进行定价。

3. 累息债券定价

累息债券有票面利率，到期一次性还本付息。可将其视为面值等于到期还本付息额的零息债券，按零息债券定价公式定价。

三、债券收益率

（一）当期收益率

当期收益率是债券的年利息收入与买入债券的实际价格的比率，计算公式如下：

$$Y = \frac{C}{P} \times 100\%$$

其中，Y 表示当期收益率；C 表示每年利息收益；P 表示债券价格。

（二）到期收益率

债券的到期收益率是使债券未来现金流现值等于当前价格的贴现率。经济学家所认为的衡量利率最为精确的指标通常是指到期收益率。其计算公式如下：

$$P = \sum_{t=1}^{T} \frac{C_t}{(1+y)^t}$$

其中，P 表示债券价格；C 表示现金流金额；y 表示到期收益率；T 表示债券期限（期数）；t 表示现金流到达时间（期）。

如果债券每年付息 1 次，每次付息金额为 C，债券面值为 F，则到期收益率（y）公式如下：

$$P = \sum_{t=1}^{T} \frac{C_t}{(1+y)^t} + \frac{F}{(1+y)^T}$$

在某些国家（如美国），债券通常每半年付息一次，每次支付票面年息的一半，则到期收益率（y）的计算公式如下：

$$P = \sum_{t=1}^{2T} \frac{C/2}{\left(1+\frac{y}{2}\right)^t} + \frac{F}{\left(1+\frac{y}{2}\right)^{2T}}$$

（三）即期利率

即期利率是零息债券到期收益率的简称，也称零利率。

（四）持有期收益率

持有期收益率是指买入债券到卖出债券期间所获得的年平均收益。其计算公式如下：

$$P = \sum_{t=1}^{T} \frac{C_t}{(1+y_h)^t} + \frac{P_T}{(1+y_h)^T}$$

其中，P 表示债券买入时价格；P_T 表示债券卖出时价格；y_h 表示持有期收益率；C 表示债券每期付息金额；T 表示债券期限（期数）；t 表示现金流到达时间。

（五）赎回收益率

可赎回债券是指允许发行人在债券到期以前按某一约定的价格赎回已发行的债券。赎回收益率是计算使预期现金流量的现值等于债券价格的利率，可通过公式用试错法计算出：

$$P = \sum_{t=1}^{n} \frac{C}{(1+y)^t} + \frac{M}{(1+y)^n}$$

其中，P 表示发行价格；n 表示直到第一个赎回日的年数；y 表示赎回收益率；t 表示现金流到达时间；M 表示赎回价格；C 表示每年利息收益。

核心考点五　证券投资基金市场

一、证券投资基金的概念和特点

（一）证券投资基金的概念

证券投资基金是指通过公开发售基金份额募集资金，由基金托管人托管，由基金管理人管理和运用资金，为基金份额持有人的利益，以资产组合方式进行证券投资的一种利益共享、风险共担的集合投资方式。

（二）证券投资基金的特点

证券投资基金的特点如下：

(1)集合理财,专业管理。

(2)组合投资,分散风险。

(3)利益共享,风险共担。

(4)严格监管,信息透明。

(5)独立托管,保障安全。

二、证券投资基金的分类

按照不同标准,可把证券投资基金分为不同类型,具体内容见下表。

表4-2-24　证券投资基金的分类

划分标准	类型
基金的组织形式	(1)契约型基金。契约型基金又称单位信托基金,是指将投资者、管理人、托管人三者作为信托关系的当事人,通过签订基金契约的形式发行受益凭证而设立的一种基金 (2)公司型基金。公司型基金是依据基金公司章程设立,在法律上具有独立法人地位的股份投资公司
基金运作方式	封闭式基金和开放式基金
投资标的	债券基金、股票基金、混合型基金、货币市场基金等 在我国,80%以上的基金资产投资于股票的是股票基金,80%以上的基金资产投资于债券的是债券基金 货币市场基金是以货币市场工具为投资对象的一种基金,其投资对象期限在1年以内,包括银行短期存款、国库券、公司短期债券、债券回购、银行承兑票据及商业票据等货币市场工具
投资理念	主动型基金和被动型基金
基金的募集方式	公募基金和私募基金
投资目的	成长型基金、收入型基金和平衡型基金

核心考点六　金融衍生工具

一、金融衍生工具的概念

金融衍生工具又称金融衍生产品,是与基础金融产品相对应的一个概念,指建立在基础产品或基础变量之上,其价格取决于基础金融产品价格(或数值)变动的派生金融产品。这里所说的基础产品是一个相对的概念,不仅包括现货金融产品(如债券、股票、银行定期存款单等),也包括金融衍生工具。

二、金融衍生工具的分类

根据不同的标准,可把金融衍生工具划分为不同类别,具体见下表。

表 4-2-25　金融衍生工具的分类

划分标准	类型
按产品形态分类	独立衍生工具和嵌入式衍生工具
按交易场所分类	交易所交易的衍生工具和场外交易市场(简称 OTC)交易的衍生工具
按金融衍生工具自身交易的方法及特点分类	金融远期合约、金融期货、金融期权、金融互换和结构化金融衍生工具
按基础工具种类分类	股权类产品的衍生工具、货币衍生工具、利率衍生工具、信用衍生工具和其他衍生工具

三、金融衍生工具的特点、风险与功能

金融衍生工具市场的特点包括跨期性、杠杆性、联动性、不确定性或高风险性。金融衍生工具的风险包括市场风险、信用风险、流动性风险、操作风险和法律风险。

金融衍生工具市场具有以下几个功能:①价格发现;②转移风险;③提高交易效率;④优化资源配置。

四、主要的金融衍生工具

(一)金融远期合约

金融远期合约是指交易双方在场外市场上通过协商,按约定价格在约定的未来日期买卖某种标的金融资产的合约。目前比较常见的金融远期合约主要包括远期利率协议、远期外汇合约和远期股票合约。

金融远期合约的特征有以下几个方面:①金融远期合约是最基础的金融衍生产品;②一对一交易,交易事项可协商确定,较为灵活;③金融机构或大型工商企业通常利用远期交易作为风险管理手段;④搜索困难,交易成本较高、存在对手违约风险。

(二)金融期货

金融期货是指交易双方在集中的交易场所以公开竞价的方式进行的标准化金融期货合约的交易。从理论上说,金融期货交易中双方潜在的盈利和亏损都是无限的。

(三)金融期权合约

金融期权合约是指合约买方向卖方支付一定费用,在约定日期内享有按事前确定的价格向合约卖方买卖某种金融工具的权利的契约。从理论上说,期权购买者在交易中的潜在亏损是有限的,仅限于所支付的期权费,而可能取得的盈利却是无限的;相反,期权出售者在交易中所取得的盈利是有限的,仅限于所收取的期权费,而可能遭受的损失却是无限的。

1. 期权的分类

按照金融期权合约标的物的不同,金融期权合约分为货币期权、利率期权和股指期

权等。

按照期权规定的交易方向不同,金融期权合约可分为看涨期权和看跌期权两种类型。看涨期权的买方有权在某一确定的时间或确定的时间之内,以确定的价格购买相关资产;看跌期权的卖方有权在某一确定的时间或确定的时间之内,以确定的价格出售相关资产。

按照合约所规定的履约时间的不同,金融期权分为欧式期权、美式期权和修正的美式期权。欧式期权只能在期权到期日执行;美式期权可在期权到期日之前的任何时间执行;修正的美式期权也被称为百慕大期权或大西洋期权,可以在期权到期日之前的一系列规定日期执行。

经典例题

下列有关期权的说法,错误的是(　　)。

A. 欧式期权是在期权的规定日才能行权 　　B. 美式期权是期权到期前都可执行

C. 欧式期权在获利的时间上不具灵活性 　　D. 美式期权的成本更低

【答案】D。解析:欧式期权只能在期权到期日执行,美式期权可在期权到期日之前的任何时间执行,具有较大的灵活性,所需费用较高。

2. 期权价格的影响因素

期权价格=内在价值+时间价值。凡是影响内在价值和时间价值的因素,就是影响期权价格的因素。总的来看,期权价格的影响因素主要有六个:标的资产的市场价格、期权的执行价格、期权的到期期限、标的资产价格波动率、无风险利率、标的资产收益。具体内容见下表。

表4-2-26　期权价格的影响因素

影响因素	欧式看涨期权	欧式看跌期权	美式看涨期权	美式看跌期权
标的资产的市场价格	+	-	+	-
期权的执行价格	-	+	-	+
期权的到期期限	?	+	+	+
标的资产价格波动率	+	+	+	+
无风险利率	?	?	+	-
标的资产收益	-	+	-	+

注:"+"表示期权价格与影响因素的变动方向相同,"-"表示期权价格与影响因素的变动方向相反,"?"表示不能确定。

3. 期权损益分析

表4-2-27　期权的损益公式

项目	到期日价值	到期净损益
看涨期权多头	Max(标的资产价格-执行价格,0)	到期日价值-权利金

项目	到期日价值	到期净损益
看涨期权空头	-Max(标的资产价格-执行价格,0)	到期日价值+权利金
看跌期权多头	Max(执行价格-标的资产价格,0)	到期日价值-权利金
看跌期权空头	-Max(执行价格-标的资产价格,0)	到期日价值+权利金

（四）金融互换

金融互换是指两个或两个以上的当事人按共同商定的条件,在约定的时间内定期交换现金流的金融交易,可分为货币互换、利率互换、股权类互换、信用违约互换等。

互换交易的主要用途是改变交易者资产或负债的风险结构(比如利率或汇率结构),从而规避相应的风险。

核心考点七　金融资产与价格

一、金融资产的含义与性质

（一）金融资产的含义

金融资产是指那些具有价值并能给持有人带来现金流收益的金融工具。在金融市场上,金融资产价值的大小是由其能够给持有者带来的未来收入现金流的大小和可能性高低决定的。

备考锦囊

金融资产与金融工具描述了一个事物的两个角度。金融工具是资金短缺方为了筹集资金而发行的各种书面凭证,它一般规定了资金盈余者向短缺者转让金融剩余的金额、条件和期限等。金融工具对交易双方所应承担的义务与享有的权利均具有法律效力,通常具有规范化的书面格式和社会的广泛接受性。金融工具的持有者可以在未来某个时间凭借该凭证向其发行者索取规定的收益,因而金融工具对于其持有者而言就是金融资产。

（二）金融资产的性质

一般而言,金融资产都有期限性、流动性、风险性和收益性四个基本性质。

(1)期限性:也称偿还性或到期期限,是指所有的金融资产都有一定的时间限制,到期必须还本付息。

(2)流动性:金融资产在本身价值不受损失的前提下,转化为现实购买力的能力。

(3)风险性:购买金融资产的本金和预期收益遭受损失的可能性。

(4)收益性:持有金融资产能够带来一定的收益。

金融资产的四个性质是相互联系、相互制约的:①期限性与收益性、风险性成正比,与流动性成反比;②流动性与收益性成反比;③收益性与风险性成正比;④流动性与风险性成反比。

二、金融资产定价理论

金融资产定价是当代金融理论的核心,资金的时间价值和风险的量化是金融资产定价的基础。金融资产价格是由资金时间价值和风险共同决定的。

目前,金融资产的定价主要包括以股票、债券、期权等为代表的单一产品定价以及采用风险收益作为研究基础的资产组合定价理论、套利理论和多因素理论等。

(一)现金流贴现法

资金的时间价值是指资金随着时间的推移会发生增值。比较不同时点的现金流价值,应对未来现金流进行贴现,关键是确定贴现率。在金融实践中,贴现率往往用一个无风险利率再加上一个风险补偿率表示。无风险利率是指货币资金不冒任何风险可取得的收益率,常用国库券的短期利率为代表;风险补偿率取决于金融资产风险的大小,风险越大,需要的风险补偿率越高。

(二)投资组合理论(MPT)

马科维茨提出的投资组合理论是现代金融学的开端,其基本假定有三个:①所有投资者都是风险规避的;②所有投资者处于同一单期投资期;③投资者根据收益率的均值和方差选择投资组合的条件下,投资组合理论认为投资者的效用是关于投资组合的期望收益率和标准差的函数,使在给定风险水平下期望收益率最高或者在给定期望收益率水平下风险最小。

马科维茨投资组合理论的主要结论:

(1)风险资产的组合(只要不是相关系数为1),投资效果一定好于单一证券投资。也就是说,与单一证券投资相比,同样风险水平下,组合的预期收益率最高;同等预期收益水平下,组合的风险最小。并且随着组合资产的相关系数越小,这种效果就越好。

(2)风险资产的组合效果不可能无限的好。其中,落在有效边界上的组合的效果最佳。于是,有效边界成为风险资产组合投资效果的上限。

(3)组合资产的个数越多,组合越充分,组合的效果越接近并最终达到有效边界。

(三)资本资产定价理论(CAPM)

CAPM 是一个均衡模型,它以马科维茨的投资组合理论为基础,在投资组合理论的假设基础上,又提出三条假设:①所有投资者对同一证券的所有统计特征(均值、协方差等)有相同的认识;②市场是完全的,即没有税负和交易费用等;③存在可供投资的无风险证券,投资者可以以无风险利率无限制地进行借贷或卖空一种证券。

资本资产定价模型的公式表示如下:

$$E(r_i) - r_f = [E(r_M) - r_f]\beta_i$$

式中,$E(r_M)$表示市场组合的预期收益率,$E(r_i)$表示单个证券 i 的预期收益率,r_f 表示无风险资产的预期收益率,$[E(r_M) - r_f]$是市场组合的风险报酬,β_i 则衡量了证券 i 相对于市场组合的绝对风险大小。

(四)套利定价理论(APT)

套利定价理论认为风险性资产的收益率不但受市场风险的影响,还受到许多其他因素

（宏观经济因素、某些指数）的影响。套利就是买进或卖出某种资产以利用差价来获取无风险利润的行为。套利定价理论包括单因素 APT 模型和多因素 APT 模型。

（五）期权定价理论

布莱克和斯科尔斯根据股价波动符合几何布朗运动的假定，成功解决了期权定价的一般公式，推导出了无现金股利的欧式看涨期权定价公式。布莱克–斯科尔斯模型在推导前作了如下假定：

（1）无风险利率 r 为常数。

（2）没有交易成本、税收和卖空限制，不存在无风险套利机会。

（3）标的资产在期权到期之前不支付股息和红利。

（4）市场交易是连续的，不存在跳跃式或间断式变化。

（5）标的资产价格波动率为常数。

（6）标的资产价格变化遵从几何布朗运动。

三、金融资产价格与利率、汇率的关系

（一）金融资产价格与利率

1. 金融资产价格与利率变化的关系

金融资产价值是该项资产未来现金流收入的贴现值，贴现率通常采用无风险利率，因此，利率变化与金融资产价值的变化总是反方向的，利率升高，金融资产价值会缩水，价格下跌；利率降低，金融资产价值会升水，价格上涨。

2. 利率变化对金融资产价格的影响机制

利率变化对金融资产价格的影响机制如下：

（1）预期的作用。利率作为宏观调控的工具，具有经济运行风向标的功能。

（2）供求对比变化。当利率上升时，交易性货币机会成本上升，会导致一部分货币回流到银行体系，金融资产交易的供求力量发生变化，供给相对需求过剩，价格下跌。利率下降则相反。

（3）无套利均衡机制。在利率变动之前，各资产的收益对比处于均衡水平，它们之间不存在套利的空间。当利率上升以后，产生套利空间，并引起套利行为，直至套利空间消失。

利率变化通过预期、市场供求机制、无套利均衡机制作用于金融资产价格，使资产价格出现反方向变化趋势。

（二）金融资产价格与汇率

1. 金融资产价格与汇率变化的关系

金融资产价格与汇率变化有如下四种关系：①汇率升值推动金融资产价格上涨；②汇率升值导致金融资产价格下跌；③汇率贬值推动金融资产价格上涨；④汇率贬值推动金融资产价格下跌。

2. 汇率变化影响金融资产价格的约束条件

汇率变化影响金融资产价格的约束条件有四条:①经济的外贸依存度;②资本账户开放程度;③本币的可兑换程度;④资本市场的有效性。

3. 汇率变化对金融资产价格的影响机制

汇率变化对金融资产价格的影响机制如下:

(1)预期机制。预期机制是汇率通过市场预期作用于金融资产价格,该传导机制对外贸依存度高的国家有效。汇率变化会引起贸易状况变化,引起经济发展预期的变化,决定资本市场投资倾向,投资者采取相应的投资行动,引起金融资产价格波动。

(2)资本与资产供求均衡机制。对于资本账户开放程度高、货币可自由兑换的国家,由于国际投机资本进出方便,该机制的作用明显。当汇率变化时,投机资本进入,转换为本币后,依据汇率波动方向在资本市场上做出相应的多头或空头交易选择,打破了市场原有的均衡格局,导致金融资产价格波动。

第五讲　金融风险

一、金融风险的概念

金融风险是指金融变量的变动所引起的资产组合未来收益的不确定性。

金融风险有狭义与广义之分。狭义的金融风险专指银行、信托投资公司、证券公司、保险公司等金融机构由于各种不确定性因素而遭受损失的可能性,所涉及的范围比较小。广义的金融风险指个人、公司、金融机构以及政府等所有参与金融活动的交易主体因不确定性而遭受损失的可能性,所涉及的范围比较大。

二、金融风险的特征

金融风险具有以下一般特征:

(1)隐蔽性:由于金融机构经营活动的不完全透明性,在其不爆发金融危机时,可能因信用特点而掩盖金融风险不确定损失的实质。

(2)扩散性:由于金融机构之间存在复杂的债权债务关系,一家金融机构出现危机可能导致多家金融机构接连倒闭的"多米诺骨牌"现象。

(3)加速性:一旦金融机构出现经营困难,就会失去信用基础,甚至出现挤兑风潮,这样会加速金融机构的倒闭。

(4)不确定性:金融风险的发生需要一定的经济条件或非经济条件,而这些条件在风险发生前都是不确定的。

(5)可管理性:通过金融理论的发展、金融市场的规范、智能性的管理媒介,金融风险可以得到有效的预测和控制。

(6)周期性:金融风险受经济循环周期和货币政策变化的影响,呈现规律性、周期性的特点。

三、金融风险的分类

（一）按照风险是否可以被分散划分

1. 系统性风险

系统性风险是无法通过分散投资组合规避的风险。

2. 非系统性风险

非系统性风险是在一定程度上可以通过分散投资组合规避的风险,是指某些因素的变化造成单个股票价格或者单个期货、外汇品种以及其他金融衍生品种下跌,从而给有价证券持有人带来损失的可能性。

（二）按照风险因素不同划分

1. 流动性风险

流动性风险是指金融市场参与者无法以合理成本及时获得充足资金,以偿付到期债务、履行其他支付义务和满足正常业务开展的资金需求的风险。

2. 市场风险

市场风险是包括利率、汇率、股票价格和商品价格等在内的市场价格变化导致损失的风险。

3. 信用风险

信用风险又称违约风险,是指债务人或交易对手未能履行约定契约中的义务而造成经济损失的风险,它是金融风险的主要类型。

信用风险的类型:①违约风险,债务人由于种种原因不能按期还本付息,不履行债务契约的风险;②市场风险,资金价格的市场波动造成证券价格下跌的风险;③收入风险,人们运用长期资金作多次短期投资时实际收入低于预期收入的风险;④购买力风险,指未预期的高通货膨胀率所带来的风险。

规避信用风险,应遵循以下原则:

（1）对称原则:金融机构的资产与负债的偿还期应保持高度的对称关系,无论资产还是负债都要有适当的期限构成。

（2）资产分散原则:金融机构将资金投资于证券或放款时,应注意选择多种类型的证券和放款,尽量避免将资金集中于某种证券或某种放款。

（3）信用保证原则:在授信时,要求受信人以相应的有价证券或实物资产作为抵押或者由第三者承诺在受信人不能清偿债务时承担履约的责任。

4. 操作风险

操作风险是指由不完善或失败的内部流程、人为过失、系统故障或外部因素导致损失的风险。巴塞尔委员会将操作风险事件划分为七种类型:①内部欺诈;②外部欺诈;③雇员活动和工作场所安全性风险;④客户、产品及业务活动中的操作性风险;⑤实物资产损坏;⑥营业中断或信息技术系统瘫痪;⑦执行、交割和流程管理中的操作性风险。

5. 声誉风险

声誉风险是指由经营、管理及其他行为或外部事件导致利益相关方对金融机构产生负面评价的风险。

四、金融风险管理

金融风险管理过程包括风险识别、风险度量、风险监测和风险控制四个阶段。风险管理的主要方法包括风险预防、风险规避、风险分散、风险对冲、风险转移和风险补偿等。具体内容见下表。

表 4-2-28　风险管理的方法

方法	内容
风险预防	金融风险的预防是指在风险事件未发生之前通过运用一定的防范性措施,以防止损失的实际发生或将损失控制在一定的可承受范围之内
风险规避	风险规避是指商业银行拒绝或退出某一业务或市场,以避免承担该业务或市场具有的风险
风险分散	风险分散是指通过多样化的投资来分散和降低非系统性风险的方法
风险对冲	风险对冲是指通过投资或购买与标的资产收益波动负相关的某种资产或衍生产品,来冲销标的资产潜在的风险损失的一种风险管理策略。风险对冲是管理市场风险(利率风险、汇率风险、股票价格风险和商品价格风险)非常有效的办法
风险转移	风险转移是指投资者通过购买某种金融产品或采取某些合法的经济措施将风险转移给愿意和有能力承接的主体的一种风险管理办法
风险补偿	风险补偿是指风险损失发生之前通过金融交易的价格补偿来获得风险回报,以及在损失发生之后通过抵押、质押、保证、保险等获得补偿

五、著名的金融风险事件

(一)"黑天鹅"事件

"黑天鹅"事件特指极其罕见、无法预测,但是一旦发生,其影响足以颠覆以往任何经验的重大事件。"黑天鹅"有三个特征:①发生非常罕见;②影响非常巨大;③事前无法预测,但可预防。

历史上著名的"黑天鹅"事件有泰坦尼克号沉没,"9·11"事件,2008年金融危机等。

(二)"灰犀牛"事件

在米歇尔·渥克的著作《灰犀牛》中,"灰犀牛"指那些经常被提示却没有得到充分重视的大概率风险事件。"黑天鹅"和"灰犀牛"同为会造成金融系统崩溃的重大问题,"黑天鹅"突如其来,"灰犀牛"则厚积薄发。

我国的"灰犀牛"事件如"影子银行"、房地产泡沫、国有企业高杠杆、地方债务、违法违规集资等问题。

米歇尔·渥克在书中给出了"灰犀牛"风险(危机)的应对策略:

（1）要承认危机的存在。

（2）要定义"灰犀牛"风险的性质。

（3）不要静止不动，也就是不要在冲击面前僵在原地。

（4）不要浪费已经发生的危机，要真正做到从灾难中吸取教训。

（5）要站在顺风处，眼睛紧紧盯住远方，准确预测远处看似遥远的风险，摒除犹疑心态，优化决策和行动过程。

（6）成为发现"灰犀牛"风险的人，就能成为控制"灰犀牛"风险的人。

（三）"郁金香"事件

17世纪中期，郁金香从土耳其被引入西欧，因当时量少价高，所以被上层阶级视为财富与荣耀的象征。投机商看中其中的商机，开始囤积郁金香球茎，并推动价格上涨。1635年，炒买郁金香的热潮蔓延为全民运动，人们购买郁金香已经不再是为了其内在的价值或作观赏之用，而是期望其价格能无限上涨并因此获利。1637年2月4日，郁金香市场突然崩溃，六个星期内，价格平均下跌了90%。这次事件以荷兰政府终止所有合同，禁止投机式的郁金香交易告终。

郁金香事件，是人类史上第一次有记载的金融泡沫经济，此事间接导致了作为当时欧洲金融中心——荷兰的衰落。

（四）美国次贷危机

1. 美国次贷危机产生的原因

美国次贷危机，全称是美国房地产市场上的次级按揭贷款危机。多年来，美国经济因为不景气而采取向次级信誉的消费者大量抵押贷款以刺激消费拉动经济的政策。随着美国经济开始复苏并稳步发展，银行利率也逐步由过去的1%提高到5%以上，在这种情况下，那些次级按揭贷款者还不起银行的贷款而将自己的财产抵押给银行。美国银行得到大量次级按揭抵押财产，成为自己的包袱和负担。因此，美国一些银行就把这些抵押财产上市转变成基金，以分散风险。

由于美联储连续17次提息，联邦基金利率大幅攀升加重了购房者的还贷负担，使美国住房市场大幅降温，购房者难以将房屋出售或通过抵押获得融资，美国楼市价格往下走、利率不断升高，次级房贷借款人不能按时还款，次级房贷大比例地转化为坏账，就形成了美国次级房贷危机，引起次级贷款市场危机爆发，对全球金融市场造成强烈震荡。

金融工具过度创新、信用评级机构利益扭曲、货币政策监管放松是导致美国次贷危机的主要原因。金融工具过度创新导致风险无法准确地计算和控制；信用评级机构利益扭曲导致金融产品定价机制失准；货币政策监管放松导致预防性货币政策调控失效，最终导致了次贷危机的爆发。

2. 次级贷款

次级债券是指偿还次序优于公司股本权益、但低于公司一般债务的一种债务形式。各种证券的求偿权优先顺序为：一般债务>次级债务>优先股>普通股，求偿权优先级越高的证券,风险越低,期望收益也越低,反之亦然。次级债券的"次级",与银行贷款五级分类法(正常、关注、次级、可疑、损失)里的"次级贷款"中的"次级"是完全不同的概念。次级债券里的"次级"仅指其求偿权"次级",并不代表其信用等级一定"次级";而五级分类法里的"次级"则是与"可疑""损失"一并划归为不良贷款的范围。

美国住房按揭也分为优先级和次级按揭贷款两种。所谓次级按揭,是指美国向信用分数较低、收入证明缺失、负债较重的人提供住房贷款。贷款人可以在没有资金的情况下购房,仅需声明其收入情况,无需提供任何有关偿还能力的证明。正常情况下,这样的客户很难从银行贷款。前几年,美国楼市火热的时候,很多按揭公司或银行为扩张业务,介入次级住房贷款业务。一般发放次级住房贷款,银行能收取更高的利率,美国次级按揭客户的偿付保障不是建立在客户本身的还款能力基础上,而是建立在房价不断上涨的假设之上。

第六讲 货币政策

核心考点一 货币需求理论

一、马克思的货币需求理论

马克思关于流通中货币量的分析,后人多用"货币必要量"的概念来表述。
基本公式如下:

执行流通手段职能的货币必要量=商品价格总额/货币的流通速度

这一规律可用符号表示如下:

$$M = PQ/V$$

其中,P 为商品价格;Q 为进入流通的商品数量;V 为货币流通的平均速度;M 为货币必要量。

公式表明,货币必要量取决于价格水平、进入流通的商品数量和货币的流通速度这三个因素,与商品价格和进入流通的商品数量成正比,与货币流通速度成反比。

二、货币数量论的货币需求理论

美国经济学家欧文·费雪于 1911 年出版的《货币的购买力》一书,是货币数量论的代表作。在该书中,费雪提出了著名的"交易方程式",也被称为费雪方程式,表示如下:

$$MV = PT$$

其中,M 为一定时期内流通货币的平均数量;P 为平均价格水平;T 为各类商品和服务的交易数量;V 为货币流通速度,代表单位时间内货币的平均周转次数。

该方程式表明,在交易中发生的货币支付总额(等于货币存量乘以它的流通速度,即 MV)等于被交易的商品和服务总价值(即 PT)。

上式还可以表示为 $P = MV/T$。这一方程式表明,物价水平的变动与流通中货币数量的变动和货币的流通速度的变动成正比,与各类商品和服务交易量的变动成反比。

三、剑桥方程式

剑桥学派认为,处于经济体系中的个人对货币的需求,实质是选择以怎样的方式保持自己资产的问题。决定每个人持有多少货币,有多种原因,但在名义货币需求与名义收入水平之间总是保持一个较为稳定的比例关系。剑桥方程式表示如下:

$$M_d = kPY$$

其中,M_d 为名义货币需求;Y 为总收入;P 为价格水平;k 为以货币形式保存的财富占名义总收入的比例。

四、凯恩斯的货币需求函数

凯恩斯认为,人们的货币需求行为往往是由交易动机、预防动机和投机动机决定的。由交易动机和预防动机引起的货币需求是收入的函数,可记为 $L_1(Y)$;由于投机性货币需求是利率的函数,可记为 $L_2(r)$,则凯恩斯的货币需求函数可表示如下:

$$M = L_1(Y) + L_2(r)$$

五、弗里德曼的货币需求函数

弗里德曼将货币需求函数表述如下:

$$\frac{M}{P} = f\left(y, w, r_m, r_e, r_b, \frac{1}{P} \cdot \frac{dp}{dt}, u\right)$$

其中,$\dfrac{M}{P}$ 代表货币的实际需要量,r_m、r_b、r_e 分别表示存款、债券和股票的名义收益率,$\dfrac{1}{P} \cdot \dfrac{dp}{dt}$ 代表价格的预期变动率,w 为非人力财富占总财富的比例,y 为恒久收入,u 代表影响货币需求的其他因素。

核心考点二　货币供给

一、货币供给的概念

货币供给是指一定时期内一国或货币区的银行体系向经济中投入、创造、扩张(或收缩)货币的金融过程。货币供给首先是一个经济过程,即银行系统向经济中注入货币的过程。其次,在一定时点上会形成一定的货币数量,被称为货币供应量。现代信用制度下的货币供应量的决定因素有两个:基础货币和货币乘数。

二、货币层次划分

(一)国际货币基金组织的货币层次划分

按国际货币基金组织的规定,货币层次一般可作以下划分:

M_0(现钞)＝流通于银行体系之外的现金(包括居民手中的现金和单位的备用金,M_0 具

有最强的购买力）

M_1（狭义货币）＝M_0＋可转让本币存款和在国内可直接支付的外币存款

M_2（广义货币）＝M_1＋单位定期存款和储蓄存款＋外汇存款＋大额可转让定期存单（CDs）

M_3＝M_2＋外汇定期存款＋商业票据＋互助金存款＋旅行支票

（二）我国的货币层次划分

划分各层次货币供应量的标准：货币流动性。

我国货币供应量划分为 M_0、M_1、M_2、M_3。各货币层次的内容见下表。

表 4-2-29　我国的货币层次划分

货币供应量层次	具体内容
M_0	流通中现金
M_1	M_0＋企业活期存款＋机关团体部队存款＋农村存款＋个人持有的信用卡类存款
M_2	M_1＋城乡居民储蓄存款＋企业存款中具有定期性质的存款＋外币存款＋信托类存款
M_3	M_2＋金融债券＋商业票据＋大额可转让定期存单等

之后，中国人民银行对货币供应量统计进行了多次修订。2018 年 1 月，中国人民银行完善货币供应量中货币市场基金部分的统计方法，用非存款机构部门持有的货币市场基金取代货币市场基金存款（含存单）。

M_1 被称为狭义货币，是现实购买力；M_2 被称为广义货币；M_2 与 M_1 之差被称为准货币，是潜在购买力。

由于 M_2 通常反映社会总需求变化和未来通货膨胀的压力状况，因此，一般所说的货币供应量是指 M_2。

三、基础货币

（一）基础货币的定义

基础货币，又称储备货币、高能货币或强力货币，通常指流通中的现金和商业银行在央行的准备金存款之和。基础货币被银行持有后，转化为准备金，可以创造存款货币。

（二）基础货币的构成

基础货币（B）包括现金（C）和准备金（R），而后者又包括活期存款准备金（R_r）、定期存款准备金（R_t）和超额存款准备金（R_e）。上述关系可表示如下：

$$B＝C＋R_r＋R_t＋R_e$$

（三）中央银行投放基础货币的三条渠道

中央银行投放基础货币有以下三条渠道：

（1）对商业银行等金融机构的再贷款和再贴现。

（2）收购黄金、外汇等储备资产投放的货币。

（3）变动对政府的债权，进行公开市场操作，买卖政府债券来投放货币。

四、货币乘数

货币乘数是指货币供给过程中,中央银行的基础货币供应量与社会货币最终形成量之间的扩张倍数。货币乘数 m 可表示如下:

$$m = \frac{1+c}{c+r+e}$$

上式中,c 为现金漏损率(现金比率),e 为超额存款准备金率,r 为法定存款准备金率。其中,中央银行决定法定存款准备金率和影响超额存款准备金率,商业银行决定超额存款准备金率,储户决定现金漏损率。

核心考点三　货币均衡

一、货币均衡与非均衡的含义

货币均衡,也就是货币供求均衡,是指经济运行中的货币供给与货币需求大体一致的状态。货币均衡的条件为 $M_s = M_d$,而货币非均衡的条件则为 $M_s \neq M_d$,当存在货币非均衡时,可能是货币需求大于货币供给的情形,也可能是货币需求小于货币供给的情形。

货币均衡的特征:①货币均衡是货币供求作用的一种状态;②货币均衡是一个动态过程。

二、简单的货币均衡

简单货币供求均衡是指在市场经济条件下,由利率的变化进行调节的货币供求均衡关系的实现过程,其基本思想是:在发达的市场经济中,货币供求关系的变化引起利率变化,利率变化进一步影响货币供求,如此相互作用,最终实现货币供求均衡并决定均衡利率。简单的货币均衡包括货币供给作为内生变量条件下的简单货币均衡和货币供给作为外生变量条件下的简单货币均衡。

三、货币供求均衡与社会总供求均衡

(一)社会总需求与社会总供给

社会总需求通常是指一国在一定时期内社会各方面实际占用或使用的全部产品之和,也就是一定时期社会的全部购买支出;相对应地,社会总供给,通常是指一国在一定时期内生产部门按一定价格提供到市场上的全部产品和劳务的价值之和,以及在市场上出售的其他金融资产总量,也就是一定时期社会的全部收入或总收入。

社会总供求平衡是指社会总供给与总需求的相互适应和平衡状态。其特征有:①社会总供求平衡是货币形态的均衡,而不是实物形态的均衡;②社会总供求平衡是现代经济运行中的市场总体均衡;③社会总供求平衡是动态的均衡。

(二)货币供给量与社会总需求

货币供给量与社会总需求的联系:①货币供给量是社会总需求实现的手段和载体;②货

币供给量的变动影响社会总需求的变动。

货币供给量与社会总需求的区别：

（1）货币供给量是一个时点指标，社会总需求是一个时期指标。

$$货币供给 = 现实流通的货币 + 现实不流通的货币$$
$$市场需求 = 现实流通的货币 \times 货币流通速度$$

（2）货币供给量变动与社会总需求的变动在数量上不一定相等。

（3）货币供给量变化与社会总需求的变化在时间上不一致。

（三）社会总供给与货币需求

在货币流通速度一定的条件下，社会总供给，即社会最终产品的价格总额决定着货币需求量。但是，由社会总供给决定的货币需求并非是全部的货币总需求。例如，对积蓄财富所需的价值保存手段（货币的储藏手段职能）则并不单纯地取决于当期市场供给，用于保存财富的货币显然有很大部分是多年的积累。这种差别可表示如下：

$$社会总供给 / 货币流通速度 = 对现实流通货币的需求$$
$$货币需求 = 对现实流通货币的需求 + 对现实不流通货币的需求$$

（四）货币供求与社会总供求

货币供求与社会总供求的关系如下：

第一，社会总供给决定货币需求，但同等的总供给可有偏大或偏小的货币需求。

第二，货币需求引出货币供给，但也绝非是等量的。

第三，货币供给成为社会总需求的载体。同样，同等的货币供给可有偏大或偏小的总需求。

第四，总需求的偏大、偏小，会对总供给产生巨大的影响：总需求不足，则总供给不能充分实现；总需求过多，在一定条件下有可能推动总供给增加，但并不一定可以因此消除差额。

核心考点四　货币政策

一、货币政策概述

货币政策是指中央银行为了实现特定的经济目标而采取的各种控制、调节货币供应量或者信用量的方针、政策、措施的总称。货币政策主要构成要素包括货币政策目标、实现目标所运用的政策工具、预期达到的政策效果。

货币政策的基本特征：

（1）货币政策是宏观经济政策。

（2）货币政策是调节社会总需求的政策。

（3）货币政策主要是间接调控政策即经济、法律手段。

（4）货币政策是长期连续的经济政策，其目标具有长期性，货币政策调节具有短期性和实效性的特点。

一个完整的货币政策包括货币政策目标体系、货币政策工具体系和货币政策操作程序三部分。

二、货币政策的目标

货币政策的目标可以划分为三个层次:最终目标、中介目标、操作目标。其具体内容见下表。

表4-2-30　货币政策的目标

目标	定义	具体内容
最终目标	货币政策在一段较长的时期内要达到的目标。最终目标基本与一个国家的宏观经济目标相一致	(1)当代各国的货币政策目标可概括为四项:稳定物价、充分就业、促进经济增长、国际收支平衡。这四项目标在宏观经济和金融运行中都是至关重要的 (2)稳定物价是中央银行货币政策的首要目标
中介目标	中央银行为了实现货币政策的终极目标而设置的可供观察和调整的指标	中介目标主要包括货币供应量和利率,现阶段我国货币政策的中介目标主要是货币供应量,其具有以下作用:①表明货币政策实施的进度;②为中央银行提供一个追踪观测的指标;③便于中央银行调整政策工具的使用
操作目标	中央银行运用货币政策工具能够直接影响或控制的目标变量	通常被采用的操作目标主要有基础货币、存款准备金,其介于政策工具和中介目标之间,是货币政策工具影响中介目标的传导桥梁

三、货币政策工具

(一)货币政策工具的概念

货币政策工具又称货币政策手段,是指中央银行在实施某种货币政策时所采取的具体措施或操作方式。

(二)货币政策工具的类型

货币政策工具主要有一般性货币政策工具、选择性货币政策工具、直接性货币政策工具和间接性货币政策工具。

1. 一般性货币政策工具

一般性货币政策工具是指中央银行普遍或常规运用的货币政策工具,其实施的对象是整体经济和金融活动。一般性货币政策工具主要有法定存款准备金政策、再贴现政策和公开市场业务,这三大传统的政策工具也被称为货币政策的"三大法宝"。其具体内容见下表。

表4-2-31　一般性货币政策工具

工具	具体内容	特点
法定存款准备金政策	法定存款准备金政策是指通过确定或改变货币乘数来影响货币供给,即使法定存款准备金率调整的幅度很小,也会引起货币供应量的巨大波动	优点:作用力大、主动性强、见效快 局限性:中央银行难以确定调整法定准备金率的时机和调整幅度。中央银行频繁地调整法定准备金率也会使商业银行难以进行适当的流动性管理

工具	具体内容	特点
再贴现政策	再贴现政策是指中央银行对商业银行向中央银行申请再贴现所作的政策性规定	优点： (1)有利于中央银行发挥最后贷款人的作用 (2)比存款准备金率的调整更灵活、便捷,可调节总量,也可调节结构 (3)以票据融资,风险较小 缺点:再贴现的主动权在商业银行,不在中央银行
公开市场业务	公开市场业务是指中央银行在金融市场上公开买卖有价证券,以此控制和影响利率水平	优点:同前两种货币政策工具相比,公开市场业务有明显的优越性,主动权完全在央行,可进行经常性、连续性的操作,可以较为准确地达到政策目标,且具有较强的可逆转性 缺点:时滞较长;干扰因素较多,会带来政策效果的不确定性

经典例题

中央银行提高再贴现率,会使(　　　)。

A. 货币供应量增加　　　　　　　　B. 货币供应量减少

C. 货币供应量不变　　　　　　　　D. 利率水平降低

【答案】B。解析:再贴现政策是中央银行规定的商业银行或其他金融机构到央行抵押贷款的利率,影响商业银行等金融机构的货币供给成本。中央银行提高再贴现率时,贷款量相应减少,货币供给量减少。

2. 选择性货币政策工具

选择性货币政策工具是指中央银行针对资金运用的方向和信贷利率结构所采取的措施。具体内容见下表。

表4-2-32　常见的选择性货币政策工具

工具	内容
消费者信用控制	中央银行对不动产以外的各种耐用消费品的销售融资予以控制,主要内容包括规定分期付款购买耐用消费品的首付最低金额、还款最长期限、适用的耐用消费品的种类等 在消费信用膨胀和通货膨胀时期,中央银行采取消费信用控制,能起到抑制消费需求和物价上涨的作用
证券市场信用控制	中央银行对有关证券交易的各种贷款和信用交易的保证金比率进行限制,并随时根据证券市场的状况加以调整,目的在于控制金融市场的交易总量,抑制过度投机
不动产信用控制	中央银行对金融机构在房地产方面贷款的限制性措施(包括对房地产制定最高限额、最长期限及首次付款和分期还款的最低金额等),以抑制房地产投机和房地产泡沫
优惠利率	中央银行对国家重点发展的经济部门或产业所采取的优惠措施

工具	内容
预缴进口保证金	中央银行要求进口商向指定银行预缴相当于进口商品总值一定比例的存款,目的在于抑制进口的过快增长。这种做法在国际收支长期为赤字的国家较为常见

3. 直接性货币政策工具

直接性货币政策工具包括以下几种:①利率限制;②信用配额;③直接干预;④流动性比率等。需要注意的是,目前我国仍然实行以计划为主的利率管制体制。我国的利率有三个层次:①中央银行基准利率,包括准备金存款利率、对金融机构贷款利率、再贴现率等;②金融机构法定存款和贷款利率,包括储蓄存款利率、企事业单位存款利率、大额可转让定期存单利率、各种贷款利率等;③金融市场利率,主要为银行间拆借市场利率。中央银行通过对计划利率的控制,基本控制了整个社会的利率水平,从而通过对计划利率的调整,即可实现对社会资金供求和社会经济活动的调节。

4. 间接性货币政策工具

间接性货币政策工具包括以下几种:①窗口指导;②道义劝告;③金融检查;④公开宣传等。

（三）我国的创新型货币政策工具

我国的创新型货币政策工具主要包括短期流动性调节工具（SLO）、常备借贷便利（SLF）、抵押补充贷款（PSL）、中期借贷便利（MLF）和定向中期借贷便利（TMLF）等,具体内容见下表。

表 4-2-33　我国的创新型货币政策工具

工具	具体内容
SLO	SLO 是公开市场常规操作的必要补充,是在银行体系流动性出现临时性波动时相机使用的政策工具 SLO 以 7 天期内短期回购为主,遇节假日可适当延长操作期限,采用市场化利率的招标方式
SLF	SLF 是用来满足金融机构期限较长的大额流动性需求的借贷便利类工具。SLF 以隔夜和 7 天为主,最长期限为 3 个月,利率水平根据货币调控需要、发放方式等确定
PSL	PSL 的设立目标是为开发性金融机构支持"棚户区改造"重点项目提供长期稳定、成本适当的资金来源,经常用于支持经济重点领域、薄弱环节和社会事业发展而对金融机构提供期限较长的大额融资。PSL 期限相对较长,操作对象主要是政策性银行
MLF	MLF 是央行提供中期基础货币的货币政策工具,调节对象是符合宏观审慎管理要求的商业银行、政策性银行。MLF 采取质押式发放,需提供国债、央行票据、政策性金融债、高等级信用债等优质债券作为合格质押品
TMLF	2018 年 12 月,中国人民银行决定创设定向中期借贷便利,进一步加大金融对实体经济,尤其是小微企业、民营企业等重点领域的支持力度 TMLF 能够为银行提供较为稳定的长期资金来源,增强对小微企业、民营企业的信贷供给能力,降低融资成本,还有利于改善商业银行和金融市场的流动性结构,保持市场流动性合理充裕

四、货币政策的传导机制

(一)货币政策传导机制的概念

货币政策传导机制是指中央银行以货币政策手段,使用货币政策工具,调节经济中的相关经济变量,并通过一定渠道实现既定的经济目标的过程与作用机理。

货币政策传导机制的一般过程:中央银行运用货币政策工具→操作目标→中介目标→最终目标,即中央银行通过货币政策工具的运作,影响商业银行等金融机构的活动,进而影响货币供应量,最终影响国民经济宏观经济指标。

(二)货币政策传导机制的种类

货币政策传导机制主要有四种,具体内容见下表。

表4-2-34　货币政策传导机制的种类

种类	具体内容
利率传导机制	货币政策传导机制以利率为核心变量。基本思路:中央银行采取扩张性货币政策时,货币供应量增加,实际利率下降,投资增加,最终总产出增加
信用传导机制	(1)银行信贷渠道的运行机制:中央银行采取扩张性货币政策时,货币供应量增加,银行存款和贷款增加,投资增加,最终总产出增加 (2)企业资产负债渠道的传导机制:中央银行采取扩张性货币政策时,货币供应量增加,股价上涨,净值上涨,逆向选择和道德风险下降,贷款增加,投资增加,最终总产出增加
资产价格传导机制	(1)托宾q理论中,q值定义为企业的市场价值与资本重置之比。若其他条件不变,股票需求增加将导致股票价格上升,托宾q值上升。q值大于1时,企业的市场价值将大于重置成本,导致投资增加。传导机制为:货币供应量增加,股价上涨,托宾q值上升,投资增加,最终总产出增加 (2)财富效应的传导机制:货币供应量增加,股价上涨,金融资产价值增加,财务困难出现的可能性减少,耐用消费品和住宅支出增加,最终总产出增加
汇率传导机制	中央银行采取扩张性货币政策时,货币供应量增加,实际利率下降,汇率下降,净出口增加,最终总产出增加

第七讲　国际金融

核心考点一　外汇

一、外汇的含义

外汇(Foreign Exchange)是国际汇兑的简称。动态含义的外汇是指国际间为清偿债权债务,将一国货币兑换成另一国货币的过程;静态含义的外汇是指国际间为清偿债权债务进行汇兑活动所凭借的手段或工具,也可以说是用于国际汇兑活动的支付手段和支付工具。

二、外汇的范围

《中华人民共和国外汇管理条例》中规定了外汇的具体范围。外汇，是指下列以外币表示的可以用作国际清偿的支付手段和资产：①外币现钞，包括纸币、铸币；②外币支付凭证或者支付工具，包括票据、银行存款凭证、银行卡等；③外币有价证券，包括债券、股票等；④特别提款权；⑤其他外汇资产。

三、外汇的分类

根据不同的标准，外汇有不同的分类，具体内容见下表。

表 4-2-35　外汇的分类

划分标准	类型	内容
形式	现汇	也称自由外汇，在国际金融市场上可以自由买卖，在国际结算中广为使用，在国际上能得到偿付并可以自由兑换其他国家货币的外汇。此类外汇通常表现在银行的账户上
	现钞	人们通常所说的钞票，这里也包括铸币
兑换时的受限程度	自由兑换外汇	在国际结算中使用最多，在国际金融市场上可以自由流通，在国际金融中可以用于清偿债权债务，并可自由兑换其他国家货币的外汇
	有限自由兑换外汇	未经货币发行国批准，不能自由兑换成其他货币或不能对第三国进行支付的外汇
	记账外汇	又称清算外汇或双边外汇，是指记账在双方指定银行账户上的外汇，不能兑换成其他货币，也不能对第三国进行支付
来源与用途	贸易外汇	也称实物贸易外汇，是指来源于或用于进出口贸易的外汇，即由国际间的商品流通所形成的一种国际支付手段
	非贸易外汇	贸易外汇以外的一切外汇，即一切非来源或非用于进出口贸易的外汇，如劳务外汇、侨汇和捐赠外汇等
	金融外汇	一种金融资产外汇，如银行同业间买卖的外汇，既非来源于有形贸易或无形贸易，也非用于有形贸易，而是管理和摆布各种货币头寸过程中的金融资产
市场走势	硬外汇	币值坚挺、购买能力较强、汇价呈上涨趋势的自由兑换货币
	软外汇	币值疲软、购买能力较弱、汇价呈下跌趋势的自由兑换货币

核心考点二　汇率

一、汇率的概念及标价方法

汇率又称汇价，是指一种货币与另一种货币之间兑换或折算的比率，也称一种货币用另一种货币所表示的价格。汇率的标价方法有直接标价法和间接标价法两种。

（1）直接标价法又称应付标价法，是以一定整数单位(1,100,10 000等)的外国货币为标准，折算为若干单位的本国货币。这种标价法是以本国货币表示外国货币的价格，因此可以称为外币汇率。直接标价法下，外币汇率的升降和本国货币的价值变化成反比例关系：本币升值，汇率下降；本币贬值，汇率上升。目前，我国和世界其他绝大多数国家和地区都采用直接标价法。

（2）间接标价法又称应收标价法，是以一定整数单位(1,100,10 000等)的本国货币为标准，折算为若干单位的外国货币。这种标价法是以外国货币表示本国货币的价格，因此可以称为本币汇率。间接标价法下，本币汇率的升降和本国货币的价值变化成正比例关系：本币升值，汇率上升；本币贬值，汇率下降。目前，世界上只有英国、美国等少数几个国家采用间接标价法。

二、汇率变动的经济影响

汇率变动对经济的影响见下表。

表4-2-36　汇率变动对经济的影响

对经济的影响	具体内容
贸易和国际收支	在其他条件不变的情况下，当外币汇率上升、本币汇率下降时，出口增加、进口减少，导致国际收支出现顺差；反之，则导致国际收支出现逆差
资本流动	当外币汇率上升、本币汇率下降时，资本（特别是短期资本）为避免损失流出本国；反之，则资本流入本国
国际储备	(1)从对国际储备存量的影响来看，一国外汇储备中，如果储备货币的汇率上升，外汇储备的实际价值增加；反之，则外汇储备的实际价值减少 (2)从对国际储备的增量的影响来看，在不考虑其他因素的情况下，如果本币贬值，将刺激出口，使外汇收入和外汇储备增加；反之，则外汇收入和外汇储备减少
通货膨胀	汇率变动可以通过影响货币币值和物价影响通货膨胀。本币贬值可能使出口增加，如果国内商品因出口增加而供不应求，物价上涨；而由于出口增加可能引起外汇收入增加，使国内货币供应扩张，加大通货膨胀压力。当本币汇率上升时，情况相反
国际债务	对一国来说，如果债务货币汇率上升，将使国际债务的实际价值增加，从而加重该国的债务负担；反之，则可能减轻该国的债务负担
国际经济、金融关系	(1)个别货币汇率的大幅度涨跌，会使国际资产中以该货币计值的资产的实际价值发生变动，造成世界财富的再分配 (2)个别货币汇率的变动有可能引发竞争性的货币贬值，使国际金融秩序产生混乱 (3)各金融市场汇率间的差异使金融投机日益猖獗，使国际金融市场产生剧烈动荡，不利于世界经济的稳定与发展
其他方面	汇率变动对旅游、侨汇、国内经济增长与就业及国内利率水平产生一定的影响

三、汇率理论

汇率理论是说明汇率决定及变动的理论,起源并发展于西方国家,主要包括国际借贷说、购买力平价说、汇兑心理说、利率平价说和资产市场说。

国际借贷说认为,国际借贷是决定汇率的最主要因素。

购买力平价说以各国货币的购买力来说明汇率的决定及变动。

汇兑心理学说认为,汇率取决于人们对外汇的主观评价。

利率平价说以本国货币与外国货币的短期利率差异来说明远期汇率的决定及变动。

资产市场说侧重于从金融市场均衡的角度来考察汇率的决定。

四、汇率制度

汇率制度是指一国货币当局对本国货币汇率确定与变动的基本模式所做的一系列安排。这些制度性安排包括中心汇率水平、汇率的波动幅度、影响和干预汇率变动的机制和方式等。汇率制度的分类见下表。

表 4-2-37　汇率制度的分类

划分标准	制度	具体内容
按照汇率的波动幅度	固定汇率制	固定汇率制是指汇率平价保持基本不变,市场汇率波动被约束在一个狭小的限界内的汇率制度。历史上,固定汇率制曾分别出现在国际金本位制和布雷顿森林货币体系两种国家货币制度下
	浮动汇率制	浮动汇率制是指没有汇率平价和波动幅度约束,市场汇率可以随外汇市场供求关系的变化而自由波动的汇率制度
按照汇率弹性由小到大(国际货币基金的划分方法)	货币局制	官方通过立法明确规定本币与某一关键货币保持固定汇率,同时对本币发行做特殊限制,以确保履行法定义务。中国香港的联系汇率制就是货币局制
	传统的钉住汇率制	官方将本币实际或公开地按照固定汇率钉住一种主要国际货币或一篮子货币,汇率波动幅度不超过±1%
	水平区间内钉住汇率制	类似于传统的钉住汇率制,但与传统的钉住汇率制不同的是汇率波动幅度大于1%
	爬行钉住汇率制	官方按照预先宣布的固定汇率,根据若干量化指标的变动,定期小幅度调整汇率
	爬行区间钉住汇率制	水平区间内的钉住汇率制与爬行钉住汇率制的结合,与爬行钉住汇率制不同的是汇率波动的幅度较大
	事先不公布汇率目标的管理浮动	官方在不特别指明或事先承诺汇率目标的情况下,通过积极干预外汇市场来影响汇率变动
	单独浮动	汇率由市场决定,官方即使干预外汇市场,目的也只是缩小汇率的波动幅度,防止汇率过度波动,而不是确立一个汇率水平

核心考点三　国际货币

一、国际货币的含义

国际货币是指在世界范围内被普遍接受的一种支付手段。

国际货币形态大致经历了以下几个发展阶段:

(1)第一阶段:以金银作为主要国际支付手段。

(2)第二阶段:以英镑作为主要国际支付手段。

(3)第三阶段:美元成为主要的国际支付手段。

(4)第四阶段:各主要资本主义国家的货币共同作为国际支付手段。

二、国际货币的作用

国际货币所起的作用就是在全世界范围内行使购买手段、支付手段和储存价值的职能。

金本位制下黄金本身有其内在价值,它自然地在世界市场上行使货币的职能。在当今不兑现的纸币流通下,各国所发行的主权货币能否成为国际货币主要取决于两个因素:①较强的经济实力、在国际贸易中占有优势地位;②具有可兑换性,即不受限制地兑换成其他国家的货币。

三、人民币国际化

我国的人民币目前还不是国际货币,但随着我国综合国力的迅速壮大,客观上要求人民币走向国际。现在,人民币已成为经常项目下可兑换货币,这将有利于扩大我国对外贸易关系。随着我国经济实力不断强盛及改革的深化,人民币终会成为完全可兑换货币。近年的发展情况也表明,人民币在边境贸易活动中实际上已被广泛用作计价、结算和支付手段并受到普遍欢迎。

核心考点四　国际收支及其调节

一、国际收支的概念

(一)国际收支的狭义与广义之分

在狭义上,国际收支是指在一定时期(通常为1年)内,一国居民与非居民所发生的全部货币或外汇的收入和支出。该定义以支付为基础,即判断是不是国际收支,核心是看是否发生了货币或外汇的支付。

在广义上,国际收支是指在一定时期内,一国居民与非居民所进行的全部经济交易的货币记录。该定义以交易为基础,即判断是不是国际收支,核心是看是否发生了经济交易。

（二）国际收支的构成

国际收支由经常项目收支和资本项目收支构成。经常项目收支包括贸易收支、服务收支、要素报酬收支和单方转移收支。资本项目收支包括直接投资、证券投资和其他投资。

二、国际收支平衡表

国际收支平衡表是按照一定会计原理和方法编制的系统记录国际收支的统计报表。

（一）国际收支平衡表的编制原理

国际收支平衡表是按照复式记账法编制的,在表中分设借方和贷方。借方以"－"号表示,记入资金占用科目,即国际收支中的支出科目;贷方以"＋"号表示,记入资金来源科目,即国际收支中的收入科目。

（二）国际收支平衡表的账户

根据《国际收支和国际投资头寸手册(第六版)》的规定,国际收支平衡表所包括的账户有以下几项:

（1）经常账户。经常账户反映的是居民与非居民之间货物、服务、初次收入和二次收入的流量。

（2）资本账户。资本账户记录资产和资本的国际流动,包括资本转移和非生产、非金融资产的收买与放弃。

（3）金融账户。金融账户包括直接投资、证券投资、其他投资和储备资产。

（4）错误与遗漏账户。错误与遗漏账户专为人为平衡借方和贷方的总额而设。

三、国际收支均衡与不均衡

（一）国际收支均衡与不均衡的含义

自主性交易又称事前交易,是指有关交易主体出于获取利润、利息等经济动机或其他动机,根据本国与他国在价格、利率、利润率等方面存在的差异或其他考虑,而于事前主动进行的经济交易。

国际收支均衡是指自主性交易的收入和支出的均衡。国际收支不均衡是指自主性交易的收入和支出的不均衡。其中,如果自主性交易的收入大于支出,则是国际收支顺差;如果自主性交易的收入小于支出,则是国际收支逆差。

（二）国际收支不均衡的类型

从不同的角度,可以将国际收支不均衡划分为不同的类型,具体内容见下表。

表 4-2-38　国际收支不均衡的类型

划分标准	具体内容
根据差额性质的不同	国际收支不均衡可分为顺差与逆差
根据产生原因的不同	国际收支不均衡分为收入性不均衡、货币性不均衡、周期性不均衡和结构性不均衡 (1)收入性不均衡是由一国的国民收入增长超过他国的国民收入增长,引起本国进口需求增长超过出口增长而导致的国际收支不均衡 (2)货币性不均衡是由一国的货币供求失衡引起本国通货膨胀率高于他国通货膨胀率,进而刺激进口、限制出口而导致的国际收支不均衡 (3)周期性不均衡是由一国的经济周期性波动而导致的国际收支不均衡 (4)结构性不均衡是由一国的经济结构及其决定的进出口结构不能适应国际分工结构的变化所导致的国际收支不均衡
根据不同账户的状况	国际收支不均衡分为经常账户不均衡、资本与金融账户(剔除储备资产科目)不均衡与综合性不均衡 (1)经常账户不均衡:经常账户出现顺差或逆差 (2)资本与金融账户不均衡:资本与金融账户出现顺差或逆差 (3)综合性不均衡:经常账户差额同资本与金融账户差额相抵后出现顺差或逆差

四、国际收支不均衡的政策措施

国际收支不均衡可从宏观和微观两个层面来调节,具体内容见下表。

表 4-2-39　国际收支不均衡的政策措施

政策措施		具体内容
宏观经济政策	财政政策	财政政策主要调节经常项目收支 (1)国际收支逆差可以采用紧的财政政策:①需求效应。国际收支逆差→紧的财政政策→进口需求减少→进口减少。②价格效应。紧的财政政策→价格下降→出口增加、进口减少 (2)国际收支顺差可以采用松的财政政策。松的财政政策→进口需求增加→价格上升,进口需求增加→出口减少,进口增加
	货币政策	货币政策既调节经常项目收支,又调节资本项目收支 (1)国际收支逆差可采用紧的货币政策:①需求效应。国际收支逆差→紧的货币政策→进口需求减少→进口减少。②价格效应。紧的货币政策→价格下降→出口增加、进口减少。③利率效应。紧的货币政策→利率上升→资本流入增加、资本流出减少 (2)国际收支顺差可以采用松的货币政策:①需求效应。松的货币政策→进口需求增加→进口增加。②价格效应。松的货币政策→价格上升→出口减少,进口增加。③利率效应。松的货币政策→利率下降→资本流入减少、资本流出增加

政策措施		具体内容
宏观经济政策	汇率政策	汇率政策主要调节经常账户支出 （1）国际收支逆差可以采用本币法定贬值或贬值的政策。以外币标价的本国出口价格下降→出口增加，以本币标价的本国进口价格上升→进口减少 （2）国际收支顺差可以采用本币法定升值或升值的政策。以外币标价的本国出口价格上升→出口减少，以本币标价的本国进口价格下降→进口增加
微观经济政策		当国际收支出现严重不均衡时，为了迅速扭转局面，收到立竿见影的调节效果，政府和货币当局还可以采取外贸管制和外汇管制的措施：①在国际收支逆差时，就加强外贸管制和外汇管制；②在国际收支顺差时，就放宽乃至取消外贸管制和外汇管制；③在国际收支逆差时，还可以采取向国际货币基金组织或其他国家争取短期信用融资的措施或直接动用本国的国际储备

核心考点五　外汇管理与外债管理

一、外汇管理

（一）外汇管理的含义

狭义的外汇管理又称外汇管制，是指对外汇兑换等施加的限制性措施，主要表现为对外汇可得性和价格的限制。

广义的外汇管理既包括外汇管制，也包括为实施外汇管制或其他管制措施而采取的配套管理措施。

（二）外汇管理的目的和弊端

1. 目的

各国进行外汇管理的目的：①促进国际收支平衡或改善国际收支状况；②稳定本币汇率，控制涉外经济活动中的汇率风险；③防止资本外逃或大规模投机性资本冲击，维护金融市场的稳定和金融安全；④增加外汇储备；⑤保护国内市场，集中和有效利用外汇资源，保护和推动重点产业的发展；⑥增强商品的国际竞争力。

2. 弊端

外汇管理的消极影响：①扭曲汇率，导致资源配置效率低；②导致寻租和腐败行为；③导致非法地下金融蔓延；④导致收入分配不公；⑤不利于经济的长远发展。

二、货币可兑换

（一）货币可兑换的概念

货币可兑换是相对于外汇管制而言的，在纸币流通条件下，是指一国货币的持有者可以不受该国政府或货币当局的限制，为了任何目的而将所持有的该国货币按照一定汇率兑换为外国货币,用于对外支付或作为资产来持有。

（二）经常项目可兑换

根据国际货币基金组织协定,成员国如接受第八条款规定的义务,则该国成为国际货币基金组织第八条款成员国,其货币将被视为可兑换货币。

第八条款的主要内容如下:

(1)不得对经常性国际交易的付款和资金转移施加限制。

(2)不得实施歧视性货币措施和复汇率政策。

(3)成员国对其他国家所持有的本国货币,如对方提出申请并说明这部分货币结存是经常性交易中获得的,则应予购回。

国际货币基金组织的货币可兑换主要是指经常项目可兑换,而不是完全可兑换。

（三）资本项目可兑换

资本项目可兑换就是实现货币在资本与金融账户下各交易项目的可兑换。

资本项目可兑换的条件:①稳定的宏观经济环境;②稳健的金融体系;③弹性的汇率制度。

三、外债与外债管理的概念

（一）国际货币基金组织对外债的定义

根据国际货币基金组织的定义,外债是指任何特定时间内,一国居民对非居民承担的具有契约性偿还责任的债务,包括本金的偿还和利息的支付。

（二）我国国家外汇管理局对外债的定义

根据我国国家外汇管理局的定义,外债是指我国境内的机关、团体、企业、事业单位、金融机构或其他机构对我国境外的国际金融组织、外国政府、金融机构、企业或其他机构用外国货币承担的具有契约偿还义务的债务,包括以下内容:①国际金融组织贷款;②外国政府贷款;③外国银行和金融机构贷款;④买方信贷;⑤外国企业贷款;⑥发行外币债券;⑦国际金融租赁;⑧延期付款;⑨补偿贸易中直接以现汇偿还的债务;⑩其他形式的对外债务。由此看出,外国的股权投资如外商直接投资和股票投资就不属于外债。

我国法律规定,除有特殊规定外,房地产企业、地方政府融资平台不得借用外债;银行、证券等金融机构外债结汇需要经过外汇局批准。

（三）外债管理的定义

外债管理是指一国政府对外债及其运行加以控制和监督。同样,外债管理是由外债管理主体,运用外债管理方法,作用于外债管理客体的运行系统。

四、外债的管理

（一）外债总量管理

外债总量管理的核心是使外债总量适度,不超过债务国的吸收能力。外债的吸收能力取决于债务国的负债能力和偿债能力两个方面。

目前,世界各国用来监测外债总量是否适度的指标主要有以下几个:

(1)负债率=当年未清偿外债余额/当年国民生产总值×100%。

(2)债务率=当年未清偿外债余额/当年货物服务出口总额×100%。

(3)偿债率=当年外债还本付息总额/当年货物服务出口总额×100%。

(4)短期债务率=短期外债余额/当年未清偿外债余额×100%。

根据国际上通行的标准,20%的负债率、100%的债务率、25%的偿债率和25%的短期债务率是债务国控制外债总量的警戒线。

(二)外债结构管理

外债结构管理的核心是优化外债结构。外债结构的优化主要包括外债的种类结构、期限结构、利率结构、币种结构、国别结构、投向结构的优化。

第八讲　国际结算

核心考点一　国际结算概述

一、国际结算的含义

国际结算是在国际间办理货币的收付以清偿位于不同国家的两个当事人之间由于政治、经济、文化交流等引起的债权债务关系的行为。其实质是货币的跨国收付活动,是保障与促进国际间各项活动与交往正常进行的必要手段。

二、国际结算的分类

国际结算可分为国际贸易结算和国际非贸易结算。

(一)国际贸易结算

凡是由商品交换而产生的债权债务关系的结算称为国际贸易结算。国际贸易结算是国际结算的基础,在国际结算中具有主导地位,其结算范围有以下几个方面。

(1)有形贸易结算:有形贸易引起的货币收付活动,有形贸易即商品的进出口贸易。

(2)记账贸易结算:也称为协定贸易结算,是在两国政府所签订的贸易协定项下的商品进出口贸易结算,虽不涉及现汇的收付,但要通过银行办理记账结算。

(3)因国际资本流动所引起的商品贸易或资本性货物贸易的结算。

(4)综合类经济交易中的商品贸易结算。

(二)国际非贸易结算

凡是由国际间的其他经济活动和政治、文化交流活动引起的债权债务关系的结算称为非贸易结算。国际非贸易结算的主体是服务贸易,它是一国外汇收入的重要来源之一,其结算范围有以下几个方面。

（1）无形贸易结算：由无形贸易引起的货币收付活动。其包括：①保险、运输、通信、港口、旅游等劳务活动的收入与支出；②资本借贷或国际直接投资与间接投资产生的利息、股息、利润等的收入与支出；③广告费、专利费、银行手续费等其他劳务收支。

（2）金融交易类结算：主要是指国际间各金融资产买卖的结算。

（3）国际间资金单方面转移结算：发生在政府及民间的各种援助、捐助、赠款以及各种资金调拨行为。

（4）银行提供的以信用担保为代表的一系列服务与结算。

（5）其他非贸易结算业务。如外币兑换业务、侨汇业务、信用卡及旅行支票业务、买入或托收外币票据业务、托收境外财产业务等。

三、国际结算的方式

国际结算有三种基本方式：汇款、托收和信用证结算方式。其中，汇款属于顺汇，后两者属于逆汇。

（1）顺汇：由债务人或付款人主动将款项交给银行，委托银行使用某种结算工具，支付一定金额给债权人或收款人的结算方法。其特点是资金流向与国际结算工具的传送方向一致。

（2）逆汇：由债权人，以出具票据的方式，委托银行向国外债务人收取一定金额的结算方法。其特点是资金流向与国际结算工具的传送方向相反。

核心考点二　国际结算中的票据

一、票据的定义

票据有广义和狭义之分。广义的票据是指用以表明某人拥有对其并未实际控制下的资金或物资所有权的书面凭证，是商业权利凭证，包括商品单据和资金单据。狭义的票据即资金单据，以支付一定金额为目的、可流通转让的特种凭证，主要指汇票、本票、支票。

国际结算中的票据是狭义的票据，它代替现金起流通和支付作用，以抵消或清偿国际债权债务，是国际结算中的重要工具。

二、票据的性质与作用

票据具有流通性、无因性、要式性、提示性、返还性等性质。票据具有以下作用：

（1）结算作用。作为国际结算中的一种支付工具，通过票据的支付与转让，可清偿位于不同国家的两个当事人之间的债权债务关系，这种作用就是票据的结算作用。

（2）信用作用。票据的结算与其他作用的发挥，仅仅基于它是建立在信用基础上的书面支付凭证，出票人在票据上立下书面支付的信用保证，付款人或承兑人允诺按照票面规定履行付款责任。

（3）流通作用。票据的流通转让性体现票据的流通作用，特别是经多次背书与转让后,票据流通性大大加强,节约了现金使用,扩大了市场流通手段,促进了经济的发展。

（4）抵消债务作用。票据在发挥结算作用的同时,也在发挥着债务抵消作用,既缩短了国际交往的时间,节省了费用,又便利了国际贸易与非贸易往来。

（5）融资作用。这是票据的新功能。许多国家通过票据贴现来融通资金,并发展本国票据贴现市场,进而调节本国市场的货币流通量。

三、票据行为

票据行为有狭义和广义之分。狭义的票据行为是以负担票据上的债务为目的所做的必要形式的法律行为,包括出票、背书、承兑、参加承兑和保证五种。其中出票是主票据行为,其他行为都以"出票"所开立的票据为基础,因此被称为附属票据行为。

广义的票据行为除上述票据行为外,还包括票据处理中有专门规定的行为,如提示、付款、参加付款、退票、行使追索权等行为。票据及其行为是要式的,要符合票据法的规定。

四、汇票、本票、支票

（一）汇票

1. 汇票的定义

汇票是出票人签发的,委托付款人在见票时或者在指定日期,无条件支付确定的金额给收款人或者持票人的票据。在国际贸易中,汇票是由出口商（债权人）开出的、要求进口商（债务人）在特定时间支付特定金额的命令。

2. 汇票的种类

根据不同的标准,汇票可分为不同的类型,具体见下表。

表 4-2-40　汇票的种类

划分标准	类型	内容
出票人	银行汇票	出票人和付款人均是银行,一般为光票
	商业汇票	出票人是商号,付款人有可能是银行。可以是光票或跟单汇票
汇票付款时间	即期汇票	规定付款人见票即需付款
	远期汇票	规定付款人于一定日期付款
是否附带货运单据	光票	不附带货运单据,一般用于贸易从属费用、货款尾数、佣金等的收取或支付
	跟单汇票	附带货运单据的汇票
流通领域	国际汇票	出票人、付款人和收款人的居住地中有两个在不同国家,尤其是前两者不同国,汇票流通涉及两个国家
	国内汇票	汇票的三个基本当事人的居住地在同一个国家,汇票在该国国内流通
承兑人	商业承兑汇票	由个人商号承兑的远期汇票,建立在商业信用基础上
	银行承兑汇票	由银行承兑的远期汇票,建立在银行信用基上

（二）本票

本票又称期票,是一人向另一人签发的,保证即期或定期或在可以确定的将来时间,向某人或其指示人或执票来人无条件支付一定金额的书面承诺。

按制票人不同,本票可分为商业本票和银行本票。

(1)商业本票:制票人为商号、工商企业,建立在商业信用基础上,适用范围不广,有远期本票和即期本票之分。

(2)银行本票:制票人为银行,建立在银行信用基础上,分为即期银行本票和远期银行本票两种。即期银行本票有代替现钞作为支付工具的功能,但大量发行会加剧国内的通货膨胀。

本票的出票人就是其受票人,是本票唯一的债务人,因此,各国对签发本票的规定较严。

（三）支票

支票是一张以银行为受票人的见票即付的汇票。英国《票据法》对支票所下的定义:支票是以银行为付款人的即期汇票。因此,凡适用于即期汇票的规定也适用于支票。

工商企业在支付结算时常常用到支票,但是,支票主要用于国内结算,国际结算中使用支票的情况不多。

核心考点三　汇款

一、汇款的定义

汇款又称汇付,是指付款人(进口商、买方、债务人)主动通过银行将款项汇交收款人(出口商、卖方、债权人)的一种结算方式。汇款方式是基于商业信用进行的国际结算。

二、汇款结算方式的当事人

汇款结算方式一般涉及四个主要当事人。

(1)汇款人(remitter):将现金交银行申请汇款的人或被借记的客户。

(2)汇出行(remiting bank):发出付款授权书的银行,即受汇款人委托而汇出款项的银行。

(3)汇入行或解付行(paying bank):接受汇出行委托,向收款人解付款项的银行。汇入行往往是收款人所在地银行或出口方银行,必须是汇出行的联行或代理行。

(4)收款人(beneficiary):收取现金或被贷记的客户。

三、汇款结算方式的种类

根据汇出行通知汇入行付款的方式,国际汇款业务通常可分为信汇、票汇和电汇三种。

（一）信汇

信汇(Mail Transfer,M/T)是汇出行应汇款人的申请,以信汇委托书或支付通知书的方式,通过邮局传递或航空邮递给汇入行,授权汇入行将款项付给收款人的一种汇款方式。

信汇的优点是手续费较低。但信汇汇款所需时间比电汇要长,这直接影响了收款人的收款时间,银行有机会在一定时间内无偿占用客户的在途汇款资金;收款人会面临一定的汇率风险。因此,信汇在国际贸易中使用极少。

(二)票汇

票汇(Demand Draft,D/D)是指汇出行应汇款人的要求,开立一张有指定付款行(一般为联行或账户行)的汇票给汇款人,由汇款人自己设法交给收款人,并凭其领取款项的汇款方式。

与信汇或电汇相比,票汇的突出特点是其灵活性。票汇的传送不通过银行,汇入行无须通知收款人,而由收款人持票登门取款。

(三)电汇

电汇(Telegraphic Transfer,T/T)是指汇出行应汇款人的申请,拍发加押电报或电传给国外汇入行,指示其解付一定金额给收款人的汇款方式。

电汇的两种具体方式:①电报或电传;②SWIFT 系统。

电汇大多使用银行间直接通信,安全性高。电信在银行的优先级别高,一般当天处理,资金在途时间很短,汇出行能占用资金的时间很短,有时甚至根本不能占用资金。电汇是一种最快捷的汇款方式,它在收取汇费时还要加收电报费,通常用于紧急款项或大额款项的支付、资金调拨、各种支付指示等。

四、汇款的偿付

汇款的偿付,即汇款头寸的调拨,是指汇出行因汇入行代其解付汇款而予以偿还款项的行为,俗称"拨头寸"。

汇出行如何向汇入行偿还款项,取决于汇款使用的货币和双方账户的设立情况,具体地分析,有以下两种类型。

(一)账户行直接入账型

汇出行与汇入行之间建立了往来账户,可直接通过账户行偿付,即借记往账或贷记来账。

(1)汇出汇款使用的货币是汇出国的货币,而汇入行在汇出行设有账户。汇出行在委托汇入行解付汇款时,在"信汇委托书"中明确指出:"In cover,we have credited your a/c with us."并以贷记报单通知汇入行。汇入行接到偿付指标,确认汇款头寸已拨入自己账户,即可使用已拨妥的头寸将汇款解付给收款人。

(2)汇出汇款使用的货币是汇入地货币,而汇出行在汇入行设有账户时,汇出行可以要求汇入行在解付汇款后,借记汇出行账户。在这种情况下,汇出行在汇款委托中要标明"In cover, please debit our a/c with you."汇入行按汇款委托指示,解付资金给收款人,并借记汇出行账户。同时向汇出行寄出借记报单。

（二）"碰头行"型

（1）通过碰头行拨交头寸。汇出汇款使用的货币如为汇出地货币或第三国货币，汇入行与汇出行没有互为账户关系，但是，双方有共同的账户行，即"碰头行"，则通过共同账户行偿付。

（2）通过账户行的共同账户行转账。如果汇入行与汇出行之间没有碰头行，就需要通过它的账户行的碰头行来拨交头寸。

五、汇款结算方式在国际贸易中运用

汇款结算是最简单的支付方式，在国际贸易中主要用于小额进出口货物的货款以及贸易从属费用的结算。贸易从属费用包括运费、保险费、佣金、退款、赔款等。

汇款结清买卖双方债权债务时，通常有预付货款、货到付款和凭单付汇三种方式。

（一）预付货款

预付货款又称先结后出，是进口商在出口商将货物或货运单据交付以前将货款的全部或者一部分通过银行汇款付给进口商，出口商收到该笔汇款后，再根据约定发运货物。先结后出是先收款后发货，资金不受积压，因而对出口商有利，对进口商不利。

（二）货到付款

货到付款又称先出后结，也被称为延期付款或赊销，与预付货款相反，是指进口商在收到货物以后，立即或一定时期以后再付款给出口商的一种结算方式。货到付款对进口商最为有利，对出口商不利。

货到付款包括售定和寄售两种。

（1）售定是指进出口商达成协议，规定出口商先发货，再由进口商按合同售价和付款时间进行汇款的一种结算方式，是货到付款的主要形式。它通常适用于快销商品（如鲜活商品，目的是提货方便）和一般性日用品（目的是手续简化、节省费用）以及进口商不信任出口商的情况。

（2）寄售是指出口商将货物运往国外，委托国外商人按照事先商定的条件在当地市场上代为销售，待货物售出以后，国外商人将扣除佣金和有关费用后的货款汇给出口商的结算方法。在寄售方式下，寄售双方是委托关系而非买卖关系。对出口商而言，寄售方式是最不利的，一般只用于新产品或滞销货的出口，或是用于开拓新市场。

（三）凭单付汇

凭单付汇是指进口商通过银行将款项汇给进口商所在地银行，并指示该行凭出口商提供的某些商业单据或某种装运证明即可付款给出口商。凭单付汇与货到付款相比，有利于出口商而不利于进口商；与预付货款相比，有利于进口商而不利于出口商。

核心考点四　托收

一、托收的定义

在进行托收结算时,卖方开具汇票并将其交给当地银行(托收行),提出托收申请,委托该行通过它在进口地的代理行(代收行),代为向进口商收款。

在托收业务中,尽管银行介入较多,但其仍属于商业信用。托收业务顺利与否,取决于债权人与债务人的诚信度。

二、托收结算方式的当事人及其关系

(一)当事人

托收方式中涉及的当事人主要有委托人、托收行、代收行和付款人。

1. 委托人

委托人是委托一家银行办理托收业务的当事人,一般为出口商或卖方。委托人需填写托收申请书,并连同托收跟单汇票一并交给银行委托托收。

2. 托收行

托收行是接受委托人的委托,转委国外银行代为收款的出口地银行,也称寄单行和委托行。托收行对单据相符与单据的有效性不负责任。

3. 代收行

代收行是接受托收行的委托,代为向付款人收款的进口地银行,它是托收汇票的被背书人或收款人,也称受托行。

4. 付款人

付款人是进口商、买方,是指在委托人提供合格单据的情况下,根据合同规定付款的人,也称受票人。

(二)当事人之间的关系

委托人与付款人的关系是以他们所订立的契约为基础的债权债务关系;委托人与托收行之间是委托—代理关系;托收行与代收行之间也是委托—代理关系;代收行与付款人之间并不存在契约关系。

三、托收结算方式的种类

根据是否附带货运单据,托收可分为光票托收和跟单托收。

(一)光票托收

光票托收是指出口商仅开具汇票而不附带货运单据的托收。在国际贸易中,光票托收一般不用于货款的托收,而主要用于货款尾数、样品费、佣金、代垫费用、进口赔款等小额或从属费用的托收。

（二）跟单托收

跟单托收是指金融单据附有商业单据或不附有金融单据的商业单据的托收。跟单据托收如以汇票作为收款凭证，即使用跟单汇票。如无汇票，仅以货运单据委托银行，向买方即进口商收取货款的做法，也属于跟单托收业务。

（三）跟单托收的种类

按照向进口商交单条件的不同，跟单托收可分为付款交单和承兑交单两种。

1. 付款交单

付款交单（D/P）是指出口商的交单以进口商付款为条件，即出口商发货后，取得货运单据，委托银行办理托收，并指示银行在进口商付清货款后，才把商业单据交付出去的方式。根据汇票的付款期限不同，又分为即期付款交单和远期付款交单。

（1）即期付款方式交单（D/P at sight）：出口商发货后开具即期汇票，连同商业单据，通过托收行寄到进口地的代收行，代收行在进口商见票付款后向其交出单据的方式。即期付款交单的流程见下图。

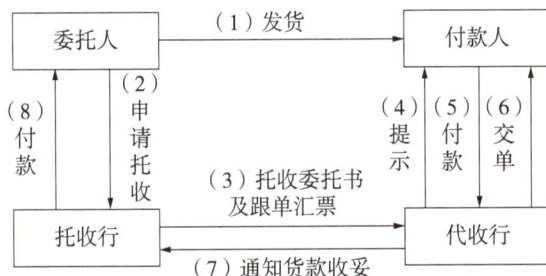

图4-2-2　即期付款交单流程图示

（2）远期付款交单（D/P at ... days after sight）：出口商发货后，开具远期汇票，连同商业单据，通过银行向进口商提示，在进口商于汇票到期付款后由代收行交出单据的方式。远期付款交单的流程见下图。

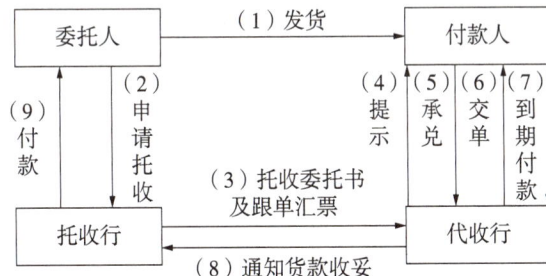

图4-2-3　远期付款交单流程图示

2. 承兑交单（D/A）

承兑交单是指银行的交单以进口商承兑汇票为条件。出口商发运货物后，开具远期汇票，连同商业单据，通过银行向进口商提示，进口商承兑汇票后，代收行将商业单据交给进口商,在汇票到期时,进口商再履行付款义务。承兑交单的业务流程见下图。

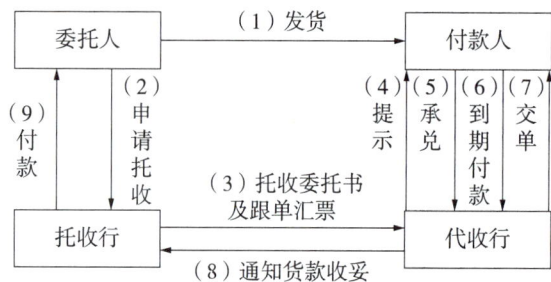

图4-2-4　承兑交单流程图示

承兑交单对进口商很有利,因为其承兑后即可凭单提货,如果销售顺利,至汇票到期日付款时,货物已经售出,可以不必使用自有资金,对进口商加速资金周转有利;对出口商而言,风险较大。

核心考点五　信用证

一、信用证的定义

信用证是指开证银行根据申请人的要求,向受益人开立的一种有条件的书面付款保证。也就是说,开证行在收到受益人交付全部符合信用证规定的单据的条件下,向受益人或其指定人履行付款责任。

理解信用证定义需把握以下几点:

(1)信用证是由银行应客户的申请开出的。

(2)信用证结算依赖于银行信用,开证行即承担第一性的付款责任,进口商则成为第二付款人。

(3)信用证结算是银行凭单付款。信用证虽是以贸易合同为基础开立的,但一经开立,信用证就独立于贸易合同之外。银行付款的前提是受益人提交的单据符合信用证条款的规定,但不受贸易合同的约束。

(4)开证行可以自己付款,也可授权其他的银行付款或议付。

二、信用证的特性

信用证具有以下特征:

(1)开证行承担第一性的付款责任。

(2)信用证是独立于贸易合同的自足性文件。信用证是独立的文件,不依附于贸易合同,即当事人只受信用证条款的约束,银行也只对信用证负责。合同条款与信用证条款是否一致,所交单据是否符合合同要求,银行一律不予过问,虽然信用证的开立是以合同为依据的。

(3)信用证业务只处理单据,不涉及货物。信用证方式是一种纯粹的单据业务,各当事人处理的是单据,而不是有关的货物。在信用证业务中,只要受益人或其指定人提交符合信用证规定的单据,做到"单单一致、单证一致",开证行就应承担付款、承兑或议付的责任。在国际贸易中使用信用证方式结算遵循"严格符合原则",即受益人提交的单据必须与信用证条款严格相符。严格符合原则应符合两方面的要求:一是受益人或单证合法持有人交付的单据必须与信用证的要求相符;二是受益人或单证合法持有人交付的单据之间必须相互一致。即"单证相符,单单相符"。

三、信用证的融资方式

信用证融资的主要方式包括银行向进口商提供的贸易融资和银行向出口商提供的贸易融资两种。

(一)银行向进口商提供的贸易融资方式

银行向进口商提供的贸易融资方式如下:

(1)提供信用证融资额度。为了对进口商提供融通资金的便利,银行通常对一些资信较好、有一定清偿能力、业务往来频繁的老客户核定一个相应的授信额度或开证额度,供客户循环使用。

(2)担保提货。在进出口双方相距较近、正本货运单据未收到而货物已到达进口商所在地时,信用证开证申请人可向银行申请开立提货担保保函,交给承运单位先予提货,待取得正本单据后,再以正本单据换回原提货担保保函。

(3)进口押汇。在即期信用证下,信用证项下单到并经审核无误后,开证申请人因资金周转关系,无法及时对外付款赎单,以该信用证项下代表货权的单据为质押,并同时提供必要的抵押/质押或其他担保,由银行先行代为对外付款。

(4)承兑信用额度。在远期信用证项下,开证行收到进口单据后,经审查单证相符,或虽有不符点但进口商及开证行都同意接收,由开证行以其自身信用对外承诺在将来某个固定日期或可以确定的日期向受益人付款。

(二)银行向出口商提供的贸易融资方式

银行向出口商提供的贸易融资方式如下:

(1)打包放款。出口商在提供货运单据之前,以供货合同和国外银行开来的以自己为受益人的信用证向当地银行抵押,从而取得用于该信用证项下出口商品的进货、备料、生产和装运所需周转资金的一种融资方式。

(2)票据贴现。在远期信用证项下,出口商发货并取得开证行或其他汇票付款人已承兑汇票后,到当地银行将期票以折扣价格兑现的一种融资方式。在这种利用票据贴现的贸易融资方式下,银行对已贴现票据有追索权。

(3)出口押汇。银行凭出口商提供的信用证项下完备的货运单据作抵押,在收到开证行支付的货款之前,向出口商融通资金的业务。银行对出口商有追索权。

(4)福费廷。福费廷业务也称"包买票据",指包买银行无追索权的买入或代理买入因真实贸易背景而产生的远期本票、汇票或债务的行为,信用证项下的福费廷业务为银行买入经开证行承兑的远期汇票。

（5）利用出口信用保险融资。出口企业作为信用证受益人，按照要求提交了单证相符、单单相符的单据后，由于政治风险或商业风险的发生，不能如期收到应收账款的损失，而银行则对投保了出口信用保险的出口企业提供相应的融资服务。

（6）红条款信用证。一种预支信用证。在信用证中规定，允许受益人在装运货物出口之前，先开出一定金额的即期汇票并提交规定的证件（如仓单），向出口地银行议付一部分货款，待货物出口后，受益人再提供正式出口单据凭以取出余额。由于这种规定的字迹是红色的，故称红条款信用证。

四、信用证项下的主要当事人

信用证业务所涉及的基本当事人有三个：开证申请人、开证行和受益人。除此以外，还可能出现通知行、付款行、偿付行和保兑行等。

（1）开证申请人：向一家银行申请开立信用证的当事人，一般为进口商或中间商。

（2）开证行：应开证申请人要求，开立信用证的银行。

（3）受益人：信用证中明确指定的信用证的接受者，并根据信用证发货、交单和收款的人，通常为国际贸易中的出口方或卖方。

（4）通知行：将信用证通知给受益人的银行，一般由开证行在出口商所在地的代理行担任。

（5）转递行：与通知行作用相同，但转行是直接将信用证原件照转给受益人。

（6）议付行：对受益人交来的跟单汇票办理交单贴现的银行。在给受益人支付垫款后，保留对受益人的追索权。

（7）承兑行：远期信用证中指定的对受益人出具的远期汇票给予承兑的银行。

（8）付款行：在信用证中被指定对信用证项下的汇票进行凭单付款或在付款信用证项下执行付款的银行。付款行对受益人无追索权，只能向开证行索偿。

（9）偿付行：开证行委托的对议付行或代付行进行偿付的代理银行。偿付行不接受单据，不审核单据，不与受益人发生联系，因此偿付行对议付行或代付行的偿付，不能视为开证行的付款，不是终局性付款。

（10）保兑行：根据开证行的要求对不可撤销信用证加具保兑的银行。保兑行付款责任如同开证行，是终局性付款。

五、信用证项下的契约安排

信用证业务中存在着三角契约安排：

（1）进出口商之间的销售合同。

（2）开证申请人和开证行之间的申请书，还包括担保协议或偿付协议。

（3）开证行与受益人之间的跟单信用证。若跟单信用证被另一家银行保兑，则保兑行与受益人之间同样存在着跟单信用证的契约安排。

六、信用证的种类

信用证的种类可以从不同的角度划分。

（一）光票信用证和跟单信用证

根据信用证项下的汇票是否附有单据,信用证可分为光票信用证和跟单信用证。

（1）光票信用证:仅凭汇票而不随附商业单据付款的信用证。

（2）跟单信用证:凭跟单汇票或仅凭规定的单据付款的信用证。这里的单据主要是指代表货物所有权或证明货物已装运的货运单据。

（二）可撤销信用证和不可撤销信用证

根据信用证性质不同划分,信用证可分为可撤销信用证和不可撤销信用证。

（1）可撤销信用证:开证行可以不经过受益人同意,也不必事先通知受益人,在付款、承兑或议付以前,随时修改信用证内容或撤销的信用证。

（2）不可撤销信用证:未经开证行、保兑行（如有的话）和受益人的明确同意,既不能修改,也不能撤销的信用证,这就是不可撤销信用证的本质,即信用证的不可撤销性。国际贸易结算业务中使用最多的就是不可撤销跟单信用证。不可撤销信用证有如下特征:①有开证行确定的付款承诺;②具有不可撤销性。

（三）保兑信用证和不保兑信用证

根据信用证有无开证行以外的其他银行加以保证兑付,信用证可分为保兑信用证和不保兑信用证。

（1）保兑信用证:根据开证行的授权或要求,另一家银行（保兑行）对不可撤销信用证加以保兑的信用证。不可撤销保兑的信用证给予受益人双重的付款承诺。

（2）不保兑信用证:泛指一般的只有开证行的付款承诺,而没有开证行以外的其他银行以其自身信誉加具付款承诺的所有信用证。

（四）可转让信用证和不可转让信用证

根据受益人使用信用证的权利能否转让,信用证可分为可转让信用证和不可转让信用证。

（1）可转让信用证:可转让信用证可应受益人（第一受益人）的要求转为全部或部分由另一受益人（第二受益人）兑用。开证行必须在信用证中注明"可转让（transferable）",信用证方可转让。可转让信用证只能转让一次,适用于有中间商存在的情况。

（2）不可转让信用证:受益人不能将信用证的权利转让给他人的信用证。

（五）即期付款信用证、延期付款信用证、承兑信用证和议付信用证

根据兑付方式的不同,信用证还可以分为即期付款信用证、延期付款信用证、承兑信用证和议付信用证。

（1）即期付款信用证:受益人开立即期汇票或不需即期汇票,仅凭单据即可向指定银行提示请求付款的信用证。对这种信用证,开证行、保兑行（如有的话）或指定付款行承担即期

付款的责任,且付款后无追索权。

(2)延期付款信用证:又称迟期付款信用证或无承兑远期信用证,是指不需汇票,仅凭受益人提交的单据,经审核单证相符确定银行承担延期付款责任起,延长一段时间,及至到期日付款的信用证。

(3)承兑信用证:信用证规定开证行对于受益人开立以开证行自己为付款人或以其他银行为付款人的远期汇票,在审单无误后,应承担承兑汇票并于到期日付款责任的信用证。

(4)议付信用证:开证行在信用证中邀请其他银行买入汇票及/或单据,即允许受益人向某一指定银行或任何银行交单议付的信用证。用于议付信用证项下结算的汇票可以是即期汇票、远期汇票和商业汇票。

（六）其他典型信用证

1. 循环信用证

循环信用证是指信用证被全部或部分使用后,其金额又恢复到原金额,可再次使用,直至达到规定的次数或规定的总金额为止。

循环信用证又分为按时间循环的信用证和按金额循环的信用证。

(1)按时间循环的信用证:受益人在一定的时间内可多次支取信用证规定的金额。

(2)按金额循环的信用证:在信用证金额议付后,仍恢复到原金额可再次使用,直至用完规定的总额为止。

循环信用证的循环条件有三种:

(1)自动循环,即不需开证银行的通知,信用证即可按所规定的方式恢复使用。

(2)半自动循环,即在使用后,开证行未在规定期限内提出停止循环的通知即可恢复使用。

(3)非自动循环,即在每期使用后,必须等待开证行通知,才能恢复使用。

循环信用证一般用于长期分批交货的贸易合同。使用循环信用证的优点在于:①进口方可不必多次开证,从而节省开证费用;②简化出口方的审证、改证等手续,有利于合同的履行。

2. 对开信用证

对开信用证是以交易双方互为开证申请人和受益人、金额大致相等的信用证。

对开信用证中,第一份信用证的开证申请人就是第二份信用证的受益人;反之,第二份信用证的开证申请人就是第一份信用证的受益人。第二份信用证也被称为回头证。第一份信用证的通知行一般就是第二份信用证的开证行。对开信用证的生效方法有两种:①两份信用证同时生效;②两份信用证分别生效。

对开信用证广泛用于易货贸易、来料来件加工装配业务、补偿贸易等。

3. 背对背信用证

背对背信用证也称对背信用证、转开信用证、从属信用证或桥式信用证,是指信用证的受益人以这个信用证为基础和保证,要求一家银行(通常为原证的通知行,也可以是其他银行)开立以该银行为开证行,以原证受益人为申请人的一份内容相似的新的信用证。其中的原始信用证又称为主要信用证,而背对背信用证是第二信用证。

背对背信用证主要用于中间商转售他人货物,从中谋利,或两国不能直接进行交易,需通过第三国商人以此种办法沟通贸易而开立。

4. 预支信用证

预支信用证是指允许受益人在货物装运交单前预支货款的一种信用证。这主要用于出口商组货而资金紧张的情况,所以这种信用证的预支是凭受益人光票和按时发货交单的保证进行的,有些信用证则规定受益人要提交货物仓单作抵押。目前我国在补偿贸易中有时采用这种信用证。

核心考点六　银行保函与备用信用证

一、银行保函的含义

银行保函是指银行根据申请人的要求向受益人开出的担保申请人正常履行合同义务的书面证明。它是银行有条件承担一定经济责任的契约文件。当申请人未能履行其所承诺的义务时,银行负有向受益人赔偿经济损失的责任。由于以银行信用代替或补充商业信用,保函的信用性更好,灵活性更强,因此被广泛应用于国际结算的诸多领域。

二、银行保函的特点

银行保函虽与信用证都属于银行信用,但银行保函却有自身的特点。

(1)以促使申请人履行合同为目的。银行保函只有在申请人违约或具备索偿条件时才发生支付。

(2)国际银行保函主要是独立性保函。根据保函与基础业务合同的关系不同,可以分为从属性保函和独立性保函。

①从属性保函:保函是基础合同的一个附属性契约,其法律效力随着基础合同的存在而存在,随着基础合同的改变、灭失而发生相应变化。从属性保函下,担保行的付款责任是第二性的。

②独立性保函:又称见索即付银行保函,保函根据基础合同开立后,不依附于基础合同而存在,它是具有独立法律效力的文件。独立性保函下,担保行的付款责任是第一性的。

(3)国际保函开立银行的责任是第一性的。目前,国际上通行的银行保函多为担保行承担第一付款责任的独立性保函。

(4)银行付款的依据是单据及其他证明文件。

(5)银行保函的适用范围十分广泛,除用于贸易结算外,还可应用于投标、履约、预付款、维修、银行补偿贸易、来料加工、工程承包等各种国际经济交易的履约担保。

三、银行保函的当事人

银行保函的当事人包括以下几类：

（1）申请人，是指向开出保函的银行申请开立保函的合同当事人。申请人的主要责任是按照已签订的合同或协议的规定履行各项义务，在违约后补偿担保行或反担保人为承担担保责任而向受益人或担保人所作出的任何赔偿，并支付有关费用。

（2）担保人，是指接受申请人委托开出保函的银行，其促使申请人履行合同的各项义务，并在申请人违约时，根据受益人提出的索偿文件和保函的规定向受益人作出赔偿，并有权在赔偿后向申请人或反担保人索偿其通过保函向受益人承诺在符合索赔的条件下付款，然后向申请人提出索偿。

（3）受益人，是指有权依据保函条款向开出该保函的银行提出索偿的当事人，一般为经济交易中的债权人。受益人有权索偿，但须履行合同规定的各项义务，在索偿时还必须提供保函所规定的索偿文件。

（4）通知行，是指受担保银行的委托将保函通知给受益人的银行。

（5）保兑行，又称第二担保人，即根据担保人的要求在保函上加以保兑的银行。一旦担保人未能按保函规定付款，保兑行就必须代其履行付款义务。

（6）反担保人，是指应申请人的要求向担保人开立书面反担保文件的人，承诺当担保人在申请人违约后作出赔偿，且申请人不能向担保人提供补偿时，向担保人提供补偿，并赔偿担保人的一切损失。反担保行负有向担保人（转开行）赔偿的责任，同时也有权向申请人索赔。

（7）转开行，是指根据担保行的要求，凭担保行的反担保向受益人开出保函的银行。转开行通常是受益人所在地的银行。转开行一旦接受转开要求，就必须按照担保人的要求及时地开立保函。保函一经开出，转开行就成了担保行，承担担保行的责任，而原担保行就变成了反担保人或指示行。此时，担保行如遇受益人索偿，就必须在其开立的保函项下履行付款责任。付款后担保行有权凭反担保向反担保人追偿。

（8）指示行，是指示担保行为受益人开立保函的银行，一般只存在于间接保函中。

四、银行保函的内容

银行保函并没有统一的格式，但一般保证书应具备以下内容：

（1）保函的名称，如投标保函、履约保函等。

（2）各当事人的名称和地址。

（3）有关的交易合同、协议，标书的编号、日期，供应货物的名称、数量，工程项目名称等。

（4）保函的货币名称、金额。保函可以规定一个具体的金额，也可以用交易合同金额定百分比来表示，它一般是指担保行担保责任的最高限度，也是计收担保费的主要依据，一般要写明货币种类。

（5）有效日期。有效日期涉及生效日期和到期日两方面的内容。

生效时间规定的两种情况：①规定生效日期；②规定生效事件。有效期规定的两种方式:①确定到期日;②规定失效事件。当事人可以选择一种或同时采用两种方式规定有效期。

(6)付款条件。付款条件又称索偿条件,是保函的主体内容。

(7)其他。

五、银行保函的种类

(一)融资类保函和非融资类保函

根据担保银行承担风险的不同及管理的需要,银行保函可以分为融资类保函和非融资类保函。

融资类保函包括借款保函、透支保函、有价证券发行担保保函、融资租赁保函、延期付款保函、银行授信额度保函等。

非融资类保函包括投标保函、付款保函、履约保函等。

(二)出口类保函、进口类保函和对销贸易类保函

根据保函的使用范围不同,银行保函可分为出口类保函、进口类保函和对销贸易类保函。

1. 出口类保函

出口类保函是指银行应出口方申请,向进口方开出的保函,是为满足出口货物和出口劳务的需要而开立的保函。

(1)承包保函:某些国家进行工程建设多采用招标、承包方式,供应劳务、物料或设备的投标人和中标后的承包人,须向招标人或向工程业主提供各种银行保函,统称为承包保函。承包保函包括投标保函、履约保函和预付金保函三种。

(2)保留金保函或留置金保函:银行应出口方申请,向进口商发出的,保证如果货到后发现品质不符,将买方预先支付的保留金退还买方的归还保证书。

(3)质量保函:在供货合同中,尤其是在军工产品、机械设备、船舶飞机等出口合同中,为保证产品质量,买方要求卖方提供银行担保,保证若货物质量不符合合同规定,而卖方又不能更换或维修时,担保行便将保函金额赔付买方,以弥补其所受损失。

(4)维修保函:在承包工程完工后,业主会扣留一部分款项备作补偿工程质量缺陷而承包人不予维修造成的损失。工程业主要求承包人提供银行担保,保证在工程质量与合同规定不符而承包人又不能维修时,担保行便按保函金额赔付业主,以弥补其所受损失,则业主可以释放这部分扣款。

2. 进口类保函

进口类保函是指银行应进口方申请,向出口方开出的保函,是为满足进口货物和进口需要而开立的保函。

(1)付款保函:担保行针对买方的付款责任而出具的一种保函。

(2)租赁保函:当采用租赁方式进口机械、仪器、设备、运输工具时,银行向出租人担保承租人按规定付给租金,否则由担保行赔偿的保函。

（3）提货保函：进口商向银行申请开立的，以船公司为受益人，要求船公司允许进口商不凭正本提单提货的保函。

3. 对销贸易类保函

（1）补偿贸易保函：在补偿贸易业务中，提供设备、技术的一方要求进口方提供的一种银行保函。

（2）来料加工保函及来件装配保函：在来料加工或来件装配业务中，进料或进件方向供料或供件方提供银行担保，向其保证如进料或进件方收到与合同相符的原料或元件（有时还包括加工或装配所需的小型设备及工具）后，未能以该原料或元件加工或装配，并按合同规定将成品交付供料或供件方，或由其指定的第三者，又不能以现汇偿付来料或来件价款及附加的利息，担保行便按保函金额加利息赔付供料或供件方。

（三）其他类保函

1. 借款保函

企业或单位向国外借款，一般需要提供银行担保，用以向国外贷款人保证，如借款人未按借款契约规定按时偿还借款并付给利息，担保行将代借款人偿还借款并支付利息。这种保函就是借款保函。

2. 关税保付保函

关税保付保函是指银行向国外海关开立的，保证临时进入该国的商品会按时被撤回，否则由银行向海关支付相应税金的书面保证。

3. 账户透支保函

承包工程公司在外国施工，常在当地银行开账户，为了得到当地银行的资金融通，有时需要开立透支账户。在开立透支账户时，一般需要提供银行担保，向当地账户行保证：如该公司未按透支合约规定及时向该行补足透支金额，担保行将代其补足。这种保函就是账户透支保函。

4. 保释金保函

保释金保函是指因船方或运输公司责任造成货主或他人损失，在确定具体赔偿金额前，船舶被法院下令扣留，须交纳保证金方予以放行时，银行应船方或运输公司的请求，向扣船国法院出具承诺，如船方或运输公司不履行法院判决，银行将根据法院的索赔，按照保函规定承担担保责任的书面保证。保释金保函多用于海事纠纷。

六、银行保函与跟单信用证的比较

（一）银行保函和跟单信用证的相同点

银行保函和跟单信用证的相同点如下：

（1）两者都是由银行作出的承诺。银行保函和跟单信用证都属于银行信用形式，以银行信用代替或补充商业信用，使受益人避免或减少相应的损失。

（2）两者都具有独立性。独立性银行保函和跟单信用证都产生于申请人和受益人之间的基础合同,但是独立于该合同。此外,银行保函和跟单信用证也独立于申请人与银行之间的合同约束。也就是说,银行不能以申请人未履行对自己的义务为由拒绝向受益人承担付款或赔偿责任。

(3)两者都是单据化业务。在独立性银行保函和跟单信用证下,银行都是根据受益人提交的单据来决定是否需要履行付款或赔付责任的。银行不需介入具体合同,也无需了解合同双方当事人实际履行合同义务的情况。

(4)银行对单据的审核责任都仅限于表面相符。在银行保函和跟单信用证项下,银行只负责审核受益人提交的单据表面是否相符,对单据的真伪及其法律效力不负责任。此外,银行对单据在寄递中发生的延误或遗失等不承担责任。

(二)银行保函和跟单信用证的不同点

银行保函与跟单信用证的不同点如下:

(1)应用范围及用途不同。银行保函的应用范围要远远大于普通的跟单信用证。

(2)付款的责任不同。

(3)银行付款的对价情况不同。信用证项下的支付是有对价的;而保函项下的支付有的有对价,有的没有对价。

(4)银行付款需要提交的单据和途径不同。信用证项下所规定的单据通常为货运单据、发票、保险单等与货物买卖相关的其他单据,且多是交单给指定银行,再由它把单据转递给开证行。保函项下提出索赔时所需要的单据往往多种多样,但是以书面索赔、书面声明等由受益人自行出具的单据和文件为主,且直接交到担保行。

除此之外,银行保函和跟单信用证在可撤销性、可转让性和融资作用等方面都存在着差别。

七、备用信用证

(一)备用信用证的含义

备用信用证是开证行应借款人的要求,以放款人作为信用证的受益人而出具的一种特殊信用证,以保证在借款人不能及时履行义务或破产的情况下,由开证行向受益人及时支付本利。备用信用证是在法律限制开立保函的情况下出现的保函业务的替代品,其实质也是银行对借款人的一种担保行为。

(二)备用信用证的特征

与其他信用证相比,备用信用证的特征是在备用信用证业务关系中,开证行通常是第二付款人,即只有借款人发生意外时才会发生资金的垫付。

(三)备用信用证的内容

虽然备用信用证种类很多,但其内容基本相同,归纳起来主要有以下几点:

(1)备用信用证申请人的名称和详细地址。

(2)备用信用证受益人的名称和详细地址。

(3)备用信用证开证行的名称和详细地址。

（4）备用信用证通知行或转开行（如有转开行）的名称和详细地址。

（5）备用信用证的编号和开立日期。

（6）备用信用证所依据的基础交易合同/标书的号码、日期和开立事由等。

（7）备用信用证项下开证行承担偿付责任的金额（包括大小写且大小写必须一致）。

（8）备用信用证的性质，如投标备用信用证或预付款备用信用证。

（9）备用信用证的有效期，包括其生效日期或失效日期。

（10）开证行的责任及申请人、受益人的权利和义务。

（11）备用信用证的索赔文件，以及受益人根据备用信用证的条款向开证行提出索赔应随附的文件。

（12）备用信用证的仲裁条款和适用法律，即在备用信用证项下发生纠纷时，应由哪个仲裁机构仲裁及适用法律等。

（四）备用信用证与跟单信用证、银行保函的比较

1. 备用信用证与跟单信用证的比较

备用信用证与跟单信用证的相同之处：①都是自足行文件；②都是开证行承担第一性的凭单付款责任；③都是纯单据交易。

备用信用证与跟单信用证的不同之处：①两者要求的单据不同。备用信用证主要为证明开证申请人未履行其义务的证明文件或声明，信用证为运输单据、保险单商业发票等商业单据。②有效期限不同。③适用范围不同。备用信用证用途较广。④作用不同。备用信用证是担保工具，跟单信用证是结算和信用工具。⑤适用的法律规则不同。

2. 备用信用证与银行保函的比较

备用信用证与银行保函的相同之处：①定义和法律当事人基本相同；②性质基本相同；③用途基本相同。

备用信用证与银行保函的不同之处：①备用信用证不像银行保函那样有从属性保函和独立性保函之分。②保兑的方式不同。对受益人来说，保兑的备用信用证比间接保函更可靠。③适用的法律规范和国际惯例不同。④开立方式不同。⑤生效条件不同。开立备用信用证不需要有对价即可生效。⑥兑付方式不同。⑦融资作用不同。⑧单据要求不同。

核心考点七　国际保理

一、国际保理的含义

保理的全称是保付代理。国际保理业务又叫承购应收账款业务，是指在使用托收、赊销等非信用证方式结算货款时，保理商向出口商提供的一项集买方资信调查、应收账款管理和追账、贸易融资及信用管理于一体的综合性现代金融服务。

保理业务融资属于短期零售性融资业务，贸易背景一般为小批量、多批次、多客户的消费品出口贸易。融资期限通常在半年以内，融资金额较小，融资期限短，所以保理商承担的

风险较小,因此通过设定信用额度的办法来控制风险,不需另外提供担保。

二、国际保理的特点

保理业务具有以下特点:

(1)保理商承担信贷风险。保理商买断应收账款后,如果进口商违约不能按时支付,全部风险由保理商承担,不能向出口商行使追索权,这是保理业务最主要的内容和特点。

(2)保理业务是一种广泛、综合的金融服务。保理商不仅代理出口商对进口商进行详细的资信调查,而且承担托收任务。

(3)预支货款。保理业务可以为出口商提供短期贸易融资,使出口商提前获得现款,减少资金占压。

经典例题

保理业务(　　)。

A. 是单一的贸易融资业务

B. 可以使出口商在业务做成后立即消除信贷风险

C. 所使用的票据必须有一流的大银行担保

D. 融资票据的期限在一年以上

【答案】B。解析:保理业务是一项集贸易融资、商业资信调查、应收账款管理及信用风险担保于一体的综合性金融服务。A项错误。只要出口商的商品品质和交货条件符合合同规定,在保理组织无追索权地购买票据后,出口商就可以将信贷风险和汇价风险转嫁给保理组织。B项正确。保理业务金额小,融资期限短,所以保理商承担的风险较小,因此通过设定信用额度的办法来控制风险,不需另外提供担保。C项错误。保理业务融资属于短期零售性融资业务,贸易背景一般为小批量、多批次、多客户的消费品出口贸易,融资期限通常在半年以内,融资金额较小。D项错误。

三、国际保理的作用

(一)对出口商的好处

国际保理业务对于出口商来说,有以下好处:

(1)有助于出口商开拓市场,增强其竞争力。①保付代理业务代出口商对进口商的资信进行调查,为出口商决定是否向进口商提供商业信用以扩大商品销售提供信息和数据。保理商在办理保理业务时考察的重点是进口商的资信情况,而不是需要融资的出口商的资信情况。②保理商熟知海外市场情况,可协助出口商扩大国际市场,增强其竞争能力。

(2)出口商将货物装运完毕,可立即获得现金,满足营运需要,加速资金周转,促进利润增加。

(3)只要出口商的商品品质和交货条件符合合同规定,在保理商无追索权地购买其票据后,出口商就可以将信贷风险和汇价风险转嫁给保理组织。

(4)出口商利用保付代理业务,货物装船、出卖票据后,立即收到现金,改善负债/资产比率,有利于企业的有价证券上市与进一步融资。

（二）对进口商的好处

国际保理业务对于进口商来说,有以下好处:

(1)保理业务适用于以商业信用购买商品,进口商通过保理商进行支付结算可减少资金积压,降低进口成本。

(2)大大节省开证、催证等的时间,简化进口手续。

(3)节约交付开证押金而蒙受的利息损失。

四、国际保理的费用

保理业务中,保理商不仅向出口商提供资金,而且还提供一定的劳务,所以要向出口商索取一定费用,该费用由以下两部分内容构成:

(1)保理手续费,即保理组织对出口商提供劳务而索取的酬金。

(2)利息。保理组织从收买单据向出口商付出现金到票据到期从海外收到货款这一时期内的利息负担完全由出口商承付。

五、国际保理的种类

（一）单保理和双保理

按进出口双方是否都要求银行保理,国际保理可分为单保理和双保理。

单保理是指由出口银行与出口商签订保理协议,并对出口商的应收账款承做保理业务。

双保理是指进、出口银行都与进、出口商签订保理协议

（二）融资保理和非融资保理

根据保理商是否为出口商提供资金融通,国际保理可分为融资保理和非融资保理。

为债权人提供了融资服务的保理业务即为融资保理,又称折扣保理。融资保理是国际保理业务中采用较多的形式,又称标准型保理,是指出口保理商收到出口商的融资申请书和装运提单、发票和汇票等单据后,以预付款方式向出口商提供不超过发票金额80%的贸易融资额,所余20%的价款则为保理商收妥货款后再进行清算。

没有提供融资服务的保理业务即为非融资保理,也称为到期保理。

（三）有追索权保理和无追索权保理

根据保理商是否承担坏账风险、买断应收账款,国际保理可分为有追索权保理和无追索权保理。

有追索权保理是保理商不负责为出口商提供坏账担保,仅提供包括融资在内的其他服务项目。如果债务人因清偿能力不足而形成呆账、坏账时,保理商有权向出口商要求偿还融通资金款项的保理业务。

无追索权保理是保理商在其核定的信用额度内,向出口商提供的保理融资,如果到期时债务人拒付或无力付款,保理商不能向出口商行使追索权的保理业务。

（四）明保理和暗保理

按卖方企业是否将保理业务通知给买方来划分,保理业务可以分为明保理和暗保理。

明保理是指保理商和供应商需要将销售合同被转让的情况通知购货商,并签订保理商、供应商、购货商之间的三方合同。

暗保理是指供应商为了避免让客户知道自己因流动资金不足而转让应收账款,并不将债权转让情况通知客户,货款到期时仍由销售商出面催款,再向银行偿还借款。

(五)直接保理和间接保理

根据债务人付款对象不同,国际保理分为直接保理和间接保理。

直接保理是指根据保理合同,债务人直接向保理商付款。

间接保理是指根据保理合同,债务人应向供应商/出口商付款。

(六)批量保理和逐笔保理

根据保理业务的操作方式,国际保理可分为批量保理和逐笔保理。

批量保理是指保理商向供应商提供关于全部销售或某一系列销售活动的保理服务。

逐笔保理是供应商逐笔向保理商询价并要求提供保理服务的保理方式。

(七)单一保理和背靠背保理

根据一项销售活动中涉及的保理合同的数量,国际保理可分为单一保理和背靠背保理。

单一保理是指只有一个保理合同的普通保理方式。

背靠背保理是指涉及两个保理合同,其中一个保理合同是根据另一个保理合同来考虑保理风险的保理方式。背靠背保理是在进口商为中间商的情况下产生的。

(八)商业发票贴现和综合保理

商业发票贴现又称保密保理,是指卖方与银行之间签订协议,在协议有效期内,卖方将其现在或将来应向债务人收取的应收账款转让给保理商,从而获得贴现融资。

综合保理是指提供的保理服务项目较为全面,其内容范围满足美国现代保理的定义。

核心考点八　福费廷

一、福费廷业务的含义

福费廷也称包买票据或买断票据,是指银行(或包买人)对国际贸易延期付款支付方式中出口商持有的远期承兑汇票或本票进行无追索权的贴现(或买断)。从业务运作实质来看,福费廷就是远期票据贴现。

二、福费廷业务的特点

与国际保理业务适用于消费品贸易不同,福费廷业务适用于以分期方式收付货款的资本品进出口。福费廷业务具有以下特点:

(1)福费廷业务中对合格票据的购买无追索权。

(2)福费廷业务融资金额较大。包买商购买的票据金额一般应在100万美元以上,但当金额超过5 000万美元时,则要由包买辛迪加来联合融资。

（3）福费廷业务主要提供中长期资本物品贸易融资。在资本物品贸易中,采用福费廷业务的融资期限一般是 3~7 年。

（4）福费廷业务的包买票据通常由进口方银行担保。

（5）福费廷业务一般以分期付款方式支付货款。

（6）福费廷业务的融资成本较高。包买商除收取贴现息,还收取选择费、承担费,甚至有时还会产生罚金。

（7）福费廷业务通常按固定利率融资。

第五篇

会计与财务管理专业知识

会计

本章导读

　　分析 2021 年度中国进出口银行秋季校园招聘考试笔试(财务会计岗)真题可知,对会计的考查题量大,在专业知识部分中占比近半,包括 22 道单项选择题和 13 道多项选择题。部分题目以案例展示具体情境,考查考生对基础知识的掌握程度和对借贷记账法的综合运用。考生不仅要有扎实的理论储备,还应当提高自己灵活应对不同账务处理情况的能力,因此考生需要通过做真题及模拟试题等加以练习。

第一讲　会计概论

核心考点一　会计概念与会计职能

一、会计概念

　　会计是以货币为主要计量单位,采用专门方法和程序,对企业和行政、事业单位的经济活动进行完整的、连续的、系统的核算和监督,以提供经济信息和反映受托责任履行情况为主要目的的经济管理活动。

二、会计职能

(一)基本职能

1. 核算职能

　　会计的核算职能,是指会计以货币为主要计量单位,对特定主体的经济活动进行确认、计量、记录和报告。

　　会计核算的主要内容:①款项和有价证券的收付;②财物的收发、增减和使用;③债权、债务的发生和结算;④资本、基金的增减;⑤收入、支出、费用、成本的计算;⑥财务成果的计算和处理;⑦需要办理会计手续、进行会计核算的其他事项。

2. 监督职能

会计的监督职能,是指对特定主体经济活动和相关会计核算的真实性、合法性和合理性进行审查。

会计核算与会计监督是相辅相成、辩证统一的。会计核算是会计监督的基础;会计监督又是会计核算质量的保障。

（二）拓展职能

会计的拓展职能包括以下三项:①预测经济前景;②参与经济决策;③评价经营业绩。

核心考点二　我国企业会计准则体系

我国现行的企业会计准则体系包括基本准则、具体准则、应用指南和解释。

基本准则为主导,对企业财务会计的一般要求和主要方面做出原则性的规定,为制定具体准则、会计制度提供依据。基本准则规范了包括财务报告目标,会计基本假设,会计基础,会计信息质量要求,会计要素的定义及其确认、计量原则,财务报告等在内的基本问题。

具体准则是在基本准则的指导下,处理会计具体业务标准的规范。其具体内容可分为一般业务准则、特殊行业和特殊业务准则、财务报告准则三大类。

应用指南是对具体准则相关条款的细化和有关重点难点问题提供的操作性指南,以利于会计准则的贯彻落实和指导实务操作。

解释是对具体准则实施过程中出现的问题、具体准则条款规定不清楚或尚未规定的问题作出的补充说明。

核心考点三　会计基本假设与会计基础

一、会计基本假设

会计基本假设是对会计核算时间和空间范围等所作的合理假定,是企业会计确认、计量、记录和报告的前提。

会计基本假设包括以下四项:①会计主体;②持续经营;③会计分期;④货币计量。

二、会计基础

会计基础,是指会计确认、计量和报告的基础,具体包括权责发生制和收付实现制。

（一）权责发生制

权责发生制,是指以取得收取款项的权利或支付款项的义务为标志来确定本期收入和费用的会计核算基础。

根据权责发生制,凡是当期已经实现的收入和已经发生或者应当负担的费用,无论款项是否收付,都应当作为当期的收入和费用,计入利润表;凡是不属于当期的收入和费用,即使款项已在当期收付,也不应当作为当期的收入和费用。

(二)收付实现制

收付实现制,是指以现金的实际收付为标志来确定本期收入和支出的会计核算基础。

核心考点四　会计信息质量要求

会计信息质量要求是对企业财务报告所提供的会计信息质量的基本要求,是使财务报告所提供的会计信息对投资者等信息使用者决策有用应具备的基本特征,其主要包括以下几项:

(1)可靠性,即真实性(最基本要求)。可靠性要求企业应当以实际发生的交易或者事项为依据进行确认、计量和报告,如实反映符合确认和计量要求的会计要素及其他相关信息,保证会计信息真实可靠、内容完整。

(2)相关性。相关性要求企业提供的会计信息应当与投资者等财务报告使用者的经济决策需要相关,有助于投资者等财务报告使用者对企业过去、现在或未来的情况作出评价或者预测。

(3)可理解性。可理解性要求企业提供的会计信息应当清晰明了,便于投资者等财务报告使用者理解和使用。

(4)可比性。可比性要求企业提供的会计信息应当相互可比,主要包括两层含义:①同一企业不同时期可比;②不同企业相同会计期间可比。

(5)实质重于形式。实质重于形式要求企业应当按照交易或者事项的经济实质进行会计确认、计量和报告,不应仅以交易或者事项的法律形式为依据。

(6)重要性。重要性要求企业提供的会计信息应当反映与企业财务状况、经营成果和现金流量有关的所有重要交易或者事项。

(7)谨慎性。谨慎性要求企业对交易或者事项进行会计确认、计量和报告应当保持应有的谨慎,不应高估资产或者收益、低估负债或者费用。

(8)及时性。及时性要求企业对于已经发生的交易或者事项,应当及时进行确认、计量和报告,不得提前或延后。

经典例题

1. 以下做法中能体现谨慎性原则的有(　　)。

A. 加速折旧方法

B. 提取坏账准备

C. 多计成本,少计利润

D. 对存货计价采用后进先出法

【答案】AB。解析:谨慎性原则要求企业对交易或者事项进行会计确认、计量和报告应当保持应有的谨慎,不应高估资产或者收益、低估负债或者费用。C项,多计成本少计利润违反会计准则要求;D项,企业会计准则禁止使用后进先出法。因此本题选AB。

核心考点五　会计要素及其计量属性

一、会计要素

会计要素是根据交易或者事项的经济特征所确定的财务会计对象及其基本分类。

会计要素按照其性质分为资产、负债、所有者权益、收入、费用和利润。其中,资产、负债和所有者权益要素侧重于反映企业的财务状况,为静态要素;收入、费用和利润要素侧重于反映企业的经营成果,为动态要素。

经典例题

会计要素可分为动态要素和静态要素,以下属于静态要素的是(　　)。

A. 利润　　　　　　　　　　　　　B. 费用

C. 资产　　　　　　　　　　　　　D. 收入

【答案】C。解析:静态会计要素包括资产、负债和所有者权益,A、B、D 三项属于动态要素。

二、会计要素计量属性

会计计量是为了将符合确认条件的会计要素登记入账并列报于财务报表而确定其金额的过程。

会计计量属性主要包括历史成本、重置成本、可变现净值、现值和公允价值等。

核心考点六　会计科目和账户

一、会计科目

会计科目,简称科目,是对会计要素具体内容进行分类核算的项目,是进行会计核算和提供会计信息的基本单元。会计科目可以按其反映的经济内容(即所属会计要素)、所提供信息的详细程度及其统驭关系分类。

(一)按其反映的经济内容分类

会计科目按其反映的经济内容不同,可分为资产类科目、负债类科目、共同类科目、所有者权益类科目、成本类科目和损益类科目。

(二)按所提供信息的详细程度及其统驭关系分类

会计科目按所提供信息的详细程度及其统驭关系,可分为总分类科目和明细分类科目。

二、账户

账户是根据会计科目设置的,具有一定的格式和结构,用于分类核算会计要素增减变动情况及其结果的载体。

会计科目仅仅是对会计要素的具体内容进行分类核算的项目,它不能反映交易或事项的发生所引起的会计要素各项目的增减变动情况和结果。各项核算指标的具体数据资料,只有通过账户记录才能取得。

同会计科目分类相对应,账户可以根据其核算的经济内容、提供信息的详细程度及其统驭关系进行分类。根据核算的经济内容,账户分为资产类账户、负债类账户、共同类账户、所有者权益类账户、成本类账户和损益类账户;根据提供信息的详细程度及其统驭关系,账户分为总分类账户和明细分类账户。

账户是用来连续、系统、完整地记录企业经济活动的,因此必须具有一定的结构。账户的基本结构分为左右两方,一方登记增加,另一方登记减少。至于账户左右两方的名称,用哪一方登记增加、哪一方登记减少,要取决于所采用的记账方法和各账户所记录的经济内容。

账户的期初余额、期末余额、本期增加发生额、本期减少发生额统称为账户的四个金额要素。四个金额要素之间的关系如下面的公式:

$$期末余额=期初余额+本期增加发生额-本期减少发生额$$

经典例题

设置账户是会计核算的重要方法之一,下列关于会计账户的表述,不正确的是(　　)。

A. 账户是反映资产、负债和所有者权益增减变动的记账载体

B. 账户是会计科目的简称,是对会计对象进行具体核算的名称

C. 会计科目的核算内容就是账户应记录反映的经济内容

D. 账户根据会计科目设置,会计科目的名称就是账户名称

【答案】B。解析:账户是根据会计科目设置的,具有一定的格式和结构,用于分类反映会计要素增减变动情况及其结果的载体。会计科目是设立会计账户的基础。

核心考点七　会计等式与借贷记账法

一、会计等式

会计等式,又称会计恒等式、会计方程式或会计平衡公式,是表明各会计要素之间基本关系的等式。

(一)资产＝负债＋所有者权益

这一等式反映了企业在某一特定时点资产、负债和所有者权益三者之间的平衡关系,因此,该等式被称为财务状况等式、基本会计等式或静态会计等式,它是复式记账法的理论基础,也是编制资产负债表的依据。

（二）收入－费用＝利润

这一等式反映了企业利润的实现过程,因此被称为经营成果等式或动态会计等式。收入、费用和利润之间的上述关系,是编制利润表的依据。

二、借贷记账法

借贷记账法,是以"借"和"贷"作为记账符号的一种复式记账法。复式记账法,是指对于每一笔经济业务,都必须用相等的金额在两个或两个以上相互联系的账户中进行登记,全面、系统地反映会计要素增减变化的一种记账方法。我国会计准则规定,企业、行政单位和事业单位会计核算采用借贷记账法记账。

（一）借贷记账法的账户结构

借贷记账法下,账户的左方称为借方,右方称为贷方。所有账户的借方和贷方按相反方向记录增加数和减少数,即一方登记增加额,另一方就登记减少额。至于"借"表示增加（或减少）,还是"贷"表示增加（或减少）,则取决于账户的性质与所记录经济内容的性质。

1. 资产类和成本类账户的结构

在借贷记账法下,资产类、成本类账户的借方登记增加额;贷方登记减少额;期末余额一般在借方。其余额计算公式如下:

期末借方余额＝期初借方余额+本期借方发生额－本期贷方发生额

2. 负债类和所有者权益类账户的结构

在借贷记账法下,负债类、所有者权益类账户的借方登记减少额;贷方登记增加额;期末余额一般在贷方。其余额计算公式如下:

期末贷方余额＝期初贷方余额+本期贷方发生额－本期借方发生额

3. 损益类账户的结构

损益类账户主要包括收入类账户和费用类账户。

在借贷记账法下,收入类账户的借方登记减少额;贷方登记增加额。本期收入净额在期末转入"本年利润"账户,用以计算当期损益,结转后无余额。

在借贷记账法下,费用类账户的借方登记增加额;贷方登记减少额。本期费用净额在期末转入"本年利润"账户,用以计算当期损益,结转后无余额。

（二）借贷记账法的记账规则

借贷记账法的记账规则为"有借必有贷,借贷必相等"。

经典例题

1. 下列关于复式记账法基本原理的表述,不正确的是（　　）。
   A. 对每一笔经济业务的发生,都可以以相等金额在两个或两个以上相关账户中作等额双重记录
   B. 按照会计等式,任何一项经济业务都会引起资产与权益至少一个项目发生增减变动
   C. 复式记账法的理论依据是"资产＝负债+所有者权益"的会计等式
   D. 这种记账法如实反映了经济事物的客观联系,是一种科学的记账方法

【答案】B。解析:根据复式记账法,按照会计等式,一项经济业务的发生也可能是负债内部发生一增一减的变动。此时,资产或权益项目未发生增减变动。

2. 会计师事务所审计某公司时发现所有者权益低计,资产低计。下面哪一种错误可以导致这种情况?( )

A. 为折旧费用编制了两次调整分录

B. 没有记录应付票据的应计利息

C. 重复调整记录已经赚取而未开单给客户的收入

D. 没有记录预收款中已赚取的部分

【答案】A。解析:A项当选,为折旧费用编制两次调整分录,有可能调多也有可能调少,当调整分录折旧多计提了,就会导致利润减少,资产减少,进而导致所有者权益低估和资产低估。B项不当选,没有记录应付票据的应计利息,会导致费用低估,利润高估,所有者权益高估,并且负债低估;C项不当选,重复调整记录已经赚取而未开单给客户的收入,会导致收入多记,利润高估,所有者权益高估,并且资产多记。D项不当选,没有记录预收款已赚取的部分,收入少记,利润低估,所有者权益低估,并且负债高估。因此本题选A。

核心考点八 会计分录

会计分录简称分录,是指对某项经济业务标明其应借应贷账户及其金额的记录。

会计分录由应借应贷方向、相互对应科目名称及其金额三要素构成。按照所涉及账户的多少,分为简单会计分录和复合会计分录。简单会计分录,是指只涉及一个账户借方和另一个账户贷方的会计分录,即一借一贷的会计分录;复合会计分录,是指由两个以上(不含两个)对应账户所组成的会计分录,即一借多贷、一贷多借或多借多贷的会计分录。

【示例】

简单会计分录:

借:原材料　　　　　　　　　　　　　　　　　　　　15 000

　贷:银行存款　　　　　　　　　　　　　　　　　　　　15 000

复合会计分录:

借:银行存款　　　　　　　　　　　　　　　　　　　10 000

　库存现金　　　　　　　　　　　　　　　　　　　　5 000

　贷:短期借款　　　　　　　　　　　　　　　　　　　15 000

核心考点九 会计凭证与会计账簿

一、会计凭证

会计凭证,是指记录经济业务发生或者完成情况的书面证明,是登记账簿的依据。

会计凭证按照填制程序和用途可分为原始凭证和记账凭证。

（一）原始凭证

原始凭证，又称单据，是指在经济业务发生或完成时取得或填制的，用以记录或证明经济业务的发生或完成情况的原始凭据。

原始凭证可以按照取得来源、格式、填制的手续和内容进行分类。

（1）原始凭证按照取得来源，可分为自制原始凭证和外来原始凭证。

（2）原始凭证按照格式的不同，可分为通用凭证和专用凭证。

（3）原始凭证按照填制的手续和内容，可分为一次凭证、累计凭证和汇总凭证。

（二）记账凭证

记账凭证，又称记账凭单，是指会计人员根据审核无误的原始凭证或汇总原始凭证，按照经济业务的内容加以归类，它是登记账簿的直接依据。

记账凭证按照其所反映的经济业务的内容来划分，通常可分为收款凭证、付款凭证和转账凭证。

（三）汇总记账凭证

汇总记账凭证，是指根据一定时期内同类单一记账凭证定期加以汇总而重新编制的记账凭证。汇总方法有分类汇总和全部汇总两种。

（1）分类汇总是根据收款凭证、付款凭证、转账凭证定期分别汇总，编制的种类有汇总收款凭证、汇总付款凭证、汇总转账凭证。

（2）全部汇总是将企业一定时期内编制的全部记账凭证汇总到一张记账凭证汇总表上。

经典例题

汇总记账凭证是根据一定期间的记账凭证全部汇总填制的记账凭证。汇总记账凭证按汇总方法不同，可分为（　　）。

A. 期间汇总凭证和全年汇总凭证

B. 分类汇总凭证和全部汇总凭证

C. 分步汇总凭证和综合汇总凭证

D. 现金汇总凭证和资产汇总凭证

【答案】B。解析：汇总记账凭证根据汇总方法不同，可分为分类汇总凭证和全部汇总凭证。

二、会计账簿

会计账簿，简称账簿，是指由一定格式的账页组成的，以经过审核的会计凭证为依据，全面、系统、连续地记录各项经济业务和会计事项的簿籍。

（一）会计账簿的分类

会计账簿可以按照用途、账页格式、外形特征等进行分类。

（1）会计账簿按照用途，可以分为序时账簿、分类账簿和备查账簿。

（2）会计账簿按照账页格式，主要分为三栏式账簿、多栏式账簿和数量金额式账簿。

（3）会计账簿按照外形特征，可以分为订本式账簿、活页式账簿和卡片式账簿。

（二）会计账簿的格式与登记方法

1. 日记账的格式与登记方法

日记账,是按照经济业务发生或完成的时间先后顺序逐日逐笔进行登记的账簿。在我国,大多数企业一般只设库存现金日记账和银行存款日记账。

2. 总分类账的格式与登记方法

总分类账是按照总分类账户分类登记以提供总括会计信息的账簿。总分类账最常用的格式为三栏式,设有借方、贷方和余额三个金额栏目。

总分类账的登记方法因登记的依据不同而有所不同。经济业务少的小型单位的总分类账,可以根据记账凭证逐笔登记;经济业务多的大中型单位的总分类账,可以根据记账凭证汇总表(又称科目汇总表)或汇总记账凭证等定期登记。

经典例题

总分类账可以直接根据（　　）逐笔进行登记。

A. 原始凭证

B. 原始凭证汇总登记

C. 记账凭证

D. 明细账

【答案】C。解析:总分类账的登记依据和方法主要取决于所采用的会计核算形式。它可以直接根据各种记账凭证逐笔登记,也可以先把记账凭证按照一定方式进行汇总,编制成科目汇总表或汇总记账凭证等,然后根据编制的科目汇总表或汇总记账凭证据以登记。因此本题选C。

3. 明细分类账的格式与登记方法

明细分类账是根据有关明细分类账户设置并登记的账簿。各单位在设置总账的同时,还应设置必要的明细账。明细分类账一般采用活页式账簿、卡片式账簿。

明细分类账一般根据记账凭证和相应的原始凭证进行登记。

4. 总分类账与明细分类账的平行登记

平行登记,是指对所发生的每项经济业务都要以会计凭证为依据,一方面记入有关总分类账户,另一方面记入所辖明细分类账户的方法。总分类账户与明细分类账户平行登记的要点如下:①方向相同;②期间一致;③金额相等。

核心考点十　对账与结账

一、对账

对账,是对账簿记录所进行的核对,也就是核对账目。对账工作一般在记账之后结账之前,即在月末进行。对账一般分为账证核对、账账核对、账实核对。

二、结账

结账是将账簿记录定期结算清楚的会计工作。

结账的内容通常包括两个方面:一是结清各种损益类账户,据以计算确定本期利润;二是结出各资产、负债和所有者权益账户的本期发生额合计和期末余额。

核心考点十一　账簿错账更正的方法

账簿错账更正的方法一般有划线更正法、红字更正法和补充登记法三种。

一、划线更正法

在结账前发现账簿记录有文字或数字错误,而记账凭证没有错误,应当采用划线更正法。

二、红字更正法

红字更正法,适用于两种情形:①记账后发现记账凭证中应借、应贷会计科目有错误所引起的记账错误;②记账后发现记账凭证和账簿记录中应借、应贷会计科目无误,只是所记金额大于应记金额所引起的记账错误。

三、补充登记法

记账后发现记账凭证和账簿记录中应借、应贷会计科目无误,只是所记金额小于应记金额时,应当采用补充登记法。

核心考点十二　账务处理程序

企业常用的账务处理程序,主要有记账凭证账务处理程序、汇总记账凭证账务处理程序和科目汇总表账务处理程序,它们之间的主要区别是登记总分类账的依据和方法不同。

一、记账凭证账务处理程序

记账凭证账务处理程序,是指对发生的经济业务,先根据原始凭证或汇总原始凭证填制记账凭证,再根据记账凭证登记总分类账的一种账务处理程序。

记账凭证账务处理程序适用于规模较小,经济业务较少的单位。

二、汇总记账凭证账务处理程序

汇总记账凭证账务处理程序,是指先根据原始凭证或汇总原始凭证填制记账凭证,定期根据记账凭证分类编制汇总收款凭证、汇总付款凭证和汇总转账凭证,再根据汇总记账凭证登记总分类账的一种账务处理程序。

汇总记账凭证账务处理程序适用于规模较大、经济业务较多的单位。

三、科目汇总表账务处理程序

科目汇总表账务处理程序,是指根据记账凭证定期编制科目汇总表,再根据科目汇总表登记总分类账的一种账务处理程序。

科目汇总表账务处理程序适用于经济业务较多的单位,它是会计实务中应用最广泛的账务处理程序。

核心考点十三　会计机构与会计岗位设置

一、会计机构

会计机构,是指各单位办理会计事务的职能部门。根据《中华人民共和国会计法》的规定,各单位应当根据会计业务的需要,设置会计机构,或者在有关机构中设置会计人员并指定会计主管人员;不具备设置条件的,应当委托经批准从事会计代理记账业务的中介机构代理记账。

二、会计岗位的设置

会计工作岗位一般可分为会计机构负责人或者会计主管人员、出纳、财产物资核算、工资核算、成本费用核算、财务成果核算、资金核算、往来结算、总账报表、稽核、档案管理等。开展会计电算化和管理会计的单位,可以根据需要设置相应工作岗位,也可以与其他工作岗位相结合。

会计工作岗位,可以一人一岗、一人多岗或者一岗多人。但出纳人员不得兼任(兼管)稽核、会计档案保管和收入、支出、费用、债权债务账目的登记工作。会计人员的工作岗位应当有计划地进行轮换。档案管理部门的人员管理会计档案,不属于会计岗位。

第二讲　财务会计报告

核心考点一　财务报告概述

财务报告,是指企业对外提供的反映企业某一特定日期的财务状况和某一会计期间的经营成果、现金流量等会计信息的文件。

财务报告包括财务报表和其他应当在财务报告中披露的相关信息和资料。

财务报表,是对企业财务状况、经营成果和现金流量的结构性表述。一套完整的财务报表至少应当包括资产负债表、利润表、现金流量表、所有者权益(或股东权益)变动表以及附注。

(1)资产负债表,是反映企业在某一特定日期的财务状况的会计报表,是企业经营活动的静态体现。

(2)利润表,是反映企业在一定会计期间的经营成果的会计报表。

(3)现金流量表是反映企业在一定会计期间的现金及现金等价物流入和流出的会计报表。

（4）所有者权益变动表是指反映构成所有者权益各组成部分当期增减变动情况的报表。

核心考点二　资产负债表

一、资产负债表的结构

在我国,资产负债表采用账户式结构,报表分为左右两方,左方列示资产各项目,反映全部资产的分布及存在形态;右方列示负债和所有者权益各项目,反映全部负债和所有者权益的内容及构成情况。

二、资产和负债按流动性列报

资产负债表上资产和负债应当按照流动性分别分为流动资产和非流动资产、流动负债和非流动负债列示。流动性,通常按资产的变现或耗用时间长短或者负债的偿还时间长短来确定。

1. 资产的流动性划分

资产满足下列条件之一的,应当归类为流动资产:

（1）预计在一个正常营业周期中变现、出售或耗用。这主要包括存货、应收票据、应收账款等资产。

（2）主要为交易目的而持有。

（3）预计在资产负债表日起一年内（含一年,下同）变现。

（4）自资产负债表日起一年内,交换其他资产或清偿负债的能力不受限制的现金或现金等价物。

同时,流动资产以外的资产应当归类为非流动资产。

2. 负债的流动性划分

负债满足下列条件之一的,应当归类为流动负债:

（1）预计在一个正常营业周期中清偿。

（2）主要为交易目的而持有。

（3）自资产负债表日起一年内到期应予以清偿。

（4）企业无权自主地将清偿推迟至资产负债表日后一年以上。

三、资产负债表的填列方法

1. 资产负债表"期末余额"栏的填列方法

（1）根据总账科目的余额填列。

（2）根据明细账科目的余额分析计算填列。

（3）根据总账科目和明细账科目的余额分析计算填列。

（4）根据有关科目余额减去其备抵科目余额后的净额填列。

（5）综合运用上述填列方法分析填列。

2. 资产负债表"上年年末余额"栏的填列方法

资产负债表中的"上年年末余额"栏通常根据上年年末有关项目的期末余额填列,且与上年年末资产负债表"期末余额"栏相一致。

核心考点三　利润表

一、利润表的结构

在我国,企业利润表采用的基本上是多步式结构。利润表主要反映以下几方面的内容:①营业收入;②营业利润;③利润总额;④净利润;⑤其他综合收益;⑥综合收益总额;⑦每股收益。

二、利润表的填列方法

1. 利润表"本期金额"栏的填列方法

利润表"本期金额"栏一般应根据损益类科目和所有者权益类有关科目的发生额填列。

2. 利润表"上期金额"栏的填列方法

利润表中的"上期金额"栏应根据上年同期利润表"本期金额"栏内所列数字填列。

核心考点四　现金流量表

一、现金流量表的结构

根据企业业务活动的性质和现金流量的来源,现金流量表在结构上将企业一定期间产生的现金流量分为三类:经营活动产生的现金流量、投资活动产生的现金流量和筹资活动产生的现金流量。

二、现金流量表的填列方法

(一)经营活动产生的现金流量

经营活动是指企业投资活动和筹资活动以外的所有交易和事项。

在我国,企业经营活动产生的现金流量应当采用直接法填列。直接法,是指通过现金收入和现金支出的主要类别列示经营活动的现金流量。

(二)投资活动产生的现金流量

投资活动是指企业长期资产的购建和不包括在现金等价物范围内的投资及其处置活动。

(三)筹资活动产生的现金流量

筹资活动是指导致企业资本及债务规模和构成发生变化的活动。

（四）汇率变动对现金及现金等价物的影响

编制现金流量表时,应当将企业外币现金流量以及境外子公司的现金流量折算成记账本位币。

（五）现金流量表补充资料

除现金流量表反映的信息外,企业还应在附注中披露将净利润调节为经营活动现金流量、不涉及现金收支的重大投资和筹资活动、现金及现金等价物净变动情况等信息。

1. 将净利润调节为经营活动现金流量

现金流量表采用直接法反映经营活动产生的现金流量,同时,企业还应采用间接法反映经营活动产生的现金流量。

间接法,是指以本期净利润为起点,通过调整不涉及现金的收入、费用、营业外收支以及经营性应收应付等项目的增减变动,调整不属于经营活动的现金收支项目,据此计算并列报经营活动产生的现金流量的方法。

采用间接法列报经营活动产生的现金流量时,需要对四大类项目进行调整:①实际没有支付现金的费用;②实际没有收到现金的收益;③不属于经营活动的损益;④经营性应收应付项目的增减变动。

> **经典例题**
>
> 采用间接法计算经营活动的现金流量净额时,应从净利润中扣除的项目是(　　)。
>
> A. 处置固定资产的收益
>
> B. 计提的固定资产折旧
>
> C. 摊销的待摊费用
>
> D. 计提的坏账准备
>
> 【答案】A。解析:采用间接法计算列报的经营活动产生的现金流量时,需要对四大类项目进行调整:①实际没有支付现金的费用;②实际没有收到现金的收益;③不属于经营活动的损益;④经营性应收应付项目的增减变动。B、C、D三项均属于实际没有支付现金的费用,因此均应在净利润基础上予以加回。A项,不属于经营活动的损益,而是属于投资活动的损益,因此应在净利润的基础上给予扣除。因此本题选A。

2. 不涉及现金收支的重大投资和筹资活动

不涉及现金收支的重大投资和筹资活动,反映企业一定期间内影响资产或负债但不形成该期现金收支的所有投资和筹资活动的信息。

企业应当在附注中披露不涉及当期现金收支,但影响企业财务状况或在未来可能影响企业现金流量的重大投资和筹资活动。

3. 现金及现金等价物净变动情况

企业应当在附注中披露与现金及现金等价物有关的下列信息:①现金及现金等价物的构成及其在资产负债表中的相应金额;②企业持有但不能由母公司或集团内其他子公司使用的大额现金及现金等价物金额。

三、现金流量表的编制方法及程序

（一）直接法和间接法

编制现金流量表时，列报经营活动现金流量的方法有两种：一是直接法；二是间接法。在直接法下，一般是以利润表中的营业收入为起算点，调节与经营活动有关的项目的增减变动，然后计算出经营活动产生的现金流量。在间接法下，将净利润调节为经营活动现金流量，实际上就是将按权责发生制原则确定的净利润调整为现金净流入，并剔除投资活动和筹资活动对现金流量的影响。

我国企业会计准则规定企业应当采用直接法编报现金流量表，同时要求在附注中提供以净利润为基础调节到经营活动现金流量的信息。

（二）工作底稿法、T型账户法和分析填列法

在具体编制现金流量表时，可以采用工作底稿法或T型账户法，也可以根据有关科目记录分析填列。

核心考点五　所有者权益变动表

一、所有者权益变动表的内容

所有者权益变动表是指反映构成所有者权益各组成部分当期增减变动情况的报表。

在所有者权益变动表中，综合收益和与所有者（或股东）的资本交易导致的所有者权益的变动，应当分别列示。企业至少应当单独列示反映下列信息的项目：①综合收益总额；②会计政策变更和前期差错更正的累积影响金额；③所有者投入资本和向所有者分配利润等；④提取的盈余公积；⑤所有者权益各组成部分的期初和期末余额及其调节情况。

二、所有者权益变动表的填列方法

（一）上年金额栏的填列方法

所有者权益变动表"上年金额"栏内各项数字，应根据上年度所有者权益变动表"本年金额"栏内所列数字填列。

（二）本年金额栏的填列方法

所有者权益变动表"本年金额"栏内各项数字一般应根据"实收资本（或股本）""其他权益工具""资本公积""盈余公积""专项储备""其他综合收益""利润分配""库存股""以前年度损益调整"等科目及其明细科目的发生额分析填列。

第三讲　会计账务处理

核心考点一　存货

存货是指企业在日常活动中持有以备出售的产成品或商品、处在生产过程中的在产品、在生产过程或提供劳务过程中储备的材料或物料等,包括各类原材料、在产品、半成品、产成品、商品以及包装物、低值易耗品、委托代销商品等。

> **备考锦囊**
>
> 房地产开发企业取得的土地使用权用于建造对外出售的房屋建筑物,相关的土地使用权应当计入所建造的房屋建筑物成本,作为存货处理;房地产开发企业销售的或为销售而正在开发的商品房和土地,是房地产企业的开发产品,应当作为存货处理。

一、存货成本的确定

存货应当按照成本进行初始计量。存货成本包括采购成本、加工成本和其他成本。
存货来源不同,其成本的构成内容也不同,具体内容见下表。

表 5-1-1　存货成本的内容

存货的来源	成本构成的具体内容
购入的存货	买价、运杂费(包括运输费、装卸费、保险费、包装费、仓储费等)、运输途中的合理损耗、入库前的挑选整理费用(包括挑选整理中发生的工、费支出和挑选整理过程中所发生的数量损耗,并扣除回收的下脚废料价值)以及按规定应计入存货成本的税费和其他费用
自制的存货	直接材料、直接人工和制造费用等各项实际支出
委托外单位加工完成的存货	实际耗用的原材料或者半成品、加工费、装卸费、保险费、委托加工的往返运输费等费用以及按规定应计入存货成本的税费

二、发出存货的计价方法

实务中,企业发出的存货可以按实际成本核算,也可以按计划成本核算。如采用计划成本核算,会计期末应调整为实际成本。

在实际成本核算方式下,企业可以采用的发出存货成本的计价方法包括个别计价法、先进先出法、月末一次加权平均法和移动加权平均法等。

三、存货清查

为了反映和监督企业在财产清查中查明的各种存货的盘盈、盘亏和毁损情况,企业应当设置"待处理财产损溢"科目,借方登记存货的盘亏、毁损金额及盘盈的转销金额,贷方登记存货的盘盈金额及盘亏的转销金额。企业清查的各种存货损溢,应在期末结账前处理完毕,期末处理后,"待处理财产损溢"科目应无余额。

存货盘盈、盘亏及毁损的账务处理见下表。

表 5-1-2　存货盘盈、盘亏及毁损的账务处理

存货清查	盘亏及毁损时	盘盈时
批准前	借:待处理财产损溢 　贷:原材料、库存商品等 　　　应交税费—应交增值税(进项税额转出) 【提示】管理不善等原因造成的一般经营损失,需要转出进项税额,自然灾害等非常损失不需要转出进项税额	借:原材料、库存商品等 　贷:待处理财产损溢
批准后	借:原材料等(残料) 　　其他应收款(过失人或保险公司赔偿) 　　管理费用(一般经营损失) 　　营业外支出等(非常损失) 　贷:待处理财产损溢	借:待处理财产损溢 　贷:管理费用

经典例题

1. 某房地产公司 2018 年 5 月以出让方式取得一宗土地使用权,预计未来建造一套商品房,建成后对外销售。取得土地实际支付价款 10 000 万元,预计使用年限 50 年,无残值。2018 年 7 月起,公司在该土地上开始建造商品房。截至 2018 年年底,该商品房尚未完工,已发生支出共计 20 000 万元(不包括土地使用权成本)。则该房地产公司针对上述事项的计处理正确(　　)。

A. 取得的土地使用权作为无形资产入账,并按期进行摊销

B. 取得的土地使用权应计入固定资产建造成本

C. 该商品房截至 2018 年 12 月 31 日作为存货账面余额为 30 000 万元

D. 该商品房截至 2018 年 12 月 31 日作为在建工程账面余额为 30 000 万元

【答案】C。解析:房地产开发企业取得的土地使用权用于建造对外出售的房屋建筑物,相关的土地使用权应当计入所建造的房屋建筑物成本,作为存货核算。A、B 两项错误。房地产开发企业在正常经营过程中销售的或为销售而正在开发的商品房和土地应作为存货,故 C 项正确,D 项错误。因此本题选 C。

2. 下列存货的盘亏或毁损损失,报经批准后,应转作管理费用的有(　　)。

A. 保管中产生的定额内自然损耗

B. 自然灾害所造成的毁损净损失

C. 管理不善所造成的毁损净损失

D. 计量不准确所造成的短缺净损耗

【答案】ACD。解析:B 项,自然灾害所造成的毁损净损失应计入营业外支出,因此本题选 ACD。

核心考点二　固定资产

一、固定资产的特征

固定资产是指同时具有以下特征的有形资产：①为生产商品、提供劳务、出租经营管理而持有；②使用寿命超过一个会计年度。

二、固定资产的取得

（一）外购的固定资产

企业外购的固定资产，应按实际支付的购买价款、相关税费、使固定资产达到预定可使用状态前所发生的可归属于该项资产的运输费、装卸费、安装费和专业人员服务费等，作为固定资产的取得成本。其中，相关税费不包括按照现行增值税制度规定，可以从销项税额中抵扣的增值税进项税额。

（二）建造固定资产

企业自行建造固定资产，应当按照建造该项资产达到预定可使用状态前所发生的必要支出，作为固定资产的成本。

企业自行建造固定资产，应先通过"在建工程"科目核算，工程达到预定可使用状态时，再从"在建工程"科目转入"固定资产"科目。

三、对固定资产计提折旧

（一）固定资产的折旧范围

除以下情况外，企业应当对所有固定资产计提折旧：①已提足折旧仍继续使用的固定资产；②单独计价入账的土地。

固定资产应当按月计提折旧，当月增加的固定资产，当月不计提折旧，从下月起计提折旧；当月减少的固定资产，当月仍计提折旧，从下月起不计提折旧。

（二）固定资产的折旧方法

企业应当根据与固定资产有关的经济利益的预期实现方式，合理选择固定资产折旧方法。固定资产的折旧方法及计算公式见下表。

表5-1-3　固定资产的折旧方法及计算公式

折旧方法	计算公式
年限平均法	年折旧率＝（1-预计净残值率）÷预计使用寿命（年）×100% 月折旧率＝年折旧率÷12 月折旧额＝固定资产原价×月折旧率
工作量法	单位工作量折旧额＝［固定资产原价×（1-预计净残值率）］÷预计总工作量 某项固定资产月折旧额＝该项固定资产当月工作量×单位工作量折旧额

折旧方法	计算公式
双倍余额递减法	年折旧率＝2÷预计使用寿命（年）×100% 年折旧额＝每个折旧年度年初固定资产账面净值×年折旧率 月折旧额＝年折旧额÷12 【提示】采用双倍余额递减法计提固定资产折旧，一般应在固定资产使用寿命到期前两年内，将固定资产账面净值扣除预计净残值后的余额平均摊销
年数总和法	年折旧率＝$\dfrac{预计使用寿命-已使用年限}{预计使用寿命×（预计使用寿命+1）÷2}$×100% 或者：年折旧率＝尚可使用年限÷预计使用寿命的年数总和×100% 年折旧额＝（固定资产原价-预计净残值）×年折旧率

四、处置固定资产

固定资产处置，即固定资产的终止确认。企业处置固定资产应通过"固定资产清理"科目核算。

核心考点三　无形资产

一、无形资产的定义

无形资产是指企业拥有或者控制的没有实物形态的可辨认非货币性资产。其主要包括专利权、非专利技术、商标权、著作权、土地使用权、特许权等。

无形资产的使用年限在一年以上，其价值将在各个受益期间逐渐摊销。

二、无形资产的初始计量

（一）外购无形资产

外购无形资产的成本包括购买价款、相关税费以及直接归属于使该项资产达到预定用途所发生的其他支出。其中，相关税费不包括按照现行增值税制度规定，可以从销项税额中抵扣的增值税进项税额。

（二）自行研究开发无形资产

企业内部研究开发项目所发生的支出应区分研究阶段支出和开发阶段支出。

企业自行开发无形资产发生的研发支出，不满足资本化条件的，借记"研发支出—费用化支出"科目，满足资本化条件的，借记"研发支出—资本化支出"科目。

企业如果无法可靠区分研究阶段的支出和开发阶段的支出，应将发生的研发支出全部费用化，记入"管理费用"科目的借方。

三、摊销无形资产成本

企业应当于取得无形资产时分析判断其使用寿命。使用寿命有限的无形资产应进行摊销。使用寿命不确定的无形资产不应摊销,但应当在每个会计期间进行减值测试。

四、无形资产的处置

无形资产的处置,主要是指无形资产出售、对外出租、对外捐赠,或者是无法为企业带来未来经济利益时,应予终止确认并转销。

(一)无形资产的出售

企业出售无形资产,应当将取得的价款扣除该无形资产账面价值以及出售相关税费后的差额作为资产处置损益进行会计处理。

(二)无形资产的出租

企业将所拥有的无形资产的使用权让渡给他人,并收取租金,属于与企业日常活动相关的其他经营活动取得的收入,在满足收入确认条件的情况下,应确认相关的收入及成本,并通过其他业务收支科目进行核算。

让渡无形资产使用权而取得的租金收入,借记"银行存款"等科目,贷记"其他业务收入"等科目;摊销出租无形资产的成本并发生与出租有关的各种费用支出时,借记"其他业务成本"科目,贷记"累计摊销"科目。

(三)无形资产的报废

如果无形资产预期不能为企业带来未来经济利益,则不再符合无形资产的定义,应将其报废并予以转销,其账面价值转作当期损益。

转销时,应按已计提的累计摊销,借记"累计摊销"科目;按其账面余额,贷记"无形资产"科目;按其差额,借记"营业外支出"科目。已计提减值准备的,还应同时结转减值准备。

经典例题

下列关于无形资产的表述,错误的有(   )。

A. 将无形资产进行出租,对应的无形资产摊销应计入管理费用

B. 将无形资产进行出租,取得的收入应计入营业外收入

C. 出售无形资产取得的收入计入其他业务收入

D. 使用寿命不确定的无形资产不应进行摊销

【答案】ABC。解析:A 项,将无形资产进行出租,对应的无形资产摊销应计入其他业务成本;B 项,将无形资产进行出租,取得的收入应计入其他业务收入;C 项,出售无形资产取得的收入计入资产处置损益;D 项,使用寿命不确定的无形资产不应进行摊销,但应于每年年末进行减值测试。因此本题选 ABC。

核心考点四　投资性房地产

一、投资性房地产的概念及范围

(一)投资性房地产的概念

投资性房地产是指为赚取租金或资本增值,或者两者兼有而持有的房地产。

（二）投资性房地产的范围

投资性房地产的范围包括：已出租的土地使用权、持有并准备增值后转让的土地使用权、已出租的建筑物。

用于出租的建筑物是企业拥有产权的建筑物，以经营租赁方式租入再转租的建筑物不属于投资性房地产。

备考锦囊

投资性房地产有别于企业自用的房地产和房地产开发企业作为存货的房地产。企业自用的房地产是企业自用的厂房、办公楼等生产经营场所，企业应当将其作为固定资产或无形资产处理。作为存货的房地产是房地产开发企业销售的或为销售而正在开发的商品房和土地，是房地产企业的开发产品，应当作为存货处理。

经典例题

1. 下列各项中，应作为投资性房地产核算的有（　　）。

A. 已出租的土地使用权

B. 以经营租赁方式租入再转租的建筑物

C. 持有并准备增值后转让的土地使用权

D. 出租给本企业职工居住的自建宿舍楼

【答案】AC。解析：B项，以经营租赁方式租入再转租的建筑物所有权不属于承租方，不是承租方资产。D项，出租给本企业职工的自建宿舍楼，是间接为企业生产经营服务的，作为固定资产核算，不属于投资性房地产。因此本题选AC。

2. 甲公司有一座10层楼的写字楼，每层楼可以单独计价，其中1—5层作为公司办公场所，6层、7层出租给一家商贸公司，8—10层目前正在招租中，下列选项正确的有（　　）。

A. 甲公司持有的写字楼应作为投资性房地产核算

B. 甲公司持有的写字楼8—10层应作为存货核算

C. 甲公司持有的写字楼1—5层应作为固定资产核算

D. 甲公司持有的写字楼5—7层应作为投资性房地产核算

【答案】CD。解析：投资性房地产，是指为赚取租金或资本增值，或两者兼有而持有的房地产。投资性房地产应当能够单独计量和出售。投资性房地产主要包括已出租的土地使用权、持有并准备增值后转让的土地使用权和已出租的建筑物（D项）。下列各项不属于投资性房地产：①自用房地产（C项），即为生产商品、提供劳务或者经营管理而持有的房地产；②作为存货的房地产。B项仍在招租的写字楼属于固定资产。因此本题选CD。

二、投资性房地产的计量

（一）投资性房地产的初始计量

投资性房地产应当按照成本进行初始计量。

企业外购的土地使用权和建筑物，按照取得时的实际成本进行初始计量，包括购买价款、相关税费和可直接归属于该资产的其他支出。

企业自行建造投资性房地产,其成本由建造该项资产达到预定可使用状态前发生的必要支出构成,包括土地开发费、建筑成本、安装成本、应予以资本化的借款费用,支付的其他费用和分摊的间接费用等。

(二)投资性房地产的后续计量

投资性房地产后续计量可以选择成本模式或公允价值模式,但同一企业只能采用一种模式对其所有投资性房地产进行后续计量,不得同时采用两种计量模式。

采用成本模式进行后续计量的投资性房地产,应当按期(月)计提折旧或摊销,借记"其他业务成本"等科目,贷记"投资性房地产累计折旧(摊销)"科目。

取得的租金收入,借记"银行存款"等科目,贷记"其他业务收入"等科目。

投资性房地产采用公允价值模式进行后续计量的,不计提折旧或摊销,应当以资产负债表日的公允价值计量。资产负债表日,投资性房地产的公允价值高于其账面余额的差额,借记"投资性房地产—公允价值变动"科目,贷记"公允价值变动损益"科目;公允价值低于其账面余额的差额作相反的会计分录。

三、投资性房地产后续计量模式的变更

为保证会计信息的可比性,企业对投资性房地产的计量模式一经确定,不得随意变更。只有在房地产市场比较成熟、能够满足采用公允价值模式条件的情况下,才允许企业对投资性房地产从成本模式计量变更为公允价值模式计量。

成本模式转为公允价值模式的,应当作为会计政策变更处理,并按计量模式变更时公允价值与账面价值的差额调整期初留存收益。

已采用公允价值模式计量的投资性房地产,不得从公允价值模式转为成本模式。

经典例题

甲公司拥有一项投资性房地产,采用成本模式进行后续计量。2018 年 1 月 1 日,甲公司认为该房地产所在地的房地产交易市场比较成熟,具备了采用公允价值模式计量的条件,决定对该项投资性房地产从成本模式转换为公允价值模式计量。2018 年 1 月 1 日,该写字楼的原价为 3 000 万元,已计提折旧 300 万元,账面价值为 2 700 万元,公允价值为 3 200 万元。不考虑所得税影响,则甲公司的下列处理正确的是(   )。

A. 确认资本公积 500 万元

B. 确认资本公积 200 万元

C. 确认公允价值变动损益 500 万元

D. 调整留存收益 500 万元

【答案】D。解析:投资性房地产由成本模式转为公允价值模式,属于会计政策变更,差额应调整留存收益。因此本题选 D。

核心考点五　借款费用

一、借款费用的范围

借款费用是企业因借入资金所付出的代价,它包括借款利息费用(包括借款折价或者溢价的摊销和相关辅助费用)以及因外币借款而发生的汇兑差额等。

二、借款的范围

借款包括专门借款和一般借款。专门借款是指为购建或者生产符合资本化条件的资产而专门借入的款项。

一般借款是指除专门借款之外的借款,相对于专门借款而言,一般借款在借入时,其用途通常没有特指用于符合资本化条件的资产的购建或者生产。

三、借款费用的确认

企业只有发生在资本化期间内的有关借款费用,才允许资本化。

借款费用资本化期间,是指从借款费用开始资本化时点到停止资本化时点的期间,但不包括借款费用暂停资本化的期间。

(一)借款费用开始资本化的时点

借款费用允许开始资本化必须同时满足三个条件,即资产支出已经发生、借款费用已经发生、为使资产达到预定可使用或者可销售状态所必要的购建或者生产活动已经开始。

(二)借款费用暂停资本化的时间

符合资本化条件的资产在购建或者生产过程中发生非正常中断,且中断时间连续超过3个月的,应当暂停借款费用的资本化。

非正常中断,通常是由于企业管理决策上的原因或者其他不可预见的原因等所导致的中断。比如,企业因与施工方发生了质量纠纷,或者工程、生产用料没有及时供应,或者资金周转发生了困难,或者施工、生产发生了安全事故,或者发生了与资产购建、生产有关的劳动纠纷等原因,导致资产购建或者生产活动发生中断,均属于非正常中断。

正常中断通常仅限于因购建或者生产符合资本化条件的资产达到预定可使用或者可销售状态所必要的程序,或者事先可预见的不可抗力因素导致的中断。比如,某些工程建造到一定阶段必须暂停下来进行质量或者安全检查,检查通过后才可继续下一阶段的建造工作,这类中断属于正常中断。某些地区的工程在建造过程中,由于可预见的不可抗力因素(如雨季或冰冻季节等原因)导致施工出现停顿,也属于正常中断。

(三)借款费用停止资本化的时点

购建或者生产符合资本化条件的资产达到预定可使用或者可销售状态时,借款费用应当停止资本化。在符合资本化条件的资产达到预定可使用或者可销售状态之后所发生的借款费用,应当在发生时根据其发生额确认为费用,计入当期损益。

四、借款利息资本化金额的确定

在借款费用资本化期间内,每一会计期间的利息资本化金额,应当按照下列规定确定:

(1)为购建或者生产符合资本化条件的资产而借入专门借款的,应当以专门借款当期实际发生的利息费用,减去将尚未动用的借款资金存入银行取得的利息收入或进行暂时性投资取得的投资收益后的金额确定。

(2)为购建或者生产符合资本化条件的资产而占用了一般借款的,企业应当根据累计资产支出超过专门借款部分的资产支出加权平均数乘以所占用一般借款的资本化率,计算确定一般借款应予资本化的利息金额。资本化率应当根据一般借款加权平均利率计算确定。

(3)每一会计期间的利息资本化金额,不应当超过当期相关借款实际发生的利息金额。

经典例题

1. 2018 年 1 月 1 日,丙公司以出包方式建造一栋自用办公楼,工程预计需要 1 年零 8 个月。2018 年 6 月 1 日至 2018 年 9 月 30 日,工程因系统调试停止 4 个月。该工程占用借款情况:①2017 年 11 月 30 日,丙公司取得 2 年期专门借款 4 500 万元,年利率 6%;②2017 年 3 月 1 日发行 2 年期债券 5 000 万元,年利率 5%;③建造工程于开工当日支付 3 000 万元,2018 年 12 月 31 日支付 4 500 万元,且工程于 2019 年 8 月 31 日如期完工。丙公司将闲置专门借款投资于固定收益债券短期投资,该短期投资月收益率为 0.1%。不考虑其他因素。2018 年丙公司该办公楼建造工程应予资本化的利息费用是( )。

A. 270 万元   B. 252 万元

C. 280 万元   D. 432 万元

【答案】B。解析:由题意,该建造工程的资本化期间为 2018 年 1 月 1 日到 2019 年 8 月 31 日,其中,2018 年 6 月 1 日至 2018 年 9 月 30 日,工程因系统调试停工的 4 个月属于正常中断,不应暂停资本化。对于专门借款而言,资本化期间的借款费用应全部资本化,故 2018 年资本化的利息费用 = 4 500×6% - 1 500×0.1%×12 = 252(万元)。因此本题选 B。

2. 2018 年 5 月 1 日,丁公司以出包方式建造一条生产线,工程预计在 2019 年 3 月 31 日完工并达到预定可使用状态。2018 年 6 月 1 日至 2018 年 8 月 31 日,工程因生产物料未能及时供应导致工程中断 3 个月。该工程占用借款情况:①2018 年 4 月 1 日,丁公司取得 2 年期专门借款 4 500 万元,年利率 6%;②2018 年 3 月 1 日发行 2 年期债券 5 000 万元,年利率 5%;③建造工程于开工当日支付 3 000 万元,2018 年 12 月 31 日支付 4 500 万元,且工程于 2019 年 3 月 31 日如期完工。丁公司将闲置专门借款投资于固定收益债券短期投资,该短期投资月收益率为 0.1%。不考虑其他因素。丁公司在该生产线建造期间应予资本化的利息费用共计( )万元。

A. 210   B. 205.5

C. 273   D. 277.5

【答案】A。解析:2018 年 6 月 1 日至 2018 年 8 月 31 日,工程因生产物料未能及时供应导致的中断属于非正常中断,应暂停资本化,故资本化时间的月份数 = 1 + 4 + 3 = 8(个),资本化的利息费用 = 4 500×8÷12×6% - 1 500×5×0.1% + 3 000×3÷12×5% = 210(万元)。因此本题选 A。

核心考点六　金融工具

金融工具是指形成一方的金融资产并形成其他方的金融负债或权益工具的合同。金融工具包括金融资产、金融负债和权益工具。

一、金融资产的定义

金融资产,是指企业持有的现金、其他方的权益工具以及符合下列条件之一的资产:

(1)从其他方收取现金或其他金融资产的合同权利。例如,企业的银行存款、应收账款、应收票据和贷款等均属于金融资产。

(2)在潜在有利条件下,与其他方交换金融资产或金融负债的合同权利。

(3)将来须用或可用企业自身权益工具进行结算的非衍生工具合同,且企业根据该合同将收到可变数量的自身权益工具。

(4)将来须用或可用企业自身权益工具进行结算的衍生工具合同,但以固定数量的自身权益工具交换固定金额的现金或其他金融资产的衍生工具合同除外。

二、金融资产和金融负债的分类

企业应当根据其管理金融资产的业务模式和金融资产的合同现金流量特征,对金融资产进行合理的分类。金融资产一般划分为以下三类:

(1)以摊余成本计量的金融资产。

(2)以公允价值计量且其变动计入其他综合收益的金融资产。

(3)以公允价值计量且其变动计入当期损益的金融资产。

同时,企业应当结合自身业务特点和风险管理要求,对金融负债进行合理的分类。

对金融资产和金融负债的分类一经确定,不得随意变更。

三、金融资产的具体分类

(1)金融资产同时符合下列条件的,应当分类为以摊余成本计量的金融资产:①企业管理该金融资产的业务模式是以收取合同现金流量为目标;②该金融资产的合同条款规定,在特定日期产生的现金流量,仅为对本金和以未偿付本金金额为基础的利息的支付。

企业一般应当设置"贷款""应收账款""债权投资"等科目核算分类为以摊余成本计量的金融资产。

(2)金融资产同时符合下列条件的,应当分类为以公允价值计量且其变动计入其他综合收益的金融资产:①企业管理该金融资产的业务模式既以收取合同现金流量为目标又以出售该金融资产为目标;②该金融资产的合同条款规定,在特定日期产生的现金流量,仅为对本金和以未偿付本金金额为基础的利息的支付。

企业应当设置"其他债权投资"科目核算分类为以公允价值计量且其变动计入其他综合收益的债权投资。

（3）按照以上（1）和（2）分类为以摊余成本计量的金融资产和以公允价值计量且其变动计入其他综合收益的金融资产之外的金融资产，企业应当将其分类为以公允价值计量且其变动计入当期损益的金融资产。例如，企业常见的下列投资产品通常应当分类为以公允价值计量且其变动计入当期损益的金融资产：①股票；②基金；③可转换债券。

此外，在初始确认时，如果能够消除或显著减少会计错配，企业可以将金融资产指定为以公允价值计量且其变动计入当期损益的金融资产。该指定一经作出，不得撤销。

企业应当设置"交易性金融资产"科目核算分类为以公允价值计量且其变动计入当期损益的金融资产。

（4）金融资产分类的特殊规定。权益工具投资一般不符合本金加利息的合同现金流量特征，因此应当分类为以公允价值计量且其变动计入当期损益的金融资产。然而在初始确认时，企业可以将非交易性权益工具投资指定为以公允价值计量且其变动计入其他综合收益的金融资产，并按规定确认股利收入。该指定一经作出，不得撤销。

四、金融负债的具体分类

除下列各项外，企业应当将金融负债分类为以摊余成本计量的金融负债：

（1）以公允价值计量且其变动计入当期损益的金融负债，包括交易性金融负债（含属于金融负债的衍生工具）和指定为以公允价值计量且其变动计入当期损益的金融负债。

（2）不符合终止确认条件的金融资产转移或继续涉入被转移金融资产所形成的金融负债。

（3）部分财务担保合同，以及不属于以公允价值计量且其变动计入当期损益的金融负债、以低于市场利率贷款的贷款承诺。

五、金融工具的计量

（一）金融资产和金融负债的初始计量

企业初始确认金融资产或金融负债，应当按照公允价值计量。

对于以公允价值计量且其变动计入当期损益的金融资产和金融负债，相关交易费用应当直接计入当期损益；对于其他类别的金融资产或金融负债，相关交易费用应当计入初始确认金额。

企业取得金融资产所支付的价款中包含的已宣告但尚未发放的债券利息或现金股利，应当单独确认为应收项目进行处理。

（二）金融资产的后续计量

企业应当对不同类别的金融资产，分别以摊余成本、以公允价值计量且其变动计入其他综合收益或以公允价值计量且其变动计入当期损益进行后续计量。

1. 以摊余成本计量的金融资产的会计处理

1）相关概念

实际利率法，是指计算金融资产或金融负债的摊余成本以及将利息收入或利息费用分摊计入各会计期间的方法。

金融资产或金融负债的摊余成本,应当以该金融资产或金融负债的初始确认金额经下列调整确定:

(1)扣除已偿还的本金。

(2)加上或减去采用实际利率法将该初始确认金额与到期日金额之间的差额进行摊销形成的累计摊销额。

(3)扣除计提的累计信用减值准备(仅适用于金融资产)。

2)会计处理

(1)债权投资的初始计量

借:债权投资—成本(面值)

　　　　　　—利息调整(差额,也可能在贷方)

　　应收利息(实际支付的款项中包含的利息)

　贷:银行存款等

(2)债权投资的后续计量

借:应收利息(分期付息债券按票面利率计算的利息)

　　债权投资—应计利息(到期一次还本付息债券按票面利率计算的利息)

　贷:投资收益(债权投资期初账面余额或期初摊余成本乘以实际利率或经信用调整的实际利率计算确定的利息收入)

　　债权投资—利息调整(差额,利息调整摊销额,也可能在借方)

2. 以公允价值进行后续计量的金融资产的会计处理

(1)以公允价值计量且其变动计入当期损益的金融资产的利得或损失,应当计入当期损益。

(2)分类为以公允价值计量且其变动计入其他综合收益的金融资产所产生的利得或损失,除减值损失或利得和汇兑损益之外,均应当计入其他综合收益,直至该金融资产终止确认或被重分类。但是采用实际利率法计算的该金融资产的利息应当计入当期损益。

(3)指定为以公允价值计量且其变动计入其他综合收益的非交易性权益工具投资,除了获得的股利(属于投资成本收回部分除外)计入当期损益外,其他相关的利得和损失(包括汇兑损益)均应当计入其他综合收益,且后续不得转入当期损益。

1)以公允价值计量且其变动计入当期损益的金融资产的会计处理

核算科目:交易性金融资产

(1)企业取得交易性金融资产

借:交易性金融资产—成本(公允价值)

　　投资收益(发生的交易费用)

　　应收股利(已宣告但尚未发放的现金股利)

　　应收利息(已到付息期但尚未领取的利息)

　贷:银行存款等

（2）持有期间的股利或利息

借：应收股利（被投资单位宣告发放的现金股利×投资持股比例）

应收利息（资产负债表日计算的应收利息）

贷：投资收益

（3）资产负债表日公允价值变动

①公允价值上升

借：交易性金融资产—公允价值变动

贷：公允价值变动损益

②公允价值下降

借：公允价值变动损益

贷：交易性金融资产—公允价值变动

2）以公允价值计量且其变动计入其他综合收益的金融资产（债务工具）的会计处理

核算科目：其他债权投资

（1）企业取得金融资产

借：其他债权投资—成本（面值）

—利息调整（差额，也可能在贷方）

应收利息（已到付息期但尚未领取的利息）

贷：银行存款等

注：若购买的债券为到期一次还本付息债券，则购买价款中包含的利息，记入"其他债权投资—应计利息"科目。

（2）资产负债表日计算利息

借：应收利息（分期付息债券按票面利率计算的利息）

其他债权投资—应计利息（到期时一次还本付息债券按票面利率计算的利息）

贷：投资收益（其他债权投资的期初账面余额或摊余成本乘以实际利率或经信用调整的实际利率计算确定的利息收入）

其他债权投资—利息调整（差额，也可能在借方）

（3）资产负债表日公允价值变动

①公允价值上升

借：其他债权投资—公允价值变动

贷：其他综合收益—其他债权投资公允价值变动

②公允价值下降

借：其他综合收益—其他债权投资公允价值变动

贷：其他债权投资—公允价值变动

3）指定为以公允价值计量且其变动计入其他综合收益的金融资产（权益工具）的会计处理

核算科目：其他权益工具投资

（1）企业取得金融资产

借：其他权益工具投资—成本（公允价值与交易费用之和）

　　应收股利（已宣告但尚未发放的现金股利）

　　贷：银行存款等

（2）资产负债表日公允价值变动

①公允价值上升

借：其他权益工具投资—公允价值变动

　　贷：其他综合收益

②公允价值下降

借：其他综合收益

　　贷：其他权益工具投资—公允价值变动

（3）持有期间被投资单位宣告发放现金股利

借：应收股利

　　贷：投资收益

经典例题

丙公司是一家塑料制品加工企业，为实现价值最大化，投资上游原料行业的领军企业 B 股份公司，2×19 年 1 月 1 日，丙公司通过大宗交易的方式从二级市场购入 B 股份公司 250 万股股份，以银行存款支付 2 700 万元，含手续费 200 万元。2×19 年 12 月 31 日，B 股份公司收盘价为 12 元，不考虑其他因素的情况下，下列说法正确的是（　　）。

A. 影响公允价值变动损益 500 万元

B. 影响投资收益 500 万元

C. 影响投资收益 300 万元

D. 影响其他综合收益 300 万元

【答案】D。解析：丙公司购买 B 股份公司股份是为实现价值最大化，属于非交易性的，应将其指定为以公允价值计量且其变动计入其他综合收益的金融资产。相关会计分录如下（单位：万元）：

借：其他权益工具投资　　　　　　　　　　　　　　　　　　　　2 700

　　贷：银行存款　　　　　　　　　　　　　　　　　　　　　　　2 700

2×19 年 12 月 31 日 B 公司股票收盘价 12 元，则公允价值上升对其他综合收益的影响金额＝3 000－2 700＝300（万元），相关会计分录如下（单位：万元）：

借：其他权益工具投资　　　　　　　　　　　　　　　　　　　　　300

　　贷：其他综合收益　　　　　　　　　　　　　　　　　　　　　　300

因此本题选 D。

六、金融工具的减值

（一）金融工具的减值的范围

企业应当以预期信用损失为基础，对下列项目进行减值会计处理并确认损失准备：

（1）分类为以摊余成本计量的金融资产和以公允价值计量且其变动计入其他综合收益

的金融资产。

（2）租赁应收款。

（3）合同资产。

（4）部分贷款承诺和财务担保合同。

预期信用损失，是指以发生违约的风险为权重的金融工具信用损失的加权平均值。

（二）金融工具减值的三阶段

一般情况下，企业应当在每个资产负债表日评估相关金融工具的信用风险自初始确认后是否已显著增加，可以将金融工具发生信用减值的过程分为三个阶段，并按照下列情形分别计量其损失准备、确认预期信用损失及其变动：

1. 第一阶段：信用风险自初始确认后未显著增加

对于处于该阶段的金融工具，企业应当按照未来 12 个月的预期信用损失计量损失准备，并按其账面余额（即未扣除减值准备）和实际利率计算利息收入（若该工具为金融资产，下同）。

2. 第二阶段：信用风险自初始确认后已显著增加但尚未发生信用减值

对于处于该阶段的金融工具，企业应当按照该工具整个存续期的预期信用损失计量损失准备，并按其账面余额和实际利率计算利息收入。

3. 第三阶段：初始确认后发生信用减值

对于处于该阶段的金融工具，企业应当按照该工具整个存续期的预期信用损失计量损失准备，但对利息收入的计算不同于处于前两阶段的金融资产。对于已发生信用减值的金融资产，企业应当按其摊余成本（账面余额减已计提减值准备，也即账面价值）和实际利率计算利息收入。

经典例题

A 银行向企业发放了 6 000 万元的贷款，该贷款分 10 年偿还。考虑到该贷款的综合评估和对经济形势的判断，A 银行估计初始确认时，该贷款在 12 个月内的违约率为 0.8%。另外，A 银行还确认未来 12 个月的违约概率变动近似于整个存续期的违约概率变动。在报告日（该贷款还款到期之前），未来 12 个月的违约概率无变化，因此，A 银行认为自初始确认后信用风险并无显著增加。A 银行认为如果贷款违约，则违约损失率为 20%。A 银行以 12 个月的违约率 0.8% 计量 12 个月预期信用损失的损失准备。则 A 银行在报告日应确认的预期信用损失的准备金额为（　　）万元。

A. 7.5
B. 10
C. 9.6
D. 8

【答案】C。解析：预期信用损失的准备金额 = 6 000×0.8%×20% = 9.6（万元）。因此本题选 C。

七、套期会计

（一）套期的定义

套期，是指企业为管理外汇风险、利率风险、价格风险、信用风险等特定风险引起的风险敞口,指定金融工具为套期工具,以使套期工具的公允价值或现金流量变动,预期抵销被套期项目全部或部分公允价值或现金流量变动的风险管理活动。

(二)套期的分类

在套期会计中,套期分为公允价值套期、现金流量套期和境外经营净投资套期。

1. 公允价值套期

公允价值套期,是指对已确认资产或负债、尚未确认的确定承诺,或上述项目组成部分的公允价值变动风险敞口进行的套期。该公允价值变动源于特定风险,且将影响企业的损益或其他综合收益。其中,影响其他综合收益的情形,仅限于企业对指定为以公允价值计量且其变动计入其他综合收益的非交易性权益工具投资的公允价值变动风险敞口进行的套期。

2. 现金流量套期

现金流量套期,是指对现金流量变动风险敞口进行的套期,该现金流量变动源于与已确认资产或负债、极可能发生的预期交易,或与上述项目组成部分有关的特定风险,且将影响企业的损益。

3. 境外经营净投资套期

境外经营净投资套期,是指对境外经营净投资外汇风险敞口进行的套期。境外经营净投资套期中的被套期风险是指境外经营的记账本位币与母公司的记账本位币之间的折算差额。

此外,企业对确定承诺的外汇风险进行套期的,可以将其作为现金流量套期或公允价值套期处理。

经典例题

下列各项中,可归属于现金流量套期的有(　　)。

A. 买入期货合约,对预期商品销售的价格变动风险进行套期

B. 用利率互换去对预期发行债券的利息的现金流量变动风险进行套期

C. 买入远期原油合同,以固定价格将原油(确定承诺)的价格变动风险进行套期

D. 买入远期外汇合同,对以固定外币价格购买资产的确定承诺的外汇汇率变动风险进行套期

【答案】ABD。解析:现金流量套期是指对现金流量变动风险敞口进行的套期。公允价值套期是指对已确认资产或负债、尚未确认的确定承诺,或上述项目组成部分的公允价值变动风险敞口进行的套期。A、B两项属于现金流量套期,C项属于公允价值套期,D项,对确定承诺的外汇风险进行的套期,企业可以将其作为公允价值套期或现金流量套期处理。因此本题选ABD。

核心考点七　持有待售的非流动资产、处置组和终止经营

一、持有待售的非流动资产和处置组

（一）持有待售类别分类的基本要求

企业主要通过出售而非持续使用一项非流动资产或处置组收回其账面价值的,应当将其划分为持有待售类别。

非流动资产或处置组划分为持有待售类别,应当同时满足下列条件:

(1)在当前状况下即可立即出售。

(2)出售极可能发生,即企业已经就一项出售计划作出决议且获得确定的购买承诺,预计出售将在一年内完成。

（二）持有待售类别的计量

1. 划分为持有待售类别前的计量

企业将非流动资产或处置组首次划分为持有待售类别前,应当按照相关会计准则规定计量非流动资产或处置组中各项资产和负债的账面价值。

2. 划分为持有待售类别时的计量

企业初始计量持有待售的非流动资产或处置组时,其账面价值高于公允价值减去出售费用后的净额的,应当将账面价值减记至公允价值减去出售费用后的净额,减记的金额确认为资产减值损失,计入当期损益,同时计提持有待售资产减值准备。

3. 划分为持有待售类别后的计量

资产负债表日重新计量持有待售的非流动资产时,其账面价值高于公允价值减去出售费用后的净额的,应当将账面价值减记至公允价值减去出售费用后的净额,减记的金额确认为资产减值损失,计入当期损益,同时计提持有待售资产减值准备。

后续资产负债表日持有待售的非流动资产公允价值减去出售费用后的净额增加的,以前减记的金额应当予以恢复,并在划分为持有待售类别后确认的资产减值损失金额内转回,转回金额计入当期损益。划分为持有待售类别前确认的资产减值损失不得转回。持有待售的非流动资产不应计提折旧或摊销。

二、终止经营

终止经营,是指企业满足下列条件之一的、能够单独区分的组成部分,且该组成部分已经处置或划分为持有待售类别:

(1)该组成部分代表一项独立的主要业务或一个单独的主要经营地区。

(2)该组成部分是拟对一项独立的主要业务或一个单独的主要经营地区进行处置的一项相关联计划的一部分。

(3)该组成部分是专为转售而取得的子公司。

2×19年6月1日,甲公司将一项预计处置的资产由固定资产转入持有待售的非流动资产中核算,转入前该项资产原值1 000万元,累计折旧450万元,已计提减值准备40万元,转入时,该项资产公允价值为500万元,处置费用为30万元。2×19年12月31日,甲公司重新计量该项资产,经测算其公允价值已升值200万元,处置费用预计为50万元,2×19年12月31日,该项资产账面价值为(　　)。

A. 470万元　　　　　　　　　　　　B. 510万元

C. 650万元　　　　　　　　　　　　D. 490万元

【答案】B。解析:《企业会计准则第42号——持有待售的非流动资产、处置组和终止经营》规定,持有待售的非流动资产或处置组的账面价值高于公允价值减去出售费用后的净额的,应当将账面价值减记至公允价值减去出售费用后的净额,同时确认资产减值损失和计提持有待售资产减值准备。公允价值减去出售费用后的净额后续增加的,以前减记的金额应当予以恢复,但已抵减的商誉账面价值和适用本准则计量规定的非流动资产在划分为持有待售类别前确认的资产减值损失不得转回。持有待售的非流动资产或处置组中的非流动资产不应计提折旧或摊销。转入前该项资产账面价值=1 000-450-40=510(万元)。转入时,账面价值510万元,高于公允价值减去出售费用后的净额470万元(500-30),因此需要将账面价值减记至470万元,同时计提持有待售资产减值准备40万元。2×19年12月31日,该资产账面价值470万元,低于公允价值减去出售费用后的净额650万元(500+200-50),公允价值减去出售费用后的净额后续增加的,以前减记的金额应当予以恢复,因此原已计提持有待售资产减值准备40万元应给予转回,账面价值也调整为510万元。因此本题选B。

核心考点八　所有者权益

所有者权益根据其核算的内容和要求,可分为实收资本(股本)、其他权益工具、资本公积、其他综合收益、盈余公积和未分配利润等部分。其中,盈余公积和未分配利润统称为留存收益。

一、实收资本

实收资本是指企业按照章程规定或合同、协议约定,接受投资者投入企业的资本。

股份有限公司应设置"股本"科目,其他各类企业应设置"实收资本"科目,反映和监督企业实际收到的投资者投入资本的情况。

(一)实收资本(或股本)的增加

一般企业增加资本主要有三个途径:接受投资者追加投资、资本公积转增资本和盈余公积转增资本。

(二)实收资本(或股本)的减少

企业按法定程序报经批准减少注册资本的,按减少的注册资本金额减少实收资本。

二、其他权益工具

（一）其他权益工具概述

企业发行的除普通股（作为实收资本或股本）以外，按照金融负债和权益工具区分原则分类为权益工具的其他权益工具，按照其他权益工具进行会计处理。

（二）其他权益工具会计处理基本原则

金融工具中分类为权益工具的（包括名称中含"债"的），发行企业进行利息支出或股利分配均属于企业的利润分配，其回购、注销等均按照权益的变动处理；金融工具中分类为金融负债的（包括名称中含"股"的），发行企业进行利息支出或股利分配需依据借款费用的原则处理，其回购、赎回等发生的利得或损失均计入当期损益。

发行企业发行金融工具，发生的交易费用（包括手续费、佣金等），对于分类为债务工具并以摊余成本计量的，应当计入其初始计量金额；对于分类为权益工具的，应当从权益中扣除。

三、资本公积

（一）资本公积概述

资本公积包括资本溢价（或股本溢价）和其他资本公积等。

形成资本溢价（或股本溢价）的原因有溢价发行股票、投资者超额缴入资本等。

其他资本公积是指除资本溢价（或股本溢价）、净损益、其他综合收益和利润分配以外所有者权益的其他变动。

（二）资本公积的账务处理

1. 资本溢价（或股本溢价）

非股份有限公司接受投资者投入资产的金额超过投资者在企业注册资本中所占份额的部分，通过"资本公积—资本溢价"科目核算。

股份有限公司在溢价发行股票的情况下，企业发行股票取得的收入，等于股票面值的部分作为股本处理，超出股票面值的溢价收入应作为股本溢价处理。

发行股票相关的手续费、佣金等交易费用，如果是溢价发行股票的，应从溢价中抵扣，冲减资本公积（股本溢价）；无溢价发行股票或溢价金额不足以抵扣的，应将不足抵扣的部分冲减盈余公积，盈余公积不足抵扣的冲减未分配利润。

经典例题

1. 公司溢价发行股票时，对支付给券商的代理发行手续费，会计处理方法为（　　）。

A. 计入开办费

B. 计入营业外支出

C. 计入财务费用

D. 直接从溢价收入中扣除

【答案】D。解析：根据会计准则规定，公司溢价发行股票时，对于委托证券承销机构代理发行股票而支付的发行手续费（低于发行溢价收入）应将其从溢价收入中扣除。因此本题选D。

2. A 股份公司委托某证券公司代理发行普通股 100 000 股,每股面值 1 元,每股按 1.2 元的价格出售。根据协议,证券公司按发行收入的 3% 计提手续费,并直接从发行收入中扣除。则 A 公司计入资本公积的数额为( )元。

  A. 16 400   B. 100 000

  C. 116 400   D. 0

【答案】A。解析:发行股票的手续费应从股本溢价总额中直接扣除,发行手续费 = 100 000×1.2×3% = 3 600(元),股本溢价 = 100 000×(1.2-1) = 20 000(元),资本公积 = 20 000-3 600 = 16 400(元)。因此本题选 A。

2. 其他资本公积

企业对被投资单位的长期股权投资采用权益法核算的,在持股比例不变的情况下,对因被投资单位除净损益、其他综合收益和利润分配以外的所有者权益的其他变动,投资企业按应享有或分担份额调整长期股权投资的账面价值和资本公积—其他资本公积。

3. 资本公积转增资本

资本公积转增资本时,按转增的金额,借记"资本公积"科目,贷记"实收资本"或"股本"科目。

四、其他综合收益

其他综合收益,是指企业根据其他会计准则规定未在当期损益中确认的各项利得和损失。包括以后会计期间不能重分类进损益的其他综合收益和以后会计期间满足规定条件时将重分类进损益的其他综合收益两类。

五、留存收益

留存收益是指企业从历年实现的利润中提取或形成的留存于企业的内部积累,包括盈余公积和未分配利润两类。

盈余公积是指企业按照有关规定从净利润中提取的积累资金。公司制企业的盈余公积包括法定盈余公积和任意盈余公积。

未分配利润是指企业实现的净利润经过弥补亏损、提取盈余公积和向投资者分配利润后留存在企业的、历年结存的利润。

核心考点九 收入、费用及利润

一、收入

(一)收入的确认和计量

1. 收入确认的原则

企业应当在履行了合同中的履约义务,即在客户取得相关商品控制权时确认收入。取得相关商品控制权,是指客户能够主导该商品的使用并从中获得几乎全部的经济利益,也包括有能力阻止其他方主导该商品的使用并从中获得经济利益。

2. 收入确认的前提条件

企业与客户之间的合同同时满足下列五项条件的,企业应当在客户取得相关商品控制权时确认收入:

(1)合同各方已批准该合同并承诺将履行各自义务。

(2)该合同明确了合同各方与所转让商品相关的权利和义务。

(3)该合同有明确的与所转让商品相关的支付条款。

(4)该合同具有商业实质,即履行该合同将改变企业未来现金流量的风险、时间分布或金额。

(5)企业因向客户转让商品而有权取得的对价很可能收回。

3. 收入确认和计量的步骤

收入确认和计量大致分为五步:第一步,识别与客户订立的合同;第二步,识别合同中的单项履约义务;第三步,确定交易价格;第四步,将交易价格分摊至各单项履约义务;第五步,履行各单项履约义务时确认收入。

(二)履行每一单项履约义务时确认收入

企业应当根据实际情况,首先判断履约义务是否满足在某一时段内履行的条件,如不满足,则该履约义务属于在某一时点履行的履约义务。

对于在某一时段内履行的履约义务,企业应当选取恰当的方法来确定履约进度;对于在某一时点履行的履约义务,企业应当综合分析控制权转移的迹象,判断其转移时点。

1. 在某一时段内履行的履约义务的收入确认条件

满足下列条件之一的,属于在某一时段内履行的履约义务,相关收入应当在该履约义务履行的期间内确认:

(1)客户在企业履约的同时即取得并消耗企业履约所带来的经济利益。

(2)客户能够控制企业履约过程中在建的商品。

(3)企业履约过程中所产出的商品具有不可替代用途,且该企业在整个合同期间内有权就累计至今已完成的履约部分收取款项。

2. 在某一时段内履行的履约义务的收入确认方法

对于在某一时段内履行的履约义务,企业应当在该段时间内按照履约进度确认收入,履约进度不能合理确定的除外。企业应当考虑商品的性质,采用产出法或投入法确定恰当的履约进度,并且在确定履约进度时,应当扣除那些控制权尚未转移给客户的商品和服务。

3. 在某一时点履行的履约义务

当一项履约义务不属于在某一时段内履行的履约义务时,应当属于在某一时点履行的履约义务。对于在某一时点履行的履约义务,企业应当在客户取得相关商品控制权时点确认收入。在判断客户是否已取得商品控制权时,企业应当考虑下列迹象:

（1）企业就该商品享有现时收款权利，即客户就该商品负有现时付款义务。

（2）企业已将该商品的法定所有权转移给客户，即客户已拥有该商品的法定所有权。

（3）企业已将该商品实物转移给客户，即客户已实物占有该商品。

（4）企业已将该商品所有权上的主要风险和报酬转移给客户，即客户已取得该商品所有权上的主要风险和报酬。

（5）客户已接受该商品。

（三）关于合同成本

企业在与客户之间建立合同关系过程中发生的成本主要有合同取得成本和合同履约成本。

1. 合同履约成本

企业为履行合同可能会发生各种成本，在确认收入的同时应当对这些成本进行分析，属于《企业会计准则第14号——收入》（2018）准则规范范围且同时满足下列条件的，应当作为合同履约成本确认为一项资产：

（1）该成本与一份当前或预期取得的合同直接相关。

（2）该成本增加了企业未来用于履行（包括持续履行）履约义务的资源。

（3）该成本预期能够收回。

2. 合同取得成本

企业为取得合同发生的增量成本预期能够收回的，应当作为合同取得成本确认为一项资产。增量成本，是指企业不取得合同就不会发生的成本，例如销售佣金等。

企业为取得合同发生的、除预期能够收回的增量成本之外的其他支出，例如，无论是否取得合同均会发生的差旅费、投标费、为准备投标资料发生的相关费用等，应当在发生时计入当期损益，除非这些支出明确由客户承担。

（四）关于特定交易的会计处理

1. 附有销售退回条款的销售

对于附有销售退回条款的销售，企业应当在客户取得相关商品控制权时，按照因向客户转让商品而预期有权收取的对价金额（即，不包含预期因销售退回将退还的金额）确认收入，按照预期因销售退回将退还的金额确认负债；同时，按照预期将退回商品转让时的账面价值，扣除收回该商品预计发生的成本（包括退回商品的价值减损）后的余额，确认为一项资产，按照所转让商品转让时的账面价值，扣除上述资产成本的净额结转成本。

每一资产负债表日，企业应当重新估计未来销售退回情况，如有变化，应当作为会计估计变更进行会计处理。

2. 附有质量保证条款的销售

对于附有质量保证条款的销售，企业应当评估该质量保证是否在向客户保证所销售商品符合既定标准之外提供了一项单独的服务。企业提供额外服务的，应当作为单项履约义务，按照收入准则进行会计处理；否则，质量保证责任应当按照或有事项的要求进行会计处理。

3. 主要责任人和代理人

企业应当根据其在向客户转让商品前是否拥有对该商品的控制权,来判断其从事交易时的身份是主要责任人还是代理人。企业在向客户转让商品前能够控制该商品的,该企业为主要责任人,应当按照已收或应收对价总额确认收入;否则,该企业为代理人,应当按照预期有权收取的佣金或手续费的金额确认收入。

当存在第三方参与企业向客户提供商品时,企业应当作为主要责任人的情形包括:一是企业自该第三方取得商品或其他资产控制权后,再转让给客户;二是企业能够主导该第三方代表本企业向客户提供服务;三是企业自该第三方取得商品控制权后,通过提供重大的服务将该商品与其他商品整合成合同约定的某组合产出转让给客户。

4. 附有客户额外购买选择权的销售

对于附有客户额外购买选择权的销售,企业应当评估该选择权是否向客户提供了一项重大权利。企业提供重大权利的,应当作为单项履约义务,确认相应的收入。

额外购买选择权的情况包括销售激励、客户奖励积分、未来购买商品的折扣券以及合同续约选择权等。

5. 授予知识产权许可

企业向客户授予知识产权许可的,应当评估该知识产权许可是否构成单项履约义务。对于不构成单项履约义务的,企业应当将该知识产权许可和其他商品一起作为一项履约义务进行会计处理。

企业向客户授予的知识产权,常见的包括软件和技术、影视和音乐等的版权、特许经营权以及专利权、商标权和其他版权等。

6. 售后回购

企业因存在与客户的远期安排而负有回购义务或企业享有回购权利的,表明客户在销售时点并未取得相关商品控制权,企业应当作为租赁交易或融资交易进行相应的会计处理。

企业负有应客户要求回购商品义务的,应当在合同开始日评估客户是否具有行使该要求权的重大经济动因。客户具有行使该要求权重大经济动因的,企业应当将售后回购作为租赁交易或融资交易进行会计处理;否则,企业应当将其作为附有销售退回条款的销售交易进行会计处理。

7. 客户未行使的权利

企业向客户预收销售商品款项的,应当首先将该款项确认为负债,待履行了相关履约义务时再转为收入。

8. 无须退回的初始费

企业在合同开始(或接近合同开始)日向客户收取的无须退回的初始费(如俱乐部的入会费等)应当计入交易价格。

经典例题

企业在进行销售的时候,需要识别企业属于主要责任人还是代理人,以下说法错误的是(   )。

A. 承诺自行提供特定商品或服务的,企业是主要责任人

B. 安排他人提供该商品或服务的,企业是代理人

C. 企业在向客户转让商品前能够控制该商品的,该企业为主要责任人

D. 企业自第三方取得商品控制权后,通过提供重大的服务将该商品与其他商品整合成合同约定的某组合产出转让给客户,企业为代理人

【答案】D。解析:企业应当根据其在向客户转让商品前是否拥有对该商品的控制权,来判断其从事交易时的身份是主要责任人还是代理人。企业在向客户转让商品前能够控制该商品的,该企业为主要责任人,否则为代理人。B、C 两项正确。如果企业在与客户订立合同之前已经购买或者承诺将自行购买特定商品,这可能表明企业在将该特定商品转让给客户之前,承担了该特定商品的存货风险,企业有能力主导特定商品的使用并从中取得几乎全部的经济利益,视为企业能够控制该商品,该企业为主要责任人。A 项正确。当存在第三方参与企业向客户提供商品时,企业向客户转让特定商品之前能够控制该商品,从而应当作为主要责任人的情形包括:①企业自该第三方取得商品或其他资产控制权后,再转让给客户;②企业能够主导第三方并代表本企业向客户提供服务;③企业自第三方取得商品控制权后,通过提供重大的服务将该商品与其他商品整合成合同约定的某组合产出转让给客户。因此 D 项错误。因此本题选 D。

二、费用

费用包括企业日常活动所发生的经济利益的总流出,主要是指企业为取得营业收入进行产品销售等营业活动所发生的营业成本、税金及附加和期间费用。

(一)营业成本

营业成本是指企业为生产产品、提供服务等发生的可归属于产品成本、服务成本等的费用,应当在确认销售商品收入、提供服务收入等时,将已销售商品、已提供服务的成本等计入当期损益。

营业成本包括主营业务成本和其他业务成本。

(二)税金及附加

税金及附加是指企业经营活动应负担的相关税费,包括消费税、城市维护建设税、教育费附加、资源税、土地增值税、房产税、城镇土地使用税、车船税、印花税等。

(三)期间费用

期间费用是企业日常活动中所发生的经济利益的流出。期间费用不计入有关核算对象的成本,而是直接计入当期损益。

期间费用包括销售费用、管理费用和财务费用。

1. 销售费用

销售费用是指企业销售商品和材料、提供服务的过程中发生的各种费用,包括企业在销售商品过程中发生的保险费、包装费、展览费和广告费、商品维修费、预计产品质量保证损

失、运输费、装卸费等以及为销售本企业商品而专设的销售机构（含销售网点、售后服务网点等）的职工薪酬、业务费、折旧费等经营费用。

企业发生的与专设销售机构相关的固定资产修理费用等后续支出也属于销售费用。

2. 管理费用

管理费用是指企业为组织和管理企业生产经营所发生的管理费用，包括企业在筹建期间内发生的开办费、董事会和行政管理部门在企业的经营管理中发生的或者应由企业统一负担的公司经费（包括行政管理部门职工工资及福利费、物料消耗、低值易耗品摊销、办公费和差旅费等）、工会经费、董事会费（包括董事会成员津贴、会议费和差旅费等）、聘请中介机构费、咨询费（含顾问费）、诉讼费、业务招待费、技术转让费、研究费用、排污费以及行政管理部门等发生的固定资产修理费用等。

3. 财务费用

财务费用是指企业为筹集生产经营所需资金等而发生的筹资费用，包括利息支出（减利息收入）、汇兑损益以及相关的手续费、企业发生的现金折扣或收到的现金折扣等。

经典例题

属于生产经营期间发生的长期借款费用，应计入（　　）。

A. 长期待摊费用

B. 在建工程成本

C. 财务费用

D. 营业费用

【答案】C。解析：企业生产经营期间的长期借款利息费用，应计入财务费用。因此本题选C。

三、利润

利润是指企业在一定会计期间的经营成果。利润包括收入减去费用后的净额、直接计入当期利润的利得和损失等。

直接计入当期利润的利得和损失，是指应当计入当期损益、会导致所有者权益发生增减变动的、与所有者投入资本或者向所有者分配利润无关的利得或者损失。

（一）与利润相关的公式

（1）营业利润=营业收入-营业成本-税金及附加-销售费用-管理费用-研发费用-财务费用+其他收益+投资收益（-投资损失）+净敞口套期收益（-净敞口套期损失）+公允价值变动收益（-公允价值变动损失）-信用减值损失-资产减值损失+资产处置收益（-资产处置损失）

（2）利润总额=营业利润+营业外收入-营业外支出

其中，营业外收入（或支出）是指企业发生的与日常活动无直接关系的各项利得（或损失）。

（3）净利润=利润总额-所得税费用

其中，所得税费用是指企业确认的应从当期利润总额中扣除的所得税费用。

> **经典例题**
>
> 下列各项交易事项中,不会影响发生当期营业利润的有( )。
>
> A. 计提应收账款坏账准备
>
> B. 出售无形资产取得净收益
>
> C. 开发无形资产时发生符合资本化条件的支出
>
> D. 自营建造固定资产期间处置工程物资取得净收益
>
> 【答案】CD。解析:A项,计提应收账款坏账准备记入"信用减值损失"科目,影响营业利润的计算金额;B项,出售无形资产取得净收益记入"资产处置损益"科目,影响营业利润;C项,开发无形资产时发生符合资本化条件的支出计入无形资产成本;D项,自营建造固定资产期间处置工程物资取得净收益直接冲减在建工程的成本。因此本题选CD。

(二)营业外收支

营业外收支是指企业发生的与日常活动无直接关系的各项收支。

1. 营业外收入

营业外收入是指企业确认的与其日常活动无直接关系的各项利得。

营业外收入主要包括非流动资产毁损报废收益、与企业日常活动无关的政府补助、盘盈利得(现金盘盈)、捐赠利得等。

与企业日常活动无关的政府补助指企业从政府无偿取得货币性资产或非货币性资产,且与企业日常活动无关的利得。

2. 营业外支出

营业外支出是指企业发生的与其日常活动无直接关系的各项损失,主要包括非流动资产毁损报废损失、捐赠支出、盘亏损失、非常损失、罚款支出等。

核心考点十 政府补助

一、政府补助的概念及范围

政府补助是指企业从政府无偿取得货币性资产或非货币性资产。其主要形式包括政府对企业的无偿拨款、税收返还、财政贴息,以及无偿给予非货币性资产等。

直接减征、免征、增加计税抵扣额、抵免部分税额等不涉及资产直接转移的经济资源,不适用政府补助准则。增值税出口退税不属于政府补助。

二、政府补助的会计处理方法

政府补助同时满足下列条件的,才能予以确认:一是企业能够满足政府补助所附条件;二是企业能够收到政府补助。

政府补助为货币性资产的,应当按照收到或应收的金额计量。如果企业已经实际收到补助资金,应当按照实际收到的金额计量;如果资产负债表日企业尚未收到补助资金,但企业在符合了相关政策规定后就相应获得了收款权,且与之相关的经济利益很可能流入企业,企业应当在这项补助成为应收款时按照应收的金额计量。政府补助为非货币性资产的,应当按照公允价值计量;公允价值不能可靠取得的,按照名义金额计量。

政府补助有两种会计处理方法:总额法和净额法。

总额法,在确认政府补助时将政府补助全额确认为收益,而不是作为相关资产账面价值或者费用的扣减。

净额法,将政府补助作为相关资产账面价值或所补偿费用的扣减。

三、政府补助的分类

政府补助应当划分为与资产相关的政府补助和与收益相关的政府补助。

(一)与资产相关的政府补助

企业在收到补助资金时,有两种会计处理方法可供选择:一是总额法,即按照补助资金的金额借记有关资产科目,贷记"递延收益"科目;然后在相关资产使用寿命内按合理、系统的方法分期转入其他收益或营业外收入。二是净额法,将补助冲减相关资产账面价值,企业按照扣减了政府补助后的资产价值对相关资产计提折旧或进行摊销。

(二)与收益相关的政府补助

对于与收益相关的政府补助,企业应当选择采用总额法或净额法进行会计处理。选择总额法的,应当计入其他收益或营业外收入。选择净额法的,应当冲减相关成本费用或营业外支出。

(1)用于补偿企业以后期间的相关成本费用或损失,客观情况通常表明企业能够满足政府补助所附条件的,企业应当将补助确认为递延收益,并在确认相关费用或损失的期间,计入当期损益或冲减相关成本。

(2)用于补偿企业已发生的相关成本费用或损失的,直接计入当期损益或冲减相关成本。

四、政府补助的退回

已计入损益的政府补助需要退回的,应当在需要退回的当期分情况按照以下规定进行会计处理:

(1)初始确认时冲减相关资产账面价值的,调整资产账面价值。

(2)存在相关递延收益的,冲减相关递延收益账面余额,超出部分计入当期损益。

(3)属于其他情况的,直接计入当期损益。

对于属于前期差错的政府补助退回,应当按照前期差错更正进行追溯调整。

1. 下列关于政府补助的核算规则,不正确的是( )。

A. 用于补偿企业已经发生的相关成本费用或损失的,如果企业尚未收到补助资金,则不能进行会计处理

B. 收到用于补偿企业已经发生成本费用的政府补助时,应当按照实际收到的金额计入当期损益或冲减相关成本

C. 用于补偿企业以后期间相关成本费用或损失的且在目前条件下暂时无法确定企业是否可以满足政府补助所附条件,则收到时应先确认为其他应付款

D. 用于补偿企业以后期间相关成本费用同时在现有条件下表明企业可以满足政府补助所附条件,应当确认为递延收益,并在相关费用确认期间计入当期损益或冲减相关成本

【答案】A。解析:用于补偿企业已发生的相关成本费用或损失的,直接计入当期损益或冲减相关成本。如果资产负债表日企业尚未收到补助资金,但企业在符合了相关政策规定后就相应获得了收款权,且与之相关的经济利益很可能流入企业,企业应当在这项补助成为应收款时按照应收的金额计量。因此本题选 A。

2. 下列选项中,关于政府补助的说法中正确的有( )。

A. 免征的企业所得税属于政府向企业的无偿拨款

B. 已确认的与资产相关的政府补助,相关资产提前处置的,应将尚未分摊的递延收益退回

C. 政府补助为货币性资产的,应当按照收到或应收的金额计量

D. 政府补助为非货币性资产的,通常应当按照公允价值计量

【答案】CD。解析:不涉及资产直接转移的经济支持不属于政府补助准则规范的政府补助,比如政府与企业间的债务豁免,除税收返还外的税收优惠,如直接减征、免征、增加计税抵扣额、抵免部分税额等,所以 A 项错误;已确认与资产有关的政府补助,相关资产提前处置的,应将尚未分摊的递延收益一次性转入当期损益,不是退回,所以 B 项错误。因此本题选 CD。

核心考点十一 所得税

一、资产、负债的计税基础

所得税会计核算的关键在于确定资产、负债的计税基础。企业在取得资产、负债时应当确定其计税基础。

(一)资产的计税基础

资产的计税基础,是指企业收回资产账面价值的过程中,计算应纳税所得额时按照税法规定可以自应税经济利益中抵扣的金额。

资产的计税基础=未来可税前列支的金额

某一资产负债表日的计税基础=成本-以前期间已税前列支的金额

1. 固定资产

账面价值=实际成本-会计累计折旧-固定资产减值准备

计税基础=实际成本-税法累计折旧

2. 无形资产

无形资产的差异主要产生于内部研究开发形成的无形资产以及使用寿命不确定的无形资产。

（1）对于内部研究开发形成的无形资产，企业会计准则规定有关研究开发支出区分为两个阶段，研究阶段的支出应当费用化计入当期损益，而开发阶段符合资本化条件的支出应当资本化作为无形资产的成本；按财税 2021 年第 13 号文件，制造业企业开展研发活动中实际发生的研发费用，未形成无形资产计入当期损益的，在按规定据实扣除的基础上，自 2021 年 1 月 1 日起，再按照实际发生额的 100% 在税前加计扣除；形成无形资产的，自 2021 年 1 月 1 日起，按照无形资产成本的 200% 在税前摊销。

（2）使用寿命有限的无形资产

$$账面价值 = 实际成本 - 会计累计摊销 - 无形资产减值准备$$
$$计税基础 = 实际成本 - 税法累计摊销$$

（3）使用寿命不确定的无形资产

$$账面价值 = 实际成本 - 无形资产减值准备$$
$$计税基础 = 实际成本 - 税法累计摊销$$

3. 以公允价值计量的金融资产

（1）以公允价值计量且其变动计入当期损益的金融资产

账面价值：期末按公允价值计量，公允价值变动计入期损益（公允价值变动损益）

计税基础：取得时的成本

（2）以公允价值计量且其变动计入其他综合收益的金融资产（股权投资）

账面价值：期末按公允价值计量，公允价值变动计入其他综合收益

计税基础：取得时的成本

4. 采用公允价值模式进行后续计量的投资性房地产

账面价值：期末按公允价值计量

计税基础：以历史成本为基础确定（与固定资产或无形资产类似）

5. 将债券（通常为国债）作为以摊余成本计量的金融资产

账面价值：期末摊余成本 = 期初摊余成本 + 本期计提利息（期初账面余额 × 实际利率）- 本期收回本金和利息 - 本期计提的损失准备

（二）负债的计税基础

负债的计税基础，是指负债的账面价值减去未来期间计算应纳税所得额时按照税法规定可予税前扣除的金额。

负债的计税基础 = 账面价值 - 未来期间按照税法规定可予税前扣除的金额

1. 企业因销售商品提供售后服务等原因确认的预计负债

如果税法规定，与销售商品有关的支出可于实际发生时税前扣除，由于该类事项产生的预计负债在期末的计税基础为其账面价值与未来期间可税前扣除的金额之间的差额，因此

其计税基础为 0。

2. 合同负债

（1）合同负债计入当期应纳税所得额（如房地产开发企业），计税基础为 0。

（2）合同负债未计入当期应纳税所得额，计税基础与账面价值相等。

二、暂时性差异

暂时性差异是指资产、负债的账面价值与其计税基础不同产生的差额。根据暂时性差异对未来期间应纳税所得额的影响，分为应纳税暂时性差异和可抵扣暂时性差异。

（一）应纳税暂时性差异

应纳税暂时性差异，是指在确定未来收回资产或清偿负债期间的应纳税所得额时，将导致产生应税金额的暂时性差异，在其产生当期应当确认相关的递延所得税负债。

应纳税暂时性差异通常产生于以下情况：

（1）资产的账面价值大于其计税基础。

（2）负债的账面价值小于其计税基础。

（二）可抵扣暂时性差异

可抵扣暂时性差异是指在确定未来收回资产或清偿负债期间的应纳税所得额时，将导致产生可抵扣金额的暂时性差异。在可抵扣暂时性差异产生当期，符合确认条件时，应当确认相关的递延所得税资产。

可抵扣暂时性差异一般产生于以下情况：

（1）资产的账面价值小于其计税基础。

（2）负债的账面价值大于其计税基础。

（三）特殊项目产生的暂时性差异

1. 未作为资产、负债确认的项目产生的暂时性差异

某些交易或事项发生以后，因为不符合资产、负债确认条件而未体现为资产负债表中的资产或负债，但按照税法规定能够确定其计税基础的，其账面价值与计税基础之间的差异也构成暂时性差异。

如企业发生的符合条件的广告费和业务宣传费支出，除另有规定外，不超过当年销售收入 15% 的部分准予扣除；超过部分准予在以后纳税年度结转扣除。该类费用在发生时按照会计准则规定即计入当期损益，不形成资产负债表中的资产，但按照税法规定可以确定其计税基础的，两者之间的差异也形成暂时性差异。

2. 可抵扣亏损及税款抵减产生的暂时性差异

按照税法规定可以结转以后年度的未弥补亏损及税款抵减，虽不是因资产、负债的账面价值与计税基础不同产生的，但与可抵扣暂时性差异具有同样的作用，均能够减少未来期间的应纳税所得额，进而减少未来期间的应交所得税，会计处理上视同可抵扣暂时性差异，符合条件的情况下，应确认与其相关的递延所得税资产。

三、递延所得税负债及资产的确认和计量

（一）递延所得税负债的确认

除所得税准则中明确规定可不确认递延所得税负债的情况以外，企业对于所有的应纳税暂时性差异均应确认相关的递延所得税负债。

（二）递延所得税负债的计量

递延所得税负债应以相关应纳税暂时性差异转回期间按照税法规定适用的所得税税率计量。无论应纳税暂时性差异的转回期间如何，相关的递延所得税负债不要求折现。

（三）递延所得税资产的确认

资产、负债的账面价值与其计税基础不同产生可抵扣暂时性差异的，在估计未来期间能够取得足够的应纳税所得额用以利用该可抵扣暂时性差异时，应当以很可能取得用来抵扣可抵扣暂时性差异的应纳税所得额为限，确认相关的递延所得税资产。

（四）递延所得税资产的计量

确认递延所得税资产时，应当以预期收回该资产期间的适用所得税税率为基础计算确定。无论相关的可抵扣暂时性差异转回期间如何，递延所得税资产均不要求折现。

四、所得税费用的确认和计量

（一）当期所得税

当期所得税是指企业按照税法规定计算确定的针对当期发生的交易和事项，应交纳给税务部门的所得税金额，即当期应交所得税。

应纳税所得额=会计利润+按照会计准则规定计入利润表但计税时不允许税前扣除的费用±计入利润表的费用与按照税法规定可予税前抵扣的金额之间的差额±计入利润表的收入与按照税法规定应计入应纳税所得额的收入之间的差额-税法规定的不征税收入±其他需要调整的因素

应交所得税=应纳税所得额×所得税税率

（二）递延所得税

递延所得税是指按照所得税准则规定当期应予确认的递延所得税资产和递延所得税负债金额。用公式表示即为：

递延所得税=（递延所得税负债的期末余额-递延所得税负债的期初余额）-（递延所得税资产的期末余额-递延所得税资产的期初余额）

（三）所得税费用

计算确定了当期所得税及递延所得税以后，利润表中应予确认的所得税费用为两者之和，即：

所得税费用=当期所得税+递延所得税

丙公司是一家塑料制品加工企业,为实现价值最大化,投资上游原料行业的领军企业 B 股份公司,2×19 年 1 月 1 日,丙公司通过大宗交易的方式从二级市场购入 B 股份公司 250 万股股份,以银行存款支付 2 700 万元,含手续费 200 万元。2×19 年 12 月 31 日,B 股份公司收盘价为 12 元,假设适用的所得税税率为 25%,下列说法正确的是(   )。

A. 产生应纳税暂时性差异

B. 产生可抵扣暂时性差异

C. 确认递延所得税资产 75 万元

D. 确认递延所得税负债 75 万元

【答案】AD。解析:丙公司购买 B 股份公司股份是为实现价值最大化,属于非交易性的,应指定为以公允价值计量且其变动计入其他综合收益的金融资产。其计税基础为 2 700 万元,2×19 年 12 月 31 日,其账面价值为 3 000 万元,产生应纳税暂时性差异,形成的递延所得税负债 =(3 000－2 700)×25% = 75(万元)。故本题选 AD。

核心考点十二　债务重组

债务重组,是指在不改变交易对手方的情况下,经债权人和债务人协定或法院裁定,就清偿债务的时间、金额或方式等重新达成协议的交易。

一、债务重组的方式

债务重组一般包括下列方式,或下列一种以上方式的组合:

(1)债务人以资产清偿债务。

(2)债务人将债务转为权益工具。

(3)修改其他条款。

除上述(1)和(2)以外,采用调整债务本金、改变债务利息、变更还款期限等方式修改债权和债务的其他条款,形成重组债权和重组债务。

(4)组合方式。

二、债务重组的会计处理

(一)债权和债务的终止确认

债权人在收取债权现金流量的合同权利终止时终止确认债权,债务人在债务的现时义务解除时终止确认债务。

对于终止确认的债权,债权人应当结转已计提的减值准备中对应该债权终止确认部分的金额。对于终止确认的分类为以公允价值计量且其变动计入其他综合收益的债权,之前计入其他综合收益的累计利得或损失应当从其他综合收益中转出,记入"投资收益"科目。

（二）债权人的会计处理

1. 以资产清偿债务或将债务转为权益工具

1）债权人受让金融资产

金融资产初始确认时应当以其公允价值计量，金融资产确认金额与债权终止确认日账面价值之间的差额，记入"投资收益"科目。

2）债权人受让非金融资产

受让非金融资产成本=放弃债权的公允价值+直接相关税费

放弃债权的公允价值与账面价值之间的差额，应当计入当期损益（投资收益）。

债权人初始确认受让的金融资产以外的资产时，应当按照下列原则以成本计量：

（1）存货的成本，包括放弃债权的公允价值，以及使该资产达到当前位置和状态所发生的可直接归属于该资产的税金、运输费、装卸费、保险费等其他成本。

（2）对联营企业或合营企业投资的成本，包括放弃债权的公允价值，以及可直接归属于该资产的税金等其他成本。

（3）投资性房地产的成本，包括放弃债权的公允价值，以及可直接归属于该资产的税金等其他成本。

（4）固定资产的成本，包括放弃债权的公允价值，以及使该资产达到预定可使用状态前所发生的可直接归属于该资产的税金、运输费、装卸费、安装费、专业人员服务费等其他成本。确定固定资产成本时，应当考虑预计弃置费用因素。

（5）生物资产的成本，包括放弃债权的公允价值，以及可直接归属于该资产的税金、运输费、保险费等其他成本。

（6）无形资产的成本，包括放弃债权的公允价值，以及可直接归属于使该资产达到预定用途所发生的税金等其他成本。

2. 修改其他条款

债务重组采用以修改其他条款方式进行的，如果修改其他条款导致全部债权终止确认，债权人应当按照修改后的条款以公允价值初始计量新的金融资产，新金融资产的确认金额与债权终止确认日账面价值之间的差额，记入"投资收益"科目。

如果修改其他条款未导致债权终止确认，债权人应当根据其分类，继续以摊余成本、以公允价值计量且其变动计入其他综合收益，或者以公允价值计量且其变动计入当期损益进行后续计量。

（三）债务人的会计处理

1. 债务人以资产清偿债务

债务重组采用以资产清偿债务方式进行的，债务人应当将所清偿债务账面价值与转让资产账面价值之间的差额计入当期损益。

（1）债务人以金融资产清偿债务。

债务人以单项或多项金融资产清偿债务的，债务的账面价值与偿债金融资产账面价值的差额,记入"投资收益"科目。偿债金融资产已计提减值准备的,应结转已计提的减值准备。

对于以分类为以公允价值计量且其变动计入其他综合收益的债务工具投资清偿债务的,之前计入其他综合收益的累计利得或损失应当从其他综合收益中转出,记入"投资收益"科目。

对于以指定为以公允价值计量且其变动计入其他综合收益的非交易性权益工具投资清偿债务的,之前计入其他综合收益的累计利得或损失应当从其他综合收益中转出,记入"盈余公积""利润分配—未分配利润"等科目。

(2)债务人以非金融资产清偿债务。

债务人以单项或多项非金融资产清偿债务,或者以包括金融资产和非金融资产在内的多项资产清偿债务的,不需要区分资产处置损益和债务重组损益,也不需要区分不同资产的处置损益,而应将所清偿债务账面价值与转让资产账面价值之间的差额,记入"其他收益—债务重组收益"科目。偿债资产已计提减值准备的,应结转已计提的减值准备。

债务人以日常活动产出的商品或服务清偿债务的,应当将所清偿债务账面价值与存货等相关资产账面价值之间的差额,记入"其他收益—债务重组收益"科目。

2. 债务人将债务转为权益工具

债务重组采用将债务转为权益工具方式进行的,债务人初始确认权益工具时,应当按照权益工具的公允价值计量,权益工具的公允价值不能可靠计量的,应当按照所清偿债务的公允价值计量。

所清偿债务账面价值与权益工具确认金额之间的差额,记入"投资收益"科目。

债务人因发行权益工具而支出的相关税费等,应当依次冲减资本溢价、盈余公积、未分配利润等。

3. 修改其他条款

债务重组采用修改其他条款方式进行的,如果修改其他条款导致债务终止确认,债务人应当按照公允价值计量重组债务,终止确认的债务账面价值与重组债务确认金额之间的差额,记入"投资收益"科目。

如果修改其他条款未导致债务终止确认,或者仅导致部分债务终止确认,对于未终止确认的部分债务,债务人应当根据其分类,继续以摊余成本、以公允价值计量且其变动计入当期损益或其他适当方法进行后续计量。

第二章

财务管理

本章导读

在2021年度中国进出口银行秋季校园招聘考试(财务会计岗)笔试真题中,对财务管理部分的考查题量较大,包括28道单项选择题和12道多项选择题。涉及考点主要有货币时间价值、证券资产组合的风险与收益、投资项目财务评价指标、项目投资管理等,要求考生具备充足的基础知识。部分题目涉及计算,数据繁琐,需要考生掌握对应的计算公式,保持细心,提高速度。因此在备考本章内容时,考生要将理论内容与计算练习相结合,在做题的过程中不断提升自己的解题能力。

第一讲　财务管理基础

核心考点一　财务管理环节

财务管理环节是企业财务管理的工作步骤与一般工作程序。企业财务管理环节见下表。

表5-2-1　企业财务管理环节

财务管理环节	含义	方法
财务预测	财务预测是根据企业财务活动的历史资料,考虑现实的要求和条件,对企业未来的财务活动做出较为具体的预计和测算的过程	定性预测和定量预测
财务计划	财务计划是根据企业整体战略目标和规划,结合财务预测的结果,对财务活动进行规划,并以指标形式落实到每一计划期间的过程	平衡法、因素法、比例法和定额法
财务预算	财务预算是根据财务战略、财务计划和各种预测信息,确定预算期内各种预算指标的过程。它是财务战略的具体化,是财务计划的分解和落实	固定预算与弹性预算、增量预算与零基预算、定期预算和滚动预算等

财务管理环节	含义	方法
财务决策	财务决策是指按照财务战略目标的总体要求,利用专门的方法对各种备选方案进行比较和分析,从中选出最佳方案的过程。财务决策是财务管理的核心,决策的成功与否直接关系到企业的兴衰成败	(1)经验判断法包括淘汰法、排队法、归类法等 (2)定量分析方法包括优选对比法、数学微分法、线性规划法、概率决策法等
财务控制	财务控制是指利用有关信息和特定手段,对企业的财务活动施加影响或调节,以便实现计划所规定的财务目标的过程	(1)财务控制的方法:前馈控制、过程控制、反馈控制 (2)财务控制的措施:预算控制、运营分析控制、绩效考评控制
财务分析	财务分析是指根据企业财务报表等信息资料,采用专门方法,系统分析和评价企业财务状况、经营成果以及未来趋势的过程	比较分析法、比率分析法、因素分析法
财务考核	财务考核是指将报告期实际完成数与规定的考核指标进行对比,确定有关责任单位和个人完成任务的过程。财务考核与奖惩紧密联系,是贯彻责任制的要求,也是构建激励与约束机制的关键环节	(1)可以用绝对指标、相对指标、完成百分比考核 (2)也可采用多种财务指标进行综合评价考核

核心考点二　货币时间价值

一、货币时间价值的含义

货币时间价值,是指在没有风险和没有通货膨胀的情况下,货币经历一定时间的投资和再投资所增加的价值,也称为资金的时间价值。货币的时间价值可用绝对数(利息)和相对数(利息率)两种形式表示,通常用相对数表示。

二、终值和现值

(一)复利终值和现值

复利计算方法是指每经过一个计息期,要将该期的利息加入本金再计算利息,逐期滚动计算,俗称"利滚利"。这里所说的一个计息期,是指相邻两次计息的间隔,如一年、半年等。

1. 复利终值

复利终值是指现在的特定资金按复利计算方法,折算到将来某一时点的价值,或者说是现在的一定本金在将来一定时间,按复利计算的本金与利息之和,简称本利和。通常记作 F。复利终值的计算公式如下:

$$F = P \times (1+i)^n = P \times (F/P, i, n)$$

式中,P 为现值(或初始值);i 为计息期利率;F 为终值(或本利和);n 为计息期数。$(1+i)^n$ 称为复利终值系数,用符号$(F/P,i,n)$表示。(注:复利终值的计算公式与第四篇第二章第二讲"利息与利率概述"核心考点中"复利"的计算公式相通,二者的考查情境不同,应注意不要混淆)

2. 复利现值

复利现值是指未来某一时点的特定资金按复利计算方法,折算到现在的价值,或者说是为取得将来一定本利和,现在所需要的本金。通常记作 P。

复利现值的计算公式如下:

$$P = F \times (1+i)^{-n} = F \times (P/F, i, n)$$

式中,$(1+i)^{-n}$ 称为复利现值系数,用符号$(P/F,i,n)$表示。

需要说明的是,在复利终值、复利现值的计算中,现值可以泛指资金在某个特定时间段的"前一时点"(而不一定真的是"现在")的价值,终值可以泛指资金在该时间段的"后一时点"的价值。

(二)年金的终值和现值

1. 普通年金的现值和终值

普通年金是年金的最基本形式,它是指从第一期起,在一定时期内每期期末等额收付的系列款项,又称为后付年金。

普通年金现值是指普通年金中各期等额收付金额在第一期期初(0 时点)的复利现值之和。其计算公式如下:

$$P = A \times \frac{1-(1+i)^{-n}}{i} = A \times (P/A, i, n)$$

式中,$\dfrac{1-(1+i)^{-n}}{i}$ 称为年金现值系数,用符号$(P/A,i,n)$表示。

普通年金终值指的是各期等额收付金额在第 n 期期末的复利终值之和。其计算公式如下:

$$F = A \times \frac{(1+i)^n - 1}{i} = A \times (F/A, i, n)$$

式中,$\dfrac{(1+i)^n-1}{i}$ 称为年金终值系数,用符号$(F/A,i,n)$表示。

2. 预付年金的现值和终值

预付年金是指从第一期起,在一定时期内每期期初等额收付的系列款项,又称即付年金或先付年金。

预付年金现值是指预付年金中各期等额收付金额在第一期期初(0 时点)的复利现值之和。其计算公式如下:

$$P = A \times (P/A, i, n) \times (1+i)$$

式中,n 为等额收付的次数(即 A 的个数)。

预付年金现值系数与普通年金现值系数相比,期数减 1,系数加 1。其计算公式如下:

$$P=A\times\left[\left(P/A,i,n-1\right)+1\right]$$

预付年金终值指的是各期等额收付金额在第 n 期期末的复利终值之和。其计算公式如下：

$$F=A\times\left(F/A,i,n\right)\times\left(1+i\right)$$

预付年金终值系数与普通年金终值系数相比，期数加1，系数减1。其计算公式如下：

$$F=A\times\left[\left(F/A,i,n+1\right)-1\right]$$

3. 递延年金的现值和终值

递延年金由普通年金递延形成，递延的期数称为递延期，一般用 m 表示递延期。递延年金的第一次收付发生在第 $(m+1)$ 期期末（m 为大于0的整数）。

递延年金现值是指递延年金中各期等额收付金额在第一期期初（0时点）的复利现值之和。递延年金现值的计算公式如下：

$$P=A\times\left(P/A,i,n\right)\times\left(P/F,i,m\right)$$

式中，n 为 A 的个数，$A\times\left(P/A,i,n\right)$ 为第 m 期期末的复利现值之和。

递延年金终值指的是各期等额收付金额在第 $(m+n)$ 期期末的复利终值之和。

递延年金终值的计算公式如下：

$$F=A\times\left(F/A,i,n\right)$$

式中，n 为 A 的个数，与递延期 m 无关。其公式与普通年金终值一般公式完全相同。

4. 永续年金的现值

永续年金是普通年金的极限形式，当普通年金的收付次数为无穷大时即为永续年金。

$$永续年金的现值=\frac{A}{i}$$

永续年金因为没有到期日，所以没有终值。

5. 年偿债基金

年偿债基金是指为了在约定的未来某一时点清偿某笔债务或积聚一定数额的资金而必须分次等额形成的存款准备金。也就是为使年金终值达到既定金额的年金数额（已知普通年金终值 F_A，求年金 A）。在普通年金终值公式中解出的 A 就是年偿债基金。年偿债基金的计算公式如下：

$$A=F_A\times\frac{i}{\left(1+i\right)^n-1}$$
$$=F_A\times\left(A/F,i,n\right)$$

式中，$\dfrac{i}{\left(1+i\right)^n-1}$ 称为偿债基金系数，记作 $\left(A/F,i,n\right)$。

6. 年资本回收额

年资本回收额是指在约定期限内等额回收初始投入资本的金额（已知普通年金现值 P_A，求年金 A）。年资本回收额的计算公式如下：

$$A = P_A \times \frac{i}{1-(1+i)^{-n}}$$

式中，$\frac{i}{1-(1+i)^{-n}}$称为资本回收系数，记作$(A/P,i,n)$。

普通年金终值系数与偿债基金系数互为倒数，即普通年金终值系数×偿债基金系数=1。普通年金现值系数与资本回收系数互为倒数，即普通年金现值系数×资本回收系数=1。

三、利率的计算

（一）插值法

复利计息方式下，利率与现值（或者终值）系数之间存在一定的数量关系。已知现值（或者终值）系数，则可以通过插值法计算对应的利率。

计算公式：$i = i_1 + \frac{B-B_1}{B_2-B_1} \times (i_2 - i_1)$。利率与时间价值系数的关系见下图。

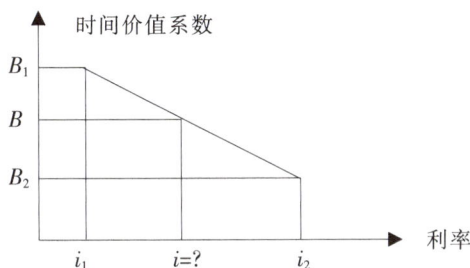

图 5-2-1　利率与时间价值系数的关系

根据相似三角形定理，由图示可得：$\frac{i-i_1}{i_2-i_1} = \frac{B-B_1}{B_2-B_1}$；$i = i_1 + \frac{B-B_1}{B_2-B_1} \times (i_2-i_1)$。

（二）名义利率与实际利率

（1）一年多次计息时的名义利率与实际利率：①如果以"年"作为基本计息期，每年计算一次复利，这种情况下的实际利率等于名义利率；②如果按照短于一年的计息期计算复利，即一年多次计息时，这种情况下的实际利率高于名义利率。

名义利率与实际利率的换算关系的计算公式如下：

$$i = \left(1 + \frac{r}{m}\right)^m - 1$$

式中，i为实际利率，r为名义利率，m为每年复利计息次数。

（2）通货膨胀情况下的名义利率与实际利率。名义利率，是央行或其他提供资金借贷的机构所公布的未调整通货膨胀因素的利率，即名义利率中包含通货膨胀率。

实际利率是指剔除通货膨胀率后储户或投资者得到利息回报的真实利率。

名义利率与实际利率之间关系的计算公式如下：

$$1+名义利率 = (1+实际利率) \times (1+通货膨胀率)$$

$$实际利率 = \frac{1+名义利率}{1+通货膨胀率} - 1$$

经典例题

某企业向金融机构借款,年名义利率为8%,按季度付息,则年实际利率为( )。

A. 9.6%   B. 8.32%

C. 8%   D. 8.24%

【答案】D。解析:名义利率与实际利率的换算关系如下: $i=\left(1+\dfrac{r}{m}\right)^{m}-1$,则年实际利率=$(1+8\%\div4)^{4}-1=8.24\%$。

核心考点三　资产收益与收益率

资产收益是指资产的价值在一定时期的增值。

一、资产收益的表述方式

（一）以金额表示

资产收益称为资产的收益额,通常指资产价值在一定期限内的增值量,其计算公式如下:

资产的收益额=利息、红利或股息收益+资本利得

（二）以百分比表示

资产收益称为资产的收益率或报酬率,是资产增值量与期初资产价值（价格）的比值,其计算公式如下:

资产的收益率或报酬率=利息（股息）收益率+资本利得的收益率

二、资产收益率的类型

（一）实际收益率

实际收益率表示已经实现或者确定可以实现的资产收益率,表述为已实现或确定可以实现的利息（股息）率与资本利得收益率之和。

（二）预期收益率

预期收益率也称为期望收益率,是指在不确定的条件下,预测的某资产未来可能实现的收益率。其计算公式如下:

$$预期收益率=\sum_{i=1}^{n}(P_i\times R_i)$$

式中,P_i表示情况i可能出现的概率,R_i表示情况i出现时的收益率。

（三）必要收益率

必要收益率也称最低报酬率或最低要求的收益率,表示投资者对某资产合理要求的最低收益率。必要收益率由两部分构成:

(1)无风险收益率。无风险收益率也称无风险利率,它是指无风险资产的收益率,它的

382　中国进出口银行招聘考试·冲关攻略

大小由纯粹利率(资金的时间价值)和通货膨胀补贴两部分组成。无风险资产一般满足两个条件：一是不存在违约风险；二是不存在再投资收益率的不确定性。在一般情况下，通常用短期国债的利率近似地代替无风险收益率。

（2）风险收益率。风险收益率是指某资产持有者因承担该资产的风险而要求的超过无风险利率的额外收益。风险收益率衡量了投资者将资金从无风险资产转移到风险资产而要求得到的"额外补偿"，它的大小取决于风险的大小和投资者对风险的偏好。

核心考点四　资产的风险及其衡量

风险是指收益的不确定性。企业风险是指对企业的战略与经营目标实现产生影响的不确定性。

衡量风险的指标主要有收益率的方差、标准差和标准差率等。

（1）未来收益率发生的概率P_i(已知条件)，不能用来衡量风险。

（2）期望值的计算公式如下：

$$\overline{E} = \sum_{i=1}^{n}(X_i \times P_i)$$

式中，X_i表示第i种情况可能出现的结果，P_i表示第i种情况可能出现的概率。

该指标不能用来衡量风险。

（3）方差的计算公式如下：

$$\sigma^2 = \sum_{i=1}^{n}(X_i - \overline{E})^2 \times P_i$$

式中，$(X_i - \overline{E})$表示第i种情况可能出现的结果与期望值的离差，P_i表示第i种情况可能出现的概率。

期望值相同时，该指标可以用来衡量风险的大小，方差越大，风险越大。

（4）标准差的计算公式如下：

$$\sigma = \sqrt{\sum_{i=1}^{n}(X_i - \overline{E})^2 \times P_i}$$

期望值相同时，该指标可以用来衡量风险的大小，标准差越大，风险越大。

（5）标准差率的计算公式如下：

$$V = \frac{\sigma}{E} \times 100\%$$

该指标不受期望值是否相同的影响，可以用来衡量风险的大小。标准差率越大，风险越大。

经典例题

某企业拟进行一项存在一定风险的工业项目投资，有甲、乙两个方案可供选择：已知甲方案净现值的期望值为1 000万元，标准差为300万元；乙方案净现值的期望值为1 200万元，标准差为330万元。下列结论中正确的是（　　）。

A. 甲方案优于乙方案

B. 甲方案的风险大于乙方案

C. 甲方案的风险小于乙方案

D. 无法评价甲乙方案的风险大小

【答案】B。解析：因为甲方案和乙方案的期望值不相等，不能直接采用标准差衡量两方案风险的大小，应采用标准差率衡量两方案风险，甲方案标准差率＝300÷1 000×100%＝30%；乙方案标准差率＝330÷1 200×100%＝27.5%。标准差率越大，风险越大，B 项正确。

核心考点五　证券资产组合的风险与收益

一、证券资产组合的预期收益率

证券资产组合的预期收益率是组成证券资产组合的各种资产收益率的加权平均数，其权数为各种资产在组合中的价值比例。

二、证券资产组合的风险及其衡量

证券资产组合的标准差 σ_p 用来衡量证券资产组合的全部风险（系统风险和非系统风险）。两项证券资产组合收益率方差的计算公式如下：

$$\sigma_p^2 = \omega_1^2\sigma_1^2 + \omega_2^2\sigma_2^2 + 2\omega_1\omega_2\rho_{1,2}\sigma_1\sigma_2$$

其中，σ_p 表示证券资产组合的标准差，它衡量的是证券资产组合的风险；σ_1 和 σ_2 分别表示组合中两项资产收益率的标准差；ω_1 和 ω_2 分别表示组合中两项资产所占的价值比例；$\rho_{1,2}$ 反映两项资产收益率的相关程度，即两项资产收益率之间的相对运动状态，称为相关系数。理论上，相关系数介于区间［－1,1］内。

（1）$\rho_{1,2}$ 等于 1 表明两项资产收益率有完全正相关关系，两项资产的风险完全不能相互抵消，这样的组合不能降低任何风险。

（2）$\rho_{1,2}$ 等于－1 表明两项资产收益率具有完全负相关关系，两项资产的风险可以充分地相互抵消，甚至完全消除，因而这样的组合能够最大程度地降低风险。

（3）在实务中，绝大多数资产两两之间都具有不完全的相关关系，即相关系数小于 1 且大于－1，多数情况下大于零，即证券资产组合收益率的标准差小于组合中各资产收益率标准差的加权平均值，因此，大多数情况下，证券资产组合能够分散风险，但不能完全消除风险。

（4）两种证券资产组合的协方差的计算公式：

$$\sigma_{1,2} = \rho_{1,2}\sigma_1\sigma_2$$

式中，$\sigma_{1,2}$ 表示两种证券资产组合的协方差；$\rho_{1,2}$ 表示证券 1 和证券 2 收益率之间的预期相关系数；σ_1 是证券 1 的标准差；σ_2 是证券 2 的标准差。

一般来讲，随着证券资产组合中资产个数的增加，证券资产组合的风险会逐渐降低，当资产的个数增加到一定程度时，证券资产组合的风险程度将趋于平稳，这时组合风险的降低将非常缓慢直到不再降低。

三、非系统风险

非系统风险又被称为特殊风险、特有风险或可分散风险,是指发生于个别公司的特有事件造成的风险。

与证券组合资产个数的关系:随着组合中资产个数的增加,分散风险的效应会比较明显,但资产数目增加到一定程度时,风险分散的效应就会逐渐减弱。

不要指望通过资产多样化达到完全消除风险的目的,因为资产多样化只能分散非系统风险,系统风险是不能通过证券投资组合来分散的。

四、系统风险

系统风险又被称为市场风险或不可分散风险,是影响所有资产的、不能通过资产组合而消除的风险。系统风险的影响因素包括宏观经济形势的变动、国家经济政策的变化、税制改革、企业会计准则改革、世界能源状况、政治因素等。

系统风险的衡量指标是 β 系数。

(1)市场组合的系统风险系数(β_p)。市场组合是指由市场上所有资产组成的组合,它的收益率就是市场平均收益率,市场组合收益率的方差则代表了市场整体的风险;市场组合中的非系统风险已经被消除,所以市场组合的风险就是市场风险或系统风险,计算公式如下:

$$\beta_p = \sum_{i=1}^{n} (W_i \times \beta_i)$$

式中,β_p 表示证券资产组合的 β 系数,β_i 表示第 i 项资产的 β 系数,W_i 表示第 i 项资产在组合中所占的价值比例。

系统性风险不受证券组合资产个数的影响,为不可分散风险。

(2)单项资产的 β 系数。不同资产的系统风险不同,为了对系统风险进行量化,用 β 系数衡量系统风险的大小。

通俗地说,某资产的 β 系数表达的含义是该资产的系统风险相当于市场组合系统风险的倍数。即用 β 系数对系统风险进行量化时,以市场组合的系统风险为基准,认为市场组合的 β 系数等于1。

绝大多数资产的 β 系数是大于零的,它们收益率的变化方向与市场平均收益率的变化方向是一致的,只是变化幅度不同而导致 β 系数的不同;极个别资产的 β 系数是负数,表明这类资产与市场平均收益的变化方向相反,当市场平均收益增加时,这类资产的收益却在减少。

经典例题

1. 当某上市公司的 β 系数大于 0 时,下列关于该公司风险与收益的表述,正确的是( )。

A. 系统风险高于市场组合风险

B. 资产收益率与市场平均收益率呈同向变化

C. 资产收益率变动幅度小于市场平均收益率变动幅度

D. 资产收益率变动幅度大于市场平均收益率变动幅度

【答案】B。解析：根据β系数的定义可知，当某资产的β系数大于0时，说明该资产的收益率与市场平均收益率呈同向变化，B项正确；当某资产的β系数大于0且小于1时，说明该资产收益率的变动幅度小于市场组合收益率的变动幅度，因此其所含的系统风险小于市场组合的风险；当某资产的β系数大于1时，说明该资产收益率的变动幅度大于市场组合收益率的变动幅度，因此其所含的系统风险大于市场组合的风险，A、C、D三项错误。

2. 下列各项中，属于公司股票面临的系统性风险的有(　　)。

A. 公司业绩下滑　　　　　　　　　　B. 市场利率波动

C. 宏观经济政策调整　　　　　　　　D. 公司管理层变更

【答案】BC。解析：系统风险又被称为市场风险或不可分散风险，是影响所有资产的、不能通过证券资产组合来消除的风险。市场利率波动、宏观经济政策调整影响所有资产，属于系统性风险。非系统风险又被称为公司风险或可分散风险，是可以通过证券资产组合而分散掉的风险。它是指由于某种特定原因对某特定资产收益率造成影响的可能性。所以A、D两项属于非系统风险。

3. 投资组合由证券X和Y各占50%构成，证券X的期望收益率12%，标准差12%，β系数1.5，证券Y的期望收益率10%，标准差10%，β系数1.3。下列说法中，正确的有(　　)。

A. 投资组合的期望收益率等于11%

B. 投资组合的标准差等于11%

C. 投资组合的标准差率等于1

D. 投资组合的β系数等于1.4

【答案】AD。解析：投资组合的收益率等于单项资产收益率的加权平均数，投资组合的期望收益率＝50%×12%+50%×10%＝11%，A项正确。投资组合的β系数等于单项资产β系数的加权平均数，投资组合的β系数＝50%×1.5+50%×1.3＝1.4，D项正确。题中未给出证券X和证券Y收益率的相关系数，故投资组合的标准差无法得知，B项错误。标准差率＝标准差÷预期值，由于无法计算组合标准差，进而无法计算组合标准差率，C项错误。

第二讲　筹资管理

核心考点一　资本成本

一、资本成本的含义与作用

(一)资本成本的含义

资本成本是衡量资本结构优化程度的标准，也是对投资获得经济效益的最低要求，通常用资本成本率表示。资本成本是指企业为筹集和使用资本而付出的代价，包括筹资费用和占用费用。

(1)筹资费。筹资费是指企业在资本筹措过程中为获得资本而付出的代价，如借款手续费、发行费等。

(2)占用费。占用费是指企业在资本使用过程中因占用资本而付出的代价，如向银行等债权人支付的利息，向股东支付的股利等。

（二）资本成本的作用

（1）资本成本是比较筹资方式、选择筹资方案的依据。

（2）平均资本成本是衡量资本结构是否合理的重要依据。

（3）资本成本是评价投资项目可行性的主要标准。

（4）资本成本是评价企业整体业绩的重要依据。

二、债务资本成本的估计

（一）不考虑发行费用的税前债务资本成本的估计

不考虑发行费用的税前债务资本成本的估计见下表。

表5-2-2　不考虑发行费用的税前债务资本成本的估计

方法	计算		适用
到期收益率法	根据债券估价的公式,到期收益率是使下式成立的r_d: $$P_0 = \sum_{i=1}^{n} \frac{利息}{(1+r_d)^t} + \frac{本金}{(1+r_d)^n}$$ 式中,P_0为债券的市价;r_d为到期收益率即税前债务成本;n为债券的剩余期限,通常以年表示		公司目前有上市的长期债券
可比公司法	可比公司应当满足的条件: （1）可比公司目前有上市的长期债券 （2）可比公司与目标公司处于同一行业 （3）可比公司与目标公司具有类似的商业模式 （4）最好两者的规模、负债比率和财务状况也比较类似		公司目前没有上市的长期债券,但是有可比公司（该可比公司目前有上市的长期债券）
风险调整法	公式	税前债务成本=政府债券的市场回报率+企业的信用风险补偿率	公司没有上市的债券,且找不到合适的可比公司,但是有信用评级资料
	确定政府债券的市场回报率	找与估值债券同期限的政府债券的市场收益率	
	确定企业的信用风险补偿率	（1）选择若干信用级别与本公司相同的上市的公司债券（不一定符合可比公司条件） （2）计算这些上市公司债券的到期收益率 （3）计算与这些上市公司债券同期的长期政府债券到期收益率（无风险利率） （4）计算上述两个到期收益率的差额,即信用风险补偿率 （5）计算信用风险补偿率的平均值,作为本公司的信用风险补偿率	

方法	计算	适用
财务比率法	根据公司的关键财务比率判断该公司的信用级别,然后使用风险调整法确定其债务成本	公司没有上市的长期债券,也找不到合适的可比公司,并且没有信用评级资料

（二）考虑发行费用的税前债务资本成本的估计

在估计债券资本成本时考虑发行费用,需要将其从筹资额中扣除。此时,债券资本的税前成本r_d应使下式成立:

$$P_0 \times (1-F) = \sum_{i=1}^{n} \frac{利息}{(1+r_d)^t} + \frac{本金}{(1+r_d)^n}$$

式中,P_0为债券发行价格;F为发行费用率;r_d为经发行费用调整后的债券税前资本成本;n为债券期限。

（三）税后债务资本成本的估计

由于利息可从应税收入中扣除,因此,负债的税后成本是税率的函数。利息的抵税作用使得负债的税后成本低于税前成本。

$$税后债务成本 = 税前债务成本 \times (1-所得税税率)$$

由于所得税的作用,债权人要求的报酬率不等于公司的税后债务成本。因为利息可以免税,政府实际上支付了部分债务成本,所以公司的债务成本小于债权人要求的报酬率。

三、普通股资本成本的估计

（一）不考虑发行费用的普通股资本成本的估计

1. 资本资产定价模型

资本资产定价模型见下表。

表 5-2-3　资本资产定价模型

项目	内容
公式	$r_S = r_{RF} + \beta \times (r_m - r_{RF})$ 式中,r_{RF}为无风险利率;β为股票贝塔系数;r_m为平均风险股票报酬率;$(r_m - r_{RF})$为市场风险溢价;$\beta \times (r_m - r_{RF})$为股票风险溢价

项目	内容
无风险利率的估计	通常认为,政府债券没有违约风险,可以代表无风险利率。但是需要明确以下三个问题:如何选择债券的期限,如何选择利率,以及如何处理通货膨胀问题 (1)选择长期政府债券利率而非短期政府债券利率。理由如下: ①普通股是长期的有价证券,政府长期债券期限长,比较接近普通股的现金流;②资本预算涉及的时间长,长期政府债券的期限和投资项目现金流持续时间能较好地配合;③长期政府债券的利率波动较小 (2)选择到期收益率而非票面利率 (3)选择名义无风险利率(以下简称名义利率)还是真实无风险利率(以下简称实际利率)存在分歧 决策原则:含有通胀的现金流量要使用含有通胀的折现率进行折现,实际的现金流量要使用实际的折现率进行折现 一般情况下使用含通胀的名义货币编制预计财务报表并确定现金流量,与此同时,使用含通胀的无风险利率计算资本成本。只有在以下两种情况下,才使用实际利率计算资本成本:①存在恶性的通货膨胀(通货膨胀率已经达到两位数)时;②预测周期特别长
股票 β 值的估计	$$\beta = \frac{cov(r_i, r_m)}{\sigma_m^2}$$ 式中, $cov(r_i, r_m)$ 为证券 i 的报酬率与市场组合报酬率的协方差; σ_m^2 为市场组合报酬率的方差 在计算 β 值时,必须作出两项选择: (1)选择有关预测期间的长度。公司风险特征无重大变化时,可以采用5年或更长的预测期长度;如果公司风险特征发生重大变化,应当使用变化后的年份作为预测期长度 (2)选择收益计量的时间间隔。最好使用每周或每月的报酬率
市场风险溢价的估计	估计市场收益率最常见的方法是进行历史数据分析。在分析时会碰到两个问题: (1)选择时间跨度。最好选择较长的时间跨度,既包括经济繁荣时期,也包括经济衰退时期 (2)权益市场平均收益率选择算术平均数还是几何平均数。两种方法算出的风险溢价有很大的差异。算术平均数是在这段时间内年收益率的简单平均数,而几何平均数则是同一时期内年收益率的复合平均数

2. 股利增长模型

股利增长模型见下表。

表 5-2-4　股利增长模型

项目	内容	
公式	$$r_S=\dfrac{D_1}{P_0}+g$$ 式中,r_S 为普通股成本;D_1 为预期下年现金股利额;P_0 为普通股当前市价;g 为股利增长率	
增长率的估计	历史增长率	投资者在整个期间长期持有股票的适合用几何平均法计算历史增长率;投资者在某一段时间持有股票的适合用算数平均法计算历史增长率
	可持续增长率	满足可持续增长率的五个条件时,即保持当前的经营效率和财务政策不变,未来不增发新股、不回购股票时: 股利增长率=可持续增长率=期初权益预期净利率×预计利润留存率
	证券分析师的预测	证券分析师发布的各公司增长率预测值,通常是分年度或季度的,而不是一个唯一的长期增长率。对此,有两种解决办法:①将不稳定的增长率平均化,转换的方法是计算未来足够长期间的年度增长率的几何平均数;②根据不均匀的增长率直接计算股权成本

3. 债券收益率风险调整模型

债券收益率风险调整模型如下表所示。

表 5-2-5　债券收益率风险调整模型

项目	内容
公式	$$r_S=r_{dt}+RP_c$$ 式中,r_{dt} 为税后债务成本;RP_c 为股东比债权人承担更大风险所要求的风险溢价
风险溢价的估计	(1)凭借经验估计。一般认为,某企业普通股风险溢价对其自己发行的债券来讲,大约在 3%~5% 之间。对风险较高的股票用 5%,风险较低的股票用 3% (2)使用历史数据分析。即比较过去不同年份的权益报酬率和债券收益率

（二）考虑发行费用的普通股资本成本的估计

发行普通股的资本成本,也被称为外部股权成本。新发行普通股会发生发行费用,所以它比留存收益进行再投资的内部股权成本要高一些。把发行费用考虑在内,新发行普通股资本成本的计算公式则如下:

$$r_S=\frac{D_1}{P_0\times(1-F)}+g$$

式中,F 为发行费用率。

核心考点二　杠杆效应

一、经营杠杆效应

经营杠杆效应见下表。

表5-2-6　经营杠杆效应

含义		经营杠杆是指由于固定性经营成本的存在,而使得企业的资产收益(息税前利润)变动率大于业务量变动率的现象。经营杠杆反映了资产收益的波动性,用以评价企业的经营风险
经营杠杆效应程度:经营杠杆系数	经营杠杆系数(DOL),是息税前利润变动率与产销业务量变动率的比值,用来测算经营杠杆效应程度	
	理论公式	$DOL = \dfrac{\text{息税前利润变动率}}{\text{产销量变动率}} = \dfrac{\Delta EBIT}{EBIT_0} \Big/ \dfrac{\Delta Q}{Q_0}$
	简化公式	$DOL = \dfrac{\text{基期边际贡献}}{\text{基期息税前利润}} = \dfrac{M_0}{M_0 - F_0} = \dfrac{EBIT_0 + F_0}{EBIT_0}$
	经营杠杆与经营风险	(1)经营杠杆本身并不是资产收益不确定的根源,只是资产收益波动的表现 (2)经营杠杆系数越高,表明资产收益等利润波动程度越大,经营风险也就越大
影响因素		(1)企业成本结构中的固定成本比重 (2)息税前利润水平

二、财务杠杆效应

财务杠杆效应见下表。

表5-2-7　财务杠杆效应

含义	财务杠杆是指由于固定性资本成本的存在,而使得企业的普通股收益(或每股收益)变动率大于息税前利润变动率的现象。财务杠杆反映了权益资本收益的波动性,用以评价企业的财务风险 $EPS = [(EBIT - I)(1 - T) - D] \div N$ 式中,EPS为每股收益;I为债务资金利息;D为优先股股利;T为所得税税率;N为普通股股数

		财务杠杆系数（DFL），是每股收益变动率与息税前利润变动率的倍数
财务杠杆效应程度:财务杠杆系数	理论公式	$$DFL=\frac{普通股收益变动率}{息税前利润变动率}=\frac{\dfrac{\Delta EPS}{EPS_0}}{\dfrac{\Delta EBIT}{EBIT_0}}$$
	简化公式	企业不存在优先股股息的情况下：$$DFL=\frac{基期息税前利润}{基期利润总额}=\frac{EBIT_0}{EBIT_0-I_0}$$ 企业存在优先股股息的情况下：$$DFL=\frac{EBIT_0}{EBIT_0-I_0-\dfrac{D_p}{1-T}}$$ 式中，D_p 为优先股股利;T 为所得税税率
	财务杠杆与财务风险	财务杠杆放大了资产收益变化对普通股收益的影响,财务杠杆系数越高,表明普通股收益的波动程度越大,财务风险也就越大。只要有固定性资本成本存在,财务杠杆系数总是大于1
影响因素		(1)企业资本结构中债务资本比重 (2)普通股收益水平 (3)所得税税率水平等

三、总杠杆效应

总杠杆效应见下表。

表 5-2-8　总杠杆效应

含义		总杠杆是指由于固定经营成本和固定资本成本的存在,导致普通股每股收益变动率大于产销业务量的变动率的现象
总杠杆效应程度:总杠杆系数		总杠杆系数（DTL）是经营杠杆系数和财务杠杆系数的乘积,是普通股收益变动率相当于产销量变动率的倍数
	理论公式	$$DTL=DOL\times DFL=\frac{普通股收益变动率}{产销量变动率}=\frac{\dfrac{\Delta EPS}{EPS_0}}{\dfrac{\Delta Q}{Q_0}}$$

总杠杆效应程度:总杠杆系数	简化公式	企业不存在优先股股息的情况下： $$DTL=\frac{基期边际贡献}{基期利润总额}=\frac{基期税后边际贡献}{基期税后利润}=\frac{M_0}{M_0-F_0-I_0}$$ 企业存在优先股股息的情况下： $$DTL=\frac{M_0}{M_0-F_0-I_0-\dfrac{D_P}{1-T}}$$
	总杠杆与公司风险	公司风险包括经营风险和财务风险。总杠杆系数反映了经营杠杆和财务杠杆之间的关系,用以评价企业的整体风险水平
杠杆系数之间关系		(1)在总杠杆系数一定的情况下,经营杠杆系数与财务杠杆系数此消彼长 (2)一般来说,固定资产比较重大的资本密集型企业,经营杠杆系数高,经营风险大,企业筹资主要依靠权益资本,以保持较小的财务杠杆系数和财务风险;变动成本比重较大的劳动密集型企业,经营杠杆系数低,经营风险小,企业筹资主要依靠债务资本,保持较大的财务杠杆系数和财务风险 (3)一般来说,在企业初创阶段,产品市场占有率低,产销业务量小,经营杠杆系数大,此时企业筹资主要依靠权益资本,在较低程度上使用财务杠杆;在企业扩张成熟期,产品市场占有率高,产销业务量大,经营杠杆系数小,此时,企业资本结构中可扩大债务资本比重,在较高程度上使用财务杠杆

核心考点三　资本结构

一、资本结构理论

（一）资本结构的 MM 理论

1. MM 理论的假设前提

（1）经营风险可以用息税前利润的方差来衡量,具有相同经营风险的公司称为风险同类。

（2）投资者等市场参与者对公司未来的收益与风险的预期是相同的。

（3）完善的资本市场,即在股票与债券进行交易的市场中没有交易成本,且个人与机构投资者的借款利率与公司相同。

（4）借债无风险,即公司或个人投资者的所有债务利率均为无风险利率,与债务数量无关。

（5）全部现金流是永续的,即具有"预期不变"的息税前利润,债券也是永续的。

2. 无税 MM 理论

无税 MM 理论有以下两种命题：

1）命题 I

命题 I 的基本观点：无论企业是否有负债，企业的资本结构与企业价值无关，企业加权平均资本成本与其资本结构无关。

命题 I 的表达式：$V_L = \dfrac{EBIT}{r_{WACC}^0} = V_U = \dfrac{EBIT}{r_s^u}$。

式中，V_L 为有负债企业的价值；V_U 为无负债企业的价值；$EBIT$ 为示企业全部资产的预期收益（永续）；r_{WACC}^0 为有负债企业的加权平均资本成本；r_s^u 为既定风险等级的无负债企业的权益资本成本。

命题 I 的相关结论：①有负债企业的价值 V_L ＝无负债企业的价值 V_U；②有负债企业的加权平均资本成本＝经营风险等级相同的无负债企业的权益资本成本，即：$r_{WACC}^0 = r_s^u$。

2）命题 II

命题 II 的基本观点：有负债企业的权益资本成本随着财务杠杆的提高而增加。

命题 II 的表达式：$r_s^L = r_s^u + 风险溢价 = r_s^u + \dfrac{D}{E}(r_s^u - r_d)$。

式中，r_s^L 为有负债企业的权益资本成本；r_s^u 为无负债企业的权益资本成本；D 为有负债企业的债务市场价值；E 为其权益的市场价值；r_d 为税前债务资本成本。

命题 II 的相关结论：①有负债企业的权益资本成本＝无负债企业的权益资本成本+风险溢价；②风险溢价与以市值计算的财务杠杆成正比例。

3. 有税 MM 理论

有税 MM 理论有以下两种命题：

1）命题 I

命题 I 的基本观点：随着企业负债比例提高，企业价值也随之提高，在理论上全部融资来源于负债时，企业价值达到最大。

命题 I 的表达式：$V_L = V_U + T \times D$。

式中，V_L 表示有负债企业的价值，V_U 表示无负债企业的价值；T 为企业所得税税率；D 表示企业的债务数量。债务利息的抵税价值 $T \times D$ 又称为杠杆收益，是企业为支付债务利息从实现的所得税抵扣中获得的所得税支出节省，等于抵税收益的永续年金现金流的现值，即债务金额与所得税税率的乘积（将债务利息率作为贴现率）。

命题 I 的相关结论：有负债企业的价值 V_L ＝具有相同风险等级的无负债企业的价值 V_U+债务利息抵税收益的现值。

2）命题 II

命题 II 的基本观点：有负债企业的权益资本成本随着财务杠杆的提高而增加。

命题 II 的表达式：$r_s^L = r_s^u + 风险报酬 = r_s^u + \dfrac{D}{E}(r_s^u - r_d)(1-T)$。

式中，r_s^L 表示有负债企业的权益资本成本；r_s^U 表示无负债企业的权益资本成本；D 表示有负债企业的债务市场价值；E 表示有负债企业的权益市场价值；r_d 表示不变的税前债务资本成本；T 表示企业所得税税率。风险报酬等于无负债企业股权成本与债务成本之差、负债权益比率及其所得税税后因子 $(1-T)$ 相乘。

命题 II 的相关结论：①有负债企业的权益资本成本＝相同风险等级的无负债企业的权益资本成本＋以市值计算的债务与权益比例成比例的风险报酬；②风险报酬取决于企业的债务比例以及所得税税率。

（二）资本结构的其他理论

1. 权衡理论

权衡理论的观点：强调在平衡债务利息的抵税收益与财务困境成本的基础上，实现企业价值最大化时的最佳资本结构。此时所确定的债务比率是债务抵税收益的边际价值等于增加的财务困境成本的现值。有负债的企业价值是无负债企业价值加上抵税收益的现值，再减去财务困境成本的现值。

权衡理论的表达式：$V_L = V_U + PV(利息抵税) - PV(财务困境成本)$。

式中，V_L 表示有负债企业的价值；V_U 表示无负债企业的价值；PV 表示利息抵税的现值、财务困境成本的现值。

财务困境成本包括直接成本和间接成本。直接成本：企业因破产、进行清算或重组所发生的法律费用和管理费用等。间接成本：企业资信状况恶化以及持续经营能力下降而导致的企业价值损失。

2. 代理理论

代理理论的观点：债务代理成本与收益的权衡。

代理理论的表达式：$V_L = V_U + PV(利息抵税) - PV(财务困境成本) - PV(债务的代理成本) + PV(债务的代理收益)$。

债务的代理成本既可以表现为因过度投资问题使经理和股东受益而发生债权人价值向股东的转移，也可以表现为因投资不足问题而发生股东为避免价值损失而放弃给债权人带来的价值增值。

债务的代理收益将有利于减少企业的价值损失或增加企业价值，具体表现为债权人保护条款引入、对经理提升企业业绩的激励措施以及对经理随意支配现金流浪费企业资源的约束等。

3. 优序融资理论

优序融资理论的基本观点：当企业存在融资需求时，首先选择内源融资，其次会选择债务融资，最后选择股权融资。

企业筹集资本的过程中遵循先内源融资后外源融资的基本顺序。在需要外源融资时，按照风险程度的差异，优先考虑债务融资（先普通债券后可转换债券），不足时再考虑权益融资。

二、资本结构优化

资本结构优化,要求企业权衡负债的低资本成本和高财务风险的关系,确定合理的资本结构。资本结构优化的目标,是降低平均资本成本率或提高企业价值。

(一)每股收益无差别点法

可以用每股收益的变化来判断资本结构是否合理,即能够提高普通股每股收益的资本结构,就是合理的资本结构。

每股收益受到经营利润水平、债务资本成本水平等因素的影响,分析每股收益与资本结构的关系,可以找到每股收益无差别点。所谓每股收益无差别点,是指不同筹资方式下每股收益都相等时的息税前利润和业务量水平

在每股收益无差别点上,无论是采用债务还是股权筹资方案,每股收益都是相等的。计算公式如下:

$$\frac{(\overline{EBIT}-I_1)(1-T)-DP_1}{N_1}=\frac{(\overline{EBIT}-I_2)(1-T)-DP_2}{N_2}$$

式中,$\overline{EBIT}$为息税前利润平衡点,即每股收益无差别点;I_1、I_2为两种筹资方式下的债务利息;DP_1、DP_2为两种筹资方式下的优先股股利;N_1、N_2为两种筹资方式下普通股股数;T为所得税税率。

(二)资本成本比较法

资本成本比较法是通过计算和比较各种可能的筹资组合方案的平均资本成本,选择平均资本成本率最低的方案。即能够降低平均资本成本的资本结构,就是合理的资本结构。

这种方法侧重于从资本投入的角度对筹资方案和资本结构进行优化分析。

(三)公司价值比较法

公司价值比较法,是在考虑市场风险的基础上,以公司市场价值为标准,进行资本结构优化。即能够提升公司价值的资本结构,就是合理的资本结构。

这种方法主要用于对现有资本结构进行调整,适用于资本规模较大的上市公司资本结构优化分析。同时,在公司价值最大的资本结构下,公司的平均资本成本率也是最低的。

公司的市场总价值 V 等于权益资本价值 S 加上债务资金价值 B 再加上优先股的价值 P,其公式如下:

$$V=S+B+P$$

为简化分析,假设公司各期的 $EBIT$ 保持不变,债务资金的市场价值等于其面值,权益资本的市场价值的计算公式如下:

$$S=\frac{(EBIT-I)\times(1-T)-PD}{r_s}$$

且:$r_s=r_{RF}+\beta(r_m-r_{RF})$

此时:$r_{WACC}=r_d(1-T)\times\dfrac{B}{V}+r_s\times\dfrac{S}{V}$

式中,V 表示公司价值,B 表示债务资金价值,S 表示权益资本价值,r_d 表示债务税前资本成本。

第三讲　投资管理

核心考点一　投资项目财务评价指标

一、项目现金流量

（一）现金流量的含义

现金既可以指库存现金、银行存款等货币性资产,也可以指相关非货币性资产(如原材料、设备等)的变现价值。

由一项长期投资方案所引起的在未来一定期间所发生的现金收支,叫作现金流量。现金收入称为现金流入量,现金支出称为现金流出量,现金流入量与现金流出量相抵后的余额,称为现金净流量(NCF)。

（二）现金流量在投资项目分析中的作用

（1）现金流量是投资项目财务可行性分析的主要分析对象,净现值、内含收益率、回收期等财务指标,均是以现金流量为对象进行可行性评价的。

（2）一个投资项目能否顺利进行,不一定取决于有无会计利润,而在于能否带来正现金流量。

（三）投资项目各期间现金流量的计算

1. 投资期

投资阶段的现金流量主要是现金流出量,即在该投资项目上的原始投资,包括的内容:①长期资产上的投资;②垫支的营运资金。

为简化计算,垫支的营运资金在营业期的流入流出过程可忽略不计,只考虑投资期投入与终结期收回对现金流量的影响。

2. 营业期

营业现金净流量(NCF) = 营业收入 - 付现成本 - 所得税
　　　　　　　　 = 税后营业利润 + 非付现成本
　　　　　　　　 = 收入 × (1 - 所得税税率) - 付现成本 × (1 - 所得税税率) +
　　　　　　　　　 非付现成本 × 所得税税率

其中:

（1）税后营业利润 = 息税前利润 × (1 - 所得税税率) = (净利润 + 所得税费用 + 利息费用) × (1 - 所得税税率)。

（2）付现成本 = 总成本 - 非付现成本(如固定资产折旧、无形资产摊销等),通常假设集中发生在经营期每期期末。

（3）假设营业收入都可以形成现金流入，不存在坏账，集中发生在经营期每期期末。

3. 终结期

终结期的现金流量包括固定资产变价净收入、固定资产变现净损益的影响和垫支营运资金的收回。

固定资产变现净损益对现金净流量的影响＝（账面价值－变价净收入）×所得税税率

如果（账面价值－变价净收入）>0，则发生了变现净损失，可以抵税，减少现金流出，增加现金净流量。

如果（账面价值－变价净收入）<0，则实现了变现净收益，应该纳税，增加现金流出，减少现金净流量。

如果变现时，按照税法的规定，折旧已经全部计提，则变现时固定资产账面价值等于税法规定的净残值；如果变现时，按照税法的规定，折旧没有全部计提，则变现时固定资产账面价值等于税法规定的净残值与剩余的未计提折旧之和。

经典例题

甲公司对某投资项目的分析与评价资料如下：该投资项目适用的所得税税率为25%，年税后营业收入为1 000万元，税后经营付现成本为400万元，税后经营净利润为375万元。该项目年营业现金净流量为（　　）万元。

A. 675　　　　　　　　　　　　　B. 775

C. 1 125　　　　　　　　　　　　D. 1 375

【答案】A。解析：税后经营净利润＝税前经营利润×（1－25%），所以，税前经营利润＝税后经营净利润÷（1－25%）＝375÷（1－25%）＝500（万元），而税前经营利润＝税前营业收入－税前经营付现成本－折旧＝1 000÷（1－25%）－400÷（1－25%）－折旧＝800－折旧，所以，折旧＝800－500＝300（万元），营业现金净流量＝税后经营净利润＋折旧＝375＋300＝675（万元），或营业现金净流量＝税后收入－税后经营付现成本＋折旧×税率＝1 000－400＋300×25%＝675（万元）。

二、净现值

（一）净现值的基本原理

一个投资项目，其未来现金净流量现值与原始投资额现值之间的差额，称为净现值（Net Present Value）。净现值的计算公式如下：

净现值（NPV）＝未来现金净流量现值－原始投资额现值

净现值为正，方案可行，说明方案的实际收益率高于所要求的收益率；净现值为负，方案不可行，说明方案的实际收益率低于所要求的收益率；净现值为零时，说明方案的投资收益刚好达到所要求的投资收益，方案也可行。

贴现率的参考标准包括以下内容：

（1）以市场利率为标准。

（2）以投资者希望获得的预期最低投资收益率为标准。

（3）以企业平均资本成本率为标准。

（二）净现值法的优缺点

净现值法的优点：

(1)适用性强,能基本满足项目年限相同的互斥投资方案的决策。

(2)能灵活地考虑投资风险,净现值法在所设定的贴现率中包含投资风险收益率要求,就能有效地考虑投资风险。

净现值法的缺点：

(1)所采用的贴现率不易确定。

(2)不适用于独立投资方案的比较决策。

(3)净现值不能对寿命期不同的互斥投资方案进行直接决策。

三、年金净流量

投资项目的未来现金净流量与原始投资额的差额,构成该项目的现金净流量总额。项目期间内全部现金净流量总额的总现值或总终值折算为等额年金的平均现金净流量,称为年金净流量。

年金净流量的计算公式如下：

年金净流量＝现金净流量总现值÷年金现值系数＝现金净流量总终值÷年金终值系数

年金净流量指标大于零,说明每年平均的现金流入能抵补现金流出,投资项目的净现值(或净终值)大于零,方案的收益率大于所要求的收益率,方案可行。

在两个以上寿命期不同的投资方案比较时,年金净流量越大,方案越好。

年金净流量法是净现值法的辅助方法,在各方案寿命期相同时,实质上就是净现值法。因此它适用于期限不同的投资方案决策。

年金净流量法的缺点:不便于对原始投资额不相等的独立投资方案进行决策。

四、现值指数

现值指数是投资项目的未来现金净流量现值与原始投资额现值之比。

现值指数的计算公式如下：

现值指数＝未来现金净流量现值÷原始投资额现值

若现值指数大于或等于1,方案可行,说明方案实施后的投资收益率高于或等于必要收益率;若现值指数小于1,方案不可行,说明方案实施后的投资收益率低于必要收益率。现值指数越大,方案越好。

现值指数法的特点包括以下内容：

(1)现值指数法也是净现值法的辅助方法,在各方案原始投资额现值相同时,实质上就是净现值法。

(2)由于现值指数是未来现金净流量现值与所需投资额现值之比,是一个相对数指标,反映了投资效率,所以,用现值指数指标来评价独立投资方案,可以克服净现值指标的不便于对原始投资额现值不同的独立投资方案进行比较和评价的缺点,从而对方案的分析评价更加合理、客观。

五、内含收益率

内含收益率是指对投资方案未来的每年现金净流量进行贴现,使所得的现值恰好与原始投资额现值相等,从而使净现值等于零时的贴现率。

在计算方案的净现值时,以必要投资收益率作为贴现率计算,净现值的结果往往是大于零或小于零,这就说明方案实际可能达到的投资收益率大于或小于必要投资收益率;当净现值为零时,说明两种收益率相等。

(一)未来每年现金净流量相等时

当未来每年现金净流量相等时,每年现金净流量是一种年金形式,通过查年金现值系数表,可计算出未来现金净流量现值,并令其净现值为零:

$$未来每年现金净流量×年金现值系数-原始投资额现值=0$$

计算出净现值为零时的年金现值系数后,通过查年金现值系数表,利用插值法即可计算出相应的贴现率 i,该贴现率就是方案的内含收益率。

(二)未来每年现金净流量不相等时

如果投资方案的未来每年现金净流量不相等,各年现金净流量的分布就不是年金形式,不能采用直接查年金现值系数表的方法来计算内含收益率,而需采用逐次测试法。

(三)内含收益率法的优缺点

内含收益率法的优点:

(1)内含收益率反映了投资项目可能达到的收益率,易于被高层决策人员所理解。

(2)对于独立投资方案的比较决策,如果各方案原始投资额现值不同,可以通过计算各方案的内含收益率,反映各独立投资方案的获利水平。

内含收益率法的缺点:

(1)计算复杂,不易直接考虑投资风险大小。

(2)在互斥投资方案决策时,如果各方案的原始投资额现值不相等,有时无法作出正确的决策。某一方案原始投资额低,净现值小,但内含收益率可能较高;而另一方案原始投资额高,净现值大,但内含收益率可能较低。

经典例题

某项目需要在第一年年初投资76万元,寿命期为6年,每年年末产生现金净流量20万元。已知 $(P/A,14\%,6)=3.8887$,$(P/A,15\%,6)=3.7845$。若公司根据内含收益率法认定该项目是有可行性的,则该项目的必要投资收益率不可能为(   )。

　A. 16%　　　　　　　　　　　　　　　　B. 13%

　C. 14%　　　　　　　　　　　　　　　　D. 15%

【答案】AD。解析:项目可行,内含收益率高于必要收益率,令 $-76+20×(P/A,IRR,6)=0$,则 $(P/A,IRR,6)=3.8$,IRR 的取值范围为 14%~15%,所以必要投资收益率小于等于14%。

六、回收期

回收期是指投资项目的未来现金净流量与原始投资额相等时所经历的时间,即原始投资额通过未来现金流量回收所需的时间。

(一)静态投资回收期

静态回收期是指没有考虑货币时间价值,直接用未来现金净流量累计到原始投资数额时所经历的时间。

(1)未来每年现金净流量相等时。这种情况是一种年金形式,静态回收期的计算公式如下:

$$静态回收期=原始投资额÷每年现金净流量$$

(2)未来每年现金净流量不相等时。在这种情况下,应把未来每年的现金净流量逐年加总,根据累计现金流量来确定回收期。

设 M 是收回原始投资额的前一年,静态回收期的计算公式如下:

$$静态回收期=M+\frac{第\,M\,年的尚未收回额}{第(M+1)年的现金净流量}$$

(二)动态投资回收期

动态回收期需要将投资引起的未来现金净流量进行贴现,以未来现金净流量的现值等于原始投资额现值时所经历的时间为动态回收期。

(1)未来每年现金净流量相等时。在这种年金形式下,假定经历几年所取得的未来现金净流量的年金现值系数为 $(P/A,i,n)$,则 $(P/A,i,n)=$ 原始投资额现值÷每年现金净流量。计算出年金现值系数后,通过查年金现值系数表,利用插值法,即可推算出动态回收期 n。

(2)未来每年现金净流量不相等时。在这种情况下,应把每年的现金净流量逐一贴现并加总,根据累计现金流量现值来确定回收期。

设 M 是收回原始投资额现值的前一年,动态回收期的计算公式如下:

$$动态回收期=M+\frac{第\,M\,年的尚未收回额的现值}{第(M+1)年的现金净流量现值}$$

(三)回收期法的优缺点

回收期法的优点:计算简便,易于理解。

回收期法的缺点:

(1)回收期法中静态回收期的不足之处是没有考虑货币的时间价值,也就不能计算出较为准确的投资经济效益。

(2)静态回收期和动态回收期还有一个共同的局限,就是它们计算回收期时只考虑了未来现金净流量(或现值)总和中等于原始投资额(或现值)的部分,没有考虑超过原始投资额(或现值)的部分。

A 企业投资 20 万元购入一台设备，无其他投资，没有建设期，预计使用年限为 20 年，无残值。项目的折现率是 10%，设备投产后预计每年可获得净利润 22 549 元，则该投资的动态投资回收期为（　　）年。

A. 5 　　　　　　　　　　　　　　　B. 3

C. 6 　　　　　　　　　　　　　　　D. 10

【答案】D。解析：年折旧额 $= 20 \div 20 = 1$（万元），经营期内年现金净流量 $= 2.254\ 9 + 1 = 3.254\ 9$（万元），因此有 $3.254\ 9 \times (P/A, 10\%, n) - 20 = 0$，即 $(P/A, 10\%, n) = 20 \div 3.254\ 9 = 6.144\ 6$，查表得 $n = 10$，即动态投资回收期为 10 年。

七、投资决策指标的比较

（一）贴现现金流量指标被广泛应用的原因

（1）非贴现指标忽略了资金的时间价值。

（2）非贴现指标的投资回收期法只能反映投资的回收速度，不能反映净现值的多少。

（3）投资回收期、平均收益率等非贴现指标对使用寿命不同、资金投入的时间和提供收益的时间不同的投资方案缺乏鉴别能力。

（4）平均收益率、平均会计收益率等非贴现指标，由于没有考虑资金的时间价值，实际上是夸大了项目的盈利水平。

（5）在运用投资回收期这一指标时，标准回收期是方案取舍的依据，但标准回收期一般都是以经验或主观判断为基础来确定的，缺乏客观依据。而贴现指标中的净现值和内含收益率等指标实际上都是以企业的资本成本为取舍依据的，任何企业的资本成本都可以通过计算得到，因此，这一取舍标准符合客观实际。

（6）管理人员水平的不断提高和电子计算机的广泛应用有利于贴现指标的使用。

（二）贴现现金流量指标的比较

1. 净现值法与内含收益率法的比较

在多数情况下，运用净现值法和内含收益率法这两种方法得出的结论是相同的。但在如下两种情况下，有时会产生差异：

（1）互斥项目。对于常规的独立项目，净现值法和内含收益率法的结论是完全一致的，但对于互斥项目，有时会不一致。不一致的原因主要有以下两点：①投资规模不同，当互斥项目投资规模不同并且资金能够满足投资规模时，净现值决策规定优先内含收益率规则；②现金流量发生的时间不同，净现值法总是正确的，而内含收益率法有时会导致错误的决策，因而在无资金限量的情况下，净现值是一个较好的方法。

（2）非常规项目。在这种情况下，净现值法与内含收益率法相比较，净现值法是一种较好的方法。

2. 净现值法与现值指数法的比较

最大的净现值符合企业的最大利益。也就是说，净现值越大，企业的收益越大，而现值指数只反映投资回收的程度,而不反映投资回收的多少,在没有资金限制情况下的互斥方案决策中,应选用净现值较大的投资项目。当现值指数法与净现值法得出不同结论时,应以净现值法为准。

核心考点二　项目投资管理

一、独立投资方案的决策

独立投资方案,是指两个或两个以上项目互不依赖,可以同时并存,各方案的决策也是独立的。

独立投资方案之间比较时,以各独立方案的获利程度作为评价标准,一般采用内含收益率法进行比较决策。内含收益率指标综合反映了各方案的获利程度,在各种情况下的决策结论都是正确的。现值指数指标也反映了方案的获利程度,除了期限不同的情况外,其结论也是正确的。净现值指标和年金净流量指标,它们反映的是各方案的获利数额,要结合内含收益率指标进行决策。

二、互斥投资方案的决策

互斥投资方案,方案之间互相排斥,不能并存,因此决策的实质在于选择最优方案,属于选择决策。

选择最优方案,一般采用净现值法和年金净流量法进行选优决策。但由于净现值指标受投资项目寿命期的影响,因而年金净流量法是互斥方案最恰当的决策方法。

项目的寿命期相等时。在互斥投资方案的选优决策中,原始投资额的大小并不影响决策的结论,无须考虑原始投资额的大小。

项目的寿命期不相等时。在两个寿命期不等的互斥投资项目比较时,可采用如下方法:

方法一,共同年限法。因为按照持续经营假设,寿命期短的项目,收回的投资将重新进行投资。针对各项目寿命期不等的情况,可以找出各项目寿命期的最小公倍数,作为共同的有效寿命期。原理为假设投资项目在终止时进行重置,通过重置使两个项目达到相等的年限,然后应用项目寿命期相等时的决策方法进行比较,即比较两者的净现值大小。

方法二,年金净流量法。用该方案的净现值除以对应的年金现值系数,当两项目资本成本相同时,优先选取年金净流量较大者;当两项目资本成本不同时,还需进一步计算永续净现值,即用年金净流量除以各自对应的资本成本。

互斥投资方案的选优决策中:①年金净流量全面反映了各方案的获利数额,是最佳的决策指标;②净现值指标在寿命期不同的情况下,需要按各方案最小公倍数期限调整计算,在其余情况下的决策结论也是正确的。因此,在互斥方案决策的方法选择上,项目寿命期相同时可采用净现值法,项目寿命期不同时主要采用年金净流量法。

核心考点三　证券投资管理

一、证券投资的含义、特点及目的

（一）证券资产的含义与特点

证券资产是企业进行金融投资所形成的资产。证券投资的对象是金融资产,金融资产是一种以凭证、票据或合同合约形式存在的权利性资产,如股票、债券及其衍生证券等。

证券资产的特点包括以下内容:

(1)价值虚拟性。证券资产不能脱离实体资产而完全独立存在,证券资产的价值取决于契约性权利所能带来的未来现金流量,是一种未来现金流量折现的资本化价值。

(2)可分割性。证券资产投资的现金流量往往由原始投资、未来收益或资本利得、本金回收所构成。

(3)持有目的多元性。证券资产的持有目的是多元的,如为未来变现而持有、为谋取资本利得而持有、为取得控制权而持有。

(4)强流动性。证券资产的流动性表现为以下两点:①变现能力强;②持有目的可以相互转换。

(5)高风险性。证券资产是一种虚拟资产,受公司风险和市场风险的双重影响。

（二）证券投资的目的

(1)分散资金投向,降低投资风险。

(2)利用闲置资金,增加企业收益。

(3)稳定客户关系,保障生产经营。

(4)提高资产流动性,增强偿债能力。

二、债券投资

（一）债券要素

债券要素包括债券面值、债券票面利率和债券到期日。

1. 债券面值

债券面值包括票面币种和票面金额。

债券票面金额对债券的发行成本、发行数量和持有者的分布具有影响:①票面金额小,有利于小额投资者购买,从而有利于债券发行,但发行费用可能增加;②票面金额大,会降低发行成本,但可能不利于债券发行。

2. 债券票面利率

票面利率是指债券发行者预计一年内向持有者支付的利息占票面金额的比率。票面利率不同于实际利率,实际利率是指按复利计算的一年期的利率。债券的计息和付息方式有多种,可能使用单利或复利计算,利息支付可能半年一次,一年一次或到期一次还本付息,这使得票面利率可能与实际利率发生差异。

3. 债券到期日

债券到期日,是指偿还债券本金的日期,债券一般都有规定到期日,以便到期时归还本金。

(二)债券价值

未来收取的利息和收回的本金的现值称为债券的内在价值或债券的理论价格。

债券价值的估价模型的计算公式如下:

$$V_b = \sum_{t=1}^{n} \frac{I_t}{(1+R)^t} + \frac{M}{(1+R)^n}$$

式中,V_b 表示债券的价值;I_t 表示债券各期的利息;M 表示债券的面值;R 表示债券价值评估时所采用的贴现率即所期望的最低投资收益率。

从债券价值基本计量模型中可以看出,债券面值、债券期限、票面利率、市场利率是影响债券价值的基本因素。

债券价值的决策标准:只有债券的价值大于其购买价格,该债券才值得投资。

(三)债券收益的来源

债券投资的收益是投资于债券所获得的全部投资收益,这些投资收益来源于三个方面:

(1)名义利息收益。债券各期的名义利息收益是其面值与票面利率的乘积。

(2)利息再投资收益。债券投资评价时,有两个重要的假定:①债券本金是到期收回的,而债券利息是分期收取的;②将分期收到的利息重新投资于同一项目,并取得与本金同等的利息收益率。

(3)价差收益。价差收益指债券尚未到期时投资者中途转让债券,在卖价和买价之间的价差上所获得的收益,也称为资本利得收益。

三、股票投资

(一)股票的价值

股票的价值或内在价值是指投资于股票预期获得的未来现金流量的现值。股票是一种权利凭证,它之所以有价值,是因为它能给持有者带来未来的收益,这种未来的收益包括各期获得的股利、转让股票获得的价差收益、股份公司的清算收益等。

(二)股票估价模型

股票估价基本模型如下:

$$V_s = \sum_{t=1}^{\infty} \frac{D_t}{(1+R_s)^t}$$

式中,D_t 为未来各期股利(t 为期数),R_s 为所期望的最低收益率。

股票价值的重要影响因素包括持有期限、股利、贴现率。

股票估价模式包括固定增长模式、零增长模式和阶段性增长模式。

1. 固定增长模式

根据股票估价的基本模型,股票价值 V_s 的计算公式如下:

$$V_s = \sum_{t=1}^{\infty} \frac{D_0(1+g)^t}{(1+R_s)^t}$$

因为 g 是一个固定的常数,当 R_s 大于 g 时,上式的简化计算:

$$V_s = \frac{D_0 \times (1+g)}{R_s - g}$$

2. 零增长模式

如果公司未来各期发放的股利都相等,并且投资者准备永久持有,那么这种股票与优先股类似。或者说,当固定增长模式中 $g=0$ 时:

$$V_s = \frac{D_0}{R_s}$$

3. 阶段性增长模式

对于阶段性增长的股票,需要分段计算,才能确定股票的价值。

股票价值的决策原则:当股票的价值大于或等于股票市场价格(或发行价格)时,该股票值得投资。

经典例题

ABC 公司股票为固定增长股票,年增长率为 3%,预期一年后的股利为每股 2 元,现行国库券的收益率为 5%,平均风险股票的风险价格为 6%,该股票的贝塔系数为 1.5,则该股票每股价值为(　　)元。

A. 18.18

B. 18.73

C. 57.14

D. 58.86

【答案】A。解析:投资人要求的必要收益率 $= 5\% + 1.5 \times 6\% = 14\%$,股票价值 $= D_1 \div (R_s - g) = 2 \div (14\% - 3\%) = 18.18$(元)。

四、基金投资

(一)投资基金的概念

投资基金是一种集合投资方式,投资者通过购买基金份额,将众多资金集中起来,由专业的投资者即基金管理人进行管理,通过投资组合的方式进行投资,实现利益共享、风险共担。

投资基金按照投资对象的不同可以分为证券投资基金和另类投资基金。证券投资基金主要投资于证券交易所或银行间市场上公开交易的有价证券,如股票、债券等;另类投资基金包括私募股权基金、风险投资基金、对冲基金以及投资于实物资产如房地产、大宗商品、基础设施等的基金。

(二)证券投资基金业绩评价

证券投资基金进行业绩评价时需要考虑的因素有投资目标与范围、风险水平、基金规模和时间区间。

投资者在考虑上述业绩评价因素的基础上,可以运用以下系统的基金业绩评估指标对基金业绩进行评估。

1. 绝对收益

基金绝对收益指标不关注与业绩基准之间的差异,测量的是证券或投资组合的增值或贬值,在一定时期内获得的回报情况,一般用百分比形式的收益率衡量。绝对收益的计算涉及如下指标。

(1)持有期间收益率。

$$持有期间收益率 = \frac{期末资产价格 - 期初资产价格 + 持有期间红利收入}{期初资产价格} \times 100\%$$

(2)现金流和时间加权收益率。

该方法将收益率计算区间划分为若干个子区间,每个子区间以现金流发生时间划分,以各个子区间收益率为基础计算整个期间的绝对收益水平。

(3)平均收益率。

基金的平均收益率根据计算方法不同可分为算术平均收益率和几何平均收益率。其中算术平均收益率即计算各期收益率的算术平均值。算术平均收益率(R_A)的计算公式如下:

$$R_A = \frac{\sum_{t=1}^{n} R_t}{n} \times 100\%$$

式中,R_t 表示 t 期收益率;n 表示期数。

几何平均收益率(R_G)的计算公式如下:

$$R_G = \left[\sqrt[n]{\prod_{i=1}^{n} (1+R_i)} - 1 \right] \times 100\%$$

式中,R_i 表示 i 期收益率;n 表示期数。

几何平均收益率相比算术平均收益率考虑了货币时间价值。一般来说,收益率波动越明显,算术平均收益率相比几何平均收益率越大。

2. 相对收益

基金的相对收益,是基金相对于一定业绩比较基准的收益。根据基金投资的目标选取对应的行业或市场指数,例如沪深 300 指数、上证 50 指数等,以此指数成分股股票收益率作为业绩比较基准,求解相对收益。

核心考点四　企业价值评估

一、企业价值评估的目的和对象

企业价值评估简称企业估值,目的是分析和衡量一个企业或一个经营单位的公平市场价值,并提供有关信息以帮助投资人和管理当局改善决策。价值评估的一般对象是企业整体的经济价值。企业整体的经济价值是指企业作为一个整体的公平市场价值。企业价值评估的两种常用方法为现金流量折现模型和相对价值评估模型。

二、现金流量折现模型

（一）现金流量折现模型的参数

$$价值 = \sum_{t=1}^{n} \frac{现金流量_t}{(1+资本成本)^t}$$

该模型有三个参数:现金流量、资本成本和时间序列(n)。

（二）现金流量折现模型的种类

现金流量折现模型的种类见下表。

表 5-2-9　现金流量折现模型的种类

种类	计算公式	现金流量
股利现金流量模型	$股权价值 = \sum_{t=1}^{\infty} \frac{股利现金流量_t}{(1+股权资本成本)^t}$	企业分配给股权投资人的现金流量
股权现金流量模型	$股权价值 = \sum_{t=1}^{\infty} \frac{股权现金流量_t}{(1+股权资本成本)^t}$	一定期间企业可以提供给股权投资人的现金流量 股权现金流量 = 实体现金流量 - 债务现金流量
实体现金流量模型	$实体价值 = \sum_{t=1}^{\infty} \frac{实体自由现金流量_t}{(1+加权平均资本成本)^t}$ $股权价值 = 实体价值 - 净债务价值$ $净债务价值 = \sum_{t=1}^{\infty} \frac{偿还债务现金流量_t}{(1+等风险债务成本)^t}$	企业全部现金流入扣除成本费用和必要的投资后的剩余部分,是企业一定期间可以提供给所有投资人的税后现金流量

（三）现金流量折现模型参数的估计

1. 预测销售收入

对销售收入的增长率进行预测,根据基期销售收入和预计增长率计算预测期的销售收入。

2. 资本成本

股权现金流量只能用股权资本成本来折现,实体现金流量只能用企业的加权平均资本成本来折现。

3. 预测期间的确定

预测的时间范围涉及预测基期、详细预测期和后续期。

（1）预测基期是指作为预测基础的时期,它通常是预测工作的上一个年度。基期的各项数据被称为基数,它们是预测的起点。确定基期数据的方法有两种:一种是以上年实际数据作为基期数据;另一种是以修正后的上年数据作为基期数据。

（2）详细预测期和后续期的划分:①详细预测期（预测期），在此期间，需要对每年的现金流量进行详细预测，并根据现金流量折现模型计算其预测期价值;②后续期（永续期），在此期间，假设企业进入稳定状态，有一个稳定的增长率，可以用简便的方法直接估计后续期价值。

（四）详细预测期各年现金流量的确定

详细预测期各年现金流量的确定见下表。

表5-2-10　详细预测期的各年现金流的确定

从实体现金流量的去向分析	实体现金流量=股权现金流量+债务现金流量 债务现金流量=税后利息费用−净负债增加
从实体现金流量的来源分析	实体现金流量=税后经营净利润+折旧摊销−经营营运资本增加−资本支出
净投资扣除法	实体现金流量=税后经营净利润−实体净投资 股权现金流量=净利润−股权净投资 债务现金流量=税后利息费用−债务净投资

（五）后续期价值的确定

永续增长模型下后续期价值:

$$后续期价值=\frac{现金流量_n}{资本成本-现金流量增长率}\times(P/F,i,n-1)$$

在稳定状态下,实体现金流量增长率=股权现金流量增长率=营业收入增长率。

三、相对价值评估模型

（一）相对价值评估模型的基本原理

相对价值法是将目标企业与可比企业对比,用可比企业的价值衡量目标企业的价值。如果可比企业的价值被高估了,则目标企业的价值也会被高估。实际上,所得结论是相对于可比企业来说的,以可比企业价值为基准,是一种相对价值,而非目标企业的内在价值。

（二）相对价值评估模型的种类

相对价值评估模型的种类见下表。

表5-2-11　相对价值评估模型的种类

市盈率模型 （每股市价/ 每股收益）	公式	目标企业每股价值=可比企业市盈率×目标企业每股收益
	优点	（1）数据容易取得,计算简单 （2）直观地反映投入与产出的关系 （3）市盈率涵盖了风险、增长率、股利支付率的影响,具有很高的综合性
	缺点	如果收益为0或负值,市盈率就失去意义
	适用范围	连续盈利的企业

市净率模型 （每股市价/ 每股净资产）	公式	目标企业每股价值=可比企业市净率×目标企业每股净资产
	优点	（1）市净率极少为负值，可用于大多数企业 （2）净资产账面价值的数据容易取得，且容易理解 （3）净资产账面价值比净利稳定 （4）如果会计标准合理并且各企业会计政策一致，市净率的变化可以反映企业价值的变化
	缺点	（1）账面价值受会计政策选择的影响，如果各企业执行不同的会计标准或会计政策，市净率会失去可比性 （2）固定资产很少的服务性企业和高科技企业，净资产与企业价值的关系不大，其市净率的比较意义不大 （3）少数企业的净资产是0或负值，市净率没有意义，无法用于比较
	适用范围	需要拥有大量资产、净资产为正值的企业
市销率模型 （每股市价/ 每股营业收入）	公式	目标企业每股价值=可比企业市销率×目标企业每股营业收入
	优点	（1）不会出现负值，对于亏损企业和资不抵债的企业也适用 （2）比较稳定、可靠，不容易被操纵 （3）市销率对价格政策和企业战略变化敏感，可以反映这种变化的后果
	缺点	不能反映成本的变化
	适用范围	销售成本率较低的服务类企业，或者销售成本率趋同的传统行业的企业

（三）不同模型的驱动因素

不同模型的驱动因素见下表。

表5-2-12　不同模型的驱动因素

市盈率模型的驱动因素	增长潜力、股利支付率、风险，其中关键因素是增长潜力 $$本期市盈率=\frac{股利支付率×(1+增长率)}{股权成本-增长率}$$ $$内在市盈率（预期市盈率）=\frac{股利支付率}{股权成本-增长率}$$
市净率模型的驱动因素	权益净利率、股利支付率、增长潜力和风险，其中关键因素是权益净利率 $$本期市净率=\frac{权益净利率×股利支付率×(1+增长率)}{股权成本-增长率}$$ $$内在市净率（预期市净率）=\frac{权益净利率×股利支付率}{股权成本-增长率}$$

市销率模型的驱动因素	营业净利率、股利支付率、增长潜力和风险，其中关键因素是营业净利率 $$本期市销率=\frac{营业净利率×股利支付率×(1+增长率)}{股权成本-增长率}$$ $$内在市销率(预期市销率)=\frac{营业净利率×股利支付率}{股权成本-增长率}$$

第四讲　营运资本管理

核心考点一　现金管理

一、持有现金的动机

持有现金是出于三种需求：交易性需求、预防性需求和投机性需求，具体见下表。

表 5-2-13　持有现金的动机

动机	内容
交易性需求	是企业为了维持日常周转及正常商业活动所需持有的现金额
预防性需求	是指企业需要持有一定量的现金，以应付突发事件。确定预防性需求的现金数额时，需要考虑下列因素：①企业愿冒现金短缺风险的程度；②企业预测现金收支可靠的程度；③企业临时融资的能力
投机性需求	是企业需要持有一定量的现金以抓住突然出现的获利机会
企业的现金持有量一般小于三种需求下的现金持有量之和，因为为某一需求持有的现金可以用于满足其他需求	

二、目标现金余额的确定

1. 成本模型

成本模型的基本原理是指持有现金是有成本的，最优的现金持有量是使得现金持有成本最小化的持有量。

成本模型考虑的现金持有总成本见下表。

表 5-2-14　成本模型考虑的现金持有总成本

类型	内容
机会成本	企业因持有一定现金余额丧失的再投资收益。现金持有量越大，机会成本越大，反之就越少
管理成本	企业因持有一定数量的现金而发生的管理费用，一般认为是固定成本，在一定范围内和现金持有量之间没有明显的比例关系

类型	内容
短缺成本	在现金持有量不足,又无法及时通过有价证券变现加以补充所给企业造成的损失,包括直接损失与间接损失。短缺成本随现金持有量的增加而下降,随现金持有量的减少而上升,即与现金持有量负相关

成本模型的计算公式如下:

最佳现金持有量的现金相关成本=min(管理成本+机会成本+短缺成本)

成本模型的决策原则:机会成本、管理成本和短缺成本所组成的总成本最低时的现金持有量,作为最佳现金持有量。

2. 存货模型

存货模型的基本原理是企业平时持有较多的现金,会降低现金的短缺成本,但也会增加现金占用的机会成本;平时持有较少的现金,会增加现金的短缺成本,却能减少现金占用的机会成本,最佳现金持有量是使机会成本与交易成本相等时的持有量。

存货模型的成本类型见下表。

表5-2-15　存货模型的成本类型

类型	内容
交易成本	是指有价证券转回现金所付出的代价(如支付手续费用)。现金的交易成本与现金转换次数、每次的转换量有关 假定现金每次的交易成本是固定的,在企业一定时期现金使用量确定的前提下,每次以有价证券转换回现金的金额越大,企业平时持有的现金量便越高,转换的次数便越少,现金的交易成本就越低
机会成本	是指企业因持有一定现金余额丧失的再投资收益。它与现金持有量的多少密切相关,即现金持有量越大,机会成本越大,反之就越小

存货模型的相关计算公式如下:

$$交易成本=(T \div C) \times F$$

$$机会成本=(C \div 2) \times K$$

$$相关总成本=机会成本+交易成本=(C \div 2) \times K+(T \div C) \times F$$

$$最佳现金持有量(C^*)=\sqrt{(2T \times F) \div K}$$

式中,T表示一定期间内的现金需求量;F表示每次出售有价证券以补充现金所需的交易成本;K表示持有现金的机会成本率。

3. 随机模型

随机模型的基本原理是对现金持有量确定一个控制区域,定出上限和下限。当企业现金余额在上限和下限之间波动时,表明企业现金持有量处于合理水平,无须进行调整;当现金余额达到上限时,则将部分现金转换为有价证券;当现金余额下降到下限时,则卖出部分证券。

（1）最低控制线 L。

最低控制线 L 取决于模型之外的因素，其数额是由现金管理部经理在综合考虑短缺现金的风险程度、企业借款能力、企业日常周转所需资金、银行要求的补偿性余额等因素的基础上确定的。

（2）回归线 R。

回归线 R 的公式如下：

$$R = \sqrt[3]{\frac{3b\delta^2}{4i}} + L$$

式中，b 是证券转换为现金或现金转换为证券的成本；δ 是企业每日现金流量变动的标准差；i 是以日为基础计算的现金机会成本。

（3）最高控制线 H。

最高控制线 H 的计算公式如下：

$$H = 3R - 2L$$

随机模型适用于所有企业现金最佳持有量的测算。由于随机模型建立在企业的现金未来需求总量和收支不可预测的前提下，所以计算出来的现金持有量比较保守。

核心考点二　应收账款管理

一、应收账款的功能

1. 增加销售功能

相关计算公式如下：

$$增加的收益 = 增加的销售量 \times 单位边际贡献$$

2. 减少存货功能

当产成品存货较多时，企业一般会采用优惠的信用条件进行赊销，将存货转化为应收账款，减少产成品存货，存货的资金占用成本、仓储与管理费用等会相应减少，从而提高企业收益。

二、应收账款的成本

1. 机会成本

机会成本是因投放于应收账款而放弃其他投资所带来的收益。也就是应收账款占用资金的应计利息。

机会成本的计算公式如下（一年按 360 天计算）：

$$应收账款平均余额 = 日销售额 \times 平均收现期$$
$$应收账款占用资金 = 应收账款平均余额 \times 变动成本率$$
$$应收账款占用资金的应计利息 = 应收账款占用资金 \times 资本成本$$

$$=应收账款平均余额×变动成本率×资本成本$$
$$=日销售额×平均收现期×变动成本率×资本成本$$
$$=全年销售额÷360×平均收现期×变动成本率×资本成本$$
$$=（全年销售额×变动成本率）÷360×平均收现期×资本成本$$
$$=全年变动成本÷360×平均收现期×资本成本$$

式中的平均收现期指的是各种收现期的加权平均数。

2. 管理成本

管理成本主要是指在进行应收账款管理时,所增加的费用。管理成本包括调查顾客信用状况的费用、收集各种信息的费用、账簿的记录费用、收账费用、数据处理成本、相关管理人员成本和从第三方购买信用信息的成本。

3. 坏账成本

坏账成本是指无法收回应收账款而发生损失,与应收账款发生的数量成正比。

坏账成本的计算公式如下:

$$应收账款的坏账成本=赊销额×预计坏账损失率$$

核心考点三　存货管理

一、存货的成本

1. 取得成本

取得成本指为取得某种存货而支出的成本,通常用 TC_a 来表示,分为订货成本和购置成本。

（1）订货成本。订货成本指取得订单的成本,如办公费、差旅费、邮资、电话费、运输费等支出。

订货成本的计算公式如下:

$$订货成本=F_1+\frac{D}{Q}K$$

式中,F_1 为固定的订货成本,与订货次数无关;D 为存货年需要量;Q 为每次进货量;K 为每次订货的变动成本。

（2）购置成本。购置成本指为购买存货本身所支出的成本,即存货本身的价值,经常用数量与单价的乘积来确定。

购置成本的计算公式如下:

$$购置成本=DU$$

式中,U 为单价。

（3）取得成本。

取得成本的计算公式如下：

取得成本=订货成本+购置成本=订货固定成本+订货变动成本+购置成本

$$TC_a = F_1 + \frac{D}{Q}K + DU$$

2. 储存成本

储存成本指为保持存货而发生的成本，通常用 TC_c 来表示，分为固定成本和变动成本。

固定储存成本与存货数量的多少无关，如仓库折旧、仓库职工的固定工资等。

变动储存成本与存货的数量有关，如存货资金的应计利息、存货的破损和变质损失、存货的保险费用等。

储存成本的计算公式如下：

储存成本=固定储存成本+变动储存成本

$$TC_c = F_2 + K_c \frac{Q}{2}$$

式中，F_2 为固定储存成本；K_c 为单位变动储存成本。

3. 缺货成本

缺货成本指由于存货供应中断而造成的损失，用 TC_s 表示。

缺货成本包括以下几项：

（1）材料供应中断造成的停工损失。

（2）拖欠发货损失、丧失销售机会的损失、造成的商誉损失等。

（3）紧急额外购入成本。

储备存货的总成本：

$$TC = TC_a + TC_c + TC_s = F_1 + \frac{D}{Q}K + DU + F_2 + K_c \frac{Q}{2} + TC_s$$

企业存货的最优化，就是使企业存货总成本即上式 TC 值最小。

二、最优存货量的确定

1. 经济订货基本模型

经济订货基本模型是建立在一系列严格假设基础上的。这些假设包括以下几项：

（1）存货总需求量是已知常数。

（2）不存在订货提前期，即可以随时补充存货。

（3）货物是一次性入库。

（4）单位货物成本为常数，无批量折扣。

（5）库存储存成本与库存水平呈线性关系。

（6）货物是一种独立需求的物品，不受其他货物影响。

（7）不允许缺货，即无缺货成本，TC_s 为零。

经济订货基本模型的计算公式如下：

$$EOQ = \sqrt{\frac{2KD}{K_c}}$$

与批量相关的存货总成本＝变动订货成本＋变动储存成本＝$\dfrac{D}{Q}K + K_c\dfrac{Q}{2}$

$$TC(EOQ) = \sqrt{2KDK_c}$$

最佳订货次数 $N = \dfrac{D}{EOQ}$

最佳订货周期(年)＝1÷每年最佳订货次数

2. 经济订货基本模型的扩展

（1）再订货点。

再订货点是指在提前订货的情况下，为确保存货用完时订货刚好到达，企业再次发出订单时应保持的存货库存量，它的数量等于平均交换时间和每日平均需用量的乘积。

再订货点的计算公式如下：

再订货点(R)＝平均交货时间(L)×每日平均需用量(d)

订货提前期对经济批量并无影响，每次货量、订货次数、订货间隔时间与瞬时补充相同。

（2）存货陆续供应和使用模型。

假设每批订货数为 Q，每日送货量为 p，假设存货需用量为 D，每日耗用量为 d，每次订货费用为 K，单位变动储存成本为 K_c。

存货陆续供应和使用模型的相关公式如下：

送货期＝$Q÷p$＝每批订货数÷每日送货量

送货期耗用量＝$Q÷p×d$＝送货期×每日耗用量

送货期内平均库存量＝$\dfrac{1}{2}×(Q-Q÷p×d)$

在订货成本与储存变动成本相等时，存货陆续供应和使用的经济订货量如下：

$$EOQ = \sqrt{\frac{2KD}{K_c}×\frac{p}{p-d}}$$

存货陆续供应和使用的经济订货量相关总成本如下：

$$TC(EOQ) = \sqrt{2KDK_c×(1-\frac{d}{p})}$$

（3）保险储备。

考虑保险储备的再订货点的计算公式如下：

再订货点＝预计交货期内的需求＋保险储备

保险储备的决定因素是存货中断的概率和存货中断的损失。

保险储备的特点是较高的保险储备可以降低缺货损失、增加存货储存成本。

保险储备的决策原则是使缺货损失和保险储备的持有成本之和达到最低。与保险储备有关的总成本计算公式如下：

$$保险储备有关的总成本=缺货成本+保险储备成本$$
$$缺货成本=单位缺货成本×一次订货平均缺货量×年订货次数$$
$$一次订货平均缺货量=\sum（订货一次可能的缺货数量×缺货概率）$$
$$保险储备成本=保险储备量×单位存货储存成本$$

核心考点四　流动负债管理

一、短期借款

短期借款是指企业向银行或其他金融机构借入的期限在 1 年（含 1 年）以下的各种借款。

短期借款的成本主要包括利息、手续费等。短期借款成本的高低主要取决于贷款利率的高低和利息的支付方式。

短期借款利息的支付方式有收款法、贴现法和加息法。

（1）收款法。收款法是在借款到期时向银行支付利息的方法；采用收款法时，短期贷款的实际利率就是名义利率。

（2）贴现法。贴现法又称折价法，即银行向企业发放贷款时，先从本金中扣除利息，而到期时借款企业再偿还全部贷款本金。采用这种方法，贷款的实际利率要高于名义利率。

（3）加息法。加息法是银行发放分期等额偿还贷款时采用的利息收取方法。在分期等额偿还贷款情况下，银行将根据名义利率计算的利息加到贷款本金上，计算出贷款的本息和，要求企业在贷款期内分期偿还本息之和。由于贷款本金分期均衡偿还，借款企业实际上只平均使用了贷款本金的一半，却支付了全额利息。这样企业所负担的实际利率便要高于名义利率大约 1 倍。

二、短期融资券

短期融资券是由企业依法发行的无担保短期本票。

1. 短期融资券的分类

（1）按发行人分类，短期融资券可分为金融企业的融资券和非金融企业的融资券。在我国，目前发行和交易的是非金融企业的融资券。

（2）按发行方式分类，短期融资券可分为经纪人承销的融资券和直接销售的融资券。

2. 短期融资券的特点

（1）筹资成本较低。

（2）筹资数额比较大。

（3）条件比较严格。

三、商业信用

商业信用是指企业在商品或劳务交易中,以延期付款或预收货款方式进行购销活动而形成的借贷关系,是企业之间的直接信用行为。

放弃现金折扣的信用成本的公式如下:

$$放弃折扣的信用成本率 = \frac{折扣百分比}{1-折扣百分比} \times \frac{360}{付款期(信用期)-折扣期}$$

公式表明,放弃现金折扣的信用成本率与折扣百分比大小、折扣期长短和付款期长短有关系,与货款额和折扣额没有关系。

放弃现金折扣的信用决策。如果企业将应付账款额用于短期投资,所获得的投资报酬率高于放弃折扣的信用成本率,则应当放弃现金折扣。

第五讲　成本管理

核心考点一　本量利分析

一、本量利分析概述

(一)本量利分析的含义

本量利分析是在成本性态分析和变动成本计算模式的基础上,通过研究企业在一定期间内的成本、业务量和利润三者之间的内在联系,揭示变量之间的内在规律性,为企业预测、决策、规划和业绩考评提供必要的财务信息的一种定量分析方法。

(二)基本假设

(1)总成本由固定成本和变动成本两部分组成。

(2)销售收入与业务量呈完全线性关系。

(3)产销平衡。

(4)产品产销结构稳定。

(三)基本关系式

利润=销售收入-总成本=销售收入-(变动成本+固定成本)

利润=销售量×单价-销售量×单位变动成本-固定成本

利润=销售量×(单价-单位变动成本)-固定成本

(四)边际贡献

边际贡献,又称为边际利润、贡献毛益等,是指产品的销售收入减去变动成本后的余额。边际贡献的计算公式如下:

边际贡献总额=销售收入-变动成本=销售量×单位边际贡献=销售收入×边际贡献率

单位边际贡献=单价-单位变动成本=单价×边际贡献率

$$边际贡献率=边际贡献总额÷销售收入=单位边际贡献÷单价$$
$$边际贡献率=1-变动成本率$$
$$变动成本率=变动成本总额÷销售收入=单位变动成本÷单价$$

二、单一产品本量利分析

（一）盈亏平衡分析

盈亏平衡分析又称保本分析，是研究当企业恰好处于盈亏平衡状态时本量利关系的一种定量分析方法，是本量利分析的核心内容，具体内容见下表。

表5-2-16　盈亏平衡分析

盈亏平衡点	概念	盈亏平衡点又称保本点，是指企业达到盈亏平衡状态的业务量或销售额，即企业一定时期的总收入等于总成本、利润为零时的业务量或销售额
	两种表现形式	（1）以实物量来表现，称为盈亏平衡点的业务量 盈亏平衡点的业务量=固定成本÷（单价-单位变动成本）=固定成本÷单位边际贡献 （2）以货币单位表示，称为盈亏平衡点的销售额 盈亏平衡点的销售额=盈亏平衡点的业务量×单价=$\dfrac{固定成本}{1-变动成本率}$=$\dfrac{固定成本}{边际贡献率}$
	盈亏平衡分析的主要作用	使企业管理者在经营活动发生之前，对该项经营活动的盈亏临界情况做到心中有数
	降低盈亏平衡点的途径	①降低固定成本总额；②降低单位变动成本；③提高销售单价
盈亏平衡作业率	含义	（1）盈亏平衡作业率是指盈亏平衡点销售量（额）占正常经营情况下的销售量（额）的百分比 （2）该指标也可以提供企业在盈亏平衡状态下对生产能力利用程度的要求
	计算公式	盈亏平衡作业率=盈亏平衡点销售量÷正常经营销售量×100%=盈亏平衡点销售额÷正常经营销售额×100%

（二）安全边际分析

安全边际分析见下表。

表5-2-17　安全边际分析

安全边际	概念	安全边际是指企业实际（或预计）销售量与盈亏平衡销售量之间的差额，或实际（或预计）销售额与盈亏平衡销售额之间的差额。它表明销售量、销售额下降多少，企业仍不至于亏损
	表现形式	一种是绝对数，即安全边际量（额） 安全边际量=实际或预计销售量-盈亏平衡点销售量 安全边际额=实际或预计销售额-盈亏平衡点销售额=安全边际量×单价

安全边际	表现形式	另一种是相对数,即安全边际率 安全边际率=安全边际量÷实际或预计销售量×100% =安全边际额÷实际或预计销售额×100%
	含义	一般来讲,安全边际体现了企业在生产经营中的风险程度大小。由于盈亏平衡点是下限,所以,目标销售量(或销售额)或实际销售量(或销售额)与盈亏平衡点销售量(或销售额)差距越大,安全边际或安全边际率越大,反映出经营风险越小;反之则相反。通常采用安全边际率这一指标来评价企业经营是否安全
盈亏平衡作业与安全边际的关系		(1)盈亏平衡点把正常销售量分为两部分:一部分是盈亏平衡销售量;另一部分是安全边际量。即:盈亏平衡销售量+安全边际量=正常销售量 上述公式两端同时除以正常销售量,便得到: <div align="center">盈亏平衡作业率+安全边际率=1</div>(2)只有安全边际才能为企业提供利润,而盈亏平衡销售额扣除变动成本后只为企业收回固定成本。安全边际销售额减去其自身变动成本后成为企业利润,即安全边际中的边际贡献等于企业利润。这个结论可以通过下式推出: 利润=边际贡献−固定成本=销售收入×边际贡献率−盈亏平衡销售额×边际贡献率=安全边际额×边际贡献率 若将上式两端同时除以销售收入,便得到: <div align="center">销售利润率=安全边际率×边际贡献率</div>从关系式可以看出,要提高企业的销售利润率水平主要有以下两种途径:①扩大现有销售水平,提高安全边际率;②降低变动成本水平,提高边际贡献率

三、目标利润分析

（一）目标利润分析相关计算公式

目标利润=（单价−单位变动成本）×销售量−固定成本

目标利润销售量=（固定成本+目标利润）÷单位边际贡献

目标利润销售额=（固定成本+目标利润）÷边际贡献率=目标利润销售量×单价

（二）实现目标利润的措施

目标利润是本量利分析的核心要素,它既是企业经营的动力和目标,也是本量利分析的中心。

通常情况下企业要实现目标利润,在其他因素不变时,销售数量或销售价格应当提高,而固定成本或单位变动成本则应下降。

四、利润敏感性分析

（一）利润敏感性分析的概念

敏感性分析,就是研究本量利分析中影响利润的诸因素发生微小变化时,对利润的影响方向和影响程度。

有些因素虽然只发生了较小的变动,却导致利润很大的变动,利润对这些因素的变化十分敏感,称这些因素为敏感因素。

有些因素虽然变动幅度很大,却有可能只对利润产生较小的影响,称之为不敏感因素。

反映各因素对利润敏感程度的指标为利润的敏感系数,其计算公式如下:

$$敏感系数=利润变动百分比÷因素变动百分比$$

(二)目标利润变化时允许各因素的升降幅度

对各因素允许升降幅度的分析,实质上是各因素对利润影响程度分析的反向推算,在计算上表现为敏感系数的倒数。例如,已知销售量的敏感系数为1.5,如果企业要求目标利润上升15%,则销售量需要上升10%。

核心考点二　标准成本分析

一、标准成本的制定

标准成本的制定见下表。

表5-2-18　标准成本的制定

标准成本构成		标准成本包括用量标准和价格标准两部分
产品成本构成		直接材料、直接人工和制造费用
单位产品的标准成本		单位产品的标准成本=直接材料标准成本+直接人工标准成本+制造费用标准成本=∑(价格标准×用量标准)
	直接材料标准成本	(1)材料的价格标准:一般由财务部门和采购部门等共同制定 (2)材料的用量标准:①构成产品实体的材料和有助于产品形成的材料;②生产过程中必要的损耗;③难以避免的损失所耗用的材料 (3)计算公式:直接材料标准成本=∑(材料价格标准×单位产品材料用量标准)
	直接人工标准成本	(1)直接人工的价格标准,就是标准工资率,它通常由人力资源部门根据用工情况制定 小时标准工资率=标准工资总额÷标准总工时 (2)直接人工的标准工时指现有的生产技术条件下,生产单位产品所耗用的必要的工作时间,包括对产品直接加工工时,必要的间歇或停工工时,不可避免的废次品所耗用的工时等。一般由生产技术部门、人力资源部门等运用特定的技术测定方法和分析统计资料后确定 (3)计算公式:直接人工标准成本=小时标准工资率×单位产品的标准工时
	制造费用标准成本	(1)制造费用价格标准:标准制造费用分配率=标准制造费用总额÷标准总工时 (2)制造费用的用量标准:其含义与直接人工用量标准相同 (3)计算公式:制造费用标准成本=标准制造费用分配率×工时用量标准

二、成本差异的计算及分析

（一）成本差异

成本差异是指实际成本与相应标准成本之间的差额。凡实际成本大于标准成本的称为超支差异；凡实际成本小于标准成本的称为节约差异。

成本差异的通用公式如下：

$$总差异＝实际价格×实际用量－标准价格×实际产量下标准用量$$
$$＝（实际价格×实际用量－标准价格×实际用量）＋（标准价格×$$
$$实际用量－标准价格×实际产量下标准用量）$$
$$＝（实际价格－标准价格）×实际用量＋标准价格×（实际用量－实际产量下标准用量）$$
$$＝价格差异＋用量差异$$
$$价格差异＝（实际价格－标准价格）×实际用量$$
$$用量差异＝标准价格×（实际用量－实际产量下标准用量）$$

（二）直接材料成本差异

直接材料成本差异是指直接材料实际成本与标准成本之间的差额。

它可进一步分解为直接材料价格差异和直接材料数量差异两部分。

1. 直接材料成本差异的计算公式

直接材料成本差异的计算公式如下：

$$直接材料价格差异＝（实际价格－标准价格）×实际用量$$
$$直接材料数量差异＝标准价格×（实际用量－标准用量）$$
$$直接材料成本差异＝实际成本－标准成本$$
$$＝实际价格×实际用量－标准价格×标准用量$$
$$＝直接材料价格差异＋直接材料数量差异$$

2. 直接材料成本差异的原因分析

差异的原因分析主要包括以下两个方面：

（1）材料价格差异。

材料价格差异形成原因：市场价格、供货厂商、运输方式、采购批量等的变动。

材料价格差异主要由采购部门承担责任。

（2）材料用量差异。

材料用量差异形成原因：产品设计结构、原料质量、工人的技术熟练程度、废品率的高低等。

材料用量差异主要由生产部门承担。

（三）直接人工成本差异

直接人工成本差异是指直接人工的实际总成本与实际产量下标准总成本之间的差异。它可分为直接人工工资率差异和直接人工效率差异两部分。

1. 直接人工成本差异的计算公式

直接人工成本差异的计算公式如下：

$$直接人工工资率差异=(实际工资率-标准工资率)×实际工时$$

$$直接人工效率差异=标准工资率×(实际工时-标准工时)$$

$$直接人工成本差异=实际成本-标准成本$$

$$=实际工资率×实际工时-标准工资率×标准工时$$

$$=直接人工工资率差异+直接人工效率差异$$

2. 直接人工成本差异的原因分析

差异的原因分析主要包括以下两个方面：

（1）工资率差异。

工资率差异形成原因：工资制度的变动、工人的升降级、加班或临时工的增减等。

一般地，工资率差异的责任不在生产部门，而在劳动人事部门。

（2）直接人工效率差异。

直接人工效率差异形成原因：工人技术状况、工作环境和设备条件的好坏等。

直接人工效率差异主要责任在生产部门。

（四）变动制造费用成本差异

变动制造费用成本差异是指实际发生的变动制造费用总额与实际产量下标准变动费用总额之间的差异。

变动制造费用成本差异计算公式如下：

$$变动制造费用耗费差异=(变动制造费用实际分配率-变动制造费用标准分配率)×实际工时$$

$$变动制造费用效率差异=变动制造费用标准分配率×(实际工时-标准工时)$$

$$变动制造费用成本差异=实际总变动制造费用-标准变动制造费用$$

$$=实际变动制造费用分配率×实际工时-标准变动制造费用分配率×标准工时$$

$$=变动制造费用耗费差异+变动制造费用效率差异$$

其中，耗费差异属于价格差异，效率差异是用量差异。变动制造费用效率差异的形成原因与直接人工效率差异的形成原因基本相同。

（五）固定制造费用成本差异

固定制造费用成本差异是指实际发生的固定制造费用与实际产量下标准固定制造费用的差异。

固定制造费用成本差异的计算公式如下：

$$固定制造费用成本差异=固定制造费用项目实际成本-固定制造费用项目标准成本$$

$$=实际分配率×实际工时-标准分配率×标准工时$$

$$标准分配率=固定制造费用预算总额÷预算产量下标准总工时$$

（1）两差异分析法：将总差异分为耗费差异和能量差异两部分。

$$耗费差异=实际固定制造费用-预算产量下标准固定制造费用$$

$$=实际固定制造费用-标准分配率×标准工时×预算产量$$

$$=实际固定制造费用-标准分配率×预算产量下标准工时$$

能量差异=预算产量下标准固定制造费用-实际产量下标准固定制造费用

$$=标准分配率×(预算产量下标准工时-实际产量下标准工时)$$

（2）三差异分析法：将两差异分析法下的能量差异进一步分解为产量差异和效率差异，即将固定制造费用成本差异分为耗费差异、产量差异和效率差异三个部分。其中耗费差异的概念和计算与两差异法下一致。相关计算公式如下：

耗费差异=实际固定制造费用-预算产量下标准固定制造费用

$$=实际固定制造费用-标准分配率×标准工时×预算产量$$

$$=实际固定制造费用-标准分配率×预算产量下标准工时$$

产量差异=标准分配率×（预算产量下标准工时-实际产量下实际工时）

效率差异=标准分配率×（实际产量下实际工时-实际产量下标准工时）

第六讲　财务分析与预测

核心考点一　财务分析

一、基本的财务报表分析

基本的财务报表分析方法主要是财务比率分析法，包括偿债能力分析、营运能力分析、盈利能力分析、发展能力分析和现金流量分析五个方面。

（一）偿债能力分析

1. 短期偿债能力

短期偿债能力是企业流动资产对流动负债及时足额偿还的保证程度，是衡量企业当前财务能力特别是流动资产变现能力的重要标志。衡量指标有营运资金、流动比率、速动比率和现金比率。

1）营运资金

营运资金的计算公式如下：

$$营运资金=流动资产-流动负债$$

营运资金是绝对数，不便于不同企业之间的比较。

2）流动比率

流动比率的计算公式如下：

$$流动比率=流动资产÷流动负债$$

流动比率表明企业每1元流动负债有多少流动资产作为保障，反映企业用可在短期内变成现金的流动资产偿还到期流动负债的能力。流动比率的缺点是该比率比较容易人为操纵，并且没有揭示流动资产的构成内容，只能大致反映流动资产整体的变现能力。

3）速动比率

速动比率的计算公式如下：

$$速动比率=速动资产÷流动负债$$

$$速动资产=流动资产-存货-预付账款-一年内到期的非流动资产-其他流动资产$$

速动资产是指流动资产减去变现能力较差且不稳定的存货等后的余额。由于剔除了变现能力较弱且不稳定的资产，因此，速动比率较之流动比率能够更加准确、可靠地评价企业资产的流动性及其偿还短期负债的能力。

4）现金比率

现金比率的计算公式如下：

$$现金比率=（货币资金+交易性金融资产）÷流动负债$$

现金比率剔除了应收账款对偿债能力的影响，最能反映企业直接偿付流动负债的能力。

2. 长期偿债能力

1）资产负债率

资产负债率的计算公式如下：

$$资产负债率=负债总额÷资产总额×100\%$$

资产负债率反映总资产中有多大比例是通过负债取得的，可以衡量企业清算时资产对债权人权益的保障程度。

对资产负债率指标进行分析时应注意的问题如下：

（1）结合营业周期分析。营业周期短的企业，资产周转速度快，可以适当提高资产负债率。

（2）结合资产构成分析。流动资产占比较大的企业可以适当提高资产负债率。

（3）结合企业经营状况分析。兴旺期间的企业可适当提高资产负债率。

（4）结合客观经济环境分析，如利率和通货膨胀率水平。当利率提高时，会加大企业负债的实际利率水平，增加企业的偿债压力，这时企业应降低资产负债率。

（5）结合资产质量和会计政策分析。

（6）结合行业差异分析。不同行业资产负债率有较大差异。

2）产权比率

产权比率的计算公式如下：

$$产权比率=负债总额÷所有者权益总额×100\%$$

产权比率不仅反映了由债务人提供的资本与所有者提供的资本的相对关系，而且反映了债权人资本受股东权益保障的程度，或者是企业清算时对债权人利益的保障程度。一般来说，这一比率越低，表明企业长期偿债能力越强，债权人权益保障程度越高。产权比率高，是高风险、高收益的财务结构；产权比率低，是低风险、低收益的财务结构。

3）权益乘数

权益乘数的计算公式如下：

$$权益乘数=资产总额÷所有者权益总额=1+产权比率=1÷（1-资产负债率）$$

企业负债比例越高,权益乘数越大。产权比率和权益乘数是资产负债率的另外两种表现形式,是常用的反映财务杠杆水平的指标

4)利息保障倍数(已获利息倍数)

利息保障倍数的计算公式如下:

$$利息保障倍数=息税前利润÷应付利息$$

$$息税前利润=净利润+利息费用+所得税费用$$

利息保障倍数反映支付利息的利润来源(息税前利润)与利息支出之间的关系,该比率越高,长期偿债能力越强。

(二)营运能力分析

1. 流动资产营运能力分析

1)应收账款周转率

应收账款周转率(次数)的计算公式如下:

$$应收账款周转率=营业收入÷应收账款平均余额(可用赊销收入代替营业收入)$$

$$应收账款周转天数=计算期天数÷应收账款周转次数$$

应收账款周转率反映了企业应收账款周转速度的快慢及应收账款管理效率的高低。在一定时期内周转次数多、周转天数少表明:①企业收账迅速,信用销售管理严格;②应收账款流动性强,从而增强企业短期偿债能力;③可以减少收账费用和坏账损失,相对增加企业流动资产的投资收益。

2)存货周转率

存货周转率(次数)的计算公式如下:

$$存货周转率=营业成本÷存货平均余额$$

$$存货周转天数=计算期天数÷存货周转次数$$

$$存货平均余额=(期初存货+期末存货)÷2$$

存货周转速度越快,存货占用水平越低,流动性越强,存货转化为现金或应收账款的速度 就越快,这样会增强企业的短期偿债能力及盈利能力。

3)流动资产周转率

流动资产周转率(次数)的计算公式如下:

$$流动资产周转率=营业收入÷流动资产平均余额$$

$$流动资产周转天数=计算期天数÷流动资产周转次数$$

$$流动资产平均余额=(期初流动资产+期末流动资产)÷2$$

在一定时期内,流动资产周转次数越多,表明以相同的流动资产完成的周转额越多,流动资产利用效果越好。流动资产周转天数越少,表明流动资产在经历生产、销售各阶段所占用的时间越短,可相对节约流动资产,增强企业盈利能力。

2. 固定资产营运能力分析

反映固定资产营运能力的指标为固定资产周转率(次数)。其计算公式如下:

$$固定资产周转率=营业收入÷平均固定资产$$

$$平均固定资产=（期初固定资产+期末固定资产）÷2$$

固定资产周转率高,说明企业固定资产投资得当,结构合理,利用效率高;反之,如果固定资产周转率不高,则表明固定资产利用效率不高,提供的生产成果不多,企业的营运能力不强。

3. 总资产营运能力分析

反映总资产营运能力的指标是总资产周转率(次数)。其计算公式如下:

$$总资产周转率=营业收入÷平均资产总额$$
$$平均总资产=（期初总资产+期末总资产）÷2$$

这一比率用来衡量企业资产整体的使用效率。总资产由各项资产组成,在营业收入既定的情况下,总资产周转率的驱动因素是各项资产。因此,对总资产周转情况的分析应结合各项资产的周转情况,以发现影响企业资产周转的主要因素。

（三）盈利能力分析

反映企业盈利能力的指标主要有营业毛利率、营业净利率、总资产净利率和净资产收益率等。

1. 营业毛利率

营业毛利率的计算公式如下:

$$营业毛利率=营业毛利÷营业收入×100\%$$
$$营业毛利=营业收入-营业成本$$

营业毛利率越高,表明产品的盈利能力越强。将营业毛利率与行业水平进行比较,可以反映企业产品的市场竞争地位。

2. 营业净利率

营业净利率的计算公式如下:

$$营业净利率=净利润÷营业收入×100\%$$

营业净利率反映每1元营业收入最终赚取了多少利润,用于反映产品最终的盈利能力。将营业净利率按利润的扣除项目进行分解可以识别影响营业净利率的主要因素。

3. 总资产净利率

总资产净利率的计算公式如下:

$$总资产净利率=净利润÷平均总资产×100\%$$

总资产净利率衡量的是企业资产的盈利能力。该指标反映企业资产的利用效果,总资产净利率越高,表明企业资产的利用效果越好。影响总资产净利率的因素是营业净利率和总资产周转率。

4. 净资产收益率

净资产收益率的计算公式如下:

$$净资产收益率=净利润÷平均所有者权益×100\%$$

净资产收益率,可以反映投资者投入企业的自有资本获取净收益的能力,即反映投资与收益的关系,因而是评价企业资本经营效益的核心指标,在我国上市公司业绩指标综合排序中,该指标居于首位。

(四)发展能力分析

1. 营业收入增长率

营业收入增长率的计算公式如下:

$$营业收入增长率=本年营业收入增长额÷上年营业收入×100\%$$

该指标值越高,表明企业营业收入的增长速度越快,企业市场前景越好。

2. 总资产增长率

总资产增长率的计算公式如下:

$$总资产增长率=本年总资产增长额÷年初资产总额×100\%$$

总资产增长率越高,表明企业一定时期内资产经营规模扩张的速度越快。但在分析时,需要关注资产规模扩张的质和量的关系,以及企业的后续发展能力,避免盲目扩张。

3. 营业利润增长率

营业利润增长率的计算公式如下:

$$营业利润增长率=本年营业利润增长额÷上年营业利润总额×100\%$$

4. 资本保值增值率

资本保值增值率的计算公式如下:

资本保值增值率=扣除客观因素影响后的期末所有者权益÷期初所有者权益×100%

在其他因素不变的情况下,如果企业本期净利润大于0,并且利润留存率大于0,必然会使期末所有者权益大于期初所有者权益,所以该指标也是衡量企业盈利能力的重要指标。这一指标的高低,除了受企业经营成果的影响外,还受企业利润分配政策影响。

5. 所有者权益增长率

所有者权益增长率的计算公式如下:

$$所有者权益增长率=本年所有者权益增长额÷年初所有者权益×100\%$$

所有者权益增长率越高,表明企业的资本积累越多,应对风险、持续发展的能力越强。

(五)现金流量分析

1. 获取现金能力的分析

1)营业现金比率

营业现金比率的计算公式如下:

$$营业现金比率=经营活动现金流量净额÷营业收入$$

营业现金比率反映每1元营业收入得到的经营活动现金流量净额,其数值越大越好。

2)每股营业现金净流量

每股营业现金净流量的计算公式如下:

$$每股营业现金净流量=经营活动现金流量净额÷普通股股数$$

该指标反映企业最大的分派股利能力,超过此限度,可能就要借款分红。

3)全部资产现金回收率

全部资产现金回收率的计算公式如下:

$$全部资产现金回收率=经营活动现金流量净额\div平均总资产\times100\%$$

该指标说明企业全部资产产生现金的能力。

2. 收益质量分析

1)净收益营运指数

净收益营运指数的计算公式如下:

$$净收益营运指数=经营净收益\div净利润$$

$$经营净收益=净利润-非经营净收益$$

净收益营运指数越小,非经营收益所占比重越大,收益质量越差,因为非经营收益不反映公司的核心能力及正常的收益能力,可持续性较低。

2)现金营运指数

现金营运指数的计算公式如下:

$$现金营运指数=经营活动现金流量净额\div经营所得现金$$

$$经营所得现金=经营净收益+非付现费用$$

现金营运指数小于1,说明收益质量不够好;其次,现金营运指数小于1,说明营运资金增加了,反映企业为取得同样的收益占用了更多的营运资金,取得收益的代价增加了,同样的收益代表着较差的业绩。

二、上市公司财务分析

(一)每股收益

每股收益是综合反映企业盈利能力的重要指标,可以用来判断和评价管理层的经营业绩。每股收益概念包括基本每股收益和稀释每股收益。

1. 基本每股收益

基本每股收益的计算公式如下:

基本每股收益=归属于公司普通股股东的净利润÷发行在外的普通股加权平均数

式中,发行在外普通股加权平均数=期初发行在外普通股股数+当期新发行普通股股数×已发行时间÷报告期时间-当期回购普通股股数×已回购时间÷报告期时间。

2. 稀释每股收益

潜在普通股主要包括可转换公司债券、认股权证和股份期权等。

(1)可转换公司债券。计算稀释每股收益时,分子的调整项目为可转换公司债券当期已确认为费用的利息等的税后影响额;分母的调整项目为假定可转换公司债券当期期初或发行日转换为普通股股数的加权平均数。

(2)认股权证和股份期权。计算稀释每股收益时,作为分子的净利润金额一般不变;分母的调整项目为增加的普通股股数,同时还应考虑时间权数。

（二）每股股利

每股股利的计算公式如下：

$$每股股利＝现金股利总额÷期末发行在外的普通股股数$$

每股股利反映的是普通股股东每持有上市公司一股普通股获取股利的大小，是投资者股票投资收益的重要来源之一。由于净利润是股利分配的来源，因此每股股利的多少很大程度取决于每股收益的多少。但上市公司每股股利发放多少，除了受上市公司盈利能力大小影响以外，还取决于企业的股利发放政策和投资机会。借助于股利发放率（每股股利÷每股收益），投资者可以了解一家上市公司的股利发放政策。

（三）市盈率

市盈率的计算公式如下：

$$市盈率＝每股市价÷每股收益$$

市盈率是股票市场上反映股票投资价值的重要指标，该比率的高低反映了市场上的投资者对股票投资收益和投资风险的预期。一方面，市盈率越高，意味着投资者对该股票的收益预期越看好、投资价值越大；反之，投资者对该股票评价越低。另一方面，市盈率越高，也说明获得一定的预期利润投资者需要支付更高的价格，因此，投资于该股票的风险也越大；市盈率越低，说明投资于该股票的风险越小。

（四）每股净资产

每股净资产的计算公式如下：

$$每股净资产＝期末普通股净资产÷期末发行在外的普通股股数$$

利用该指标进行横向和纵向对比，可以衡量上市公司股票的投资价值。如在企业性质相同、股票市价相近的条件下，某一企业股票的每股净资产越高，则企业发展潜力与其股票的投资价值越大，投资者所承担的投资风险越小。但是也不能一概而论，在市场投机气氛较浓的情况下，每股净资产指标往往不太受重视。

（五）市净率

市净率的计算公式如下：

$$市净率＝每股市价÷每股净资产$$

一般来说，市净率较低的股票，投资价值较高；反之，则投资价值较低。但有时较低的市净率反映的可能是投资者对公司前景的不良预期，而较高的市净率则相反。因此，在判断某只股票的投资价值时，还要综合考虑当时的市场环境以及公司经营情况、资产质量和盈利能力等因素。

三、企业综合绩效分析——杜邦分析法

杜邦分析法又称杜邦财务分析体系，是利用各主要财务比率指标间的内在联系，对企业财务状况及经济效益进行综合系统分析评价的方法。该体系是以净资产收益率为起点，以总资产净利率和权益乘数为基础，重点揭示企业盈利能力及权益乘数对净资产收益率的影

响,以及各相关指标间的相互影响和作用关系。其公式如下：

净资产收益率＝总资产净利率×权益乘数＝营业净利率×总资产周转率×权益乘数

总资产净利率＝营业净利率×总资产周转率

权益乘数＝资产总额÷权益总额＝1÷（1-资产负债率）

运用杜邦分析法需要注意以下几点：

（1）净资产收益率是综合性最强的财务指标，是杜邦分析体系的起点。

（2）营业净利率反映了企业净利润与营业收入的关系，它的高低取决于营业收入与成本总额的高低。要想提高营业净利率，一是要扩大营业收入，二是要降低成本费用。

（3）影响总资产周转率的一个重要因素是资产总额。

（4）权益乘数主要受资产负债率指标的影响。

核心考点二　财务预测

狭义的财务预测仅指估计公司未来的融资需求，广义的财务预测包括编制全部的预计财务报表。一般采用销售百分比法进行财务预测。

一、财务预测的意义和步骤

财务预测的意义和步骤见下表。

表5-2-19　财务预测的意义和步骤

意义	（1）财务预测是融资计划的前提 （2）财务预测有助于改善投资决策 （3）预测有助于应变
步骤	（1）销售预测。一般情况下，财务预测把销售数据视为已知数，作为财务预测的起点 （2）估计经营资产和经营负债。通常经营资产是营业收入的函数，根据历史数据可以分析出该函数关系 （3）估计各项费用和留存收益。假设各项费用也是营业收入的函数，可以据此估计费用和损失，并在此基础上确定净利润 （4）估计所需外部融资需求。根据预计经营资产总量，减去已有的经营资产、自发增长的经营负债、可动用的金融资产和内部提供的利润留存便可得出外部融资需求

二、销售百分比法

销售百分比法见下表。

表5-2-20　销售百分比法

基本原理	假设某些资产和负债与销售额之间存在稳定的百分比关系，根据这个假设预计外部资金需要量

基本步骤	（1）确定随销售额变动而变动的资产和负债项目。经营性资产与经营性负债的差额通常与销售额保持稳定的比例关系。其中，经营性资产项目包括库存现金、应收账款和存货等项目；经营性负债项目包括应付票据和应付账款等项目，不包括短期借款、短期融资券和长期负债等筹资性负债 （2）确定有关项目与销售额之间的稳定比例关系 （3）确定需要增加的筹资数量
计算公式	需要增加的资金量=增加的资产-增加的负债 预计由于销售增长而需要的资金需求增长额，扣除利润留存后，即为所需要的外部筹资额。 其计算公式如下： 外部融资需求量=总资金需求量-留存收益增加额 $=\left(\dfrac{敏感性资产}{基期销售额}-\dfrac{敏感性负债}{基期销售额}\right)\times 销售变动额-预测期销售额\times 销售净利率\times(1-股利支付率)$ $=\left(\dfrac{敏感性资产}{基期销售额}-\dfrac{敏感性负债}{基期销售额}\right)\times 销售变动额-预测期销售额\times 销售净利率\times 利润留存率$ 如果非敏感性资产增加，则外部筹资需要也增加

第六篇 ▶▶▶

法律专业知识

第一章

民法典之总则编

本章导读

在中国进出口银行考试真题中,对民法典总则编的考查较为基础,高频考点有无因管理、不当得利、民事法律行为相关内容、知识产权等。考生应当熟练掌握基础内容,准确记忆易混淆内容,以求提高作答准确率。

第一讲 民法的调整对象及基本原则

一、民法的调整对象

民法调整平等主体的自然人、法人和非法人组织之间的人身关系和财产关系。

二、民法的基本原则

民法的基本原则见下表。

表 6-1-1 民法的基本原则

平等原则	民事主体在民事活动中的法律地位一律平等
自愿原则	民事主体按照自己的意思设立、变更、终止民事法律关系
公平原则	民事主体从事民事活动,应当遵循公平原则,合理确定各方的权利和义务
诚信原则	民事主体从事民事活动,应当遵循诚信原则,秉持诚实,恪守承诺
守法和公序良俗原则	民事主体从事民事活动,不得违反法律,不得违背公序良俗
绿色原则	民事主体从事民事活动,应当有利于节约资源、保护生态环境

第二讲　民事主体

核心考点一　自然人

一、自然人的民事权利能力

自然人的民事权利能力是自然人成为民事主体,享有民事权利和承担民事义务的资格。自然人的民事权利能力始于出生、终于死亡。自然人的民事权利能力一律平等。

胎儿的民事权利能力:涉及遗产继承、接受赠与等胎儿利益保护的,胎儿视为具有民事权利能力。但是,胎儿娩出时为死体的,其民事权利能力自始不存在。

二、自然人的民事行为能力

自然人的民事行为能力是自然人以自己的行为设定民事权利义务的资格,即自然人依法独立进行民事活动的资格。

自然人的民事行为能力可分为三类,具体内容见下表。

表 6-1-2　民事行为能力的分类

完全民事行为能力	18 周岁以上可以独立实施民事法律行为的成年人。16 周岁以上的未成年人,以自己的劳动收入为主要生活来源的,视为完全民事行为能力人
限制民事行为能力	8 周岁以上的未成年人和不能完全辨认自己行为的成年人,可以独立实施纯获利益的民事法律行为或者与其年龄、智力、精神健康状况相适应的民事法律行为
无民事行为能力	不满 8 周岁的未成年人、已满 8 周岁不能辨认自己行为的未成年人和不能辨认自己行为的成年人,由其法定代理人代理实施民事法律行为

三、监护

父母对未成年子女负有抚养、教育和保护的义务。成年子女对父母负有赡养、扶助和保护的义务。

监护人应当按照最有利于被监护人的原则履行监护职责。监护人除为维护被监护人利益外,不得处分被监护人的财产。未成年人的监护人履行监护职责,在作出与被监护人利益有关的决定时,应当根据被监护人的年龄和智力状况,尊重被监护人的真实意愿。成年人的监护人履行监护职责,应当最大程度地尊重被监护人的真实意愿,保障并协助被监护人实施与其智力、精神健康状况相适应的民事法律行为。对被监护人有能力独立处理的事务,监护人不得干涉。

四、宣告失踪和宣告死亡

宣告失踪和宣告死亡的具体内容见下表。

表 6-1-3　宣告失踪和宣告死亡

要素	宣告失踪	宣告死亡
条件	下落不明满 2 年	(1)下落不明满 4 年 (2)因意外事件,下落不明满 2 年(经有关机关证明该自然人不可能生存的,申请宣告死亡不受 2 年时间的限制)
方式	利害关系人向人民法院申请	利害关系人向人民法院申请(对同一自然人,有的利害关系人申请宣告死亡,有的利害关系人申请宣告失踪,符合法律规定的宣告死亡条件的,人民法院应当宣告死亡)
起算时间	(1)下落不明的时间自其失去音讯之日起计算 (2)战争期间下落不明的,下落不明的时间自战争结束之日或者有关机关确定的下落不明之日起计算	(1)被宣告死亡的人,人民法院宣告死亡的判决作出之日视为其死亡的日期 (2)因意外事件下落不明宣告死亡的,意外事件发生之日视为其死亡的日期
法律后果	(1)失踪人的财产由他人代管。财产代管人因故意或者重大过失造成失踪人财产损失的,应当承担赔偿责任 (2)财产代管人不履行代管职责、侵害失踪人财产权益或者丧失代管能力的,失踪人的利害关系人可以向人民法院申请变更财产代管人	宣告死亡的效果等同于生理死亡的效果,婚姻、监护等身份关系终止,财产作为遗产被继承
撤销及其效果	(1)失踪人重新出现,经本人或者利害关系人申请,人民法院应当撤销失踪宣告 (2)代管权归于消灭。失踪人重新出现,有权请求财产代管人及时移交有关财产并报告财产代管情况	(1)婚姻关系自撤销死亡宣告之日起自行恢复。但是,其配偶再婚或者向婚姻登记机关书面声明不愿意恢复的除外 (2)子女被他人依法收养的,在死亡宣告被撤销后,不得以未经本人同意为由主张收养行为无效 (3)被撤销死亡宣告的人有权请求依照《中华人民共和国民法典》继承编取得其财产的民事主体返还财产;无法返还的,应当给予适当补偿。利害关系人隐瞒真实情况,致使他人被宣告死亡而取得其财产的,除应当返还财产外,还应当对由此造成的损失承担赔偿责任

核心考点二 法人

一、法人的设立

法人是具有民事权利能力和民事行为能力,依法独立享有民事权利和承担民事义务的组织。

法人应当依法成立,有自己的名称、组织机构、住所、财产或者经费。设立法人,法律、行政法规规定须经有关机关批准的,依照其规定。法人以其全部财产独立承担民事责任。

二、法人的民事权利能力、民事行为能力

法人的民事权利能力是法人享有民事权利和承担民事义务,成为民事主体的资格。

法人的民事行为能力是法人以自己的行为取得民事权利和承担民事义务的资格。法人的民事权利能力和民事行为能力,从法人成立时产生,到法人终止时消灭。法人的民事行为能力与其民事权利能力的范围总是一致的。

三、法人的分类

根据创设目的和活动内容的不同,法人分为营利法人、非营利法人和特别法人。

四、非法人组织

非法人组织是不具有法人资格,但是能够依法以自己的名义从事民事活动的组织。

非法人组织包括个人独资企业、合伙企业、不具有法人资格的专业服务机构等。

非法人组织的财产不足以清偿债务的,其出资人或者设立人承担无限责任。法律另有规定的,依照其规定。

第三讲 民事权利

一、人身权

人身权是指与人身不可分离而又没有直接经济内容的权利,包括人格权和身份权。人格权是指民事主体依法为维护法律上的独立人格所享有的民事权利。身份权是指民事主体基于某种特定的身份依法享有的维护一定社会关系的权利,包括亲权、配偶权、亲属权等。

二、物权

物权是权利人依法对特定的物享有直接支配和排他的权利,包括所有权、用益物权和担保物权。物包括不动产和动产。法律规定权利作为物权客体的,依照其规定。

物权具有下列法律特征:

(1)物权的权利主体是特定的,而义务主体则是不特定的。物权是一种人对物的直接支

配、管领的排他性权利。物权的权利主体总是特定的,而物权人以外的其他人都负有不妨碍物权人行使、实现物权的义务,是不特定的。物权是一种对世权、绝对权。

(2)物权的客体是特定的独立之物,不包括行为和精神财富。

(3)物权的内容是对物的直接管理和支配。

(4)物权具有独占性和排他性。

(5)物权具有法定性。

(6)物权具有追及和优先效力。

三、债权

民事主体依法享有债权。债权是因合同、侵权行为、无因管理、不当得利以及法律的其他规定,权利人请求特定义务人为或者不为一定行为的权利。

（一）合同

合同是民事主体之间设立、变更、终止民事法律关系的协议。

（二）侵权行为

侵权行为是民事主体违反民事义务,侵害他人合法权益,依法应当承担民事责任的行为。

（三）无因管理

无因管理是指无法定或者约定的义务,为避免他人利益受损而管理他人事务的行为。我国民事法律制度规定,管理人没有法定的或者约定的义务,为避免他人利益受损失而管理他人事务,并且符合受益人真实意思的,可以请求受益人偿还因管理事务而支出的必要费用;管理人因管理事务受到损失的,可以请求受益人给予适当补偿。

管理事务不符合受益人真实意思的,管理人不享有必要费用偿还请求权;但是,受益人的真实意思违反法律或者违背公序良俗的除外。

（四）不当得利

不当得利是指没有法律根据,取得不当利益,造成他人损失的情形。因得利人没有法律依据,取得不当利益,受损失的人有权请求其返还不当得利。构成要件:①一方获得财产性利益;②他方受到损失;③获得利益和受到损失之间有因果关系;④一方获利没有法律上的根据。

四、知识产权

知识产权是权利人依法就下列客体享有的专有的权利:①作品;②发明、实用新型、外观设计;③商标;④地理标志;⑤商业秘密;⑥集成电路布图设计;⑦植物新品种;⑧法律规定的其他客体。

第四讲　民事法律行为

民事法律行为是民事主体通过意思表示设立、变更、终止民事法律关系的行为。

民事法律行为有效的条件如下：①行为人具有相应的民事行为能力；②意思表示真实；③不违反法律、行政法规的强制性规定，不违背公序良俗。具备以上条件的民事法律行为有效。民事法律行为自成立时生效，但是法律另有规定或者当事人另有约定的除外。行为人非依法律规定或者未经对方同意，不得擅自变更或者解除民事法律行为。

无效的民事法律行为包括以下种类：①无民事行为能力人独立实施的民事法律行为；②行为人与相对人以虚假意思表示实施的民事法律行为；③行为人与相对人恶意串通，损害他人合法权益的民事法律行为；④违背公序良俗的民事法律行为；⑤违反法律、行政法规的强制性规定的民事法律行为（该强制性规定不导致该民事法律行为无效的除外）。

可撤销的民事法律行为包括以下种类：①基于重大误解实施的民事法律行为，行为人有权请求撤销；②一方以欺诈手段，使对方在违背真实意思的情况下实施的民事法律行为，受欺诈方有权请求撤销；③第三人实施欺诈行为，使一方在违背真实意思的情况下实施的民事法律行为，对方知道或者应当知道该欺诈行为的，受欺诈方有权请求撤销；④一方或者第三人以胁迫手段，使对方在违背真实意思的情况下实施的民事法律行为，受胁迫方有权请求撤销；⑤一方利用对方处于危困状态、缺乏判断能力等情形，致使民事法律行为成立时显失公平的，受损害方有权请求撤销。

有撤销权的机构：人民法院和仲裁机构。

第二章

物权

本章导读

中国进出口银行校园招聘考试对物权法律制度的考查频率较高,所涉考点有担保物权、抵押权、质权等,考生应当扎实掌握理论知识,通过做真题及模拟试题加深对本章内容的记忆。

第一讲　物权概述

一、一般规定

《中华人民共和国民法典》物权编调整因物的归属和利用产生的民事关系。

国家、集体、私人的物权和其他权利人的物权受法律平等保护,任何组织或者个人不得侵犯。

不动产物权的设立、变更、转让和消灭,应当依照法律规定登记。动产物权的设立和转让,应当依照法律规定交付。

二、物权变动的公示方法

物权变动的公示方法见下表。

表6-2-1　物权变动的公示方法

公示方法	具体内容
不动产登记	(1)不动产物权的设立、变更、转让和消灭,经依法登记,发生效力;未经登记,不发生效力,但是法律另有规定的除外。依法属于国家所有的自然资源,所有权可以不登记 (2)不动产登记,由不动产所在地的登记机构办理。国家对不动产实行统一登记制度。统一登记的范围、登记机构和登记办法,由法律、行政法规规定 (3)不动产物权的设立、变更、转让和消灭,依照法律规定应当登记的,自记载于不动产登记簿时发生效力。不动产登记簿是物权归属和内容的根据

公示方法	具体内容
动产交付	（1）动产物权的设立和转让，自交付时发生效力，但是法律另有规定的除外 （2）船舶、航空器和机动车等的物权的设立、变更、转让和消灭，未经登记，不得对抗善意第三人 （3）动产物权设立和转让前，权利人已经占有该动产的，物权自民事法律行为生效时发生效力 （4）动产物权设立和转让前，第三人占有该动产的，负有交付义务的人可以通过转让请求第三人返还原物的权利代替交付 （5）动产物权转让时，当事人又约定由出让人继续占有该动产的，物权自该约定生效时发生效力

第二讲　所有权

一、所有权概述

所有权是指所有权人对自己的不动产或者动产，依法享有占有、使用、收益和处分的权利。其具体内容见下表。

表6-2-2　所有权的内容

所有权	内容
占有	所有权人对于财产实际上的占领、控制
使用	依照物的性能和用途，并不毁损或变更物的性质而加以利用，以满足生产、工作、生活的需要
收益	收取所有物的利益，包括孳息和利润
处分	分为事实上的处分和法律上的处分。事实上的处分是指在生产或生活中使物的物质形态发生变更或消失。法律上的处分是指依照所有人的意志，通过某种民事行为对财产进行处理

与债权相比，所有权具有以下特征：①所有权是绝对权；②所有权具有排他性；③所有权是一种最完全的权利；④所有权具有弹力性；⑤所有权具有永久性。

二、所有权的取得与丧失

（一）所有权的取得

所有权的取得，亦即所有权的发生，是指民事主体依据一定的法律事实而获得某物的所有权。

（1）所有权的原始取得。所有权的原始取得，是指直接依据法律的规定，不以原所有人的所有权和意志为根据而取得原始的所有权。

所有权原始取得的方式主要有以下几种：①孳息之取得；②埋藏物、隐藏物之取得；③遗失物之取得;④无主动产之先占取得;⑤添附物之取得;⑥善意取得等。

（2）所有权的继受取得。所有权的继受取得，是指根据原所有人的意思，通过某种法律事实而取得原所有人转移的所有权。

继受取得所有权的方式主要有以下几种:①买卖;②互易;③赠与;④遗赠;⑤遗嘱继承等。

（二）所有权的丧失

所有权可因一定的法律事实而取得，也可因一定的法律事实而丧失。所谓所有权的丧失，是指所有权人因一定的法律事实的出现而丧失其所有权。

（三）所有权取得的特别方式

所有权取得的几种特别方式:

（1）善意取得。善意取得，又称即时取得，是指无权处分人转让标的物给第三人时，如第三人取得该物时出于善意，则该善意第三人一般可以取得标的物的所有权，原所有权人不得请求善意第三人返还原物。

无处分权人将不动产或者动产转让给受让人的，所有权人有权追回;除法律另有规定外，符合下列情形的，受让人取得该不动产或者动产的所有权:①受让人受让该不动产或者动产时是善意的;②以合理的价格转让;③转让的不动产或者动产依照法律规定应当登记的已经登记，不需要登记的已经交付给受让人。

受让人依据上述规定取得不动产或者动产的所有权的，原所有权人有权向无处分权人请求损害赔偿。

（2）拾得遗失物。拾得遗失物，是指发现他人的遗失物而予以占有的事实。

所有权人或者其他权利人有权追回遗失物。该遗失物通过转让被他人占有的，权利人有权向无处分权人请求损害赔偿，或者自知道或者应当知道受让人之日起2年内向受让人请求返还原物，但是，受让人通过拍卖或者向具有经营资格的经营者购得该遗失物的，权利人请求返还原物时应当支付受让人所付的费用。权利人向受让人支付所付费用后，有权向无处分权人追偿。

（3）发现埋藏物或隐藏物。发现埋藏物、隐藏物，是指认识埋藏物或隐藏物的所在而予以占有的事实。发现埋藏物、隐藏物的性质与先占、拾得遗失物并无不同，也是一种事实行为。

拾得漂流物、发现埋藏物或者隐藏物的，参照拾得遗失物的有关规定。法律另有规定的，依照其规定。

（4）孳息。天然孳息，由所有权人取得;既有所有权人又有用益物权人的，由用益物权人取得。当事人另有约定的，按照其约定。法定孳息，当事人有约定的，按照约定取得;没有约定或者约定不明确的，按照交易习惯取得。

（5）因加工、附合、混合而产生的物。因加工、附合、混合而产生的物的归属，有约定的，按照约定;没有约定或者约定不明确的，依照法律规定;法律没有规定的，按照充分发挥物的效用以及保护无过错当事人的原则确定。因一方当事人的过错或者确定物的归属造成另一方当事人损害的，应当给予赔偿或者补偿。

共有人对共有的不动产或者动产没有约定为按份共有或者共同共有，或者约定不明确的，除共有人具有家庭关系等外，视为按份共有。

三、业主的建筑物区分所有权

业主的建筑物区分所有权,是指根据使用功能,将一栋建筑物在结构上区分为各个所有人独自使用的部分和由多个所有人共同使用的部分,每一所有人享有的对其专有部分的专有权、对共有部分的共有权以及各个所有人之间基于共有关系而产生的成员权的结合。其具体内容见下表。

表6-2-3　建筑物区分所有权的内容

建筑物区分所有权	具体内容
专有部分单独所有权	业主对其建筑物专有部分享有占有、使用、收益和处分的权利。业主行使权利不得危及建筑物的安全,不得损害其他业主的合法权益
共有部分的共有和共同管理的权利	业主对建筑物专有部分以外的共有部分,享有权利,承担义务;不得以放弃权利为由不履行义务。业主转让建筑物内的住宅、经营性用房,其对共有部分享有的共有和共同管理的权利一并转让 业主可以设立业主大会,选举业主委员会 业主可以共同决定有关共有和共同管理权利的重大事项

建筑区划内的道路,属于业主共有,但是属于城镇公共道路的除外。建筑区划内的绿地,属于业主共有,但是属于城镇公共绿地或者明示属于个人的除外。建筑区划内的其他公共场所、公用设施和物业服务用房,属于业主共有。

第三讲　用益物权

一、用益物权的概念

用益物权是用益物权人对他人所有的不动产或者动产,依法享有占有、使用和收益的权利。

二、用益物权的种类

（一）土地承包经营权

土地承包经营权的内容见下表。

表 6-2-4　土地承包经营权的内容

项目	具体内容
农村土地的经营体制	农村集体经济组织实行家庭承包经营为基础、统分结合的双层经营体制 农民集体所有和国家所有由农民集体使用的耕地、林地、草地以及其他用于农业的土地,依法实行土地承包经营制度
土地承包经营权人的基本权利	土地承包经营权人依法对其承包经营的耕地、林地、草地等享有占有、使用和收益的权利,有权从事种植业、林业、畜牧业等农业生产
土地承包期	耕地的承包期为30年。草地的承包期为30年至50年。林地的承包期为30年至70年。前款规定的承包期限届满,由土地承包经营权人依照农村土地承包的法律规定继续承包
土地承包经营权的流转	土地承包经营权人可以自主决定依法采取出租、入股或者其他方式向他人流转土地经营权。流转期限为5年以上的土地经营权,自流转合同生效时设立。当事人可以向登记机构申请土地经营权登记;未经登记,不得对抗善意第三人 通过招标、拍卖、公开协商等方式承包农村土地,经依法登记取得权属证书的,可以依法采取出租、入股、抵押或者其他方式流转土地经营权

（二）建设用地使用权

建设用地使用权人依法对国家所有的土地享有占有、使用和收益的权利,有权利用该土地建造建筑物、构筑物及其附属设施。建设用地使用权可以在土地的地表、地上或者地下分别设立。设立建设用地使用权,应当符合节约资源、保护生态环境的要求,遵守法律、行政法规关于土地用途的规定,不得损害已经设立的用益物权。

（三）宅基地使用权

宅基地使用权人依法对集体所有的土地享有占有和使用的权利,有权依法利用该土地建造住宅及其附属设施。

（四）居住权

居住权人有权按照合同约定,对他人的住宅享有占有、使用的用益物权,以满足生活居住的需要。设立居住权,当事人应当采用书面形式订立居住权合同。居住权不得转让、继承。设立居住权的住宅不得出租,但是当事人另有约定的除外。

（五）地役权

地役权是一种独立的物权,在性质上属于用益物权的范围,是地役权人按照合同约定,利用他人的不动产,以提高自己不动产效益的权利。需要利用他人土地才能发挥效用的土地,称需役地(即地役权人的土地);提供给他人使用的土地,称供役地。设立地役权,当事人应当采取书面形式订立地役权合同。

地役权是指通过约定的方式以他人的土地供自己土地便利之用的用益物权。 如果不是约定的方式，而是法律规定的利用他人土地的权利，则为相邻权。

第四讲 担保物权

核心考点一 担保物权的一般规定

一、担保物权的含义

担保物权人在债务人不履行到期债务或者发生当事人约定的实现担保物权的情形,依法享有就担保财产优先受偿的权利,但是法律另有规定的除外。债权人在借贷、买卖等民事活动中,为保障实现其债权,需要担保的,可以依照法律的规定设立担保物权。

二、担保物权的特征

担保物权具有以下特征:

(1)担保物权以确保债权人的债权得到完全清偿为目的。

(2)担保物权具有优先受偿的效力。

(3)担保物权是在债务人或者第三人的财产上设定的权利。

(4)担保物权具有物上代位性。担保期间,担保财产毁损、灭失或者被征收等,担保物权人可以就获得的保险金、赔偿金或者补偿金等优先受偿。被担保债权的履行期未届满的,也可以提存该保险金、赔偿金或者补偿金等。

三、担保物权的从属性

设立担保物权,应当依照法律规定订立担保合同。担保合同是主债权债务合同的从合同。主债权债务合同无效的,担保合同无效,但是法律另有规定的除外。担保合同被确认无效后,债务人、担保人、债权人有过错的,应当根据其过错各自承担相应的民事责任。

担保物权的一个重要特点就是其附随于主债权债务关系,没有主债权债务关系的存在,担保关系也就没有了存在以及实现的可能和价值。

四、担保物权的担保范围

担保物权的担保范围包括主债权及其利息、违约金、损害赔偿金、保管担保财产和实现担保物权的费用。当事人另有约定的,按照其约定。

五、物的担保与人的担保的关系

被担保的债权既有物的担保又有人的担保的,债务人不履行到期债务或者发生当事人约定的实现担保物权的情形,债权人应当按照约定实现债权;没有约定或者约定不明确,债务人自己提供物的担保的,债权人应当先就该物的担保实现债权;第三人提供物的担保的,债权人可以就物的担保实现债权,也可以请求保证人承担保证责任。提供担保的第三人承担担保责任后,有权向债务人追偿。

六、担保物权消灭的原因

有下列情形之一的,担保物权消灭:①主债权消灭;②担保物权实现;③债权人放弃担保物权;④法律规定担保物权消灭的其他情形。

核心考点二　抵押权

为担保债务的履行,债务人或者第三人不转移财产的占有,将该财产抵押给债权人,债务人不履行到期债务或者发生当事人约定的实现抵押权的情形,债权人有权就该财产优先受偿。这里的债务人或者第三人为抵押人,债权人为抵押权人,提供担保的财产为抵押财产或称抵押物。

以抵押方式设定的担保方式最突出的特点在于不转移财产的占有。

一、抵押物的范围
（一）可以用于抵押的财产

债务人或者第三人有权处分的下列财产可以抵押:①建筑物和其他土地附着物;②建设用地使用权;③海域使用权;④生产设备、原材料、半成品、产品;⑤正在建造的建筑物、船舶、航空器;⑥交通运输工具;⑦法律、行政法规未禁止抵押的其他财产。

抵押人可以将上述所列财产一并抵押。

（二）不得用于抵押的财产

不得用于抵押的财产如下:①土地所有权;②宅基地、自留地、自留山等集体所有的土地使用权,但是法律规定可以抵押的除外;③学校、幼儿园、医疗机构等为公益目的成立的非营利法人的教育设施、医疗卫生设施和其他公益设施;④所有权、使用权不明或者有争议的财产;⑤依法被查封、扣押、监管的财产;⑥法律、行政法规规定不得抵押的其他财产。

二、抵押权的相关规定
（一）抵押权的设立

以正在建造的建筑物抵押的,应当办理抵押登记;抵押权自登记时设立。以动产抵押的,抵押权自抵押合同生效时设立;未经登记,不得对抗善意第三人。

（二）抵押权的实现

债务人不履行到期债务或者发生当事人约定的实现抵押权的情形,抵押权人可以与抵押人协议以抵押财产折价或者以拍卖、变卖该抵押财产所得的价款优先受偿。协议损害其他债权人利益的,其他债权人可以请求人民法院撤销该协议。

抵押权人与抵押人未就抵押权实现方式达成协议的,抵押权人可以请求人民法院拍卖、变卖抵押财产。

抵押财产折价或者变卖的,应当参照市场价格。

（三）抵押权的时限

抵押权人应当在主债权诉讼时效期间行使抵押权;未行使的,人民法院不予保护。

（四）同一财产抵押权实现顺序

同一财产向两个以上债权人抵押的,拍卖、变卖抵押财产所得的价款依照下列规定清偿:①抵押权已经登记的,按照登记的时间先后确定清偿顺序;②抵押权已经登记的先于未登记的受偿;③抵押权未登记的,按照债权比例清偿。其他可以登记的担保物权,清偿顺序参照适用前款规定。

三、最高额抵押

（一）最高额抵押权

为担保债务的履行,债务人或者第三人对一定期间内将要连续发生的债权提供担保财产的,债务人不履行到期债务或者发生当事人约定的实现抵押权的情形,抵押权人有权在最高债权额限度内就该担保财产优先受偿。

最高额抵押权设立前已经存在的债权,经当事人同意,可以转入最高额抵押担保的债权范围。

最高额抵押担保的债权确定前,部分债权转让的,最高额抵押权不得转让,但是当事人另有约定的除外。

（二）抵押权人的债权确定

有下列情形之一的,抵押权人的债权确定:①约定的债权确定期间届满;②没有约定债权确定期间或者约定不明确,抵押权人或者抵押人自最高额抵押权设立之日起满2年后请求确定债权;③新的债权不可能发生;④抵押权人知道或者应当知道抵押财产被查封、扣押;⑤债务人、抵押人被宣告破产或者解散;⑥法律规定债权确定的其他情形。

核心考点三　质权

为担保债务的履行,债务人或者第三人将其动产出质给债权人占有的,债务人不履行到期债务或者发生当事人约定的实现质权的情形,债权人有权就该动产优先受偿。这里的债务人或者第三人为出质人,债权人为质权人,交付的动产为质押财产。

质权分为动产质权和权利质权。

一、质权人的权利、义务

质权人可以放弃质权。债务人以自己的财产出质,质权人放弃该质权的,其他担保人在质权人丧失优先受偿权益的范围内免除担保责任,但是其他担保人承诺仍然提供担保的除外。

债务人履行债务或者出质人提前清偿所担保的债权的,质权人应当返还质押财产。

二、可以质押的权利

债务人或者第三人有权处分的下列权利可以出质:①汇票、本票、支票;②债券、存款单;③仓单、提单;④可以转让的基金份额、股权;⑤可以转让的注册商标专用权、专利权、著作权等知识产权中的财产权;⑥现有的以及将有的应收账款;⑦法律、行政法规规定可以出质的其他财产权利。

三、质权的生效

动产质押。质权自出质人交付质押财产时设立。

权利质押。以汇票、本票、支票、债券、存款单、仓单、提单出质的,质权自权利凭证交付质权人时设立;没有权利凭证的,质权自办理出质登记时设立。法律另有规定的,依照其规定。以基金份额、股权出质的,质权自办理出质登记时设立。以注册商标专用权、专利权、著作权等知识产权中的财产权出质的,质权自办理出质登记时设立。以应收账款出质的,质权自办理出质登记时设立。

四、权利质押后的处理

基金份额、股权出质后,不得转让,但是出质人与质权人协商同意的除外。

知识产权中的财产权出质后,出质人不得转让或者许可他人使用,但是出质人与质权人协商同意的除外。

应收账款出质后,不得转让,但是出质人与质权人协商同意的除外。

第三章

合同

本章导读

在近年中国进出口银行校园招聘考试真题中,对合同法律制度考查的主要内容包括合同的履行、合同的转让等,考查题型包含单项选择题和多项选择题。复习备考本章内容时,考生应当对合同法律制度的相关规定有一定的理解和认识,在面对题目时才能有的放矢,做到综合分析,减少失误。

第一讲　合同的订立、效力和履行

核心考点一　合同的定义及原则

合同是民事主体之间设立、变更、终止民事法律关系的协议。婚姻、收养、监护等有关身份关系的协议,适用有关该身份关系的法律规定;没有规定的,可以根据其性质参照适用《中华人民共和国民法典》合同编规定。

合同的原则包括平等原则、合同自由原则、公平原则、诚实信用原则、遵纪守法原则和依合同履行义务原则。

核心考点二　合同的订立方式

当事人订立合同,可以采用书面形式、口头形式或者其他形式。当事人订立合同,可以采取要约、承诺方式或者其他方式。

一、要约和承诺

要约和承诺两种方式的相关内容见下表。

表 6-3-1　要约和承诺的具体内容

相关要素	要约	承诺
概念	希望与他人订立合同的意思表示	受要约人同意要约的意思表示
基本条件	(1)内容具体确定 (2)表明经受要约人承诺,要约人即受该意思表示约束	(1)承诺应当以通知的方式作出;但是,根据交易习惯或者要约表明可以通过行为作出承诺的除外 (2)承诺应当在要约确定的期限内到达要约人。要约没有确定承诺期限的,承诺应当依照下列规定到达:①要约以对话方式作出的,应当即时作出承诺;②要约以非对话方式作出的,承诺应当在合理期限内到达;③要约以信件或者电报作出的,承诺期限自信件载明的日期或者电报交发之日开始计算。信件未载明日期的,自投寄该信件的邮戳日期开始计算。要约以电话、传真、电子邮件等快速通讯方式作出的,承诺期限自要约到达受要约人时开始计算 (3)承诺的内容应当与要约的内容一致
效力	要约的生效:以对话方式作出的意思表示,相对人知道其内容时生效。以非对话方式作出的意思表示,到达相对人时生效;以非对话方式作出的采用数据电文形式的意思表示,相对人指定特定系统接收数据电文的,该数据电文进入该特定系统时生效;未指定特定系统的,相对人知道或者应当知道该数据电文进入其系统时生效。当事人对采用数据电文形式的意思表示的生效时间另有约定的,按照其约定。无相对人的意思表示,表示完成时生效。法律另有规定的,依照其规定;以公告方式作出的意思表示,公告发布时生效 有下列情形之一的,要约失效:①要约被拒绝;②要约被依法撤销;③承诺期限届满,受要约人未作出承诺;④受要约人对要约的内容作出实质性变更	以通知方式作出的承诺的生效时间:以对话方式作出的意思表示,相对人知道其内容时生效。以非对话方式作出的意思表示,到达相对人时生效;以非对话方式作出的采用数据电文形式的意思表示,相对人指定特定系统接收数据电文的,该数据电文进入该特定系统时生效;未指定特定系统的,相对人知道或者应当知道该数据电文进入其系统时生效。当事人对采用数据电文形式的意思表示的生效时间另有约定的,按照其约定 承诺不需要通知的,根据交易习惯或者要约的要求作出承诺的行为时生效 承诺生效时合同成立,但是法律另有规定或者当事人另有约定的除外 受要约人超过承诺期限发出承诺,或者在承诺期限内发出承诺,按照通常情形不能及时到达要约人的,为新要约;但是,要约人及时通知受要约人该承诺有效的除外 受要约人在承诺期限内发出承诺,按照通常情形能够及时到达要约人,但是因其他原因致使承诺到达要约人时超过承诺期限的,除要约人及时通知受要约人因承诺超过期限不接受该承诺外,该承诺有效

相关要素	要约	承诺
撤销	撤销要约的意思表示以对话方式作出的,该意思表示的内容应当在受要约人作出承诺之前为受要约人所知道;撤销要约的意思表示以非对话方式作出的,应当在受要约人作出承诺之前到达受要约人 要约可以撤销,但是有下列情形之一的除外:①要约人以确定承诺期限或者其他形式明示要约不可撤销;②受要约人有理由认为要约是不可撤销的,并已经为履行合同做了合理准备工作	—
撤回	行为人可以撤回意思表示。撤回意思表示的通知应当在意思表示到达相对人前或者与意思表示同时到达相对人	
变更	—	实质性变更:受要约人对要约的内容作出实质性变更的为新要约 非实质性变更:除要约人及时表示反对或者要约表明承诺不得对要约的内容作出任何变更外,该承诺有效,合同的内容以承诺的内容为准

备考锦囊

要约邀请是希望他人向自己发出要约的表示。 拍卖公告、招标公告、招股说明书、债券募集办法、基金招募说明书、商业广告和宣传、寄送的价目表等为要约邀请。 商业广告和宣传的内容符合要约条件的，构成要约。

二、合同成立的时间

承诺生效时合同成立。

当事人采用合同书形式订立合同的,自当事人均签名、盖章或者按指印时合同成立。在签名、盖章或者按指印之前,当事人一方已经履行主要义务,对方接受时,该合同成立。法律、行政法规规定或者当事人约定合同应当采用书面形式订立,当事人未采用书面形式但是一方已经履行主要义务,对方接受时,该合同成立。

当事人采用信件、数据电文等形式订立合同要求签订确认书的,签订确认书时合同成立。当事人一方通过互联网等信息网络发布的商品或者服务信息符合要约条件的,对方选择该商品或者服务并提交订单成功时合同成立,但是当事人另有约定的除外。

三、合同成立的地点

承诺生效的地点为合同成立的地点。采用数据电文形式订立合同的,收件人的主营业地为合同成立的地点;没有主营业地的,其住所地为合同成立的地点。当事人另有约定的,按照其约定。当事人采用合同书形式订立合同的,最后签字、盖章或者按指印的地点为合同成立的地点,但是当事人另有约定的除外。

四、缔约过失

当事人在订立合同过程中有下列情形之一,造成对方损失的,应当承担赔偿责任:

（1）假借订立合同,恶意进行磋商。

（2）故意隐瞒与订立合同有关的重要事实或者提供虚假情况。

（3）有其他违背诚信原则的行为。

核心考点三　合同生效

合同成立是指合同订立过程的结束。合同生效是指已经成立的合同具有法律约束力。合同成立是合同生效的前提。

依法成立的合同,对当事人具有法律约束力。

合同可以根据其效力层次分为有效合同、效力待定的合同、可撤销合同及无效合同。

核心考点四　附条件、附期限的合同

当事人对合同的效力可以约定附条件。附生效条件的合同,自条件成就时生效。附解除条件的合同,自条件成就时失效。当事人为自己的利益不正当地阻止条件成就的,视为条件已成就;不正当地促成条件成就的,视为条件不成就。

当事人对合同的效力可以约定附期限。附生效期限的合同,自期限届至时生效。附终止期限的合同,白期限届满时失效。

经典例题

根据相关法律的规定,下列表述中错误的是(　　)。

A. 合同是民事主体之间设立、变更、终止民事法律关系的协议

B. 合同成立是法律评价问题,合同生效是事实问题

C. 合同是一种民事法律行为

D. 合同是双方或者多方之间的民事法律行为

【答案】B。解析:合同是民事主体之间设立、变更、终止民事法律关系的协议,是双方或者多方之间的民事法律行为,A、C、D三项正确;合同成立是事实问题,合同生效是法律评价问题,B项错误。

核心考点五　限制行为能力人订立的合同

限制民事行为能力人实施的纯获利益的民事法律行为或者与其年龄、智力、精神健康状况相适应的民事法律行为有效;实施的其他民事法律行为经法定代理人同意或者追认后有效。相对人可以催告法定代理人自收到通知之日起30日内予以追认。法定代理人未作表示的,视为拒绝追认。民事法律行为被追认前,善意相对人有撤销的权利,撤销应当以通知的方式作出。

核心考点六　合同的履行

一、合同履行的原则

当事人应当按照约定全面履行自己的义务。当事人应当遵循诚信原则,根据合同的性质、目的和交易习惯履行通知、协助、保密等义务。当事人在履行合同过程中,应当避免浪费资源、污染环境和破坏生态。

二、合同约定不明的补救

合同生效后,当事人就质量、价款或者报酬、履行地点等内容没有约定或者约定不明确的,可以协议补充;不能达成补充协议的,按照合同相关条款或者交易习惯确定。

三、合同约定不明时的履行

当事人就有关合同内容约定不明确,依据上述合同约定不明的补救的相关规定仍不能确定的,适用下列规定:

(1)质量要求不明确的,按照强制性国家标准履行;没有强制性国家标准的,按照推荐性国家标准履行;没有推荐性国家标准的,按照行业标准履行;没有国家标准、行业标准的,按照通常标准或者符合合同目的的特定标准履行。

(2)价款或者报酬不明确的,按照订立合同时履行地的市场价格履行;依法应当执行政府定价或者政府指导价的,依照规定履行。

(3)履行地点不明确,给付货币的,在接受货币一方所在地履行;交付不动产的,在不动产所在地履行;其他标的,在履行义务一方所在地履行。

(4)履行期限不明确的,债务人可以随时履行,债权人也可以随时请求履行,但是应当给对方必要的准备时间。

(5)履行方式不明确的,按照有利于实现合同目的的方式履行。

(6)履行费用的负担不明确的,由履行义务一方负担;因债权人原因增加的履行费用,由债权人负担。

四、价格调整与价格执行

执行政府定价或者政府指导价的,在合同约定的交付期限内政府价格调整时,按照交付时的价格计价。逾期交付标的物的,遇价格上涨时,按照原价格执行;价格下降时,按照新价格执行。逾期提取标的物或者逾期付款的,遇价格上涨时,按照新价格执行;价格下降时,按照原价格执行。

五、合同履行中的不安抗辩权

应当先履行债务的当事人,有确切证据证明对方有下列情形之一的,可以中止履行:
(1)经营状况严重恶化。
(2)转移财产、抽逃资金,以逃避债务。
(3)丧失商业信誉。
(4)有丧失或者可能丧失履行债务能力的其他情形。
当事人没有确切证据中止履行的,应当承担违约责任。

六、合同的保全

合同的保全,是指法律为防止因债务人的财产不当减少或不增加而给债权人的债权带来损害,允许债权人行使撤销权或代位权,以保护其债权。

(1)代位权,是指因债务人怠于行使其对第三人(相对人)享有的到期债权或者与该债权有关的从权利,影响债权人的到期债权实现的,债权人可以向人民法院请求以自己的名义代位行使债务人对相对人的权利,但是该权利专属于债务人自身的除外。

代位权的行使范围以债权人的到期债权为限。债权人行使代位权的必要费用,由债务人负担。相对人对债务人的抗辩,可以向债权人主张。债权人的债权到期前,债务人的债权或者与该债权有关的从权利存在诉讼时效期间即将届满或者未及时申报破产债权等情形,影响债权人的债权实现的,债权人可以代位向债务人的相对人请求其向债务人履行、向破产管理人申报或者作出其他必要的行为。

人民法院认定代位权成立的,由债务人的相对人向债权人履行义务,债权人接受履行后,债权人与债务人、债务人与相对人之间相应的权利义务终止。债务人对相对人的债权或者与该债权有关的从权利被采取保全、执行措施,或者债务人破产的,依照相关法律的规定处理。

(2)撤销权,是指债务人以放弃其债权、放弃债权担保、无偿转让财产等方式无偿处分财产权益,或者恶意延长其到期债权的履行期限,影响债权人的债权实现的,债权人可以请求人民法院撤销债务人的行为。债务人以明显不合理的低价转让财产、以明显不合理的高价受让他人财产或者为他人的债务提供担保,影响债权人的债权实现,债务人的相对人知道或者应当知道该情形的,债权人可以请求人民法院撤销债务人的行为。

撤销权的行使范围以债权人的债权为限。债权人行使撤销权的必要费用,由债务人负担。撤销权自债权人知道或者应当知道撤销事由之日起1年内行使。自债务人的行为发生之日起 5 年内没有行使撤销权的,该撤销权消灭。

债务人影响债权人的债权实现的行为被撤销的,自始没有法律约束力。

第二讲　合同的转让、变更和终止

核心考点一　合同的转让

合同的转让,即合同主体的变更,是指当事人将合同的权利和义务全部或者部分转让给第三人。合同的转让分为债权转让、债务承担和合同权利义务的概括转移。

一、合同债权的转让

债权转让,是指债权人将合同的权利全部或者部分转让给第三人的法律制度。其中债权人是转让人,第三人是受让人。债权人转让债权,未通知债务人的,该转让对债务人不发生效力。债权转让的通知不得撤销,但经受让人同意的除外。

债权人可以将债权的全部或者部分转让给第三人,但是有下列情形之一的除外:

(1)根据债权性质不得转让。

(2)按照当事人约定不得转让。

(3)依照法律规定不得转让。

当事人约定非金钱债权不得转让的,不得对抗善意第三人。当事人约定金钱债权不得转让的,不得对抗第三人。

二、合同债务的承担

债务承担,是指债权人或者债务人与第三人之间达成转让债务的协议,由第三人取代原债务人承担全部债务。债务人与第三人协议转让债务的,应当经债权人同意。这是因为新债务人的资信情况和偿还能力须得到债权人的认可,以免债权人的利益受到不利影响。

三、债务人的抗辩权

债务人接到债权转让通知后,债务人对让与人的抗辩,可以向受让人主张。

四、债务人的抵销权

有下列情形之一的,债务人可以向受让人主张抵销:

(1)债务人接到债权转让通知时,债务人对让与人享有债权,且债务人的债权先于转让的债权到期或者同时到期。

(2)债务人的债权与转让的债权基于同一合同产生。

五、从债的转移

债务人转移债务的,新债务人应当承担与主债务有关的从债务,但是该从债务专属于原债务人自身的除外。

核心考点二　合同的变更

合同的变更是指合同内容的变更,不包括合同主体的变更。合同主体的变更属于合同的转让。

当事人协商一致,可以变更合同。当事人对合同变更的内容约定不明确的,推定为未变更。

合同的变更,除当事人另有约定的以外,仅对变更后未履行的部分有效,对已履行的部分无溯及力。

核心考点三　合同的终止

一、合同终止的原因

有下列情形之一的,债权债务终止:

(1)债务已经按照约定履行。

(2)债务相互抵销。

(3)债务人依法将标的物提存。

(4)债权人免除债务。

(5)债权债务同归于一人。

(6)法律规定或者当事人约定终止的其他情形。

合同解除的,该合同的权利义务关系终止。

债权债务终止后,当事人应当遵循诚信等原则,根据交易习惯履行通知、协助、保密、旧物回收等义务。

二、抵销

抵销分为法定抵销和约定抵销。

法定抵销是指当事人互负债务,该债务的标的物种类、品质相同的,任何一方可以将自己的债务与对方的到期债务抵销;但是,根据债务性质、按照当事人约定或者依照法律规定不得抵销的除外。

当事人主张抵销的,应当通知对方。通知自到达对方时生效。抵销不得附条件或者附期限。

约定抵销是指当事人互负债务,标的物种类、品质不相同的,经协商一致,也可以抵销。

三、提存

有下列情形之一,难以履行债务的,债务人可以将标的物提存:①债权人无正当理由拒绝受领;②债权人下落不明;③债权人死亡未确定继承人、遗产管理人,或者丧失民事行为能力未确定监护人;④法律规定的其他情形。

标的物不适于提存或者提存费用过高的,债务人依法可以拍卖或者变卖标的物,提存所得的价款。

标的物提存后,除债权人下落不明的以外,债务人应当及时通知债权人或者债权人的继承人、遗产管理人、监护人、财产代管人。

标的物提存后,毁损、灭失的风险由债权人承担。提存期间,标的物的孳息归债权人所有。提存费用由债权人负担。

债权人可以随时领取提存物,但是,债权人对债务人负有到期债务的,在债权人未履行债务或者提供担保之前,提存部门根据债务人的要求应当拒绝其领取提存物。

债权人领取提存物的权利,自提存之日起 5 年内不行使而消灭,提存物扣除提存费用后归国家所有。但是,债权人未履行对债务人的到期债务,或者债权人向提存部门书面表示放弃领取提存物权利的,债务人负担提存费用后有权取回提存物。

四、免除与混同

债权人免除债务人部分或者全部债务的,债权债务部分或者全部终止,但是债务人在合理期限内拒绝的除外。

债权和债务同归于一人的,债权债务终止,但是损害第三人利益的除外。

第三讲　违约责任

违约责任是指当事人一方不履行合同义务或履行合同义务不符合约定的,应当承担继续履行、采取补救措施或者赔偿损失等违约责任。

违约责任的承担形式:①支付违约金;②赔偿损失;③继续履行;④定金;⑤采取补救措施。

当事人既约定违约金,又约定定金的,一方违约时,对方可以选择适用违约金或者定金条款。

当事人一方因不可抗力不能履行合同的,根据不可抗力的影响,部分或者全部免除责任,但是法律另有规定的除外。当事人迟延履行后发生不可抗力的,不免除其违约责任。

第四讲　典型合同

核心考点一　买卖合同

买卖合同是出卖人转移标的物的所有权于买受人,买受人支付价款的合同。

一、买卖合同中当事人的义务

出卖人的义务:①交付标的物的义务;②转移标的物所有权的义务;③担保标的物权利瑕疵的义务(如果买受人订立合同时知道或者应当知道第三人对标的物享有权利的,出卖人则不负担此项义务)。

买受人的义务:①支付价款的义务;②接受标的物并对其进行检验的义务。

二、标的物的所有权转移、风险承担和利益承受

(1)标的物所有权的转移:买卖合同的标的物自出卖人转移至买受人所有。标的物的所有权何时发生转移,是买卖合同的一个核心问题。

标的物的所有权自标的物交付时起转移,但法律另有规定或者当事人另有约定的除外。

当事人可以在买卖合同中约定买受人未履行支付价款或者其他义务的,标的物的所有权属于出卖人。这一规定被称为"保留所有权条款"。一般地,合同标的物在交付之前,其所有权属于出卖人,交付后则属于买受人。

(2)标的物的风险承担:标的物毁损、灭失的风险,在标的物交付之前由出卖人承担,交付之后由买受人承担,但是法律另有规定或者当事人另有约定的除外。

(3)标的物的利益承受:标的物在合同成立后所产生的孳息的归属。标的物在交付之前产生的孳息,归出卖人所有;交付之后产生的孳息,归买受人所有。但是,当事人另有约定的除外。

核心考点二 赠与合同

赠与合同是赠与人将自己的财产无偿给予受赠人,受赠人表示接受赠与的合同。

一、性质

赠与合同的性质:①无偿合同。无偿性与可以附义务之间并无矛盾。②单务合同。③不要式合同。④诺成合同。

二、撤销

任意撤销权,转移赠与财产权前(动产交付前,不动产过户登记前),赠与人可行使撤销权,但下列三类赠与合同除外:①救灾、扶贫、助残等社会公益性质的;②道德义务性质的;③公证性质的。

法定撤销权,受赠人有下列情形之一的,赠与人可行使撤销权,除斥期间为1年,自知道或应当知道撤销事由之日起算:①严重侵害赠与人或者赠与人近亲属的合法权益;②对赠与人有扶养义务而不履行;③不履行赠与合同约定的义务。

因受赠人的违法行为致使赠与人死亡或者丧失民事行为能力的,赠与人的继承人或者法定代理人可以撤销赠与。

赠与人的继承人或者法定代理人的撤销权,自知道或者应当知道撤销事由之日起 6 个月内行使。

三、解除

赠与人的经济状况显著恶化,严重影响其生产经营或者家庭生活的,可以不再履行赠与义务。

四、赠与人的责任

过错责任:赠与人仅在故意或重大过失致赠与物毁损时,才承担损害赔偿责任,一般过失免责。

赠与的财产有瑕疵的,赠与人不承担责任。附义务的赠与,赠与的财产有瑕疵的,赠与人在附义务的限度内承担与出卖人相同的责任。

赠与人故意不告知瑕疵或者保证无瑕疵,造成受赠人损失的,应当承担赔偿责任。

核心考点三　租赁合同

租赁合同是出租人将租赁物交付承租人使用、收益,承租人支付租金的合同。

一、性质

租赁合同的性质:①转让财产使用权的合同;②承租人对租赁物无处分权;③有偿合同;④诺成合同;⑤期限性;⑥长期租赁合同为要式合同,城市房屋租赁合同也为要式合同。

二、租赁期限

租赁期限不得超过 20 年。超过 20 年的,超过部分无效。租赁期限届满,当事人可以续订租赁合同,但是,约定的租赁期限自续订之日起不得超过 20 年。

租赁期限 6 个月以上的,应当采用书面形式。当事人未采用书面形式,无法确定租赁期限的,视为不定期租赁。

三、"买卖不破租赁"

租赁物在承租人按照租赁合同占有期限内发生所有权变动的,不影响租赁合同的效力。在租赁合同有效期间,租赁物因买卖、继承等使租赁物的所有权发生变更的,租赁合同对新所有权人仍然有效,新所有权人不履行租赁义务时,承租人可以租赁权对抗新所有权人,这在学理上称为"买卖不破租赁"。

四、租赁物转租

承租人经出租人同意,可以将租赁物转租给第三人。承租人转租的,承租人与出租人之间的租赁合同继续有效;第三人造成租赁物损失的,承租人应当赔偿损失。承租人未经出租人同意转租的,出租人可以解除合同。

核心考点四　客运合同

客运合同自承运人向旅客出具客票时成立,但是当事人另有约定或者另有交易习惯的除外。

旅客应当按照有效客票记载的时间、班次和座位号乘坐。旅客无票乘坐、超程乘坐、越级乘坐或者持不符合减价条件的优惠客票乘坐的,应当补交票款,承运人可以按照规定加收票款;旅客不支付票款的,承运人可以拒绝运输。

旅客因自己的原因不能按照客票记载的时间乘坐的,应当在约定的期限内办理退票或者变更手续。逾期办理的,承运人可以不退票款,并不再承担运输义务。

旅客不得随身携带或者在行李中夹带易燃、易爆、有毒、有腐蚀性、有放射性以及可能危及运输工具上人身和财产安全的危险物品或者违禁物品。旅客违反前述规定的,承运人可以将危险物品或者违禁物品卸下、销毁或者送交有关部门。旅客坚持携带或者夹带危险物品或者违禁物品的,承运人应当拒绝运输。

核心考点五　技术合同

合同无效或者被撤销后,因该合同取得的财产,应当予以返还;不能返还或者没有必要返还的,应当折价补偿。有过错的一方应当赔偿对方因此所受到的损失,双方都有过错的,应当各自承担相应的责任。

非法垄断技术或者侵害他人技术成果的技术合同无效。侵害他人技术秘密的技术合同被确认无效后,除法律、行政法规另有规定的以外,善意取得该技术秘密的一方当事人可以在其取得时的范围内继续使用该技术秘密,但应当向权利人支付合理的使用费并承担保密义务。

受让人或者被许可人按照约定实施专利、使用技术秘密侵害他人合法权益的,由让与人或者许可人承担责任,但当事人另有约定的除外。

第四章

公司法

中国进出口银行校园招聘考试对公司法相关内容的考查较为细化,涉及考点包括公司法人、公司的设立方式和条件、公司的清算等,部分题目以具体案例为切入点,考查考生对公司法相关规定的综合分析及运用能力。因此本章内容的复习需要考生在具备扎实理论知识的基础上,多做题目,以达到巩固记忆的目的。

第一讲　公司法概述

一、公司法的概念、调整对象和性质

广义上的公司法,指规定公司的设立、组织、运营、变更、解散、股东权利与义务和其他公司内部、外部关系的法律规范的总称。

狭义上的公司法,指以"公司法"命名的立法文件,在我国,即由立法机关颁布的《中华人民共和国公司法》(以下简称《公司法》)。

公司法的调整对象,主要指在公司设立、组织、运营或解散过程中所发生的社会关系。具体有公司内部财产关系、公司外部财产关系、公司内部组织管理与协作关系、公司外部组织管理关系。

公司法的性质:①公司法是私法;②公司法是兼具程序法内容的实体法;③公司法是含有商事行为法的商事组织法。

二、公司的概念及特征

依据《公司法》的规定,公司是指依照法定的条件与程序设立的、以营利为目的的商事组织,包括有限责任公司和股份有限公司两种类型。

一般而言,公司具有法人性、社团性、营利性三个基本的法律特征。

三、公司的种类

公司的种类见下表。

表 6-4-1　公司的种类

分类标准	类型
公司股东承担责任的范围和形式	无限公司、有限责任公司、股份有限公司和两合公司
公司股份是否公开发行及股份是否允许自由转让	封闭式公司和开放式公司
公司信用基础	人合公司、资合公司和人合兼资合公司
公司外部控制或附属关系	母公司和子公司
公司内部管辖关系	总公司和分公司
公司国籍	本国公司和外国公司

四、公司法人

公司是企业法人,有独立的法人财产,享有法人财产权。但应注意:公司设立的分公司不具有法人资格,其民事责任由公司承担;公司设立的子公司具有法人资格,依法独立承担民事责任。

公司以其全部财产对公司的债务承担责任。有限责任公司的股东以其认缴的出资额为限对公司承担责任;股份有限公司的股东以其认购的股份为限对公司承担责任。

第二讲　公司的设立、合并、解散及清算

核心考点一　公司的设立制度和资本制度

一、设立制度

公司成立日期和取得法人资格的日期都是公司营业执照签发日期。

二、资本制度

《公司法》中的资本,通常指公司的注册资本,即由章程所确定的、股东认缴的出资总额,又称股本。

公司资本,是股东为达到公司目的所实施的财产出资的总额。

资本制度的特点:①资本法定。公司设立时,其资本必须以公司章程加以确定,并由股东认足、缴足。②强调公司必须有相当的财产与其资本总额相维持。③强调公司资本不得任意变更。公司增加或减少注册资本,须由公司股东会(或股东大会)作出决议,并由代表2/3 以上表决权的股东通过,必须进行相应的变更登记。

经典例题

必须经过出席股东会议的股东所持表决权 2/3 以上通过的决议事项是(　　　)。

A. 提取任意公积金　　　　　　　　　　　　B. 撤换董事长

C. 增加注册资本　　　　　　　　　　D. 分配公司红利

【答案】C。解析:《公司法》第四十三条规定,"股东会的议事方式和表决程序,除本法有规定的外,由公司章程规定。股东会会议作出修改公司章程、增加或者减少注册资本的决议,以及公司合并、分立、解散或者变更公司形式的决议,必须经代表三分之二以上表决权的股东通过"。

三、股东的出资形式

股东可以用货币出资,也可以用实物、知识产权、土地使用权等可以用货币估价并可以依法转让的非货币财产作价出资;但是,法律、行政法规规定不得作为出资的财产除外。对作为出资的非货币财产应当评估作价,核实财产,不得高估或者低估作价。法律、行政法规对评估作价有规定的,从其规定。

有限责任公司成立后,发现作为设立公司出资的非货币财产的实际价额显著低于公司章程所定价额的,应当由交付该出资的股东补足其差额;公司设立时的其他股东承担连带责任。

股份有限公司成立后,发起人未按照公司章程的规定缴足出资的,应当补缴;其他发起人承担连带责任。股份有限公司成立后,发现作为设立公司出资的非货币财产的实际价额显著低于公司章程所定价额的,应当由交付该出资的发起人补足其差额;其他发起人承担连带责任。

核心考点二　公司的设立方式和设立条件

有限责任公司和股份有限公司的设立方式和设立条件见下表。

表 6-4-2　公司的设立方式和设立条件

项目	有限责任公司	股份有限公司
设立方式	发起设立	发起设立或募集设立
设立条件	股东人数:50 个以下	发起人:2～200 人,其中须有半数以上的发起人在中国境内有住所
	有符合公司章程规定的全体股东认缴的出资额	有符合公司章程规定的全体发起人认购的股本总额或者募集的实收股本总额
	—	股份发行、筹办事项符合法律规定
	股东共同制定公司章程	发起人制订公司章程,采用募集方式设立的经创立大会通过
	有公司名称,建立符合规定和要求的组织机构	
	有公司住所	

核心考点三　公司债券

公司债券,是指公司依照法定程序发行、约定在一定期限还本付息的有价证券。

公司债券募集办法中应当载明下列主要事项:①公司名称;②债券募集资金的用途;③债券总额和债券的票面金额;④债券利率的确定方式;⑤还本付息的期限和方式;⑥债券担保情况;⑦债券的发行价格、发行的起止日期;⑧公司净资产额;⑨已发行的尚未到期的公司债券总额;⑩公司债券的承销机构。

公司以实物券方式发行公司债券的,必须在债券上载明公司名称、债券票面金额、利率、偿还期限等事项,并由法定代表人签名,公司盖章。公司债券,可以为记名债券,也可以为无记名债券。

核心考点四　公司的合并、减资及增资

一、公司的合并

公司合并可以采取吸收合并或者新设合并。

一个公司吸收其他公司为吸收合并,被吸收的公司解散。两个以上公司合并设立一个新的公司为新设合并,合并各方解散。

公司合并,应当由合并各方签订合并协议,并编制资产负债表及财产清单。公司应当自作出合并决议之日起 10 日内通知债权人,并于 30 日内在报纸上公告。债权人自接到通知书之日起 30 日内,未接到通知书的自公告之日起 45 日内,可以要求公司清偿债务或者提供相应的担保。

公司合并时,合并各方的债权、债务,应当由合并后存续的公司或者新设的公司承继。

二、公司减资

公司需要减少注册资本时,必须编制资产负债表及财产清单。公司应当自作出减少注册资本决议之日起 10 日内通知债权人,并于 30 日内在报纸上公告。债权人自接到通知书之日起 30 日内,未接到通知书的自公告之日起 45 日内,有权要求公司清偿债务或者提供相应的担保。

三、公司增资

有限责任公司增加注册资本时,股东认缴新增资本的出资,依照《公司法》设立有限责任公司缴纳出资的有关规定执行。股份有限公司为增加注册资本发行新股时,股东认购新股,依照《公司法》设立股份有限公司缴纳股款的有关规定执行。

核心考点五 公司的解散

公司的解散,指已成立的公司基于一定的合法事由而使公司消灭的法律行为。

公司解散的原因包括以下情形:①公司章程规定的营业期限届满或者公司章程规定的其他解散事由出现;②股东会或者股东大会决议解散;③因公司合并或者分立需要解散;④依法被吊销营业执照、责令关闭或者被撤销;⑤公司经营管理发生严重困难,继续存续会使股东利益受到重大损失,通过其他途径不能解决的,持有公司全部股东表决权10%以上的股东,可以请求人民法院解散公司。

核心考点六 公司的清算

清算是终结已解散公司的一切法律关系,处理公司剩余财产的程序。公司的清算程序见下表。

表 6-4-3 公司的清算程序

清算程序	具体操作
成立清算组	有限责任公司的清算组由股东组成,股份有限公司的清算组由董事或者股东大会确定的人员组成。逾期不成立清算组进行清算的,债权人可以申请人民法院指定有关人员组成清算组进行清算。清算组在清算期间行使下列职权: (1)清理公司财产,分别编制资产负债表和财产清单 (2)通知、公告债权人 (3)处理与清算有关的公司未了结的业务 (4)清缴所欠税款以及清算过程中产生的税款 (5)清理债权、债务 (6)处理公司清偿债务后的剩余财产 (7)代表公司参与民事诉讼活动
申报债权	(1)清算组应当自成立之日起10日内通知债权人,并于60日内在报纸上公告 (2)债权人应当自接到通知书之日起30日内,未接到通知书的自公告之日起45日内,向清算组申报其债权 (3)在申报债权期间,清算组不得对债权人进行清偿
清理财产、清偿债务	公司财产在分别支付清算费用、职工的工资、社会保险费用和法定补偿金,缴纳所欠税款,清偿公司债务后的剩余财产,有限责任公司按照股东的出资比例分配,股份有限公司按照股东持有的股份比例分配。清算期间,公司存续,但不得开展与清算无关的经营活动。公司财产在未依照前述规定清偿前,不得分配给股东

第五章

招标投标法

本章导读

在近年来中国进出口银行校园招聘考试真题中,涉及招标投标法相关规定的题目题型以单项选择题为主,高频考点包含投标文件、开标时间、评标委员会等,因此需要考生对招标投标法相关内容有清晰的认识和了解。建议考生先建立起本章内容的知识结构,再对细节加以区分记忆,做到心中有数。

第一讲　招标投标法概述

一、适用范围

《中华人民共和国招标投标法》(以下简称《招标投标法》)适用于在中华人民共和国境内进行的招标投标活动。

二、调整对象

在中华人民共和国境内进行下列工程建设项目包括项目的勘察、设计、施工、监理以及与工程建设有关的重要设备、材料等的采购,必须进行招标:

(1)大型基础设施、公用事业等关系社会公共利益、公众安全的项目。

(2)全部或者部分使用国有资金投资或者国家融资的项目。

(3)使用国际组织或者外国政府贷款、援助资金的项目。

上述所列项目的具体范围和规模标准,由国务院发展计划部门会同国务院有关部门制订,报国务院批准。法律或者国务院对必须进行招标的其他项目的范围有规定的,依照其规定。

三、招标投标应遵循的原则

招标投标活动应当遵循公开、公平、公正和诚实信用的原则。

四、招标投标活动的监督

招标投标活动及其当事人应当接受依法实施的监督。对招标投标活动的行政监督及有关部门的具体职权划分，由国务院规定。

财政部门依法对实行招标投标的政府采购工程建设项目的预算执行情况和政府采购政策执行情况实施监督。

第二讲　招标

核心考点一　招标人及其应具备的条件

一、招标人

招标人是依照《招标投标法》规定提出招标项目、进行招标的法人或者其他组织。

二、招标人应具备的条件

招标人必须具备的条件：
(1)必须是提出招标项目、进行招标的人。
(2)必须是法人或其他组织，自然人不能成为招标人。

核心考点二　公开招标与邀请招标

招标分为公开招标和邀请招标。
(1)公开招标：招标人以招标公告的方式邀请不特定的法人或者其他组织投标。
(2)邀请招标：招标人以投标邀请书的方式邀请特定的法人或者其他组织投标。

招标人有权自行选择招标代理机构，委托其办理招标事宜。任何单位和个人不得以任何方式为招标人指定招标代理机构。招标人具有编制招标文件和组织评标能力的，可以自行办理招标事宜。任何单位和个人不得强制其委托招标代理机构办理招标事宜。依法必须进行招标的项目，招标人自行办理招标事宜的，应当向有关行政监督部门备案。

核心考点三　可以不招标的情形

《招标投标法》第六十六条规定，涉及国家安全、国家秘密、抢险救灾或者属于利用扶贫资金实行以工代赈、需要使用农民工等特殊情况，不适宜进行招标，按照国家有关规定可以不进行招标。

除《招标投标法》第六十六条规定的可以不进行招标的特殊情况外，有下列情形之一的，可以不进行招标：

（1）需要采用不可替代的专利或者专有技术。

（2）采购人依法能够自行建设、生产或者提供。

（3）已通过招标方式选定的特许经营项目投资人能够依法自行建设、生产或者提供。

（4）需要向原中标人采购工程、货物或者服务，否则将影响施工或者功能配套要求。

（5）国家规定的其他特殊情形。

第三讲　投标

核心考点一　投标人及其义务

投标人是响应招标、参加投标竞争的法人或者其他组织。依法招标的科研项目允许个人参加投标的，投标的个人适用《招标投标法》有关投标人的规定。投标人应承担以下义务：

（1）投标人必须遵守招投标有关规定。

（2）投标人必须遵守招投标会场纪律。

（3）投标人不得有故意扰乱会场秩序的行为。

（4）投标人在投标过程中，不得买标、串标。

核心考点二　投标文件

投标人应当按照招标文件的要求编制投标文件。投标文件应当对招标文件提出的实质性要求和条件作出响应。投标文件一般由商务文件、技术文件、报价文件和其他部分组成。

编制投标文件的基本要求如下：

（1）按照招标文件要求编制投标文件。

（2）投标文件应当对招标文件提出的实质性要求和条件作出响应，具体指按照招标文件要求一一作答，不能修改，不能遗漏、回避。

（3）投标文件一般内容包括以下几项：①投标函；②投标报价；③施工组织设计；④商务和技术偏差表；⑤如果要分包应当载明。

第四讲　开标、评标和中标

核心考点一　开标

一、开标时间与地点

开标时间和地点应当在招标文件中事先确定。

开标时间应与提交投标文件的截止时间相一致。如果开标地点与接受投标文件的地点相一致,则开标时间与提交投标文件的截止时间应一致;如果开标地点与提交投标文件的地点不一致,则开标时间与提交投标文件的截止时间之间应有合理的间隔。

招标人如果确有特殊原因,需要变动开标地点,应当按照《招标投标法》第二十二条的规定对招标文件作出修改,作为招标文件的补充文件,书面通知每一个提交投标文件的投标人。

二、开标的程序

开标时,由投标人或者其推选的代表检查投标文件的密封情况,也可以由招标人委托的公证机构检查并公证;经确认无误后,由工作人员当众拆封,宣读投标人名称、投标价格和投标文件的其他主要内容。

核心考点二　评标

一、评标委员会的概念

评标委员会是指在招标投标和政府采购活动中,依法由招标人(采购人)代表和有关技术、经济等方面的专家组建,负责对投标文件进行评审并提出评审意见的临时性权威机构。

二、评标委员会的构成

评标由招标人依法组建的评标委员会负责。依法必须进行招标的项目,其评标委员会由招标人的代表和有关技术、经济等方面的专家组成,成员人数为五人以上单数人数,其中技术、经济等方面的专家不得少于成员总数的三分之二。

三、专家的选取

评标委员会的专家应当从事相关领域工作满八年并具有高级职称或者具有同等专业水平,由招标人从国务院有关部门或者省、自治区、直辖市人民政府有关部门提供的专家名册或者招标代理机构的专家库内的相关专业的专家名单中确定;一般招标项目可以采取随机抽取方式,特殊招标项目可以由招标人直接确定。

四、特殊规定

与投标人有利害关系的人不得进入相关项目的评标委员会,已经进入的应当更换。评标委员会成员的名单在中标结果确定前应当保密。

核心考点三　中标

一、中标人的条件

中标人的投标应当符合下列条件之一:

（1）能够最大限度地满足招标文件中规定的各项综合评价标准。

（2）能够满足招标文件的实质性要求，并且经评审的投标价格最低；但是投标价格低于成本的除外。

二、中标通知书

中标人确定后，招标人应当向中标人发出中标通知书，并同时将中标结果通知所有未中标的投标人。中标通知书对招标人和中标人具有法律效力。中标通知书发出后，招标人改变中标结果的，或者中标人放弃中标项目的，应当依法承担法律责任。中标通知书主要内容：中标工程名称、中标价格、工程范围、工期、开工及竣工日期、质量等级等。

三、对中标人分包的限制

中标人应当按照合同约定履行义务，完成中标项目。中标人不得向他人转让中标项目，也不得将中标项目肢解后分别向他人转让。

中标人按照合同约定或者经招标人同意，可以将中标项目的部分非主体、非关键性工作分包给他人完成。接受分包的人应当具备相应的资格条件，并不得再次分包。

中标人应当就分包项目向招标人负责，接受分包的人就分包项目承担连带责任。

中公教育·全国分部一览表

中公教育总部
地址:北京市海淀区学清路23号汉华世纪大厦B座
电话:400-6300-999
网址:http://www.offcn.com

北京中公教育
地址:北京市海淀区学清路38号金码大厦B座910室
电话:010-51657188
网址:http://bj.offcn.com

吉林中公教育
地址:长春市朝阳区辽宁路2338号中公教育大厦
电话:0431-81239600
网址:http://jl.offcn.com

浙江中公教育
地址:杭州市石祥路71-8号杭州新天地商务中心望座东侧4幢4楼
电话:0571-86483577
网址:http://zj.offcn.com

江苏中公教育
地址:南京市秦淮区中山东路532-2号金蝶软件园E栋2楼
电话:025-86992955 / 66 /77
网址:http://js.offcn.com

湖南中公教育
地址:长沙市芙蓉区五一大道800号中隆国际大厦4、5层
电话:0731-84883717
网址:http://hn.offcn.com

四川中公教育
地址:成都市武侯区科华北路62号力宝大厦北区3楼
电话:028-87018758
网址:http://sc.offcn.com

山东中公教育
地址:济南市工业南路61号9号楼
电话:0531-86557088
网址:http://sd.offcn.com

陕西中公教育
地址:西安市未央区文景路与凤城四路十字西南角中公教育大厦
电话:029-87448899
网址:http://sa.offcn.com

江西中公教育
地址:南昌市东湖区阳明东路66号央央春天1号楼投资大厦9楼
电话:0791-86823131
网址:http://jx.offcn.com

广东中公教育
地址:广州市天河区五山路371号中公教育大厦9楼
电话:020-35641330
网址:http://gd.offcn.com

山西中公教育
地址:太原市坞城路师范街交叉口龙珠大厦5层(山西大学对面)
电话:0351-8330622
网址:http://sx.offcn.com

河南中公教育
地址:郑州市经三路丰产路向南150米路西 融丰花苑C座(河南省财政厅对面)
电话:0371-86010911
网址:http://he.offcn.com

河北中公教育
地址:石家庄市建设大街与范西路交叉口众鑫大厦中公教育
电话:0311-87031886
网址:http://hb.offcn.com

重庆中公教育
地址:重庆市江北区观音桥步行街未来国际大厦7楼
电话:023-67121699
网址:http://cq.offcn.com

福建中公教育
地址:福州市八一七北路东百大厦19层
电话:0591-87515125
网址:http://fj.offcn.com

安徽中公教育
地址：合肥市南一环路与肥西路交叉口汇金大厦7层
电话：0551-66181890
网址：http://ah.offcn.com

云南中公教育
地址：昆明市东风西路121号中公大楼(三合营路口,艺术剧院对面)
电话：0871-65177700
网址：http://yn.offcn.com

贵州中公教育
地址：贵阳市云岩区延安东路230号贵盐大厦8楼(荣和酒店楼上)
电话：0851-85805808
网址：http://gz.offcn.com

黑龙江中公教育
地址：哈尔滨市南岗区西大直街374-2号
电话：0451-85957080
网址：http://hlj.offcn.com

辽宁中公教育
地址：沈阳市沈河区北顺城路129号(招商银行西侧)
电话：024-23241320
网址：http://ln.offcn.com

天津中公教育
地址：天津市和平区卫津路云琅大厦底商
电话：022-23520328
网址：http://tj.offcn.com

湖北中公教育
地址：武汉市洪山区鲁磨路中公教育大厦(原盈龙科技创业大厦)9、10层
电话：027-87596637
网址：http://hu.offcn.com

海南中公教育
地址：海口市大同路24号万国大都会写字楼17楼(从西侧万国大都会酒店招牌和工行附近的入口上电梯)
电话：0898-66736021
网址：http://hi.offcn.com

甘肃中公教育
地址：兰州市城关区静宁路十字西北大厦副楼2层
电话：0931-8470788
网址：http://gs.offcn.com

内蒙古中公教育
地址：呼和浩特市赛罕区呼伦贝尔南路东达广场写字楼702室
电话：0471-6532264
网址：http://nm.offcn.com

新疆中公教育
地址：乌鲁木齐市沙依巴克区西北路731号中公教育
电话：0991-4531093
网址：http://xj.offcn.com

广西中公教育
地址：南宁市青秀区民族大道12号丽原天际4楼
电话：0771-2616188
网址：http://gx.offcn.com

青海中公教育
地址：西宁市城西区胜利路1号招银大厦6楼
电话：0971-4292555
网址：http://qh.offcn.com

上海中公教育
地址：上海市杨浦区锦建路99号
电话：021-35322220
网址：http://sh.offcn.com

宁夏中公教育
地址：银川市兴庆区清和北街149号(清和街与湖滨路交汇处)
电话：0951-5155560
网址：http://nx.offcn.com

西藏中公教育
地址：拉萨市城关区藏大中路市外事办东侧嘎玛商务楼二楼
电话：0891-6349972
网址：http://xz.offcn.com